KARL-HEINZ VOLKMANN-SCHLUCK
DIE METAPHYSIK DES ARISTOTELES

KARL-HEINZ VOLKMANN-SCHLUCK

DIE METAPHYSIK DES ARISTOTELES

VITTORIO KLOSTERMANN FRANKFURT AM MAIN

CIP-Kurztitelaufnahme der Deutschen Bibliothek
Volkmann-Schluck, Karl-Heinz: Die Metaphysik des Aristoteles / Karl-Heinz
Volkmann-Schluck. — Frankfurt am Main : Klostermann, 1979.
ISBN 3-465-01361-1 kart.
ISBN 3-465-01363-8 Lw.

Satz und Druck: Poeschel & Schulz-Schomburg, Eschwege
Printed in Germany

INHALT

EINLEITUNG

§ 1 Die Metaphysik und die wissenschaftlich-technische Welt

Einige das nachstehende Vorhaben erläuternde und rechtfertigende Hinweise seien zur Vororientierung vorausgeschickt. Im Umkreis der Philosophie des Aristoteles besagt das Wort „Metaphysik" ein Zweifaches: Es ist einmal der Titel eines Buches, das eine Reihe von Abhandlungen enthält, die teilweise zwar eine Folgeordnung zeigen, wie die Bücher VII bis IX, deren Bezüge und Zusammenhänge jedoch vielfach dunkel bleiben, so daß sie sich nicht zur Einheit eines Werks zusammenzufügen scheinen. Und auch die biographisch-entwicklungsgeschichtlichen Erklärungsversuche haben das Dunkel, das über diesem Buch liegt, weniger gelichtet als vielmehr die sachliche Verbindlichkeit des philosophischen Gedankens preisgegeben[1]. Der Buchtitel stammt nicht von Aristoteles selbst, sondern wurde vermutlich zunächst nur in buchtechnischer Bedeutung gebraucht, als Name für die in der Sammlung der Werke des Aristoteles nach der Physik stehenden Abhandlungen. Aristoteles selbst spricht nicht von Metaphysik, sondern von Erster Philosophie (πρώτη φιλοσοφία). Sodann aber bedeutet Metaphysik die in diesem Buch behandelte Sache, die maßgebliche Sache des überlieferten philosophischen Denkens. Indes geht die Metaphysik, so verstanden, nicht in ihre Darstellung durch die mit dem Ausdruck „Metaphysik" betitelten Abhandlungen des Aristoteles auf. Metaphysik, als die maßgebliche Sache des Denkens genommen, ist das Ganze ihrer eigenen Geschichte, die sich von den Griechen bis zu Hegel, Marx und Nietzsche erstreckt. Wohl aber bildet die Erste Philosophie des Aristoteles eine ausgezeichnete geschichtliche Phase der Metaphysik, insofern diese durch Aristoteles in die Vollendung

---

[1] W. Jaeger, Aristoteles. Grundlegung einer Geschichte seiner Entwicklung. 2. Aufl. Berlin 1955.

ihres endgültigen geschichtlichen Wesensbeginns gelangt. Indem das Denken des Aristoteles in der Nachfolge Platos die Metaphysik in ihre entschiedene Wesensgestalt aufstellt, ist es zugleich die Vollendung des griechischen Denkens, dessen Beginn und erste geschichtliche Phase (unter dem Namen „Vorsokratiker" bekannt) noch vor-metaphysisch ist.

Nun befinden wir, die hier und heute Lebenden, uns nicht, wie die philosophie-historische und immer nur doxographisch berichtende Forschung uns leicht glauben machen könnte, außerhalb der Metaphysik und ihrer Geschichte, so daß wir sie wie ein buntes Panorama von mehr oder weniger tiefsinnigen Lehren über Gott, Mensch und Welt als Zuschauer betrachten können, sondern wir stehen als die hier und jetzt in der modernen Welt Existierenden ebenfalls in einer ausgezeichneten metaphysik-geschichtlichen Phase, in der Phase der geschichtlichen Vollendung der Metaphysik. Jedoch ist unter Vollendung hier nicht Vollkommenheit zu verstehen, nicht das endliche Erreichen eines lange erstrebten Ziels oder Zwecks, sondern Vollendung bezüglich der Metaphysik besagt: Austrag ihrer letzten, äußersten Möglichkeit. Inwiefern es sich so verhält und wie die letzte geschichtliche Möglichkeit der Metaphysik beschaffen ist, mag hier vorausdeutend angezeigt werden. Denn um sie zureichend zu erfassen, müßten wir zuvor schon wissen, was die Metaphysik in ihrem Wesen ist, woher sie kommt, worin sie beruht, inwiefern zu ihr der geschichtliche Austrag ihrer selbst gehört, worin ihre Notwendigkeit als Sache des Denkens besteht — Fragen, die noch kaum gestellt sind, ja, für die eine Bereitschaft heute weithin noch nicht zu erkennen ist. Deshalb kann hier nur andeutend gesagt werden: Die Vollendung der Metaphysik in dem genannten Sinne besteht in der absoluten Fraglosigkeit ihrer Herrschaft, dergestalt, daß diese Herrschaft der Metaphysik die Herrschaft der technisch geprägten Wissenschaften über die Welt und das Weltverhältnis des Menschen zu ihrer Existenzform hat. Das scheint auf den ersten Blick eine befremdliche Behauptung zu sein. Daß sich in den modernen Wissenschaften in ihrer unlösbaren Verbindung mit der Technik heute das darstellt, was als das Wirkliche den Menschen mehr und mehr mit Beschlag belegt (einschließlich der daraus hervorgehenden vielfältigen Bedrohungen des menschlichen Lebens), daß die wissenschaftlichen Theorien alles andere sind als bloße Vorstellungen in den Köpfen der Forscher, daß sie vielmehr das Fundament bilden, auf dem die moderne technische Welt selbst steht, wird man nicht bestreiten wollen. Aber, so lautet die Entgegnung, ist es nicht gerade die Auszeichnung der modernen Wissenschaften, daß sie sich von aller Metaphysik befreit und sich ganz auf sich selbst gestellt haben? Behaupten sie nicht mit Recht von sich, daß sie sich aus der ehemaligen Abhängigkeit von der Metaphysik mit ihren sich in bloßen Begriffen bewegenden Spekulationen endgültig zugunsten der in ihrer Tatsächlichkeit jederzeit nachprüfbaren Tatsachen gelöst haben? Diese Selbstauffassung der modernen Wissenschaften ist ein Anschein, der nicht zufällig besteht, sondern seine eigenen Ursachen und Gründe hat. Aber sie hält einem entschiedenen Zusehen nicht stand. Es wurde angedeutet: Die wissenschaftlichen Theorien, sofern sie sich je und je und so immer wieder aufs neue als Aufdeckung von Gesetzlichkeiten durch experimentelle Verfahrensweisen im weitesten Sinne bewähren, bestimmen die Wirklichkeit des in ihnen dargestellten Wirklichen. Dabei behalten sie freilich prinzipiell den Charakter von Hypothesen, da sie, angewiesen auf ihre Bewährung im Experiment, sich jederzeit für mögliche Revisionen offen halten müssen. Jedoch die Wirklichkeit des Wirklichen innerhalb der verschiedenen Weltbezirke, jenes also, was das Wirkliche zu einem Wirklichen bestimmt: zum gegenständlich Wirksamen unter Gesetzen — was ist das anders als das, was ehemals Thema der Metaphysik war, wenngleich im vorgängigen Blick auf das Ganze dessen, was ist, und nicht in fachspezifischer Auffächerung, d. h. nicht in einzelwissenschaftlichen Problemstellungen, sondern aus einer einheitlichen philosophischen Fragestellung? Es kann schwerlich in Abrede gestellt werden, daß es die Wissenschaften sind, welche durch die experimentell belegten Theorien das Wirkliche in seiner Wirklichkeit verwalten, welches das nach Gesetzen wirkende Wirksame und deshalb das auf Grund der Erkenntnis seiner Wirkgesetze Steuer- und Lenkbare ist, und das innerhalb aller Weltbezirke gemäß ihrer wissenschaftlichen Erschlossenheit. Es ließe sich nachweisen, daß die Wissenschaften, ohne es zu sagen oder es gemäß ihrer Wissensart auch nur sagen zu können, die von der Metaphysik ausgebildeten Grundbestimmungen in oft bis zur Unkenntlichkeit verwandelten fachspezifischen Abwandlungen in ihre Theorien einbauen, damit diese überhaupt Sinn und Bestand haben können. Wenn z. B. die der Metaphysik entstammende Definition in den Wissenschaften dadurch ihre wissenschaftliche Legitimation erhält, daß sie operationalisiert wird, d. h. nur die Anweisung zu einem wissenschaftlichen Verfahren enthält, so kann sie doch nicht ihre Herkunft aus der Metaphysik verleugnen, durch welche sie überhaupt erst geprägt worden ist. Um jedoch auch nur im ungefähren zu sehen, daß die modernen Wissenschaften in ihrem Wesen die Vollendung der Metaphysik selbst im Sinne ihrer äußersten und letzten Möglichkeiten sind, ihre im Fraglosen stehende Herrschaft, hätte man ein Mehrfaches zu beachten:

Die Metaphysik ist von Anbeginn nicht nur Metaphysik in dem Sinne gewesen, den Aristoteles dahin bestimmt hatte, daß die Erste Philosophie das Seiende als Seiendes und so die Anfangsgründe und Ursachen des Seienden überhaupt und im Ganzen zu erkennen strebe, sondern die Metaphysik war nach Aristoteles auch immer eine Grundlegung der Wissenschaften. Für eine erste Klärung des Verhältnisses von Metaphysik und Wissenschaften kann ein von der Metaphysik selbst geprägtes Begriffspaar von „Grund" und „Existenz" dienlich sein. Die Metaphysik ist (nicht der zeitlichen Abfolge, sondern der Sache nach) immer auch zugleich Grund der Existenz der Wissenschaften. Was immer auch existiert, es existiert jeweils aus einem Grunde. Existenz besagt sogar dem Wortsinn nach: Herausgetretensein, nämlich aus seinem Grunde in sein selbständiges Bestehen und In-sich-selbst-Stehen. Von dieser Art war das Verhältnis von Metaphysik und Wissenschaft, daß die Metaphysik der Grund war, aus welchem die Wissenschaften in ihr eigenes Bestehen mit eigenen Wissensbereichen, Methoden, Aufgaben und Zielen hervorgingen. Man verkennt dieses Gründungsverhältnis, wenn man es kurzerhand zu einem Abhängigkeitsverhältnis erklärt, aus welchem sich erst die modernen Wissenschaften befreiten. Aber wenn die Wissenschaften immer schon aus der Metaphysik in ihr selbständiges Bestehen hervorgingen, existierten sie dann nicht auch immer schon in einem Außerhalb der Metaphysik? Und war dann ihre Existenz nicht von jeher eine Verabschiedung der Metaphysik? Sofern die Existenz der Wissenschaften ihr Herausgestelltsein aus ihrem Grund in das Freie eigener Wissensbezirke ausmachte, blieb ihre Existenz gerade auf ihren gründenden Grund angewiesen, aus dem hervorgehend sie existierten. Aus der Metaphysik heraus, aber auch nur aus ihr heraus war ihre Existenz, was sie ist. Denn die Metaphysik war in der Weise der Grund ihrer Existenz, daß sie den Wissenschaften das Wesen ihres Wissensbezirks innerhalb des Weltganzen eröffnete und umgrenzte, ihnen so allererst die leitenden Fragehinsichten gab und vor allem auch das bestimmte, worin das Wesen des Wissens überhaupt und seine Wahrheit beruht. Das Eigentümliche der modernen Wissenschaft besteht nun darin, daß sie das, was ehemals die Metaphysik für sie getan hatte, selbst für sich selbst besorgen: Sie begründen sich nach Prinzipien, Methoden, Aufgaben und Zielen selbst, und zwar in der Form von Arbeitshypothesen. Aber wenn es so mit den modernen Wissenschaften steht, wieso besteht dann die These zu Recht, sie seien die Metaphysik im Zustand der Vollendung?

Die Metaphysik, solange sie noch nicht in das Ende ihrer geschichtlichen Wesensvollendung angekommen war, war immer auch dadurch bestimmt, daß ihr eigenes Wesen Sache des denkenden Fragens blieb. Die spekulative Metaphysik des Deutschen Idealismus in der dreifachen Gestalt des späten Fichte, Hegels und Schellings gibt auf die metaphysische Grundfrage, aus welcher die Metaphysik entsprang und lebte, absolute Antworten und überführt so die Metaphysik in dreifacher Weise in ihre absolute Fraglosigkeit. Doch versinkt sie nicht in das nichtige Nichts einer totalen Absenz, sondern sie behält eine eigene Gegenwart, nicht freilich mehr in ihrer ehemaligen Gestalt, sondern durch ihr Eingehen und Aufgehen in das Wissen, das zufolge seiner Abkunft aus ihr von metaphysischer Wesensart ist: das wissenschaftliche Wissen, ein Vorgang, durch den nun auch die Wissenschaften einem Wandel unterliegen, indem sie „positivistisch" werden. Dieser Wandel hat in der zweiten Hälfte des 19. Jahrhunderts begonnen, sich im Laufe des 20. Jahrhunderts voll entfaltet und ist dann nachträglich von der Wissenschaftstheorie legitimiert worden. Daß die Metaphysik ihre letzte geschichtliche Möglichkeit durch ihre Auflösung in die Wissenschaften einlöst, hat zur notwendigen Folge, daß die Wissenschaften ihre Grundlegung nunmehr selbst besorgen müssen. Und in dieser Selbstbegründung der Wissenschaft besteht gerade ihr „positivistischer" Charakter, so daß sie zufolge ihrer Selbstbegründung und als diese die in sie aufgehende Metaphysik selbst sind. Daß die Wissenschaften jetzt ihre Grundlegung selbst auf wissenschaftliche Weise verrichten müssen, läßt sich Zug um Zug zeigen, sie bekunden (ohne ihr Wissen) gerade durch ihre Selbstbegründung die in sie eingehende Metaphysik. Noch entschiedener gesagt: Weil und insofern die Metaphysik sich in sie auflöst, können und müssen sie ihre Grundlegung selbst vollziehen. Diese Auflösung der Metaphysik in die Wissenschaften hat zu ihrer sichtbarsten Bekundung das Aufkommen neuer Wissenschaften im Laufe des 19. und 20. Jahrhunderts, wie der Soziologie, der empirischen Sozialwissenschaften, der Psychologie, der Logistik, der Informatik, der Kybernetik, der Genetik, in letzter Zeit auch der in die szientistische Erziehungswissenschaft transformierten Pädagogik.

Wenn so die Metaphysik, in die absolute Fraglosigkeit versetzt, in die Wissenschaften aufgeht, dann kann ihr Wesen, das denkende Fragen nach dem Seienden als solchem und den Anfangsgründen und den Ursachen des Seienden, einer Vergessenheit anheimgegeben werden, die sich ihrerseits vor jeder Erinnerung dadurch absichert, daß entweder ein Bild von ihr entworfen wird, in welchem sie als Produkt einer spekulativen Imagination erscheint, die sich von der dichterischen Produktion dadurch zu ihrem Nachteil unterscheidet, daß sie ihre imaginären Produkte für Wirklichkeitserkenntnis hält, während die Dichtung ihren bloß fiktionalen Charakter offen bekennt; oder aber man bricht je nach Bedarf aus einer überlieferten Metaphysik Stücke zur Bestätigung dessen heraus, was man ohnehin schon zu wissen vermeint, und zwar auf Grund der modernen Wissensmethoden sogar noch präziser. In diesem Falle bringt man das überlieferte Denken ebenfalls in jeder Hinsicht um seine sachliche Verbindlichkeit. Freilich, wenn es zum Wesen der Metaphysik gehört, sich selbst das zuhöchst Frag-und-Denkwürdige zu sein, dann wäre diese ihre Vollendung, ihr Aufgehen in die Wissenschaft, eher noch ein Eingang in ihr Unwesen. Oder sollte man vielleicht sagen, daß ihr Wesen und Unwesen bis zur Unkenntlichkeit miteinander verschmelzen, da ja die metaphysischen Grundbegriffe auch in ihrer wissenschaftlichen Transformation erhalten bleiben?

Wenn es so steht, dann dürften die unaufhörlich sich vermehrenden Zeitanalysen, Diagnosen und Prognosen disparatester Art, so unentbehrlich sie heute für uns sind und so viel wie wir auch aus ihnen zu lernen haben, von sich aus noch nicht hinreichen, um uns in ein offenes Verhältnis zu dem gelangen zu lassen, was uns heute als die maßgebliche Wirklichkeit bestimmt. Es bleibt eine eigene Aufgabe des philosophischen Denkens, im gegenwärtigen Zeitalter die Metaphysik in ihrem Vollendungszustand zu erkennen, als welcher die Herrschaft der Wissenschaften ist, was sie ist. Aber diese Aufgabe können wir nur auf dem Weg über die Frage in Angriff nehmen, was das denn ist, das da in seine Vollendung angekommen ist, was also Metaphysik ist. Aus dem Wesen der Metaphysik selbst muß sich entnehmen lassen, inwiefern zu ihr ein eigener geschichtlicher Vollendungszustand gehört, welcher den gegenwärtigen Weltzustand ausmacht. Und da legt es sich nahe, noch einmal und immer wieder auf den Denker zurückzugehen, der als Vollender des griechischen Anfangs der Philosophie die Metaphysik in den Beginn ihrer geschichtlichen Entfaltung gebracht hat.

Es ist nicht die Absicht der folgenden Abhandlung, über die Philosophie des Aristoteles in der Vollständigkeit ihrer Aspekte doxographisch zu berichten. Sie unternimmt vielmehr den Versuch, im Mitdenken einiger Grundgedanken des Aristoteles sichtbar zu machen, wie die Metaphysik sich in ihre Gestalt aufstellt, wie sie selbst ihr Wesen zum Vorschein bringt, welche Notwendigkeiten in ihr walten und worin diese Notwendigkeiten zuletzt beruhen. In dieser Hinsicht wird die Methode der Untersuchung genetisch sein.

Die folgende Darstellung verzichtet auf eine explizite Auseinandersetzung mit den Kommentaren und der Aristoteles-Literatur. Hätte der Verfasser auch diese Aufgabe übernehmen wollen, dann wäre das Buch mindestens um das Doppelte seines Umfangs vergrößert worden. Auch bedarf es immer wieder der Erinnerung daran, daß die Instanz, vor welcher eine Interpretation sich zuerst und zuletzt zu verantworten hat, nicht die Kommentare zu und die Literatur über Aristoteles sind, sondern allein die Gedanken des Aristoteles selbst, welche die Interpretation zur Sprache zu bringen versucht. Sie geben das Maß dafür ab, ob die Interpretation geglückt oder mißlungen ist, wo sie vor der Sache des Aristoteles besteht oder versagt. Eine wesentliche Hilfe leisten die griechischen Kommentare, von den modernen für die Textpartien aus der Metaphysik vor allem die Übersetzung und der Kommentar von J. Tricot[2], für die interpretierten Passagen aus De anima die plastische Übersetzung mit den lehrreichen Anmerkungen von W. Theiler[3] und nicht zuletzt das für das Aristoteles-Verständnis immer noch unentbehrliche Buch von W. Broecker[4], das am Leitfaden des Problems der Bewegung einen Durchblick durch das Ganze der Philosophie des Aristoteles gibt.

Der folgende Versuch wäre jedoch nicht möglich gewesen ohne die Arbeiten Martin Heideggers, die uns nicht nur gelehrt haben, die griechische Philosophie griechisch zu denken, sondern uns auch die Augen für die Frage- und Denkweise der Metaphy-

[2] Nouvelle édition entièrement refondue, avec commentaire par J. Tricot, Paris 1953.
[3] Aristoteles. Über die Seele. Übersetzt von Willy Theiler. 2. Aufl. Akademie-Verlag, Berlin 1966.
[4] Aristoteles. 4. Aufl., Frankfurt a. Main 1974.

sik geöffnet haben, aus der die postmetaphysische Aufgabe des Denkens entspringt. Man wird diese Bemerkung gewiß nicht dahin mißverstehen, daß Heideggers Gedanken als dogmatische Prinzipien einer Aristoteles-Interpretation mißbraucht werden sollen.

§ 2 Die Exposition der metaphysischen Grundfrage und der Aufriß der Metaphysik

Die erste Frage lautet: Was ist Metaphysik? Mit dieser Frage wenden wir uns sogleich an Aristoteles. Ihre Beantwortung ist die geschichtlich erste, volle Strukturentfaltung der Metaphysik selbst.

Aristoteles kennzeichnet die Sache der Metaphysik folgendermaßen: „Gefragt wird nach den Anfangsgründen und Ursachen des Seienden, und zwar des Seienden, insofern es seiend ist."[5] Als erstes ist dieser Auskunft zu entnehmen, daß die Metaphysik primär keine Lehre, sondern der Austrag einer Frage ist, und zwar einer Frage, die sich, soweit wir erfahren, innerhalb der Menschheitsgeschichte bis zu den Griechen noch niemals gestellt hatte. Die Frage hat ein Gefüge, das es in der Absicht zu analysieren gilt, es in seiner Einheit und Ganzheit sichtbar zu machen. Einige Worterläuterungen sind dabei nicht zu umgehen. Anfangsgrund (ἀρχή) nennt das, womit und wobei etwas beginnt, aber so, daß es den Anfang nicht verläßt, sondern in ihm gerade sein Bestehen hat. Worin etwas besteht, nennen wir seinen Grund. Deshalb könnte ἀρχή mit Anfangsgrund übersetzt werden. Die lateinische Übersetzung lautet principium, und das meint das Erste, das alles ihm Folgende bestimmt. Wir verstehen heute unter Prinzip meistens einen alle ihm folgenden Sätze bestimmenden Grundsatz, z. B. ein moralisches Prinzip, das von uns fordert, alle unser Handeln leitenden Vorsätze in dem durch das moralische Prinzip umgrenzten Bereich zu halten. Doch dürfen wir die Bedeutung von ἀρχή nicht einseitig auf das Satzmä-

[5] Met. VI., Kap. 1, 1025b 2/3.

ßige festlegen, welches aus hier nicht zu erörternden Gründen eine neuzeitliche Sache ist. Ἀιτία, causa, bedeutet Ursache, aber nicht beschränkt auf die Wirkursache, die causa efficiens, sondern immer in dem ganz weiten Sinne dessen zu nehmen, dem etwas sein Bestehen verdankt. So kann Aristoteles die Ziegel Ursache des Hauses nennen, eben weil sie den Bestand des Hauses ausmachen, wenngleich nicht ausschließlich. Was auf seine Anfangsgründe und Ursachen hin befragt wird, ist das Seiende, das meint das Ganze dessen, was überhaupt ist, die Fülle alles Anwesenden in seinem unüberschaubaren Reichtum. Also besteht die Metaphysik nach der Auskunft ihres Begründers in der Frage nach den Anfangsgründen und Ursachen dessen, was überhaupt ist. Aber wenn wir so sprechen, dann haben wir die metaphysische Fragestellung zwar richtig wiedergegeben, aber doch das Entscheidende dabei übersehen. Denn die Frage enthält noch den Zusatz „des Seienden, insofern es seiend ist" oder noch kürzer: des Seienden als des Seienden. Dieses „als" aber sagt das Entscheidende; denn es gibt die die metaphysische Frage leitende Hinsicht an.

Was besagt dieses „als", das, oft unmerklich, auch sonst immer wieder in unserem Sprechen waltet? Das „als" drückt immer eine Herausstellung von etwas aus, so wie wir zu sagen pflegen: Er hat sich als ein Könner oder Versager oder gar als ein Verbrecher herausgestellt. Das „als" gibt uns zu bedeuten, daß etwas, ein Mensch, ein Sachverhalt, ein Vorgang in der Bestimmtheit dessen heraus- und ans Licht getreten ist, was es mit ihm selbst auf sich hat. „Der Mensch als Mensch" bedeutet, daß der Mensch in die Bestimmtheit dessen, was er im Unterschied zu allem anderen ist, ins Erscheinen heraustritt. Entsprechend besagt dann das „als" bezüglich des Seienden, daß das Seiende, d. h. das Ganze dessen, was ist, als seiend, also in der ihm eigenen Bestimmtheit zu sein ins Offene der Sag-und-Denkbarkeit heraustritt. Was bedeutet das? Was spielt sich da ab? Es ist zu bedenken, daß der Mensch immer schon alles und jedes, womit er sich in irgendeiner Weise zu schaffen macht, als etwas nimmt, das irgendwie *ist*. Der Mensch hat immer schon und vorweg das, womit er umgeht, als seiend genommen, als etwas, das durch Sein bestimmt ist. Denn mit dem, was überhaupt nicht ist, wird sich niemand abgeben. Und sobald wir bemerken, daß das, dem wir uns zugewendet haben, gar nicht ist, lassen wir sogleich auch schon von ihm ab. Das Als-seiend-Nehmen eines jeglichen Womit unseres Umgangs ist das, was die Griechen λέγειν und λόγος (Logos) nannten, das Ansprechen von etwas in Hinsicht auf Sein, das auch ohne stimmliche Verlautbarung geschehen kann. Der Mensch aber ist innerhalb der Welt das Wesen, das den Logos hat, dergestalt, daß diese Logos-Habe ihn allererst zum Menschen bestimmt, ihm seine menschliche Gestalt gibt. Nun nehmen wir zwar in all unserem Tun und Lassen alles, im einzelnen sowohl wie im ganzen, als seiend, aber wir kehren uns dem nicht eigens zu, als was wir da ein jegliches nehmen, sondern streifen es gleichsam nur, wenn auch unaufhörlich, um uns dem zuzuwenden, mit dem wir uns jeweils zu schaffen machen; so bleibt uns das, als was wir alles und jedes immer schon nehmen, ansehen und ansprechen, auf eine seltsame Weise zugleich verhüllt. Die Metaphysik aber hat darin gerade ihren Beginn, daß sich in ihr das Seiende als seiend, also in seiner Bestimmtheit zu sein eigens herausstellt, und zwar als Ganzes im Ganzen. Jede Bestimmtheit aber ist ein Unterschied. Wenn sich der Mensch eigens als Mensch herausstellt, dann in dem ihn umgrenzenden Unterschied zu allen übrigen Wesen, denen das Menschsein abgeht. Wenn nun das Seiende sich als seiend herausstellt, welcher es umgrenzende Unterschied tritt dann zutage? Der Unterschied zu demjenigen, dem das Sein abgeht, der Unterschied zum Nichtseienden oder dem Nichts. Daß das Seiende sich als seiend herausstellt, bedeutet demnach: es tritt in seiner es vom Nichtseienden unterscheidenden Umgrenzung eigens hervor. Aber wenn das geschieht, dann wird die Frage notwendig: Was ist das, dem das Seiende es verdankt, daß es seiend ist und nicht vielmehr nichtseiend? Das ist die Frage nach den Ursachen des Seienden als des Seienden. Was ist das, von dem her das Seiende seinen Ausgang nimmt und in dem es einbehalten bleibt, so daß es vor dem Versinken in das Nichtsein bewahrt bleibt? Das ist die Frage nach den Anfangsgründen des Seienden. In dem Augenblick, da das Seiende sich als seiend herausstellt, wird die metaphysische Frage nach den Anfangsgründen und Ursachen des Seienden, insofern es seiend ist, zu einer Notwendigkeit, jedoch zu einer in Freiheit zu übernehmenden Notwendigkeit; denn ob der Mensch diese Frage übernimmt und vollzieht oder ob er das Seiende als seiend auf sich beruhen läßt, das steht bei ihm. Doch hat es, seitdem es sich mit dem Seienden begeben hat, sich als ein solches herauszustellen, immer wieder Menschen gegeben, welche sich in diese Frage gestellt haben. Man nennt sie seit Plato Philosophen und sagt ihnen oft nach, sie versuchten mehr oder minder tiefsinnige, aber für die Lebenspraxis meist untaugliche, ja diese wohl behindernde Lehren vom Ursprung und Wesen der Dinge aufzustellen, sog. metaphysische Lehren. Doch ist dem wohl nicht so. Die Metaphysik ist keine Lehre über Gott, Welt und Mensch und über was auch immer, in der man jemand unterrichten könnte; sie kann zwar auch als eine Lehre vorgestellt werden, aber dann wird nicht nur das verkannt, was sie wesentlich ist, sondern es kommt ihr auch der Grund ihrer Notwendigkeit abhanden, der Ursprung, aus dem sie lebt. Die Metaphysik ist zuerst und vor allem die Übernahme und der Vollzug einer einzigen Frage, der Frage nach den Anfangsgründen und Ursachen des Seins dessen, was ist. Diese Frage hat zu ihrem Ursprung ein das Ganze des Seienden betreffendes Geschehnis, dieses nämlich, daß das Seiende sich als seiend herausstellt und so in seiner es vom Nichts abscheidenden Bestimmtheit zu sein ins Offene gelangt, ein Geschehnis, das wir trotz aller historischen Erforschung der geistigen Überlieferung übergehen und das wir nicht in den Griff bekommen, wenn wir der Metaphysik einfach absagen und sie verleugnen, indem wir sie zu bloßen Lehrmeinungen herabsetzen, die wir dann auch noch durch handgreifliche Erklärungen verflachen und verunstalten. Man wird wohl recht daran tun, wenn man diese die Metaphysik verunstaltenden Mißgebilde samt der billigen Kritik an ihnen sich selbst überläßt und eher das Folgende bedenkt:

Daß der Mensch jedwedes Womit seines Umgangs als seiend

nimmt, der Logos also oder, wie wir auch sagen können, das Denken, gibt all seinen Verhaltungen erst die menschliche Gestalt. Indem nun die Metaphysik das Seiende eigens als solches in Hinsicht auf seine Anfangsgründe und Ursachen bedenkt, übernimmt sie den Logos, aus dessen Habe der Mensch sein Wesen als Mensch empfängt, als thematische Aufgabe. Sie bedarf daher nicht erst noch einer Umsetzung ihrer Gedanken ins Handeln. Denn alles Handeln ist ein Vollbringen, und die Metaphysik vollbringt durch sich selbst bereits etwas zuhöchst Wesentliches: den offenen Bezug des Menschen zu jenem, was ihn immer schon als Menschen in Anspruch genommen hat, das Seiende als solches. Indem nun die Metaphysik das Seiende auf seine Anfangsgründe und Ursachen hin bedenkt, versetzt sie den Menschen in ein wissendes Grundverhältnis zur Welt und zu sich selbst, woraus dann allererst ein vom Wissen geleitetes Handeln, also die sog. Praxis hervorgehen kann. Die äußerste und letzte Bestätigung dieses Sachverhalts ist die Tatsache, daß ohne die philosophisch-theoretische Weltauslegung von Karl Marx die „weltverändernde", sozialistisch-revolutionäre Praxis überhaupt nicht möglich wäre.

Sofern die Metaphysik nach den Prinzipien und Ursachen des Seienden fragt, erstrebt sie ein Wissen, wenn anders im Erfassen von Prinzipien und Ursachen das Wissen sein Bestehen hat. Und so ergibt sich die Aufgabe, die Art des metaphysischen Wissens von der Wissensweise der Wissenschaften zu unterscheiden und so zu umgrenzen. Das ist nicht so zu verstehen, als ob beide Wissensarten gegeben wären und nachträglich unterscheidende Merkmale festgestellt würden. Vielmehr bringt die Unterscheidung das je Eigene der beiden Wissensarten allererst ans Licht und läßt den Bezug sichtbar werden, in welchem sie zueinander stehen. Die Unterscheidung ist nicht etwas nachträglich Hinzukommendes, sondern sie ist ursprünglich sachaufhellend[6].

Jede Wissenschaft bewegt sich im Umkreis von Ursachen und Prinzipien, ganz gleich, ob sie wie die Medizin ihre Erfüllung in einer Tätigkeit, in der Behandlung der Patienten hat, oder ob sie

[6] 1025b 4 ff.

19

sich in der Aufdeckung von Sachverhalten beschließt, wie etwa die Mathematik. Das wissenschaftliche Wissen gliedert sich im vorhinein in eine Vielzahl von Wissenschaften auf. Das rührt daher, daß die Wissenschaften zwar alle mit solchem zu tun haben, das ist, also mit Seiendem, aber immer mit bestimmtem Seienden, mit dem kranken Leib, mit Größenverhältnissen, mit Naturvorgängen, mit geschichtlichen Begebenheiten; sie nehmen niemals das Ganze dessen, was ist, in den Blick, sondern grenzen sich jeweils einen einheitlichen Bereich aus dem Ganzen des Seienden heraus, den Sachbereich, für den sie jeweils zuständig sind. Diese Eingrenzung des Blicks auf einen bestimmten Bereich des Seienden ist aber kein Mangel der Wissenschaften, sondern sie ermöglicht erst einer Wissenschaft, die Wissenschaft zu sein, die sie ist. Sie heißen deshalb mit Recht Einzelwissenschaften. Keine von ihnen öffnet sich dem Ganzen dessen, was ist, und deshalb nimmt auch keine von ihnen, weil eingeschlossen in einem umgrenzten Seinsbereich, das Seiende in den Blick, sofern es seiend ist. Denn als seiend, also in Hinsicht auf Sein stellt das Seiende sich erst dann vor und dar, wenn es gegen das Nichtseiende gehalten wird. Die einzelnen Sachgebiete der für sie zuständigen Wissenschaften sind unterschiedene Bereiche innerhalb des Ganzen, und erst dort, wo das Ganze in den Blick genommen wird, stellt es sich als das vom Nichtseienden Unterschiedene, also als Seiendes heraus. Und erst ein Denken, das in das Ganze des Seienden hinausblickt, steht vor der Frage, woher und wodurch das Seiende ist, was es ist, nämlich seiend und nicht vielmehr nichtseiend. Keine Wissenschaft vermag diese Frage zu beantworten, und zwar deshalb nicht, weil sie sie gar nicht stellen kann. Denn um sie auch nur stellen zu können, müßte eine Wissenschaft in das Ganze des Seienden hinausblicken, also aufhören, Einzelwissenschaft zu sein.

Nun ist das Seiende seiend durch das, *was* es ist, also durch sein Wassein. So kann der Mensch im Lauf seines Lebens mancherlei werden und dann sein, er kann mancherlei aufhören zu sein. Wenn ihm aber das abhanden kommt, *was* er ist, ein Mensch, dann hört er überhaupt auf zu sein. Dieses vorzügliche

Sein, eben das Wassein, wird seit Plato entschieden Ousia (οὐσία) genannt, eine Nominalbildung zu on (ὄν), seiend, also Sein im betonten, ausgezeichneten Sinne, von Heidegger gelegentlich und sachangemessen mit „Seiendheit", ins Deutsche meist jedoch mit „Wesen" übersetzt. Deshalb kann die metaphysische Grundfrage auch so formuliert werden: Was ist das Wesen des Seienden, insofern es seiend ist, wobei dann „Wesen" in erster Linie das Wassein meint. Weil nun die Einzelwissenschaften nicht das Seiende als seiend in den Betracht nehmen, vermögen sie auch von sich her nicht zu sagen, wessen Wesens das Seiende ist, bezüglich dessen sie ihre Forschungen anstellen. Was Zahlen als solche sind, was ein geschichtlicher Vorgang in seinem Wesen ist, das läßt sich mit wissenschaftlichen Methoden nicht ausmachen; es steht vielmehr vor allem wissenschaftlichen Forschen und für es bereits im Blick, aber nicht als thematische Aufgabe, sondern in der Weise einer Vorgabe, also in einem allem Forschen vorausgehenden Vorverständnis. Dabei gehen die Wissenschaften entweder mehr deduktiv vor, indem sie das Wassein in Gestalt von Definitionen zum Ausgang für ihre Ableitungen nehmen. Oder sie verfahren mehr empirisch, indem sie durch bestimmte Beobachtungsmethoden zu allgemeinen Eigenschaften und Beziehungen der Dinge oder Geschehnisse sowie zu Regeln ihres Verhältnisses gelangen. Aber ob die Wissenschaften deduktiv oder empirisch verfahren, das, was die Sache ist, bezüglich deren sie etwas beweisen, lassen sie sich vorgeben, um überhaupt mit ihren Untersuchungen beginnen zu können. Erst ein Wissen, welches das Seiende als seiend und das Ganze alles Seienden betrachtet, ist zuständig für Wesen und Wesensart des Seienden, bezüglich dessen die Wissenschaften mittels eigener Methoden ihre Erkenntnisse gewinnen.

Die Einzelwissenschaften lassen sich den Bereich, in dem sie sich jeweils bewegen, einfachhin als seiend vorgeben. Daß geschichtliche Geschehnisse sind, daß es naturhafte Vorgänge gibt, daß Größen und ihre Verhältnisse sind, daß das alles *ist*, nehmen sie einfach an und auf. Insofern verhalten sich die Wissenschaften bezüglich des Seins ihrer Gegenstände „dogmatisch", und das gemäß der Art ihres Wissens mit Recht. Aber dieses legitime dogmatische Verhalten wird dann zum wissenschaftlichen Dogmatismus, wenn die Wissenschaften, wie heute weithin geschieht, die Art ihres Wissens für das einzig mögliche Wissen überhaupt erklären. Weil die Wissenschaften das Wassein ihrer Sache nicht zum Thema machen, können sie sich auch nicht auf das Daßsein einlassen. Aristoteles erklärt, es sei die Aufgabe desselben Denkens, sowohl das Was-es-ist offenbar zu machen als auch das Ob-es-ist[7].

Hier legt sich ein Einwand nahe: Wenn ich z. B. weiß, was eine bestimmte Pflanzenart ist, also einen Begriff von ihr habe, dann weiß ich zufolge des im Begriff vorgestellten Wasseins noch nicht, ob diese Pflanze ist, also existiert; sie könnte ja bereits ausgestorben sein. Man kann aus dem Begriff einer Sache nicht auf ihre Existenz schließen. Doch ist die These des Aristoteles wohl anders gemeint. Erst wenn ich weiß, wessen Wesens geschichtliche Geschehnisse sind, weiß ich, daß geschichtliche Vorgänge nicht bloße Erscheinungen von ihnen zugrundeliegenden Naturvorgängen sind, daß also geschichtliche Geschehnisse *sind*. Und nur dann, wenn ich weiß, wessen Wesens der Mensch als Mensch ist, weiß ich auch, daß *Menschen sind* und Mensch nicht nur der Name für eine hochspezialisierte oder auch unspezialisierte Abart von Tieren ist. In manchen der heute herrschenden anthropologischen Wissenschaften droht bei aller Richtigkeit und Wichtigkeit ihrer Resultate das Wissen davon zu erlöschen, daß es Menschen gibt, so wenn z. B. die vergleichende Verhaltensforschung, indem sie jede Möglichkeit einer Wesensbestimmung des Menschen verleugnet, erklärt, der Mensch sei eben nichts anderes als das, was sie mittels ihrer vergleichenden Methoden bezüglich seines Verhaltens feststelle.

Die Metaphysik befragt das Seiende im Hinblick auf seine Anfangsgründe und Ursachen und blickt so auf das Ganze dessen hinaus, was ist. Aber dieses Ganze, das Seiende überhaupt, ist nicht etwas Einfaches, sondern es gliedert sich in mannigfache Seinsbereiche. Die Metaphysik steht deshalb vor der Frage, an

---

[7] 1025b 17 f.

welchen Seinsbereich sie sich halten soll, welches Seiende also das primär zu Befragende ist. Man kann das primär zu Befragende auch das exemplarisch Seiende nennen. Mit dessen Auszeichnung kommt die Metaphysik in Gang. Aber wie soll entschieden werden, welches Seiende als das exemplarisch Seiende zu fungieren hat?

Der Mensch hält sich immer schon in einem mehrfachen Wissen, in welchem ihm Seiendes hinsichtlich seiner Anfangsgründe und Ursachen offenbar ist[8]. So gibt es Seiendes — und es ist gerade solches, das in unserem nächsten Umkreis weilt —, das unter Führung eines Wissens ins Sein gebracht wird: die verfertigten Gebrauchsdinge. Sie haben ihre Anfangsgründe und Ursachen in einem dem Menschen eigenen Wissen, in dem Sichauskennen in dem, was sie werden und sein sollen. Es ist das technische Wissen. Seiendes von dieser Art kann nicht das exemplarisch Seiende sein; denn es ist seinsmäßig in einem anderen Seienden fundiert, in demjenigen, das wir selbst sind und in welchem seine Seinsursachen liegen. Sodann hält sich der Mensch in einem spezifisch praktischen Wissen, bei dem es um ihn selbst geht, um das Wie des eigenen Seins, um die Art und Weise, wie der Mensch sich in all seinen Verhaltungen selbst hat und hält, wie er sein Menschsein vollzieht. Seiendes von dieser Art sind Gerechtigkeit, Tapferkeit, überhaupt das rechte Bedachtsein des Menschen auf sich selbst als Menschen. Auch solches Seiende kann nicht das primär zu Befragende sein. Denn all das wird vollbracht und kommt zustande auf Grund des schon seienden Menschen. Nun liegt aber dem technischen und dem praktisch-sittlichen Bereich ein anderer Bereich zugrunde, der beide trägt und bestimmend durchragt: die Natur. Auch und erst recht zu ihr steht der Mensch in irgendeinem Wissensverhältnis. Von welcher Art ist es? Die nächste Antwort lautet: Dieser Wissensbezug ist technisch-praktisch. Denn überall tragen wir der Natur auf mannigfachste Weise Rechnung. Wir stellen ihre Kräfte und Elemente in den Dienst der Lebenserhaltung und der Lebenszwecke, und zwar so, daß wir uns mittels ihrer zugleich vor ihnen schützen.

[8] 1029b 19 ff.

Das Erbauen menschlicher Wohnstätten ist gänzlich durch dieses zweifache Rechnungtragen bestimmt. Und doch verhält es sich anders, wie ein schärferes Durchdenken der menschlichen Verhältnisse zur Natur zeigt. Wäre nämlich der Wissensbezug zu dem von Natur Seienden primär technisch-praktisch, dann würde das besagen, daß die Anfangsgründe, die Ursachen dieses Seienden ebenso in uns lägen wie die der angefertigten Gebrauchsdinge und das Ethos. Aber so verhält es sich nicht; denn dieses Seiende hat den Anfangsgrund der Bewegung (durch welche es ins Sein gelangt) und der Ruhe (in welcher es als das ins Sein Gelangte weilt) in ihm selbst. Es ist das von sich her Sichaufmachende, und zwar in dem Doppelsinne des Wortes des Sich-auf-den-Weg-Machens und des Sichöffnens ins Erscheinen. Denn auch die noch so sehr verfeinerten Methoden der Rosenzüchtung vermöchten nichts auszurichten, wenn die Rosen sich nicht von sich her in ihr Blühen öffnen würden. Solchem Seienden gegenüber, das von sich her anwesend ist, verhalten wir uns primär nicht technisch-praktisch, sondern theoretisch, d. h. in einer Betrachtung, welche danach trachtet, dieses Seiende in seinem Was und Wie zu erkennen, und erst auf der Basis des Theoretischen, wie immer dieses auch geartet sei, können wir uns dann technisch-praktisch zu ihm verhalten[9].

All unser technisch-praktischer Umgang mit den Naturdingen ist, wie inexplizit auch immer, zuletzt im Theoretischen fundiert, welches als thematische Aufgabe spezifisch theoretischer Wissenschaften entwickelt werden kann. Dieses Seiende, welches von sich her seiend ist und deshalb das Fundament für alles übrige bildet, bietet sich als das exemplarisch Seiende an. Woher und wodurch ist es das Seiende, das es ist? Was macht an ihm seine Seinsbestimmtheit aus? „Natur" ist das Übersetzungswort für das griechische Wort φύσις (Physis). Ein zur Physis gehörendes Wissen heißt „Physik". Aber unter diesem Ausdruck ist hier

---

[9] Vielleicht hat der Versuch einer phänomenologischen Zurückführung der theoretischen Wissenschaft auf die Praxis der Lebenswelt diesen — freilich vor der Entstehung der Wissenschaften noch verhüllt bleibenden — theoretischen Grundzug des Menschen im Verhältnis zur Natur nicht hinreichend berücksichtigt.

24

nicht die Physik im heutigen Sinne zu verstehen, also keine Einzelwissenschaft, die aus dem körperhaften In-Bewegung-Sein dessen in mathematischen Formeln zu fassende Gesetze herausarbeitet, aber auch nicht das Gesamt aller Naturwissenschaften. Physik ist hier für Aristoteles der Titel für das philosophische Wissen von der Natur, welches Anfangsgründe und Ursachen in den Blick nimmt, durch die dieses Seiende seiend ist. Nun ist der Grundzug des von Natur Seienden — und das hat Aristoteles als erster erkannt und für die gesamte Folgezeit festgelegt — das In-Bewegung-Sein, Bewegung in dem ganz weiten Sinne genommen, daß sie den Ortswechsel, die qualitative Veränderung, das Wachsen und Schwinden, ja sogar das Entstehen und Vergehen umfaßt. Das von Natur Seiende ist dadurch bestimmt, daß es als Seiendes so und anders, sein und nicht sein kann. Das Prinzip und die Ursache für dieses In-Bewegung-Sein ist der Stoff (ὕλη, Hyle), bei dem es nicht so sehr auf die Materialität ankommt, sondern darauf, daß er seinem Wesen nach das So aber auch Anders, das Dieses aber auch Jenes, überhaupt das Sein-aber-auch-nicht-sein-Könnende ist. Weil es der Stoff ist, woraus das naturhaft Seiende besteht, ist es seiend im Wandel, hat es in der Bewegung seinen Aufenthalt. Also wäre der Stoff dasjenige, woher und wodurch das von Natur Seiende seiend ist? Ja und nein. Zwar hat es seine Anwesenheit im Wandel, aber es ist doch nicht ein bloß Sich-wandelndes, vielmehr eignet ihm auch ein fest umgrenztes Wassein. Das von Natur Seiende ist z. B. ein Baum, aber wenn ein Baum, dann ein bestimmter Baum, eine Buche oder eine Fichte. Oder es ist ein Lebewesen, aber dann entweder ein Löwe oder ein Tiger. Alle Bewegungen, in denen es sich befindet, spielen sich innerhalb eines es auf es selbst begrenzenden Wasseins ab. Dieses ist nicht nur das das Werden beschließende, jeweilige Ende, sondern es bestimmt vorgängig das gesamte Werden, da es gleichsam den Bauplan des Werdenden bildet. Dem von Natur Seienden ist also nicht eindeutig zu entnehmen, woher und wodurch es das Seiende ist, das es ist. Denn es bietet sich sowohl der Stoff als auch das Was-es-ist als Prinzip und Ursache seines Seins an. Jedoch ist an ihm ein Zug zutage getreten, durch den das exemplarisch Seiende gekennzeichnet sein muß. Es kann nicht von der Art sein, daß es in einem anderen Seienden seinsmäßig fundiert ist, es muß vielmehr von ihm selbst her da und anwesend sein. Ein wasbestimmtes Seiendes, das von der Seinsart des von ihm selbst her Seins ist, heißt Ousia (Wesen). Daß das naturhaft Seiende trotz dieses Vorzugs nicht die Rolle des exemplarisch Seienden übernehmen kann, liegt daran, daß es seine Anwesenheit in der Bewegung hat, deren Möglichkeitsgrund der Stoff ist.

Deshalb legt es sich nahe, den Blick nunmehr auf Seiendes zu lenken, das von Bewegung und Wandel frei ist, das also immer ist, was und wie es ist. Solches Seiende ist uns bekannt; es ist das Mathematische. Die Mathematik ist wie die Physik eine theoretische Wissenschaft. Sie hat solches zum Thema, was in bleibender Anwesenheit ist, was und wie es ist, und das deshalb nicht Sache eines technisch-praktischen Wissens sein kann, das immer auf Veränderbares geht. Dem Mathematischen scheint zufolge seiner Unwandelbarkeit das entnehmbar zu sein, was Seiendes als solches ist. Aber es scheint nur so. Denn erfüllt das Mathematische auch das Von-sich-her-Sein? Hat es diesen Grundzug der Ousia? Zwei Äpfel, zwei Bäume liegen von sich her in der Bestimmtheit des Zweiseins vor. Aber wie steht es mit der Zwei, von der es heißt, sie sei die einzige gerade Primzahl? Besteht sie an sich selbst? Oder hat sie nur ein Bestehen, sofern sie in dem ein Fundament hat, was von Natur ist? Gewiß, die Mathematik betrachtet die Zahlen für sich, abgelöst von jeglichem sinnlich-stofflichen Bestand. Durch dieses ablösende Für-sich-setzen von Zahlen konstituiert sie sich als theoretische Wissenschaft. Aber es bleibt unausgemacht, ob das durch das wissenschaftliche Verfahren abgelöst für sich Betrachtete auch getrennt für sich besteht. Darüber vermag die Mathematik nichts zu entscheiden. Und so bleibt die Seinsart des Mathematischen zunächst verborgen. Ja, es kann sogar das Denken in die Irre führen. Denn da es in der ihm zugehörigen Wissenschaft abgelöst für sich betrachtet wird, kann man versucht sein, die Betrachtungsweise für seine Seinsweise zu nehmen, während es doch allererst gilt, zu erkennen, gemäß welcher Art von Sein das Mathematische ist. Und wenn sich dann zeigen sollte (was Aristoteles im 13. Buch der Metaphysik aufzuweisen unternimmt), daß es ohne ein seinsmäßiges Fundament in einem anderen Seienden gar nicht sein kann? Dann würde die Metaphysik, indem sie sich am Mathematischen als dem exemplarisch Seienden orientiert, in die Irre gehen. So kann also das Mathematische nicht als das exemplarisch Seiende fungieren. Wohl aber läßt es einen Charakter sehen, dem das gesuchte Seiende entsprechen muß: das Freisein vom Wandel des So-und-auch-anders, des Seins und des Nichtseins.

Der Durchgang durch die Bereiche der Natur und des Mathematischen hat Grundzüge erkennen lassen, durch die das gesuchte Seiende bestimmt ist: Es muß von ihm selbst her anwesend sein, also ein eigentlich Seiendes sein, dem das Sein von ihm selbst her eigen ist; es muß den Charakter der Ousia haben. Sodann muß es von allem Wandel, also von jeder Art des Übergangs von Nichtsein in Sein und von Sein in Nichtsein frei sein. In diesem Seienden, das sowohl getrennt für sich besteht als auch von jeglicher Art des Nichtseins frei ist, wäre das Sein uneingeschränkt präsent. Es wäre das Göttliche. „Denn", so erklärt Aristoteles, „es liegt am Tage, daß, wenn irgendwo das Göttliche anwesend ist, es in einem von sich her Anwesenden von solcher Wesensart besteht."[10]

„Metaphysik" als Name für die Sache der Philosophie beginnt jetzt bestimmter zu sprechen; denn es wird deutlicher, inwiefern die Frage nach den Anfangsgründen und Ursachen des Seienden als Seienden metaphysisch ist. Sie geht aus von dem Bereich des von ihm selbst her Anwesenden, das uns auf natürliche Weise immer schon offenkundig ist: dem Bereich der Natur. Sie entfaltet sich zu einer Physik. Aber sie durchgeht den Bereich der Natur, indem sie zugleich über ihn hinaus- und hinweggeht. Auf diesem Wege nimmt sie das Mathematische in den Blick, das zwar in der Natur sein seinsmäßiges Fundament hat, aber den Zug des Bewegungsfreien kundtut, und blickt zuletzt auf ein

[10] Met. VI, Kap. 1, 1026a 19 f.

Seiendes hinaus, das sowohl von ihm selbst her anwesend als auch von jeglichem Wandel frei ist, Seiendes also, welches das Sein in seinem vollen Wesen repräsentiert: das Göttliche.

Aber freilich: Wissen wir denn überhaupt, daß ein Seiendes von solchem Vorzug *ist?* Das von Natur Seiende bezeugt sich als seiend in der sinnlichen Wahrnehmung, die selbst naturhaft ist. Und auch das Mathematische, mag seine Seinsart auch im Dunkel liegen, bezeugt sich in unserem Zählen, Rechnen und Messen als irgendwie seiend. Aber getrennt für sich Seiendes, das von jeder Art des Wandels frei ist? Solches Seiende weilt jedenfalls nicht in dem Bereich des uns Zugänglichen und Offenkundigen. Deshalb läuft die Metaphysik auf die Frage hinaus: Ist ein Gott? Mit dieser aus ihr selbst entspringenden Frage läßt die Metaphysik jedoch zugleich auch die Gegenmöglichkeit der Gottlosigkeit aufkommen. Diese ist dort, wo die Metaphysik in ihre letzte Entschiedenheit vorgeht, vorbereitet durch Schopenhauers Lehre vom Willen zum Wollen als dem Ungott, in Nietzsches Metaphysik vom Tode Gottes und in Marx' Philosophie vom nichtseienden Gott ergriffen worden. In jedem Fall bleibt die Metaphysik von Beginn an von der Möglichkeit der Gottlosigkeit beschattet, da durch sie das Göttliche in die Frage rückt, ob und inwiefern es ist. Die Entscheidung der Metaphysik in ihrem Beginn bei Aristoteles lautet: Dieses ausgezeichnete und zuhöchst Seiende ist; denn das uns immer schon umgebende von sich her Seiende, die Natur, vermöchte nicht das zu sein, was es ist, wenn jenes zuhöchst Seiende, das Göttliche, nicht wäre.

So klar diese Verhältnisse auch zu sein scheinen, es liegt in ihnen ein schweres Problem beschlossen, das die Wesensumgrenzung der Metaphysik selbst angeht. Sie ist der Austrag der Frage nach den Anfangsgründen und Ursachen des Seienden als des Seienden. Insofern sie das Seiende als Seiendes in den Blick nimmt, kann man sie Ontologie nennen. Das ist zwar keine griechische Benennung, sondern ein dem Griechischen nachgebildetes Wort aus der Zeit um 1700 n. Chr. Aber es kennzeichnet die Metaphysik in ihrem Grundzug, sofern sie das darzulegen versucht, was das Seiende ist, insofern es seiend ist. Die Metaphysik ist demnach metaphysische Ontologie. Sie nimmt ihren Ausgang innerhalb des Bereichs der Natur und ist insofern Physik. Sie überschreitet im Durchgang durch das Mathematische den Umkreis des sinnlich Naturhaften und blickt in übersinnlich Seiendes hinaus, in den Bereich des Göttlichen. Insofern ist die ontologische Metaphysik eine Onto-theologie. Als Wissenschaft vom Höchsten ist die Metaphysik auch die höchste, ihrem Rang nach erste Wissenschaft. Gleichwohl bleibt sie als die höchste Wissenschaft auf einen Bereich des Seienden, den Bereich des Göttlichen, eingegrenzt. Aber als Wissenschaft vom Seienden als Seienden ist sie dem Ganzen dessen, was ist, geöffnet. Wie stehen das Wissen vom Seienden als solchem und das Wissen vom höchsten Seienden zueinander? In welchem Verhältnis befinden sich Ontologie und Onto-theologie? Auf diese Frage gibt Aristoteles die bündige Antwort: Weil die Metaphysik auf das rangerste Seiende geht, deshalb ist sie die rangerste Wissenschaft. Und sie handelt vom Seienden überhaupt, insofern es seiend ist, weil sie die rangerste Wissenschaft ist. Aristoteles erläutert dieses Verhältnis von Onto-theologie und Ontologie an den mathematischen Wissenschaften: Mathematisch sind alle durch die Mathematik mitbestimmten Wissenschaften, wie die Mechanik, die Optik, die Harmonielehre, vor allem auch die Astronomie, in der Neuzeit dann auch die Physik und alle Wissenschaften, die in der Physik fundiert sind. Sofern diese Wissenschaften mathematisch sind, ist die Mathematik ein ihnen allen gemeinsames Allgemeines. Aber die Mathematik ist auch eine eigene Wissenschaft von den Größenbestimmtheiten und ihren Verhältnissen als solchen. Die reine Mathematik stellt innerhalb des Gefüges der durch Mathematik bestimmten Wissenschaften insofern die rangerste dar, als die übrigen Wissenschaften erst im Durchgang durch die Kenntnis des Mathematischen als solchen ihre Erkenntnisse gewinnen. Also bewegt sich die Mathematik in einem eigenen, höchsten mathematischen Sachbereich und ist zugleich das den übrigen mathematischen Wissenschaften Gemeinsame. Und zwar ist sie gerade, weil und insofern sie das dem Rang nach Erste ist, das alle anderen Wissenschaften in ihrer Struktur gemeinsam bestimmende Allgemeine.

Ein entsprechendes Verhältnis waltet auch innerhalb der Metaphysik. Dasjenige wasbestimmte Seiende, das von sich her anwesend ist, heißt Ousia. Von dieser Art ist das naturhaft Seiende. Aber es vermag keine eindeutige Auskunft darüber zu geben, worin sein Sein besteht, im Was-es-ist oder im Stoff. Gäbe es keine Ousia außer und neben dem, was von Natur ist, dann wäre freilich die Wissenschaft der Natur die Erste Wissenschaft, und eine metaphysische Ontologie im strengen Sinne gäbe es dann nicht, da auch das Mathematische in die Natur zurückgegründet bleibt. Allerdings bliebe dann auch zuletzt immer unentschieden, worin das eigentliche Sein von Seiendem besteht. Wenn es aber eine unbewegte Ousia gibt, dann ist die ihr zugehörige Wissenschaft höher als die Wissenschaft von der Natur, also die rangerste Wissenschaft und als diese die Wissenschaft vom Seienden überhaupt und als solchem. Denn in dem zuhöchst Seienden ist das Sein in einer von keinem Nein und Nicht eingeschränkten Weise präsent, so daß sich ihm erst entnehmen läßt, was Sein im Vollsinne des Wortes bedeutet. So wie die Gebiete der mathematisch bestimmten Wissenschaften gleichsam ins Stoffliche abgewandelte Größenverhältnisse sind, so stellt alles Seiende nichthafte Abwandlungen des Seins dar, dessen reine Präsenz das Göttliche ist. Und so wie aus der Kenntnis der reinen Größenbestimmtheiten als solcher die anderen mathematischen Wissenschaften ihre Erkenntnisse allererst gewinnen, so kann auch erst im Blick auf das Seiende, welches das Sein rein repräsentiert, zureichend bestimmt werden, in welcher Weise das übrige Seiende jeweils seiend ist. So muß also die Ontologie, wenn sie ihrem Anspruch, Wissenschaft vom Seienden als solchem zu sein, entsprechen soll, ontologische Metaphysik und Onto-theologie sein.

I. TEIL
METAPHYSISCHE ONTOLOGIE

§ 3 Logos und Sein

Sobald das Seiende als seiend, d. h. in seiner es vom Nicht-seienden unterscheidenden Bestimmtheit in das offene Erscheinen hervorgetreten ist, wird die Frage nach dem, als was wir ein jegliches in jeglichem Umgang mit ihm immer schon ansehen und ansprechen, als seiend nämlich, möglich und sogar nötig. Man kann solches Fragen sowie den Versuch seiner Beantwortung „Ontologie" nennen, sofern das im Ist-sagen sich manifestierende Ansprechen eines jeglichen als seiend den Grundzug des Logos ausmacht. Das Fragen nach dem, was dieses „seiend" denn sei, ist daher der explizite Vollzug des Logos, dessen Habe den Menschen zum Menschen bestimmt. Im Logos tut sich ein jegliches als etwas auf, das *ist*. Er bildet daher die Dimension der Offenbarkeit von Sein. Dieser explizite Vollzug des Logos oder, wie wir auch sagen können, des Denkens trägt seit Plato den Namen Philosophie.

Wenn die Philosophie fragt, was das „seiend" sei, dann vermag sie das nur, weil das Befragte sich bereits aus seiner vormaligen Unsagbarkeit und Undenkbarkeit in das Offene der Denkbarkeit und Sagbarkeit begeben hat. In welcher Weise das „seiend" seine Offenbarkeit für das Denken und Sagen mitbringt, welchen Wesens diese Offenbarkeit ist und wie sie sich ereignet, ob und inwiefern das Sagen dessen, was das „seiend" sei, und so der Mensch als Inhaber des Logos zu jener Offenbarkeit gehören, bleibt in der Grundfrage der überlieferten Philosophie deshalb ungefragt, weil sie die Frage: Was ist das seiend? selbst zu ihrem eigenen Wesensbeginn macht. Daß der Mensch in der Offenbarkeit des „seiend" steht, wird im überlieferten Denken einfach durch den Vollzug der genannten Frage hingenommen.

Wird diese Frage vollzogen, dann zeigt sich sogleich, daß das in den Blick genommene seiend sich von Anfang an in eine Vielheit gliedert, und zwar nicht erst deshalb, weil das, was wir als seiend ansprechen, also das Seiende, sich als eine unübersehbare Mannigfaltigkeit darstellt, sondern eben das, als was wir es ansprechen, das seiend selbst, enthüllt sich als vielfältig, und zwar unangesehen der Identität seines Namens. Sobald wir eigens auf das aufmerken, als was und woraufhin wir ein jegliches ansprechen, entfaltet dieses sich in eine Mannigfaltigkeit von Weisen des seiend-seins. Aristoteles verweist in dem ersten Satz des VII. Buches der Metaphysik[11] auf die Abhandlung über die Kategorien, in der er die Weisen des seiend-seins auseinandergelegt und im einzelnen bestimmt hat. Das Wort Kategorie (κατηγορία), das in seiner nächsten Bedeutung einfach Ansprechung von etwas meint, z. B. als blau, als schön, als Mensch, gewinnt bei Aristoteles seinen spezifisch philosophischen Sinn: Es nennt die im Ansprechen von etwas als seiend eröffneten Grundweisen des Seins des jeweils Angesprochenen.

An dieser Stelle sei eine Zwischenbemerkung angebracht[12]: Das Wort ὄν, „seiend", ist, grammatisch gesehen, ein Participium, ein Wort, das an beidem Teil hat, am verbum und nomen, ein Mittelwort also zwischen Sein (verbal genommen) und dem durch Sein Bestimmten, dem Seienden (nominal genommen). Sein und Seiendes gehören in eine untrennbare Einheit zusammen. Denn Sein ist immer Sein eines Seienden. Und Seiendes ist ein Seiendes, weil ihm dieses zukommt: zu sein. Das philosophische Grundwort „seiend" spricht den wesenhaften Bezug beider aufeinander aus. Sprechen wir vom „Sein", so denken wir schon immer das Seiende mit, dessen Sein es ist. Und umgekehrt: Sagen wir „das Seiende", dann meinen wir eben solches, das ist, d. h. dem Sein zukommt. Aber dergestalt aufeinander bezogen sein kann nur solches, das zuvor schon zufolge einer zwischen

---

[11] Die folgende Darstellung ist zugleich der Versuch einer fortlaufenden Interpretation des VII. Buches der Metaphysik.

[12] Vgl. dazu M. Heidegger, Moira, in: Vorträge und Aufsätze, Pfullingen 1954, S. 251 ff.

ihnen waltenden Differenz auseinander gehalten ist. Denn nur aus dieser Differenz her vermag ein jedes der beiden in seiner eigenen Wesensart in die Sicht zu gelangen, dergestalt, daß das Seiende in Hinsicht auf Sein und so als seiend für das Sagen und Denken in die Offenbarkeit gelangt. Indem nun die überlieferte Philosophie als ihren Wesensanfang die Frage übernimmt: Was ist das seiend? faßt sie zwar das Aufeinanderbezogensein von Sein und Seiendem in den Blick, nicht aber die vorgängige Differenz, die, indem sie beides auseinanderträgt, jedem das ihm Eigene allererst zuträgt. Und in der Tat zeigt ein einziger gesammelter Blick auf die bisherige Geschichte des Denkens in all ihren Wendungen und Wandlungen, daß das Aufeinanderbezogensein von Sein und Seiendem, die Art ihrer Identität[13] also, der Sachverhalt ist, der das Denken immer wieder aufs neue in Bewegung setzt, bis in der absoluten Identität des spekulativen Idealismus die Differenz von Sein und Seiendem aufgehoben wird und so das „von altersher und jetzt und immer Gefragte und immer wieder sich zur Frage Stellende: Was ist das seiend" (Metaphysik VII, Kap. 1, 1028b 2 f.) in die unbedingte Fraglosigkeit überführt wird, so jedoch, daß mit dieser Vollendung des bisherigen Denkens und durch sie das Fragwürdige dieses Denkens ans Licht zu treten beginnt: die Differenz von Sein und Seiendem, die Heidegger als erster zur Sprache gebracht hat. Das überlieferte Denken macht zwar von der Differenz von Sein und Seiendem unablässig Gebrauch, wenn es die Art ihrer Bezogenheit je und je bestimmt, aber es bedenkt sie nicht selbst als die Differenz. Wenn es vorher hieß, daß im überlieferten Denken das Offene, in welches das seiend sich hineinbegibt, so daß es Sache des Denkens und Sagens sein kann, ungedacht bleibt, so liegt die Vermutung nahe, daß das dort und hier Ungedachte jedesmal dasselbe ist, so daß es die Differenz selbst wäre, die das Offene ergibt.

Das Gefragte des denkenden Fragens, das Aristoteles endgültig auf die Bahn gebracht hat, betrifft die Art und Weise, wie Sein und Seiendes aufeinander bezogen sind, die Art ihrer Iden-

---

[13] Vgl. E. Vollrath. Die These der Metaphysik. Zur Gestalt der Metaphysik bei Aristoteles, Kant und Hegel. Wuppertal/Ratingen 1969.

tität, wie das die folgenden Erläuterungen verdeutlichen möchten.

Wenn wir das „seiend" selbst in den Blick nehmen, sagen wir das Wort „seiend". Aristoteles fragt nun: τί σημαίνει τὸ ὄν? σημαίνειν heißt nicht bezeichnen, sondern eher Zeichen geben, etwas zu bedeuten, zu verstehen geben, ja sogar etwas durch das Zeigen erscheinen lassen. Zeichen aber wollen aufgenommen und verstanden sein. Das Wort-Zeichen gibt etwas für das auslegende Verstehen oder das Bedenken frei. Aristoteles erfährt zwar das Wesen der Sprache, also des Wortes als ein die Bahn des Verstehens und Bedenkens eröffnendes Zeichen-geben. Aber er bedenkt den eröffnenden Zug der Sprache so wenig wie alle auf ihn folgende Sprachphilosophie und Linguistik, sondern sein Denken ist ganz dem zugewendet, was das Zeigen der Sprache eröffnet, eben dem „seiend"[14].

Gehen wir dem nach, was das Wort „seiend" eröffnet, dann zeigt es in eine Mannigfaltigkeit von Weisen seiner selbst (Kategorien): Einmal gibt es das Was-es-ist (τί ἐστιν) und ein Dieses (τόδε τι) zu bedeuten, also die Einheit eines Zweifachen. Dieser viel beredete Sachverhalt ist in strenger Anmessung an den Logos zu erörtern:

Zweifellos ist das Was-es-ist (Wassein) eine Grundweise des Ansprechens. Nun sind aber im seiend immer Sein und Seiendes in einem (noch unbestimmten, erst zu bestimmenden) wechselseitigen Bezug gemeint. Das Wassein wird vermeint als Wassein eines Seienden, dessen Was es ist. Und zwar erscheint das Seiende in der Kategorie des Wasseins als ein Dieses (τόδε τι), näm-

---

[14] Die Frage legt sich nahe, wie das Offene, in welches das „seiend" sich begibt, die Differenz von Sein und Seiendem und der eröffnende Charakter der Sprache zueinander stehen. Von diesem Dreifachen macht das Denken des Aristoteles Gebrauch, ohne es selbst zu bedenken. Vielleicht deshalb, weil das Dreifache sich entzieht zugunsten des Seienden in seinem Sein, so daß dieses ganz den Blick auf sich zieht? Wenn aber das mit Plato und Aristoteles beginnende Denken in der Frage: Was ist das seiend? seinen Beginn hat, dann ist ihm durch es selbst verwehrt, demjenigen nachzudenken, was nicht im Logos des Seienden zugänglich ist, sondern den Grundzug des Sichentziehens zugunsten der Offenbarkeit des Seienden hat.

lich als ein in unmittelbarer Anwesenheit Begegnendes, das im einfachen Blick auf es selbst und so als für sich seiend sich zeigt. Dem τι entspricht im Deutschen zunächst einfach der unbestimmte Artikel: ein Dieses, etwas, das von der Art des Dieses ist, z. B. ein Mensch, d. h. einer unter vielen anderen. Das in der Kategorie des Wasseins erscheinende Dieses ist immer eines unter anderen. So wird schon auf eine erste Weise deutlich, weshalb dem Was-es-ist das Dieses hinzugefügt ist. Das Wassein als solches für sich genommen läßt das Seiende, dessen Was-sein es ist, im Ungenannten. Aber erst als Wassein eines Dieses erfüllt das Was-es-ist das seiend: Seinsweise eines Seienden zu sein.

Sodann gibt das „seiend" das Wiebeschaffen oder das Wiemannigfach zu bedeuten und so eine jede der übrigen Kategorien. Das Was-es-ist aber ist die erste Weise des Ansprechens, diejenige also, die an der Spitze steht, so daß alle übrigen nur in ihrem Gefolge und als ihr Gefolge auftreten können. Sie macht die Ousia zugängig, das „seiend" im ausgezeichneten und betonten Sinne. Ousia muß hier als Nominalbildung zu ὄν gehört werden, wörtlich: Seiendheit, ins Deutsche jedoch meist mit „Wesen" übersetzt, eine Übersetzung, die im folgenden beibehalten bleibt. Daß das seiend im ausgezeichneten Sinne des Ersten und der Ousia das im Was-es-ist angesprochene Dieses ist, bleibt nachzuweisen, und zwar im Hinblick auf den Logos, in welchem sich die Kategorien auftun.

Wenn wir etwas auf sein Beschaffensein hin ansprechen, dann sagen wir: gut oder schlecht, aber nicht 1,80 m oder ein Mensch. Wenn wir aber etwas auf das hin ansprechen, was es ist, dann sagen wir nicht: weiß oder warm oder 1,80 m groß, sondern wir sagen „Mensch" oder gar „Gott", meinen also ein für sich seiendes Dieses. Alle anderen Kategoremata werden angesprochen und zeigen sich im Ansprechen ihrer als seiend, sofern sie nicht für sich bestehen, sondern Größenbestimmtheiten, Beschaffenheiten, Widerfahrnisse eines in der Weise des Was-es-ist angesprochenen Dieses sind. Zwar eröffnet eine jede Kategorie auf eine ihr vorbehaltene, unableitbare Weise das seiend, aber allein die Kategorie des Wasseins läßt das Seiende als ein Dieses erscheinen;

alle anderen Kategorien sind nur und erst *infolge* der Ousia seiend.

Aristoteles verdeutlicht das Verhältnis der übrigen Kategorien zu derjenigen der Ousia durch die Erörterung der Frage, ob das Gehen, das Gesundsein, das Sitzen u. dgl. zum Seienden oder nicht vielmehr zum Nichtseienden gehören. Diese Frage stellt sich, weil dergleichen weder von ihm selbst her in die Anwesenheit hervorgeht noch, wenn es da ist, getrennt von der Ousia bestehen kann. Gehen und Sitzen sind erst und nur solange, als dieser oder jener Mensch sitzt und geht. Eher und mehr gehören schon das Gehende und das Sitzende in den Umkreis des Seienden, weil ihnen ein umgrenztes Hypokeimenon (ὑποκείμενον) zugehört[15]. Hypokeimenon, ein Grundwort des philosophischen Denkens, tritt hier ohne nähere Bestimmung auf und ist deshalb aus dem her zu verstehen, was das Wort selbst zu bedeuten hat: das einfachhin von sich her Vorliegende, daher allem anderen die Grundlage für sein Bestehen Gewährende, das grundgebende Zugrundeliegende. Diesem entsprechen wir mit dem einfachen: Es ist, d. h. es ist gegenwärtig und da, und zwar einfachhin und von ihm selbst her. Hypokeimenon zu sein, bildet einen Grundzug der Ousia, jedoch nicht den einzigen, und das so wenig, daß die Ousia, wenn sie allein in die Bestimmtheit des Hypokeimenon gesetzt wird, sich in die Unbestimmtheit eines alles seinkönnenden Nichts entzieht, wie das im 3. Kapitel gezeigt wird[16]. Und so wird klar, weshalb das Sitzende und Gehende eher und mehr in den Umkreis des Seienden gehören. Denn das Sitzende ist immer ein bestimmter Mensch, der sitzt, also ein Seiendes von der Seinsart der Ousia, ein καθ' ἕκαστον. Ἕκαστος besagt: jeder einzelne für sich, καθ' ἕκαστον daher das jeweils einzelne für sich Seiende, das Singuläre. Bei solchem Ansprechen zeigt sich also die Ousia mit, d. h. das Angesprochene zeigt sich in Einheit mit dem Seienden, dessen Bestimmtheit das Angesprochene ist. Dagegen fehlt bei dergleichen wie Gehen, Sitzen, Gesundsein der Bezug auf das

[15] 1028a 26.
[16] 1029a 9 ff.

Seiende, dessen Seinsweisen sie sind, sie erfüllen daher nicht (oder fast nicht) die Bedeutung von seiend und befinden sich am Rand des Nichtseins. Diese Erörterung klärt das Verhältnis der übrigen Kategorien zu der des Wasseins. So wie Gehen und Sitzen als seiend nur dann erscheinen, wenn ein Gehendes bzw. Sitzendes ist, d. h. aber ein Mensch, also ein im Wassein angesprochenes Dieses geht oder sitzt, so sind alle übrigen Kategoremata nicht für sich, sondern sie haben allein dadurch und dann ein Bestehen, daß und während solches Seiende ist, das sich im Ansprechen des Was-es-ist auftut, das jeweils einzelne für sich Seiende, und das deshalb, weil allein in der Kategorie des Wasseins ein für sich bestehendes Seiendes erscheint.

Durch diese Überlegungen ist nun gezeigt, daß das in der Weise der Ousia (des Was-es-ist) Angesprochene das erstlich Seiende (πρώτως ὄν) ist, d. h. das nicht so ist wie z. B. das Rot, das nur besteht, sofern eine Rose ist, die rot ist (τὶ ὄν), sondern das einfachhin (ἁπλῶς) ist. Und die Ousia ist das erstlich Seiende nach jeder Hinsicht: dem Logos, der Erkenntnis und der Zeit nach[17]. Die Erläuterung dieses dreifachen Vorzugs erfolgt in einer anderen Reihenfolge:

1. Der Zeit nach: Kein Seiendes der anderen Kategorien erscheint gesondert für sich, sondern es muß schon ein in seinem Wassein ansprechbares Geeinzeltes sein, damit jenes erscheinen und sein kann.

2. Dem Logos nach: Jedes Ansprechen von etwas in einer der übrigen Kategorien birgt den Logos der Ousia implizit in sich. Die Aussage: Dieses ist weiß, schließt den vorgängigen Logos ein: Es ist ein Haus, ein Kleid, eine Rose.

3. Der Erkenntnis nach: Wir halten dafür, daß wir dann ein jegliches eigentlicher erkennen, wenn wir das, was es ist, erkennen, als wenn wir nur das Wiebeschaffen oder Wiegroß oder das Wo von etwas erfassen. Wenn wir z. B. in der Ferne Rotes wahrnehmen, dann begnügen wir uns nicht mit dieser Feststellung, sondern wir wollen wissen, was das Rote ist. Ein Feuer? Eine

---

[17] 1028a 28.

Fahne? Ein Haus? Ja, sogar die anderen Kategoremata wissen wir dann eigentlich, wenn wir ihrerseits ihr Wassein erfaßt haben. Was ist das Rot? Eine bestimmte Wellenlänge oder (nach griechischer Auffassung) eine maßbestimmte Mischung von schwarz und weiß. Ist es aber nun das „seiend", das das denkende Fragen des Menschen in Anspruch nimmt, und zwar je und je und so unablässig, dann lautet die alles tragende und fügende Grundfrage des Denkens: Von welcher Art ist dasjenige Sein, auf das hin angesprochen das Angesprochene sich als ein für sich Seiendes darstellt. Es ist die Frage, die das Denken mit einer nicht vorauszunehmenden Fülle geschichtlicher Antworten in einer unablässigen Bewegung gehalten hat — bis die spekulative Philosophie Fichtes, Schellings und Hegels die Frage in dreifacher Weise in nicht mehr ineinander zu vermittelnden absoluten Antworten aufhob.

Es ist Aristoteles in dem 1. Kapitel des VII. Buches der Metaphysik gelungen, die Frage nach der Seinsweise des für sich Seienden in ihrer Notwendigkeit für das Denken aufzuweisen. So hat er das Gesetz aufgestellt, welches dann das gesamte auf ihn folgende Denken befolgt hat, dies jedoch unter der Bedingung, daß das Sein sich zuvor in die Offenbarkeit seiner selbst begeben hat, jedoch nicht als Differenz zum Seienden, sondern als wechselseitiges Aufeinanderbezogensein, als eine erst noch zu bestimmende „Identität".

Es legt sich allerdings die Frage nahe, was denn so Fragliches an der Ousia sei, da sie doch im Umkreis des aristotelischen Denkens von Anfang an durch das Wassein und das Dieses bestimmt ist. Und so hat man immer wieder festgestellt, daß bei Aristoteles die Ousia ein Zweifaches bedeute: einmal das Wassein eines Seienden und dann das durch das Wassein bestimmte Seiende selbst. Das ist zweifellos eine richtige Feststellung. Aber wie es mit den Richtigkeiten uns auch sonst oft in der Philosophie ergeht, so auch hier: Die richtige Feststellung einer zweifachen Bedeutung von Ousia verdeckt unangesehen ihrer Richtigkeit das Fragwürdige des Sachverhalts. Denn die Ousia ist weder das Wassein als solches noch das wasbestimmte Seiende noch beides zusammen, sondern sie ist das Eine, das beide sind. Welchen Wesens aber ist dieses Eine? Daß diese Frage fundamentale Schwierigkeiten in sich birgt, zeigt allein schon der Hinweis auf Platos Auffassung, nach welcher das Verhältnis von Wassein und dem jeweilig Einzelnen den überaus problematischen Charakter der „Teilhabe" hat.

Die Ousia ist die rangerste Sache der Philosophie und deshalb das Strittige eines unablässigen Streits, der nicht bloßen Hader oder Zwist bedeutet, sondern diejenige denkende Auseinandersetzung ist, welche die einzelnen Denker in die Entschiedenheit ihres Gedankens gelangen läßt.

§ 4 *Das Wesen als die strittige Sache des Denkens*

Das Strittige kann zunächst nur angedeutet werden: Gibt es ein einziges Wesen von allem, was ist (wie es die ersten Philosophen zu denken versuchten), oder gibt es mehrere? Und wenn es mehrere gibt, sind sie dann der Zahl nach begrenzt (wie Empedokles lehrte) oder unbegrenzt viele (wie z. B. nach Anaxagoras)? Das Streitfeld erstreckt sich also von einer Ousia bis zu unendlich vielen. Aber innerhalb dieses Feldes entbrennt der Streit um die Frage, welches Seiende innerhalb des Ganzen dessen, was ist, dem Anspruch auf wesentliches Sein am meisten zu entsprechen vermag. In der und für die Wahrnehmung scheint das, was ist, in der Fülle seines ganzen Reichtums offen dazuliegen. Deshalb stellt sich die Frage ein, was von dem allen am meisten der Ousia entspricht. Halten wir uns an die Art und Weise, wie das Seiende in der Wahrnehmung offen vor uns liegt, dann kommt es uns so vor[18], als ob das wesentliche Sein am offenkundigsten bei dem körperhaft Anwesenden (σῶμα, Soma) vorwalte. Wir haben jedoch bei dem Wort Soma nicht sogleich schon an das stofflich Ausgedehnte zu denken, sondern wir müssen es eher in dem Sinne nehmen, wie wir sagen: Jemand ist leib-

---

[18] Met. VII, Kap. 2, 1028b 8 ff.

39

haft anwesend. Soma bedeutet das als es selbst von ihm selbst her Anwesende und seine Anwesenheit Bekundende, nämlich in den Sinnen, die selbst leibhaft sind. Deshalb erklären wir die Lebewesen als Ousia und die Gewächse sowie deren Teile und, sofern ihnen wiederum Elemente zugrunde liegen: Feuer, Wasser, Erde und dergleichen, deren Teile oder was aus ihnen besteht, und so entweder die Teile des Weltganzen oder dieses selbst als Gesamt, daher den alles umeinenden Himmel oder dessen Teile, die Gestirne. Ob aber dieses in der Wahrnehmung Offenkundige allein wesentlich Seiendes ist oder ob es außer ihm noch andere, nämlich unsinnliche Wesenheiten gibt, oder ob gar alles das, was sich in der Wahrnehmung als Ousia darbietet, bei näherer Prüfung diesem Anspruch nicht standhält, das bleibt zu fragen. Denn einem anderen Denken kommt es ganz anders vor, nämlich so, daß die die Körper einschließenden Grenzen mehr das wesentliche Seiende ausmachen als das Dichte der Körper selbst. Denn dank seiner ihn umschließenden Grenzen ist ein Körper allererst ein abgegrenzt für sich Seiendes. Demgemäß wären die Flächen, die die Flächen begrenzenden Linien, der die Linie begrenzende Punkt und schließlich das den Punkt konstituierende Unteilbare der Eins Wesen im eigentlichen Sinne. Dieser Auffassung entspricht die Denkweise der Pythagoreer, die freilich das für Ousia erklärte Mathematische nicht neben und außer dem sinnlichen Wahrnehmbaren ansetzten. Nach Plato aber gibt es außer dem körperhaft Anwesenden zwei Arten von wesentlich Seiendem: die Ideen, in denen sich das reine Wassein der Dinge zeigt, und das Mathematische als solches, beides dem Entstehen und Vergehen entnommen, daher immerwährend und so das Sein voll erfüllend, weil von keinem Nichtsein betroffen. Speusipp, der Nachfolger Platos, vermehrt die Wesenheiten abermals: Da die Idee jeweils die Einheit einer Sicht einer Mannigfaltigkeit darstellt, so gibt es für das vielerlei Lebendige Ideen, aber ebenso für die vielen geometrischen Gebilde und für die vielen Zahlen. Insofern nun die Lebewesen, die geometrischen Größen und die Zahlen jeweils eine Vielheit darstellen, so gilt es, sie auf anfängliche Einheiten zurückzuführen, auf die

Anfangsgründe der Lebendigkeiten, der Zahlen und der geometrischen Gedehntheiten. Den entgegengesetzten Versuch einer Reduktion der Wesenheiten unternimmt Xenokrates: Nach ihm sind Ideen und Zahlen von derselben Wesensart, und in ihrem Gefolge treten erst Linien und Flächen auf, denen dann die sinnlichen Gedehntheiten folgen: der alles umfassende Himmel und die einzelnen Sinnesdinge.

So ist also die Ousia durch und durch strittig. Deshalb, so erklärt Aristoteles, ist zu prüfen, was von all dem „schön oder nicht schön dargelegt ist"[19]. Schön ist eine Darlegung, welche die Sachen oder Sachverhalte so ins Offene vorlegt, wie sie von ihnen selbst her sind, so daß eine freie Zusammenstimmung zwischen dem waltet, als was sie dargelegt werden und was sie selbst sind. Auf ein solches Darlegen kommt es Aristoteles an. Es ist das Sagen und Denken der klassischen Philosophie.

Damit ein solches Sagen und Denken gelingt, ist zu prüfen, welches Seiende den Anspruch auf wesentliches Sein erfüllt, und diese Frage impliziert die andere, ob es außer dem sinnlich Wahrnehmbaren wesentliches Seiendes gibt oder nicht, und wenn ja, von welcher Seinsart solches nichtsinnlich Seiende denn ist, sodann die entscheidende Frage: Wenn außer dem sinnlich Wahrnehmbaren wesentlich Seiendes besteht, gibt es dann auch Seiendes von nichtsinnlicher Wesensart, das getrennt für sich besteht? Gibt es auch *über*sinnlich Seiendes? Wird aber übersinnlich Seiendes angesetzt, dann bedarf es einer Begründung für einen solchen Ansatz, und ferner muß die Wesensart eines solchen hervorragenden Seienden ausgemacht werden.

Aber all diesen Fragen geht noch eine andere voraus, die bei allen Wesenssetzungen übersprungen ist: Sie alle setzen dieses oder jenes als Wesen an. Indes bleibt bei all diesen Setzungen ungefragt, was denn das Wesen selbst als solches sei. Bevor darüber entschieden werden kann, ob dieses oder jenes Seiende Ousia sei, ob es nichtsinnliche oder gar übersinnliche Wesenheiten gebe, muß darüber entschieden werden, was die Ousia als solche sei. Es muß zuvor gleichsam das Wesen des Wesens selbst

[19] 1028b 28.

ausgemacht werden. Es gilt daher, eine bei allen Wesenssetzungen übersprungene Aufgabe nachzuholen, welche den Streit erst auf den Boden einer möglichen Entscheidung bringt.

§ 5 Der Stoff als das Wesen

Der Wesensentwurf kann nicht in einem sich selbst bewerkstelligenden Denken geschehen, er bedarf eines Anhaltes am Logos, der ursprünglichen Dimension der Offenbarkeit von Sein. Halten wir uns an den Logos, dann tun sich mindestens vier Bedeutungen von „Wesen" auf[20]:

1. Das τί ἦν εἶναι, das, was (τί) das Seiende (εἶναι) vorgängig und durchgängig ist (ἦν), das vorgängige und durchgängige Was-sein des Seienden, dessen Was es ist.

2. Das καθ' ὅλου, das, was sich als das Eine und Selbe maßgeblich bestimmend über das Ganze des einzelnen erstreckt, das Überhaupt, das Allgemeine.

3. Das Genos, die eine Mannigfaltigkeit von einzelnem in dem, was es ist, gemeinsam bestimmende Herkunft.

4. Das Hypokeimenon. Dies scheint dem „Es ist" am meisten zu entsprechen. Denn das einfache „Es ist" meint: Es ist da, es liegt vor, es ist einfachhin von sich her anwesend, wie z. B. das Meer oder das Gebirge, das vor uns liegt. Im Umkreis des Logos wird daher das Hypokeimenon näher bestimmt als das, von dem anderes ausgesagt wird, das aber selbst nicht mehr über ein anderes ausgesagt wird. Alles, was von einem anderen ausgesagt wird, hat in diesem sein Bestehen, während das Hypokeimenon an ihm selbst besteht. Es ist das grundlegend Zugrundeliegende, das der Ousia am meisten zu entsprechen scheint. Nun bietet sich im Umkreis des Logos ein Dreifaches an, welches das grundlegend Zugrundeliegende übernehmen könnte. Das wird an der Bildsäule erläutert:

1. Als erstes scheint sich der Stoff als Hypokeimenon anzubieten, das Woraus des Entstehens und Worin des Bestehens von

[20] Met. VII, Kap. 3, 1028b 33 ff.

etwas. Die Bildsäule kommt aus dem Erz hervor, das als das Woraus ihres Entstehens schon vorliegt. Aber die entstehende Bildsäule verläßt das Erz nicht, sondern dieses macht ihren Bestand gerade aus. Aus Erz bestehend, steht sie auf dem Boden als etwas Beständiges.

2. Aber die Bildsäule ist nicht nur Erz, sondern sie hat ein bestimmtes Aussehen (Eidos). Und ist dieses nicht vielmehr das anfänglich Vorliegende? Denn die Entstehung der Bildsäule wird geleitet durch die Sicht auf das, was das ist, eine Bildsäule. Und erst im Licht dieser Sicht kommt das Erz als das Woraus ihres Bestehens zum Vorschein. Insofern scheint das Eidos das erste Hypokeimenon zu sein[21].

3. Oder reicht keines von beiden für sich hin, das Hypokeimenon zu erfüllen? Denn das Eidos zeigt sich doch nicht als ein für sich Seiendes, sondern im Bezug auf das Erz als dessen mögliche Gestaltung. Und auch der Stoff kommt von vornherein in die Sicht in Bezug auf seinen Eingang in das Eidos als seine Gestalt. Beide, Eidos und Stoff, sind, was sie sind, aus ihrem Bezug zueinander. Und so wäre das einige Ganze aus beiden das Hypokeimenon. Andererseits ist die Bildsäule dank dem Eidos und dem Erz, so jedoch, daß sie das, *was sie ist*, dem Eidos verdankt. Und so ergäbe sich folgende, vorläufige Rangordnung der drei in Hinsicht auf die Ousia: Wenn das Eidos gegenüber dem Stoff vorrangig und mehr seiend ist, dann auch aus demselben Grunde gegenüber dem aus beiden Bestehenden, so daß das erste Seiende das wasbestimmende Eidos wäre, das zweite das aus Eidos und Hyle bestehende Geeinzelte, das dritte der Stoff. Vorwegnehmend kann gesagt werden, daß dies auch das Resultat der ontologischen Analyse sein wird: Das Eidos, in welchem sich das Wassein zeigt, ist die erste Ousia, freilich nicht als für sich bestehende Idee, sondern sofern es sein Bestehen im Geeinzelten hat, dessen Wassein es ist. Das einige Ganze aus Eidos und Stoff

[21] Aristoteles nennt das Eidos, sofern es in den Stoff als dessen Gestalt eingegangen ist, an dieser Stelle τὸ σχῆμα τῆς ἰδέας, d. h. die Art und Weise, wie die Sicht des Wasseins im Stoff als dessen jeweilige Gestalt sich darstellt (1029a 4).

ist Ousia in zweiter Linie: denn nicht zufolge des Stoffes ist es ein Dieses, sondern eben dank dem ihm immanenten Eidos.

Das Wesen ist in die Bestimmtheit des Hypokeimenon gesetzt worden, des grundgebenden Zugrundeliegenden. Fassen wir diese Bestimmtheit des Wesens näher ins Auge, dann zeigt sich, daß sie unzureichend ist. Sie lautet: Wesen ist dasjenige, das nicht von einem Zugrundeliegenden, von dem vielmehr alles übrige ausgesagt wird. Diese Kennzeichnung läßt das, was das Hypokeimenon selbst ist, im Dunkel. Denn der erste Teil seiner Charakterisierung ist bloß negativ, und der zweite spricht es im Hinblick auf anderes an, das von ihm ausgesagt wird. Was aber ist das Zugrundeliegende selbst an ihm selbst? Aristoteles erklärt: Wenn die Ousia ausschließlich in der Bestimmtheit des Zugrundeliegens festgehalten wird, dann kommt unausweichlich der Stoff als die Ousia selbst zum Vorschein. Wenn nämlich „alles andere", d. h. alles, was über das Hypokeimenon ausgesagt wird, hinweggenommen wird, dann gilt es nichts, was als Zugrundeliegendes bleibt, es sei denn der Stoff.

Das wird an den Somata, dem „leibhaft Anwesenden", aufgewiesen[22]: Sie stehen im Verhältnis des Tuns und Leidens; deshalb eignen ihnen Zustände, in welche sie durch andere Körper versetzt werden, und Kräfte, durch welche sie andere Körper in Zustände versetzen. Aber diese Zustände und Kräfte sind etwas, das sie an sich haben und das von ihnen ausgesagt wird; es macht nicht das aus, was sie selbst als Hypokeimena sind. Es muß also weggenommen werden, damit das Hypokeimenon selbst erblickt werden kann. Die Körper sind nach Länge, Breite und Tiefe dimensioniert. Und das macht ihre quantitative Bestimmtheit aus, also ebenfalls nicht das, was sie selbst sind. Sie sind vielmehr jenes, dem das Quantitative als dem Ersten zukommt. Aber wenn wir die Dimensionen wegnehmen, dann sehen wir nicht, was noch bleibt — es sei denn, es gibt etwas, das von diesen Bestimmtheiten umgrenzt wird und ihnen als das an ihm selbst Unbestimmte zugrunde liegt, so daß, wenn man das Wesen allein in der Bestimmtheit des Zugrundeliegens

---

[22] 1029a 10 ff.

festhält, der an ihm selbst unbestimmte Stoff sich als das Wesen herausstellt.

Jedoch bedarf diese Betrachtung noch einer wesentlichen Ergänzung[23]: Um das Zugrundeliegende als solches zu erblikken, wurden die Kategorien des Tuns und Leidens und des Wiegroßseins weggenommen. Aber wie steht es mit den anderen Kategorien, vor allem mit der ersten Kategorie des Wasseins? Aristoteles zeigt nochmals, daß dann, wenn die Ousia allein im Zugrundeliegen festgehalten wird, sich der Stoff als die Ousia erweist, und zwar als dasjenige unbestimmte Nichts, das selbst in keiner der Kategorien steht, durch welche das seiend umgrenzt wird, und zwar gerade dann, wenn wir uns an den Logos halten, der etwas über etwas aussagt. Die Kategorien sind das über ein Worüber bestimmend Ausgesagte. Es besteht also eine Verschiedenheit zwischen dem, was sie aussagen, und dem worüber sie aussagen, d. h. zwischen den Prädikaten und dem, was für die Prädikation bereits vorliegt. Diese Verschiedenheit tut sich im Logos selbst auf, sofern er eine Aussage von etwas über etwas ist. Nun werden die übrigen Kategoremata von der Ousia ausgesagt, als deren Bestimmtheiten sie sind. Aber auch die Ousia bedarf als Wesensprädikat eines von ihr verschiedenen Worüber, das dann nur der Stoff sein kann, der an ihm selbst durch kein Wassein und deshalb auch durch kein Wiegroßsein oder durch irgendeine andere Kategorie bestimmt sein kann. Ja, nicht einmal die Verneinungen kommen dem Stoff von ihm selbst her zu; sie stellen sich vielmehr nur bei ihm mit ein, sofern wir auf die kategorialen Bestimmungen als das ihm nicht Zukommende hinblicken.

Daß aber der alles seinkönnende Stoff die Ousia ausmacht, ist unmöglich. Denn es entfällt bei ihm gerade das, was die Auszeichnung der Ousia bildet: das abgesonderte Für-sich-Sein und das Sichzeigen als ein Dieses. Das aber verdankt sie dem Eidos, dem Anblick, in welchem ein Seiendes sich in seinem es auf sich selbst begrenzenden Wassein zeigt. Deshalb scheint das Eidos und das aus Eidos und Hyle bestehende Geeinzelte mehr Ousia

[23] 1029a 20 ff.

45

zu sein als der Stoff, „mehr", d. h. nicht ausschließlich und allein; denn auch die Hyle behält einen Zug von Ousia: das anfängliche von sich her Vorliegen.

Nun kann das Eidos entweder für sich betrachtet werden oder in seiner Vereinigung mit dem Stoff. Aristoteles stellt die Ousia im Sinne des aus Eidos und Hyle bestehenden Ganzen zunächst zurück. (Ihre Erörterung findet im VIII. Buch statt.) Was es mit der Hyle auf sich hat, ist geklärt. Die Betrachtung geht deshalb zuerst dem Eidos selbst und als solchem nach. Es birgt die größten Fragwürdigkeiten in sich, vor welche die Ousia das Denken stellt.

Daß aber das Wesen, wenn es allein in der Bestimmtheit des Hypokeimenon festgehalten wird, sich in das alles seinkönnende Nichts entzieht, liegt an der Zugangsart zu der im Thema stehenden Sache. Als diese bietet sich wie selbstverständlich die Aussage an, in der etwas über ein Hypokeimenon bestimmend ausgesagt wird. In solchen Aussagen tritt dann das Was-es-ist, die erste Kategorie, ebenso wie die anderen Kategoremata als ein von dem Worüber verschiedenes Prädikat auf, so daß nun das Wesen als das an ihm selbst unbestimmte Bestimmbare für prädikative Bestimmungen erscheint: als Stoff. Es gilt daher, eine Weise des Sagens zu finden, in welcher eine Sache nicht von etwas anderem her, sondern von ihr selbst her und auf sie selbst hin (καθ' αὐτό, „an sich") angesprochen wird. Vor einer solchen Aufgabe versagt das geläufige und zunächst allein bekannte Ansprechen, in welchem wir immer über eine vorliegende Sache etwas von ihr selbst Verschiedenes aussagen. Um ein solches, den Zugang zum Wesen eröffnendes Ansprechen von etwas an ihm selbst auszumachen, bringt Aristoteles im 4. Kapitel eine der im 3. Kapitel vorgelegten Bestimmungen des Wesens probeweise in den Ansatz: das vorgängige und durchgängige Was des Seins von Seiendem (τί ἦν εἶναι); denn dieses ist ein sachliches Korrelat des Ansprechens von etwas von ihm selbst her auf es selbst hin.

Die nun beginnende Erörterung[24], in welcher Aristoteles das
Wesen der Ousia in eins mit der ihr zugehörigen Erfassungsart
bestimmt, erfolgt „logisch" (λογικῶς); das meint jedoch nicht
„bloß logisch", sondern besagt: innerhalb der Dimension des
Logos des Seins, d. h. in einer rein ontologischen Betrachtung,
ohne bereits schon an einem bestimmten Seinsbereich, etwa dem
Grundbereich der Natur, einen Anhalt zu nehmen. Die Bestim-
mung des gesuchten Logos selbst erfolgt durch eine ausgrenzende
Eingrenzung in mehreren Denkschritten, die im folgenden durch
Bezifferung kenntlich gemacht seien:

1. Ein Mensch ist gebildet, und gebildet zu sein, eignet allein
dem Menschen. Gleichwohl liegt hier kein Ansprechen von etwas
von ihm selbst her vor. Denn der Mensch ist nicht von ihm selbst
her, nämlich als Mensch, gebildet, sondern sein Gebildetsein ist
ihm durch Erziehung und Lernen vermittelt.

2. Ein Körper ist weiß auf Grund seiner Fläche, die Fläche
aber ist unmittelbar und in diesem Sinne von ihr selbst her
weiß. Aber wenn auch die Fläche, anders als der gebildete
Mensch, der nur durch das vermittelnde Lernen gebildet ist, unmittelbar weiß ist, so macht das Weißsein doch nicht das Flächesein aus, also nicht das, was die Fläche vorgängig und durchgängig selbst als solche ist. Es fehlt also in dieser Bestimmung,
daß es eine Fläche ist, die weiß ist.

3. Also fügt man das Fehlende hinzu und sagt: Die Fläche
ist an ihr selbst eine weiße Fläche. Aber diese Hinzufügung ergibt nicht das gesuchte Ansprechen dessen, was die Fläche als
solche ist. Denn das Anzusprechende, die Fläche, ist durch die
Hinzufügung zwar genannt, also im Namen vermeint und als
Vermeintes im Logos präsent, jedoch gerade nicht in dem dargelegt, was sie ist.

4. Aus dieser Erörterung ergibt sich bereits eine erste Umgrenzung des gesuchten Logos: In ihm darf die anzusprechende
Sache nicht als benannte und im Namen vermeinte vorkommen

---

[24] Met. VII, Kap. 4, 1029b 1 ff.

(nach 3); aber der Logos muß sie zugleich in dem darlegen, was sie selbst ist (nach 2).

5. Ein Körper ist durch Vermittlung der Fläche sowohl weiß als auch glatt. Die Fläche ist beides von ihr selbst her. Wäre das, was eine Sache an ihr selbst ist, im Sinne dessen zu verstehen, was sie unmittelbar ist, dann wäre das weiße Flächesein als glattes Flächesein zu bestimmen. Hier kommt zwar das im Namen vermeinte An-sich (weiß) in der Darlegung der Sache (glatt) nicht vor, aber das Vermeinte und das Dargelegte sind im Sachgehalt des Seins verschieden. Dennoch läuft dieser Versuch nicht nur in ein negatives Ergebnis aus, sondern er bringt einen wesentlichen Gesichtspunkt bei: Ein Ansprechen, welches das vor- und durchgängige Wassein zu Gesicht bringt, läge dann vor, wenn das im Namen Vermeinte und das im Logos Dargelegte nicht im Sachgehalt verschieden, sondern dasselbe sind.

6. Nun handelt es sich in den bis jetzt besprochenen Fällen immer um Seiendes von synthetischer Struktur: ein Mensch, der gebildet ist, eine Fläche, die weiß und glatt ist. Bei solchem Seienden ist es nicht gelungen, ein Ansprechen von etwas an ihm selbst auszumachen. Jetzt wird die Frage grundsätzlich, nämlich in Erweiterung auf alle Kategorien, gestellt, ob es für Seiendes von synthetischer Struktur überhaupt einen das vorgängig-durchgängige Wassein präsentierenden Logos gebe, d. h. ob es für das synthetisch Seiende überhaupt ein vorgängig-durchgängiges Wassein gibt. Ein Syntheton begegnet als das Seiende, das es ist, im Logos in der Weise, daß ein Prädikat über ein Hypokeimenon ausgesagt wird. In dieser Weise begegnet uns zuerst und ständig das Seiende. Gibt es nun von diesem einen das vorgängig-durchgängige Wassein präsentierenden Logos? Als Beispiel stehe der weiße Mensch, der mit dem Namen „Mantel" einmal benannt sei. Denn im Namen ist immer ein einheitlicher Sachverhalt vermeint, und der Logos legt das dar, was das Benannte der Sache nach ist, also dessen Wassein.

Hier sei eine Zwischenbemerkung eingefügt: Alle Sachverhalte, zu denen der Mensch eine Beziehung aufnimmt, verlangen ihre Fassung im nennenden Wort, damit sie als dieselben vermeint werden können; die einen Sachverhalt einheitlich vermeinenden, nennenden Worte tragen die Möglichkeit des Menschen, sich mit sich selbst und mit anderen über eine Sache zu verständigen. Deshalb müssen dann, wenn bislang noch unbekannte und deshalb unbenannte Sachverhalte entdeckt werden, für sie eigene Benennungen, „Bezeichnungen", gebildet werden, auf die man sich um des gemeinsamen Bezugs zur Sache willen zu einigen hat. Nach Aristoteles gründet die Fassung einer Sache in der Einheit des Namens darin, daß der Name das Einheit gebende (Was-)Sein der Sache anzeigt[25]. Im vorliegenden Falle des weißen Menschen fehlt im Griechischen nicht weniger als im Deutschen eine einheitliche Benennung. Aristoteles wählt einen beliebigen Namen, an dem als solchem nichts gelegen ist. Doch bleibt das Beispiel des weißen Menschen nicht ohne Bedeutung. Denn da das vorgängige und durchgängige Wassein sich als die Ousia erweist, fällt zugleich innerhalb des ontologisch-metaphysischen Denkbereichs eine Entscheidung darüber, ob die Unterschiede der sog. „Menschenrassen" Wesensunterschiede sind, die das Menschsein des Menschen selbst betreffen.

7. Was besagt der Name Mantel in dem gemeinten Sinne? Was ist das Mantelsein? Aristoteles nimmt die Antwort vorweg: Der weiße Mensch, einheitlich vermeint im Namen Mantel, kann in seinem Sein in zweifacher Weise angesprochen werden, einmal auf Grund einer Hinzusetzung, zum anderen ohne Hinzusetzung; aber weder die eine noch die andere Weise ist ein Ansprechen von etwas an ihm selbst.

a) Ansprechen auf Grund einer Hinzusetzung: „das, was umgrenzt wird, wird in der Weise dargelegt, daß es selbst einem anderen anliegt, so wie jemand, der das Weißsein darlegt, die Aussage ‚weißer Mensch' vorbringt"[26]. Es begegnet ein weißer Mensch. Was ist das Weiße? Worin besteht das Weißsein? Doch darin, daß es ein Mensch ist, der weiß ist. Diese Antwort ist

---

[25] Vgl. Met. IV, Kap. 5, 1006a 29 ff. und dazu I. Schüßler, Semantik und Logik. Der elenktische Beweis des Satzes vom Widerspruch, in: Sein und Geschichtlichkeit, Frankfurt am Main 1974, S. 53 ff.
[26] 1029b 31 ff.

zweifellos richtig. Aber ein Ansprechen von etwas an ihm selbst liegt nicht vor, sondern das zu Umgrenzende wird einem anderen zugesprochen, dem es anliegt, so daß es zufolge dieses Anliegens ist. Das ist zwar eine angemessene Weise des Ansprechens eines Syntheton, aber kein Ansprechen von etwas von ihm selbst her.

b) Ohne Zusetzung: Ein solches Ansprechen liegt dann vor, wenn dem Angesprochenen noch etwas anderes zukommt als das, als was es bestimmt wird. Mantel sei der den Sachverhalt „weißer Mensch" vermeinende Name. Wird nun auf die Frage: Was ist der Mantel? die Antwort gegeben: Der Mantel ist weiß, dann verstößt dieser Logos nicht gegen die in Ziffer 4 festgelegten Bedingungen. Denn weder wird das angesprochene Seiende auf etwas anderes hin angesprochen, als was es vermeint ist (Mantel meint ja „weißer Mensch"), noch wird in dem Logos das im Namen Vermeinte nur noch einmal genannt; der Mantel wird ja nicht als Mantel, sondern als weiß angesprochen. Dennoch ist klar, daß hier kein Ansprechen von etwas an ihm selbst vorliegt und kein vorgängig-durchgängiges Wassein in den Blick kommt. Der weiße Mensch ist zwar weiß, aber sein vor- und durchgängiges Was würde nicht im Weißsein, sondern eben in dem bestehen, was Mantel besagt, im weißen Menschsein. Also liegt auch hier eine zwar angemessene Weise des Ansprechens vor, aber ebenfalls kein Ansprechen eines Seienden von ihm selbst her.

8. Die Erörterung ist jetzt so weit gediehen, daß die Frage, ob es bei Seiendem von synthetischer Seinsart, wie weißer Mensch, ein vorgängig-durchgängiges Wassein als Korrelat des Ansprechens von etwas an ihm selbst gebe oder nicht, entschieden werden kann[27]. Die Frage birgt auf Grund der vorangegangenen Betrachtung die entschiedene Verneinung in sich. Das vorgängig-durchgängige Was des Seins eines Seienden ist keine dem Seienden zukommende, sachhaltig von ihm unterschiedene Bestimmtheit, sondern eben das, was es als ein Dieses selbst ist (ὅπερ τόδε τι). Dieser Ausdruck bezieht das vorgängig-durchgän-

[27] 1030a 2 ff.

gige Was auf das Dieses, dessen Bestimmtheit es ist, im Sinne des mit ihm in Wesensidentität Einigen zurück. Beim Logos des Synthetischen sind zwar auch das angesprochene Seiende (Mensch) und das, als was es angesprochen wird (weiß), in einer seinsmäßigen Einheit beisammen, da ja dieser Mensch weiß *ist,* aber das, als was dieses Seiende angesprochen und was ihm zugesprochen wird, ist etwas, das es auch ist, aber nicht das, was es als ein Dieses selbst ist. Der Logos eines Syntheton läßt kein vorgängig-durchgängiges Wassein in die Sicht gelangen. Im Ansprechen eines Syntheton in seinem Sein bleibt dieses aus. Aristoteles fügt noch die Begründung hinzu: Ein Dieses zu sein, eignet allein der Ousia; denn nur die Kategorie des Was-es-ist bringt das Seiende als ein Dieses zum Vorschein. Der weiße Mensch aber steht als weißer in der Kategorie des Wiebeschaffenseins.

Die Wesensidentität des Wasseins mit dem Diesen liegt zwar im Prinzip in der Bestimmung vorgängig-durchgängiges Was eines Seienden (τί ἦν εἶναι), aber sie tritt als solche erst heraus durch die explizite Unterscheidung gegenüber der im Logos sich entfaltenden Seinsstruktur des Syntheton, welche die Bestimmtheit von etwas durch etwas anderes ist, also die sachhaltige Verschiedenheit des Seienden selbst von dem einschließt, als was es angesprochen wird. Es liegen mithin nicht zwei Arten des Logos vor, deren Unterschiede dann nachträglich durch einen Vergleich festgestellt werden, sondern das abgrenzende Unterscheiden selbst läßt einen jeden der beiden Logoi erst in eins mit der ihnen eigenen Offenbarkeit des Seienden in seine eigene Bestimmtheit gelangen.

9. Denn nun ergibt sich die Bestimmung des Ansprechens von etwas als es selbst, der gesuchte Logos, in welchem und als welcher das vorgängig-durchgängige Wassein präsent ist, gleichsam von selbst. Es ist ein Sagen, das im Unterschied zum Aussagen von etwas über etwas anderes das, als was es eine Sache anspricht, in der Weise darlegt, daß es nicht aus der angesprochenen Sache selbst heraus- und auf ein von ihr Verschiedenes übergeht, sondern gerade auf die Sache selbst zurückkommt, indem es diese auf sich selbst hin eingrenzt und umgrenzt, so daß sie als

ein in ihm selbst gegründetes, für sich Seiendes präsent ist. Der gesuchte Logos hat den Charakter des Horismos (ὁρισμός, definitio), der das Seiende auf sich selbst hin eingrenzenden Umgrenzung. Weil diese Umgrenzung nichts anderes ist als die Anwesenheit des vorgängig-durchgängigen Wasseins als solchen, gilt der Satz: Es gibt bei allem ein vorgängig-durchgängiges Wassein, dessen Darlegung die Umgrenzung ist[28].

Die Erörterungen des 4. Kapitels haben ein Mehrfaches zu ihrem wesentlichen Ergebnis: Das zu Beginn probeweise als Ousia angesetzte vorgängig-durchgängige Wassein, das Korrelat des gesuchten Ansprechens einer Sache von ihr selbst her, hat sich als die Ousia selbst erwiesen; denn es ist das, *was* das Seiende als ein Dieses, als ein für sich Seiendes selbst *ist*. Das vorgängig-durchgängige Wassein erfüllt die beiden Grundbestimmungen der Ousia, indem es ihre wesenhafte Einheit ist, und macht so das volle Wesen des „seiend" aus. In der ersten Kategorie eröffnet sich das „seiend" als das Zweifache des Was-es-ist und des Dieses, dergestalt, daß das „und" den noch unbestimmt offenen Bezug beider zu bedeuten gibt. Das vorgängig-durchgängige Wassein als die Wesensidentität des Was und des Dieses gibt dem Bezug die Bestimmtheit der wesentlichen Einheit beider und ist deshalb die Ousia selbst. Bildet aber das Wesen die ursprünglich-untrennbare Einheit von Sein und Seiendem, dann kann die Grundfrage der Philosophie auch lauten: Was ist das eigentlich Seiende, dasjenige also, dem das Sein von ihm selbst her zu eigen ist und das deshalb das Sein alles übrigen Seienden übernimmt? Oder auch: Was ist das in Wahrheit Seiende, jenes nämlich, das dem „seiend" voll entspricht? Daß die „Seinsfrage" in ihrer überlieferten Gestalt ihre Antwort in der Erkenntnis des „eigentlich" oder „in Wahrheit" Seienden sucht, hat seinen Grund eben darin, daß das vorweg im Blick stehende „seiend" das Denken des Seins eingrenzt auf das Aufeinanderbezogensein von Sein und Seiendem, auf die Art ihrer Einheit, während die Sein und Seiendes in ihrem jeweils Eigenen lichtende Differenz nicht etwa über dem Horizont dieses Denkens in einer Art

[28] 1030a 6 f.

von übermetaphysischer Transzendenz hinausliegt, sondern eher noch gleichsam im Rücken dieses Denkens zurückbleibt.

Sodann ist die Erfassungsart des wesentlichen Seins zwingend erwiesen: Es ist der Horismos (Definition), die das Seiende auf sein Was-es-ist und so auf sich selbst eingrenzende Umgrenzung, die das wesentlich Seiende als das in sich selbst Gegründete und für sich Bestehende in die Offenbarkeit bringt. Die „Definition" erweist sich als die erste und höchste, allen anderen Erkenntnisarten erst grundgebende Erkenntnis. Sie hat diesen Rang in allen Wandlungen, in die sie einging, innegehalten, und zwar auch dann, wenn sie, wie in den modernen Wissenschaften, zur Regel von Operationen und so in ihrem anfänglichen Wesen nahezu unkenntlich geworden ist.

Beiläufig hat die Wesensbetrachtung auch ein wichtiges Ergebnis für das Menschsein erbracht: Die Unterschiede von „schwarz" und „weiß", also die sog. Menschenrassen, sind keine den Menschen in seinem Menschsein betreffenden Unterschiede. So lautet der ontologisch begründete Bescheid des überlieferten Denkens. Verzichtet man daher auf den Rückgang in das Denken des Seins, dann bleiben alle Behauptungen von der Wesensgleichheit aller Menschen als Menschen wohlgemeinte Appelle ohne Fundament.

Nunmehr gilt es, den ausgezeichneten Logos, als welcher sich die Wesensbestimmung herausgestellt hat, durch das bereits geübte Verfahren einer abgrenzenden Herausgrenzung seinerseits genauer zu bestimmen[29]. Eine Wesensbestimmung liegt nicht schon dann vor, wenn ein Logos eine im Namen einheitlich vermeinte Sache in dem darlegt, was sie ist. Denn dann wären alle Logoi Wesensbestimmungen, sofern ja jeder Logos eben das im Namen Vermeinte darlegt. Ein Logos ist nur dann eine Wesensbestimmung, wenn er die Darlegung eines Ersten ist. Was das besagt, wird abermals zunächst negativ durch Ausgrenzung bestimmt: Von dieser Art ist alles, was nicht in der Weise dargelegt wird, daß etwas über etwas anderes ausgesagt wird. Denn hat der Logos diese Struktur, dann ist nicht das Gesagte das

[29] 1030a 11 ff.

Erste, sondern das von diesem verschiedene Worüber der Aussage, wie in dem Logos „Der Mensch ist weiß". Würde dagegen das Dargelegte das sein, was der Mensch selbst als Mensch ist, dann wäre es ein Logos des Ersten. Daraus ergibt sich die nähere Bestimmung, daß sich das vorgängig-durchgängige Wassein, also das Wesen, allein bei solchem vorfindet, was Wesensart (Eidos) eines Genos ist. Die Begründung lautet: Solches wird nicht dargelegt im Hinblick auf Teilhabe oder Widerfahrnis und überhaupt nicht in der Weise der Mitanwesenheit von etwas mit etwas. Als Beispiel diene hier die überlieferte Wesensbestimmung des Menschen. Der Mensch hat den Seinscharakter eines Dieses. Was aber ist der Mensch? Ein Lebewesen. Aber er ist als Lebewesen noch nicht dieses Seiende, das er ist, nämlich Mensch. Lebewesen sind auch Pferde, Löwen u. a. Also gilt es, das Lebewesen auf das hin einzugrenzen, was es als Mensch ist. Diese eingrenzende Bestimmtheit wird in der Habe des Logos erblickt. Hat nun der Mensch als Lebewesen den Logos in der Weise, wie er das Weiß an sich hat? Das Weißsein teilt er mit anderem Seienden, der Logos dagegen ist ihm und nur ihm zueigen. Nur dem Menschen zueigen ist auch das Gebildetsein, das ein Zustand ist, in welchen der Mensch durch Erziehung und Lernen gebracht wird. Ist nun der Mensch ein Lebewesen, das in den Zustand der Logos-Habe versetzt worden ist? Mit dem Logos begabt nimmt der Mensch ein jegliches daraufhin vor, was und wie es *ist*, darunter auch sich selbst. Ihm eignet ein Verhältnis zum Sein von jeglichem. Ist der Mensch ein Lebewesen, dann bestimmt das offene Seinsverhältnis, in welchem er als Mensch immer schon steht, sein Leben selbst als solches. Die Logos-Habe grenzt das Leben auf *dieses* Leben ein und ist daher eine Bestimmtheit der Ousia selbst, also eine Wesensbestimmtheit und nicht etwas, das, wie das Weiße oder das Gebildete, nur ist in der Weise der Mitanwesenheit mit und bei einem in seinem Wassein schon bestimmten Seienden. Das allen Lebewesen gemeinsame Sein ist das Genos. Sofern die unterscheidende Bestimmtheit ein Seiendes allererst auf das hin eingrenzt, was es als *dieses* ist, heißt das so eingegrenzte Genos Eidos, Anblick, der sehen läßt, *was* das Seiende als *dieses* ist. Das Eidos des Genos, präsent in der Umgrenzung, ist das vorgängig-durchgängige Was des mit ihm identischen Seienden, also das Wesen.

§ 7 *Probleme der Wesenbestimmung*

Die Wesensbestimmung ist auf den Logos der Ousia eingegrenzt worden. Zwar gibt es von allem übrigen, also den Syntheta, auch einen Logos, nämlich die Darlegung dessen, was im Namen vermeint ist und das mehr oder weniger genau bestimmt werden kann, wie z. B.: Was besagt Bildung? Eine bestimmte erworbene Eigenschaft des Menschen, die ihn befähigt, frei über eine Sache nach verschiedenen Gesichtspunkten zu reflektieren. Der Einfachheit des Namens braucht nicht eine einfache Einheit der Bestimmung zu entsprechen. Aber eine Wesensumgrenzung gibt es hier nicht und so auch kein vorgängig-durchgängiges Wassein. Doch tut sich hier ein Problem auf[30]: Wir sprechen nicht nur für sich bestehendes Seiendes auf sein Wassein hin an, sondern gerade auch das Seiende der anderen Kategorien. So fragen wir: Was ist die Zahl? Was ist das Schöne? Was ist Bewegung? Eignet aber allen diesen Kategoremata ein Was-es-ist, dann auch ein vorgängig-durchgängiges Wassein und eine Wesensumgrenzung, in welcher dieses zur Präsenz gelangt. Andererseits begegnet in diesen Kategorien das auf sein Wassein hin Angesprochene nicht als ein Dieses, nicht als ein auf sich hin eingegrenztes für sich Seiendes, sondern immer nur als Bestimmtheit eines Anderen. So ist Bewegung nur als Zustand eines Bewegten, und Schönes ist, sofern z. B. eine Rose schön ist. Es verhält sich daher mit dem „Was-es-ist" so wie mit dem „Es ist"; denn dieses kommt erstlich und anfänglich dem Seienden von der Seinsart des Wesens zu, allem übrigen Seienden erst im Gefolge des Wesens, so daß es nur ein Infolge-dessen-Seiendes ist. Entsprechend eignet dem Wesen das Was-es-ist einfachhin, allem übrigen Seienden nur in einer bestimmten Hinsicht (τρόπος),

[30] 1030a 14 ff.

nämlich in Hinsicht auf das wesentlich Seiende, als dessen Bestimmtheit es ist. Man kann sogar sagen, auch das Nichtseiende
sei, zwar nicht einfachhin — denn dann wäre es ja ein Seiendes —,
wohl aber im Hinblick auf das Seiende als dessen Negation.
Aristoteles bringt dieses Beispiel, weil an diesem extremen Fall
besonders deutlich wird, daß das Was-es-ist im Hinblick auf
etwas anderes angesprochen werden kann. Denn auch ein Wiebeschaffen kann auf sein Was-es-ist angesprochen werden, aber
nicht einfachhin, sondern eben im Hinblick auf ein Seiendes,
dessen Beschaffenheit es ist.

Deshalb ist es eine eigene Aufgabe, die Weise zu bestimmen,
der gemäß das (Was-)Sein von Seiendem jeweils darzulegen ist.
Dabei hat sich das Denken an den Sachverhalt selbst (τὸ πῶς
ἔχει) zu halten, d. h. an die Art und Weise, wie sich die Sache
von sich her darbietet: Das vorgängig-durchgängige Wassein
liegt erstlich und einfachhin bei dem Wesen vor, sodann auch bei
dem Seienden der übrigen Kategorien, und zwar entsprechend
dem Was-es-ist nicht einfachhin, sondern im Modus des Wiebeschaffenseins oder auch des Wiemannigfachseins (eines an ihm
selbst Seienden). All das wird als seiend angesprochen. Aber in
welchem Sinne? Was bedeutet das eine und selbe „seiend" bei
solchem der Seinsart nach so Verschiedenem? Man wird zunächst
sagen: Da das vorgängig-durchgängige Wassein jeweils den vollen Sachgehalt eines Seienden ausmacht, kann das seiend als solches nichts sachhaltig Identisches bedeuten, kein Genos also, dessen Arten die verschiedenen Wasgehalte des Seins wären. Es bieten sich dann zunächst folgende Auslegungsmöglichkeiten an:
Entweder hat das seiend den Charakter der bloßen Homonymität; seine Einheit besteht dann nur in der Namensidentität.
Oder man erklärt, es seien die Kategoremata nur anzusprechen
auf Grund der Hinzufügung (des an ihm selbst Seienden, welches ihr Sein übernimmt und trägt) oder auf Grund eines gegenwärtig gehaltenen Weglassens, so wie auch das Unerkennbare als
Unerkennbares durch gegenwärtig gehaltene Wegnahme der Er-
kennbarkeit erkennbar ist. In diesem Fall käme allein dem wesentlich Seienden das Sein zu. Indes stimmen beide Auslegungen

nicht mit dem Sachverhalt, so wie er sich von sich her darbietet, zusammen. Weder besteht die Einheit des seiend in bloßer Namensidentität, noch kommt ausschließlich dem wesentlich Seienden das Sein zu. Denn auch den Kategoremata eignet ein unableitbares Sein, dergestalt, daß sie selbst *Seinsweisen* des an ihm selbst Seienden sind. Die Lösung des Problems liegt in der Erkenntnis des Aristoteles, daß dem seiend weder Homonymität noch sachhaltige Identität zukommt, daß seine Einheit vielmehr von einer anderen Struktur ist, die wir aus anderen Bereichen sehr wohl kennen. Wir sprechen z. B. eine Mannigfaltigkeit als „medizinisch" an, dergestalt, daß all das auf die medizinische Wissenschaft bezogen ist: derjenige, der sie besitzt; seine Tätigkeit; der Heilungsprozeß; die Geräte; die Klinik usw., jedoch nicht im Sinne der bloßen Namensgleichheit, aber auch nicht im Blick auf ein einheitlich bestehendes, sachlich Identisches. Wenn wir sagen: Der Heilungsprozeß ist etwas Medizinisches, und: Der Röntgenapparat ist etwas Medizinisches, dann enthält das Prädikat „medizinisch" nicht etwas sachhaltig Identisches, und doch liegt nicht bloße Namensidentität vor, sondern beides gehört von sich her in eine Einheit von eigener Struktur zusammen. Sie sind geeint durch den identischen Bezug auf das Eine und Selbe: die medizinische Wissenschaft. Ebenso sind die verschiedenen kategorialen Weisen des vorgängig-durchgängigen Wassins durch den identischen Bezug auf das vorgängig-durchgängige Wassein der ersten Kategorie geeint.

Aber wie immer man die Einheit des Seins denken mag, die Überlegungen haben als feststehendes Resultat ergeben, daß die Wesensbestimmung anfänglich und einfachhin dem wesentlich Seienden zugehört, aber nicht ausschließlich und allein. Auch für das Seiende der anderen Kategorien gibt es eine Umgrenzung und ein vorgängig-durchgängiges Wassein, nur nicht anfänglich und einfachhin, sondern nur infolgedessen, daß es wesentlich Seiendes gibt. Aus dieser Erweiterung der Wesensbestimmung auf alle Kategorien folgt jedoch nicht, daß jedesmal dann, wenn ein Name und das, was der Name besagt (Logos), dasselbe bedeuten, eine Wesensumgrenzung vorliegt. Denn das würde eben heißen, daß jede Explikation dessen, was ein Name meint und besagt, eine Wesensbestimmung sei. Vielmehr eignet dieser Vorzug immer nur einem bestimmten Logos, demjenigen nämlich, der Logos eines Einen ist[31]. Jedoch bedarf auch diese Bestimmung einer Eingrenzung. Gemeint ist weder die Einheit im Sinne der Kontinuität einer Geschehnisabfolge (so wie die Ilias einen ununterbrochenen Handlungszusammenhang bildet) noch eine durch ein einigendes Band geeinigte Mannigfaltigkeit; gemeint ist vielmehr die mit dem Sein identische Einheit in ihren möglichen kategorialen Abwandlungen. Demgemäß lassen sich drei Arten von Wesensumgrenzungen unterscheiden:

1. Die Umgrenzung des Wesens, des für sich Seienden und wesenhaft Einen;

2. die Umgrenzung des Seienden der anderen Kategorien, z. B. des Weiß, dem ein eigenes Wassein eignet und eine eigene Seinseinheit, jedoch mit dem Zusatz: im Modus der Qualität eines für sich bestehenden Seienden;

3. schließlich die Umgrenzung des Synthetischen, wie weißer Mensch. Diese These kommt zuerst überraschend, jedoch nur dann, wenn die vorangegangenen Erörterungen nicht gegenwärtig gehalten bleiben. Man fragt freilich zuerst, wieso beim weißen Menschen nicht nur zwei Seiende, der Mensch und das Weiß, in Einheit beisammen vorliegen, sondern sogar Einheit des Seins vorherrscht. Aber das Weiß ist nicht nur etwas am Menschen, sondern der Mensch ist selbst weiß. Weiß ist eine Weise, der gemäß ein Mensch *ist,* nämlich in der Kategorie des Wiebeschaffenseins. Es liegen also zwei Seinsweisen vor, Menschsein und Weißsein, und diese sind ihrerseits durch den kategorialen Bezug geeint. Sofern also Mensch und Weiß in Hinsicht auf Sein eine analogische Einheit bilden, kann es auch vom weißen Menschen eine Umgrenzung geben, wenngleich in einem noch uneigentlicheren Sinne als von Weiß und dgl. Dieser Fall bleibt jedoch bei der weiteren Problemfaltung der Wesensbestimmung außer Betracht.

Bei allem Seienden, das nicht in der ersten Kategorie steht,

[31] 1030b 7 ff.

schließt die Umgrenzung den Bezug auf das wesentlich Seiende ein. Das widerstreitet dem Grundzug der Umgrenzung selbst, diese streng gedacht als eine von allem anderen abgrenzende Eingrenzung einer Sache auf sie selbst. Wer auf dem strengen Sinn der Eingrenzung besteht, könnte sie gleichwohl für die bislang bedachten Sachverhalte zulassen, sofern deren Umgrenzung auch durch ein Weglassen des Bezugs auf die Ousia erfolgen kann (wobei das Weglassen eigens gegenwärtig zu halten ist, damit nicht der Anschein entsteht, als eigne diesen Kategoremata ein Für-sich-Sein). Nun aber lenkt Aristoteles die Aufmerksamkeit auf Phänomene, deren Wassein nur auf Grund einer *Hinzusetzung* gesichtet werden kann, bei denen also ein Weglassen des Bezugs unmöglich ist, weil das zu umgrenzende Wassein selbst als solches den Bezug auf anderes Seiendes enthält[32]. Aristoteles nennt solche Phänomene „Zusammengefügtes" (συνδεδυασμένον). Als exemplarischer Fall stehe hier das Blonde[33]. Es ist eine am Haar vorfindliche Eigenschaft. Aber es ist dem Blond eigentümlich, daß es ihm nicht beiläufig ist, Eigenschaft des Haares zu sein, im Unterschied zu der Eigenschaft braun, welche nicht an ein bestimmtes Seiendes gebunden ist; denn braun kann z. B. auch ein Kleid sein. Beim Blonden verhält es sich vielmehr so wie beim Männlichen oder Weiblichen bezüglich des Lebewesens oder beim Gleichen bezüglich des Wieviel. Es gehört zu solchem, was von ihm selbst her einem bestimmten Seienden eigen ist. Darunter ist alles zu verstehen, was den Logos bzw. den Namen (der Logos legt das im Namen Vermeinte dar) des Seienden, dessen Bestimmtheit es ist, in sich enthält, so daß es nicht möglich ist, es getrennt von diesem in seinem Wassein darzulegen, wie das bei der Eigenschaft weiß geschehen kann, die zwar auch auf ein von ihm sachhaltig verschiedenes Seiendes bezogen ist, aber nicht auf ein bestimmtes, etwa auf den Menschen. Dagegen kann das, was das Weibliche ist, nicht ohne den Blick auf das Lebewesen umgrenzt werden.

---

[32] Met. VII, Kap. 5, 1030b 14 ff.

[33] An Stelle von σιμόν, für das im Deutschen ein Ausdruck fehlt. In Betracht käme auch Profil = Umrißlinie des Kopfes aus einer Seitenansicht.

Hier wird das Entweder-Oder auch zwingend: entweder gibt es für Seiendes dieser Art kein vorgängig-durchgängiges Wassein und deshalb auch keine Umgrenzung, oder man muß eine Umgrenzung *mit Hinzusetzen* zulassen.

Das Problem der Umgrenzung und des in ihr gefaßten vorgängig-durchgängigen Wasseins verschärft sich aber noch bezüglich des „Zusammengefügten", wenn man folgendes bedenkt: Gesetzt, man gibt auf die Frage: Was ist blondes Haar? die Antwort: braunes Haar, dann wären das Blonde und das Braune dasselbe. Und das trifft nicht zu. Entweder kann man also überhaupt nicht sagen, was blondes Haar ist, oder man muß dasselbe in seiner Bestimmung zweimal sagen: Haar, das blondes Haar ist, weil ja das Blonde den Logos des Seienden in sich enthält, dessen Bestimmtheit es ist. Deshalb ist es widersinnig, bei Seiendem von dieser Art auf ein vorgängig-durchgängiges Wassein im eigentlichen und strengen Sinne (und die ihm entsprechenden Umgrenzung) zu bestehen. Denn wenn man das versucht, geht die Umgrenzung ins Endlose und so zum Gegenteil ihrer selbst über, nämlich so: Blondes Haar, was besagt das? Ein Haar, das blondes Haar ist, also (da in „blond" bereits Haar mit enthalten ist) ein Haar, das ein blondes Haar ist, das ein blondes Haar ist usw. Also gibt es im eigentlichen Sinne allein von der Ousia eine Umgrenzung. Wenn man sie auch für das Seiende der anderen Kategorie zulassen will (und man kommt nicht darum herum, da auch diesem ein Wassein eignet), dann eben in uneigentlichem Sinne, nämlich mit Hinzusetzung, und zwar entweder mit Beziehung auf eine unbestimmt gelassene Ousia (wie bei weiß) oder mit Beziehung auf ein bestimmtes Seiendes, so wie zur Umgrenzung des Ungeraden die Zahl, zur Bestimmung des Weiblichen das Lebewesen gehört. Bei Seiendem von solcher Art muß im Grunde dasselbe zweimal gesagt werden, weil eben zu seiner Umgrenzung selbst der Bezug auf das von ihm sachhaltig verschiedene Seiende gehört, dessen Bestimmtheit es ist. Wenn es sich so verhält, dann gibt es freilich für das Zusammengefügte, wie z. B. ungerade Zahl, keine Umgrenzung im eigentlichen Sinne; denn die Umgrenzung greift hier gerade über das zu Umgrenzende hinaus. Doch bleibt dieser Sachverhalt verborgen, weil hier die Logoi nicht vollständig durchbestimmt werden. Was ist eine ungerade Zahl? Eine Zahl, die nicht durch 2 teilbar ist. Verborgen bleibt hier, daß in dieser Bestimmung die Zahl zweimal vorkommt. Denn das Ungerade schließt bereits Zahl ein, also auch das Wassein des Ungeraden, das Durch-2-nicht-Teilbar-sein. Der genaue Logos müßte lauten: Die ungerade Zahl ist eine Zahl, die eine durch 2 nicht teilbare Zahl ist. Hier tritt Hinzusetzung in dem zu umgrenzenden Sachverhalt zutage, der deshalb keiner Umgrenzung im eigentlichen Sinne fähig ist. Soll es gleichwohl auch von solchem Seienden Bestimmungen geben, so sind es entweder keine Umgrenzungen, oder (wenn man daran festhält, daß auch solches Seiende von sich her ein Wassein darbietet) man muß eine Bedeutungsmehrheit von Umgrenzung und von vorgängig-durchgängigem Wassein zulassen.

Zusammengefaßt muß daher gesagt werden: Die Umgrenzung ist die Darlegung (Logos) des vorgängig-durchgängigen Wasseins, und dieses gehört entweder dem Wesen allein oder doch am meisten und erstlich und einfachhin zu.

§ 8 Das vor- und durchgängige Wassein und das jeweilige Seiende

Die Frage, die nunmehr zur Erörterung steht, lautet, ob das vorgängige und durchgängige Wassein und das jeweilige Seiende dieses Wasseins dasselbe sind[34]. Für die Identität spricht zunächst die Tatsache, daß ein jegliches nichts anderes ist als sein Wesen (das, was es ist). Und im vor- und durchgängigen Wassein wird eben das Wesen eines jeglichen angesprochen.

Nun begegnet uns das Seiende zuerst und durchgängig als Syntheton und wird deshalb auf das hin angesprochen, was mit ihm ist. Die Rosen, was ist mit ihnen? Sie stehen in Blüte. Deshalb erörtert Aristoteles zuerst die Frage, ob bei dem, was nicht

[34] Met. VII, Kap. 6, 1037a 15 ff.

von ihm selbst her, sondern auf das hin, was mit ihm ist, angesprochen wird, Sein und Seiendes identisch sind. Sind z. B. weißer Mensch und Weißer-Mensch-Sein dasselbe? Offenbar nicht; denn bei Annahme ihrer Identität ergäbe sich der folgende Schluß: Weißer Mensch und Weißer-Mensch-Sein sind dasselbe. Der Mensch und der weiße Mensch sind dasselbe. Also wäre auch Menschsein und Weißer-Mensch-Sein dasselbe.

Nun ist in den beiden Vorgaben dieses Schlusses das Identische offenkundig in verschiedenem Sinne gebraucht. Die behauptete Identität von weißer Mensch und weißem Menschsein besagt eine Identität des Seienden mit dem Sein (ontologische Identität); die Identität von Mensch und weißem Mensch meint eine Identität eines an ihm selbst Seienden mit anderem Seiendem, das es auch ist (ontische Identität). Der Schluß von der ontischen auf die ontologische Identität ist unberechtigt. Schließlich gibt es noch eine dritte Weise von Identität: Verschiedene Eigenschaften sind dasselbe, wie weiß und gebildet, sofern ein Weißer ein Gebildeter ist. Sie sind dasselbe, sofern ein und dasselbe Seiende, ein Mensch, beides, weiß und gebildet, ist. Sie sind vereint als Bestimmtheiten des einen und selben Seienden (mitfolgende Identität).

In der Sache bedeutet die Erkenntnis der Verschiedenheit von weißer Mensch und weißem Menschsein nichts geringeres, als daß das Weißsein zwar eine Seinsbestimmtheit des Menschen, aber nicht eine Bestimmtheit seines Menschseins selbst ist.

Wie steht es aber bei dem, was von ihm selbst her auf es selbst hin angesprochen wird, z. B. bei diesem Menschen, sofern er nur als Mensch angesprochen wird, nicht aber daraufhin, was er auch ist? Dieser einzelne Mensch hier, ausschließlich und allein als Mensch angesehen, ist er nicht mit dem Menschsein identisch, also das Menschenwesen selbst? Mit dieser Frage, die, so gestellt, eine bejahende Antwort bereits einzuschließen scheint, kommt Aristoteles notwendigerweise in eine Auseinandersetzung mit der Philosophie Platos. Denn Platos Antwort auf diese Frage lautet entschieden: Nein. Nach Plato geht das Wesen (Was-es-ist) nicht darin auf, das bestimmende Wassein des jeweils einzelnen zu sein, sondern es besteht als vom einzelnen getrennte Idee für sich. Aristoteles begibt sich daher zuerst auf diese Position Platos. Bei den Ideen selbst liegt Identität von Wassein und Seiendem vor. Die Ideen sind die Wesenheiten selbst, d. h. das, was sie zu dem Seienden bestimmt, das sie sind, geht ihnen nicht als etwas Vorgängiges voraus, sondern sie sind das sie bestimmende Wassein selbst, dergestalt, daß das, *was* etwas ist, selbst das ist, was *ist*.

Für diese im Bereich der Ideen herrschende Identität von (Was-)Sein und Seiendem führt Aristoteles im Sinne Platos die folgenden Begründungen an:

1. Wenn das Gute selbst und das Gutsein (das vor- und durchgängige Wassein des Guten), das Lebewesen selbst und das Lebewesensein, überhaupt das Seiendsein und das Seiende verschieden wären, dann müßte es vor diesen Ideen noch andere höhere Wesenheiten geben, die sie zu dem bestimmen, was sie sind: gut, Lebewesen, seiend. Nun aber sind doch die Ideen das an ihm selbst Seiende.

2. Wäre das Wassein und das, dessen Wassein es ist, voneinander getrennt, dann gäbe es vom Seienden kein Wissen, und das Wassein wäre nicht seiend. Wissen besteht im Erblickthaben dessen, was ein jegliches vorgängig und durchgängig ist. Sind aber das Wassein und das Seiende dieses Wasseins voneinander getrennt, dann ist das erfaßte Wassein keine Erkenntnis des Seienden. Sodann: Ist das Gutsein nicht gut-seiend, dann ist auch das Seiendsein nicht seiend und das Einessein nicht eines. Das vor- und durchgängige Wassein, welches das Seiendsein von Seiendem ausmacht, ist daher entweder selbst seiend, nämlich als das, dessen Wassein es ist, oder es ist überhaupt nicht. Wenn aber das Seiendsein nicht seiend ist, dann auch nicht das Gutsein und alles übrige Wassein.

3. Wem das Gutsein nicht zukommt, das ist nicht gut. Bei Verschiedenheit von Sein und Seiendem wäre das Gute selbst nicht gut.

Diese Überlegungen zeigen, daß das Gute und das Gutsein, das Schöne und das Schönsein wesensnotwendig eines sind, und so alles, was nicht auf etwas anderes hin, sondern von ihm selbst her auf es selbst hin angesprochen wird. Dieser Sachverhalt besteht unabhängig davon, ob Ideen angesetzt werden, erst recht aber, wenn man Ideen annimmt. So denkt Plato konsequent, wenn er im Bereich der Ideen Sein und Seiendes identisch setzt.

In einer Zwischenbemerkung[35] weist Aristoteles darauf hin, daß zufolge des platonischen Ansatzes von Ideen, denen gemäß das Wassein selbst ein an ihm selbst bestehendes Seiendes ist, das Hypokeimenon nicht Wesen sein kann, obwohl es doch einen Zug von Wesenhaftigkeit bekundet. Denn wenn die Eidē für sich seiende Wesen sind, dann können sie nicht ihr Bestehen in einem Hypokeimenon haben, über das sie bestimmend ausgesagt werden. Sie wären dann durch Teilhabe an dem Hypokeimenon allererst seiend. Und das würde Platos Lehre geradezu auf den Kopf stellen. Demnach kann das jeweilig einzelne nach Plato nicht den Charakter der Ousia haben.

Es hat sich die Einsicht befestigt, daß das vor- und durchgängige Wassein und das Seiende das eine und selbe sind, und zwar nicht im Sinne der bloßen Mitanwesenheit des einen mit dem anderen, sondern in der Weise der wesentlichen Identität. Das wird eigens noch einmal im Blick auf das Wissen befestigt[36]. Denn das Wissen eines jeglichen besteht eben in dem Wissen dessen, was etwas vorgängig und durchgängig ist. Das gerade zeigt auf ihre Weise die platonische Philosophie. Denn Plato setzt, um das Wissen gegenüber dem unaufhörlichen Wandel des sinnlich Wahrnehmbaren zu retten, das Was-es-ist aus diesem heraus in das Für-sich-Bestehen als Idee, und er setzt in den Ideen, insofern sie das Wißbare sind, Sein und Seiendes identisch.

Wie aber steht es mit dem, was nicht von ihm selbst her, sondern bloß als Mitanwesendes angesprochen wird, wie das Gebildete und das Weiße[37]? Sind hier Seiendes und Sein identisch? Diese Frage läßt sich nicht einfachhin beantworten, weil das

[35] 1031b 15 ff.
[36] 1031b 18 ff.
[37] 1031b 22 ff.

Gebildete und das Weiße ein Zweifaches bedeuten können. Das Weiße kann einmal das Seiende meinen, dessen Bestimmtheit es ist: Was ist das Weiße dort? Eine Rose, ein Kleid. Die Frage kann aber auch besagen: Was ist das Weiße als solches, diese Beschaffenheit selbst? Das Wassein ist mit dem Weißsein nicht identisch, wenn unter dem Weißen dergleichen wie Rose oder Kleid verstanden wird. Es ist mit ihm identisch, sofern das Weiß selbst als solches in Hinsicht auf sein eigenes Was vermeint ist.

Nun erfolgt innerhalb des Bereichs des von ihm selbst her Angesprochenen die Fortsetzung der Hauptbetrachtung, welche eine plötzliche, aber wohlvorbereitete Wendung bringt[38]:

Der Name vermeint immer etwas, das in irgendeiner Weise ist. Das, was der Name besagt, also das Wassein des im Namen Vermeinten, wird im Logos dargelegt. Ist der Logos die Darlegung des einheitlichen Wasseins eines an ihm selbst Seienden, dann ist er eine Wesensumgrenzung. Gäbe man nun dem vor- und durchgängigen Wassein selbst einen eigenen Namen, dann wäre es seinerseits als ein Seiendes vermeint, für welches man daher neben und außer ihm ein anderes, es bestimmendes Wassein anzusetzen hätte. Würde z. B. das vorgängig-durchgängige Wassein der Idee des Pferdes, also des nach Plato eigentlich Seienden, mit einem besonderen Namen benannt, so wäre es als ein für sich Seiendes vermeint, für welches abermals ein Wassein angesetzt werden müßte, das es zu dem Seienden bestimmt, das es ist. Und so haben denn auch innerhalb der Ideen bei Plato das (wahrhaft) Seiende und das in der Wesensumgrenzung gefaßte Wassein denselben Namen. Das Gute selbst und sein Wassein werden beide „gut" genannt.

Und nun erfolgt die plötzliche Wendung des Gedankengangs, für welche die gesamten vorangegangenen Erörterungen die verborgene Vorbereitung waren: Wenn es sich so verhält, was steht dann dem im Wege, daß einiges (nämlich das von ihm selbst her Angesprochene) nicht sogleich schon ein vorgängig-durchgängiges Wassein sei, nämlich das jeweils einzelne hier und jetzt und

[38] 1031b 28 ff.

nicht erst dessen als für sich seiende Idee herausgesetztes Wassein? Dem steht deshalb nichts im Wege, weil ja das von ihm selbst her angesprochene einzelne mit dem durchgängigen Wassein wesensidentisch ist, das durchgängige Wassein aber doch das Wesen selbst ausmacht.

Diese die gesamte Position der platonischen Philosophie umwendende Wendung spielt sich innerhalb der Dimension des Logos ab, auf den Plato die Ansetzung von für sich bestehenden Ideen gründete. Denn nach Plato gelangen wir allererst dadurch in einen offenen Bezug zu dem, was wesentlich ist, daß wir das, als was wir eine Mannigfaltigkeit von in den Sinneswahrnehmungen sich zeigenden einzelnen ansprechen, also das angesprochene Wassein selbst als solches erblicken und durchdenken. Nun lautet die Antwort auf die Frage: Was ist dieser Mensch? Er ist ein vernünftiges Lebewesen. Und auf die Frage? Was ist das Wesen des Menschen? lautet die Antwort ebenfalls: vernünftiges Lebewesen. Also enthüllt sich im Logos das geeinzelte Seiende und dessen Wassein als das im Sachgehalt des Seins Identische.

Von welcher Art ist diese Einheit? Auch Mensch und weiß sind ein Eines. Aber diese Einheit hat den Charakter einer bloß beiläufigen Identität, dergestalt, daß keine Identität des Einigen und seines Einesseins vorliegt. Wenn das Einige und sein Einessein nicht identisch sind, das Einige also nicht von sich her ein Eines ist, dann bedarf sein Einessein eines Anderen als seines Einheitsgrundes. Nun aber enthüllen sich im Logos der einzelne Mensch hier und sein Wassein als ein von ihm selbst her, also wesenhaft Eines. Wird dagegen, wie es durch Plato geschieht, die Wesensidentität von Seiendem und Wassein beim jeweils einzelnen bestritten, dann ist nicht abzusehen, wie Sein und Seiendes überhaupt jemals zur Identität gelangen können. Wenn nämlich das Einige und das Einessein nicht wesensidentisch sind, dann wird das Einessein zu einem seienden Einen, das nun abermals eines von ihm verschiedenem Einesseins als Grund seiner Einheit bedarf usw. So ist also die Identität des Wesens mit dem geeinzelten Seienden erwiesen, der gemäß dann das Einzelseiende den Charakter des Wesens hat, mit der Folge, daß, von außen betrachtet, dem Wort Ousia die Doppelbedeutung von Was-es-ist und Dieses eignet.

Der sophistische Angriff, dem sich diese Identitätsthese auszusetzen scheint, ist unschwer abzuweisen. Er verläuft so: Der weiße Mensch ist gemäß dieser These eine Ousia. Nun sind aber dieser Mensch und der weiße Mensch dasselbe Seiende, also auch das Menschsein und das Weiße-Menschsein, was jedoch nicht zutrifft. Die Lösung liegt in den bereits vorgelegten Erörterungen: Sofern ein Seiendes nicht auf es selbst, sondern auf das hin angesprochen wird, was es auch ist, liegt keine Identität von Sein und Seiendem vor. Ein einzelner Mensch, mit all seinen Eigenschaften einheitlich im (Eigen-)Namen angesprochen, ist nicht nur, *was* er ist, sondern er ist auch ein Hier und Jetzt und So, und diese Bestimmtheiten betreffen nicht sein wesentliches Sein. Um dem sophistischen Schein zu entgehen, ist also darauf zu achten, in welchem Sinne das vorgängig-durchgängige Wassein mit dem jeweilig einzelnen identisch ist. Die Identität liegt nur dann vor, wenn das einzelne auf es selbst hin und von ihm selbst her angesprochen wird.

§ 9 Wesen, Natur und Technik

Die Wesensidentität des Wasseins mit dem einzelnen Seienden, sofern dieses von ihm selbst her angesprochen wird, wurde in einer rein ontologischen Betrachtung in ihrer Notwendigkeit erwiesen. Nun kommt aber das geeinzelte Seiende im Bereich der Physis (Natur) und der Techne vor, und das von Natur bzw. durch Techne Seiende ist von der Art, daß es nicht immer schon ist, sondern aus einem vormaligen Nichtsein durch eine Entstehung hindurch allererst ins Sein kommt und, nachdem es eine Weile im Sein geweilt hat, wieder ins Nichtsein weggeht. Aber wenn es so steht, wie kann dann das Wesen, das allem Nichtsein vorgängige, erstlich und durchgängig Anwesende mit dem Einzelseienden in Wesensidentität eines und dasselbe sein? Platos Heraussetzung des wesentlichen Seins in das allem Entstehen und Vergehen entnommene Für-sich-Bestehen der Idee ist dieser Schwierigkeit nicht ausgesetzt. Aristoteles dagegen, der das wesentliche Sein mit dem Geeinzelten identisch setzt, steht vor der Frage, wie denn das vorgängig-durchgängige Wassein, wenn es mit dem Entstehenden und Vergehenden eines ist, sich als Ousia, also als das anfänglich und bleibend Anwesende behaupten kann. Aristoteles ist deshalb zu einer Strukturanalyse des von Natur bzw. durch Techne Seienden genötigt, um zu beweisen, daß und wie das vorgängig-durchgängige Wassein bei gewahrter Identität mit dem Geeinzelten die Ousia sein kann, ja, daß diese Identität die ontologische Struktur von Entstehen und Entstandensein allererst zureichend durchsichtig macht.

Aristoteles hebt zunächst die Strukturmomente des Entstehenden überhaupt heraus[39]. Es sind die folgenden:

1. Das Von-etwas-her[40]; das meint nicht so sehr den Urheber im Sinne einer Wirkursache, sondern das, von dem her etwas über etwas herkommt.

2. Das Worausher[41].

3. Das Was[42]. Dabei wird das Was innerhalb aller Kategorien in Betracht gezogen. Die Entstehung wird also universal betrachtet.

Aristoteles hebt zuerst die natürlichen Entstehungen in einer vorläufigen Umgrenzung heraus. Von Natur ist alles, was von sich her ins Sein auf- und hervorgeht und so von sich her da und anwesend ist. Bei dem naturhaft Entstehenden ist das Worausher der Stoff, so die Nährstoffe für das Entstehende und Emporwachsende, die von sich her schon bereit- und vorliegen; das Wovonher ist das Seiende, von welchem das Entstehende abstammt, also ebenfalls ein von sich her Anwesendes. Und das, *was* das Entstehende wird, eine bestimmte Pflanze oder ein Mensch, ist ebenfalls etwas naturhaft Seiendes.

Alles Entstehende, sei es durch Natur oder durch Techne, ent-

---

[39] Met. VII, Kap. 7, 1032a 12 ff.
[40] ὑφ' οὖ.
[41] ἐξ οὖ.
[42] τί.

hält einen Stoff, welcher der Grund dafür ist, daß etwas zu sein und nicht zu sein vermag, also als ein Entstandenes und wieder Vergehendes ist. Das ist die ontologische Fassung des Stoffes, daß er der ermöglichende Grund für das Sein- und Nichtsein-können von Seiendem ist. Er hat daher den Charakter des Na-turhaften. Daß auch die beiden anderen Strukturmomente des von Natur Seienden naturhaft sind, wird von Aristoteles noch einmal eigens gezeigt: Das Was des Werdens wird jetzt verstärkt als καθ' ὅ gefaßt, als das also, dem gemäß, von dem her und auf das hin etwas entsteht: eine Pflanze, ein Mensch. Es ist das maß-geblich Bestimmende des Entstehens. Und dieses hat das Ent-stehende in ihm selbst, dergestalt, daß es das Bestimmende selbst ist. Wovon das Entstehende überkommen wird, ist sein Eidos. Und dieses kommt von einem (anderen) Seienden her, dessen Wassein mit dem Eidos des Entstehenden wesensidentisch ist. So entsteht das naturhaft Seiende nach allen drei Hinsichten, also ganz und gar, von Natur.

Alle anderen Arten der Entstehung sind Hervorbringungen (Poiesis, ποίησις). Die Poiesis ist also eine Weise von Genesis, ein in die Anwesenheit ankommen lassen. Sie gliedert sich in drei Arten: von der Techne her, auf Grund der Kraft, auf Grund einer Überlegung. Die Hervorbringung kann ihren bestimmen-den Ausgang von einer Überlegung nehmen, z. B. von der Über-legung, wie eine Wohnung einzurichten sei; sodann auf Grund einer Kraft, eines Vermögens, durch das etwas zustande kommt, z. B. die Möbel in den 4. Stock eines Hauses zu bringen und ge-mäß der geplanten Einrichtung aufzustellen; schließlich kann sie von der Techne her geschehen; dann ist sie eine von einem sachspezifischen Wissen geleitete Hervorbringung, wie die Bau-kunst oder die Medizin. Schließlich aber kann auch etwas „von selbst" oder durch Zufall zustande kommen, worüber an späte-rer Stelle gehandelt wird.

Nach diesen vorbereitenden Überlegungen beginnt die eigent-liche Analyse mit dem durch Techne Seienden, und zwar vor-wiegend im Bereich der Medizin, weil sie der natürlichen Genesis nahekommt. Denn obwohl sie eine Techne ist, so ist doch das von ihr Hervorgebrachte, die Gesundheit des Leibes, ein natürlicher Zustand. Natur steht hier in ausgezeichneter Weise mit im Blick[43].

Von der Techne her entsteht alles, dessen Eidos in der Seele (des Hervorbringenden) anwesend ist, d. h. in der Weise des Sichauskennens in dem, was das Hervorzubringende werden und sein soll. Dieses vom Hervorbringenden im vorhinein gesichtete und in der Sicht präsente Eidos ist das vorgängige und durchgängige Wassein des durch Techne Seienden, die „erste Ousia" deshalb genannt, weil auch das hergestellte Ding den Charakter der Ousia hat, jedoch nur, sofern in ihm sein zuvor schon gesichtetes Eidos zur Anwesenheit gebracht ist. So ist die *Vorgängigkeit* des Eidos qua vor- und durchgängiges Wassein hier offenkundig. Aber ist es auch das bestimmend *Durchgängige*?

Als Beispiel dient die Gesundheit als leibliche Verfassung. Ihr Eidos ist in der Seele des Arztes präsent. Aber sie ist doch bei Erkrankung gerade nicht die den Leib bestimmende Verfassung, sondern erst nach der Wiederherstellung. Die Gesundheit ist das, was dem Kranken fehlt. Aristoteles erklärt nun, das Gegenteilige sei in gewisser Weise durch ein und dasselbe Eidos bestimmt. Im gesunden Leib ist das Eidos der Gesundheit anwesend, es fehlt dem erkrankten Leib. Aber Krankheit ist nicht bloße Abwesenheit von Gesundheit; denn im Stein ist sie ja auch nicht vorhanden, gleichwohl ist der Stein nie krank. Der Erkrankte spürt das Fehlen der Gesundheit, es bedrängt und quält ihn. Aber das, was ihn bedrängt, muß selbst auf seine Weise da und anwesend sein. Das Fehlen der Gesundheit, ihr Ausbleiben, ihre Abwesenheit ist selbst etwas, das anwesend ist. Und der Ort der Anwesenheit ihres Fehlens ist eben der erkrankte Leib. Eine solche ein Seiendes in seiner Verfassung bestimmende Abwesenheit von etwas, bestimmend, weil Abwesenheit von Bestimmtem, nennt Aristoteles Steresis (στέρησις, privatio), Vorenthalt oder Entzug. Sowohl der gesunde wie auch der erkrankte Leib ist durch dasselbe Eidos der Gesundheit bestimmt, einmal durch

[43] 1032a 32.

70

dessen Anwesenheit, sodann durch seine Abwesenheit. Auch der erkrankte Leib ist von dem Eidos der Gesundheit her, was er ist, sofern dessen Abwesenheit seine Verfassung ausmacht. Und so hat sich das Eidos sowohl als das Vorgängige wie auch als das Durchgängige erwiesen, weil es das Einzelseiende sowohl durch seine Anwesenheit als auch durch seine Abwesenheit bestimmt.

Aber Aristoteles begnügt sich mit diesem Nachweis nicht. Im folgenden unternimmt er es, zu zeigen, daß auch die Genesis selbst durch das Eidos maßgeblich bestimmt bleibt. Erst dieser Nachweis bringt die *durchgängige* Identität des vorgängig-durchgängigen Wasseins mit dem durch Entstehung seienden Geeinzelten bei Wahrung seiner bleibenden Anwesenheit als Ousia nach jeder Hinsicht ans Licht[44].

Das Eidos der Gesundheit ist der Logos in der Seele und besteht im und als Wissen des Arztes. Der Logos legt dar, was Gesundheit ist — was nicht in einen Satz gefaßt zu sein braucht, sondern auch in einen einen komplexen Sachverhalt artikulierenden Zusammenhang von Sätzen offengelegt werden kann. Was macht die Gesundheit aus? Etwa die Ausgeglichenheit der den Leib konstituierenden Elemente, z. B. der ausgeglichene Wärmehaushalt des Leibes. Nun wird das Fehlen von Wärme als leiblicher Zustand festgestellt. Also muß dem Leib Wärme zugeführt werden. So wird aus der vorausgehenden Sicht auf das Eidos der Gesundheit und von ihr geleitet eines nach dem anderen in den Blick gebracht — bis zu dem Letzten, das der Arzt selbst hervorbringen kann, etwa durch Verabreichung einer Arznei. Die Behandlung, die damit beginnt, wobei die vom Eidos ausgehende Bewegung des Denkens endet, ist die eigentliche Poiesis, welche das Gesundsein im Leib hervorbringt. So entsteht die Gesundheit in gewisser Weise aus der Gesundheit, die Verfassung des Leibs aus dem Eidos in der Seele des Arztes. Diese ist, obzwar mit dem Leib identisch, sei es im Modus der Anwesenheit, sei es zufolge ihrer den leiblichen Zustand bestimmenden Abwesenheit, sich selbst schon voraus und bestimmt ebenso den Übergang aus dem einen in den gegenteiligen Zu-

[44] 1032b 5 ff.

stand; sie erweist sich also nach jeder Hinsicht als das mit dem einzelnen identische Wassein (hier freilich innerhalb der Kategorie der Qualität). Aber auch das einzelne Haus entsteht aus dem Haus, dem Anblick dessen nämlich, was ein Haus als solches ist. Wie die medizinische Wissenschaft das Eidos der Gesundheit ist, so ist die Baukunst das Eidos des Hauses. Das ahyletische Eidos ist aber das vorgängig-durchgängige Wassein, das Korrelat der Wesensbestimmung. Und so hat sich herausgestellt, daß das vorgängig-durchgängige Wassein das Vorgängige ist, das mit dem Entstandenen sowohl als auch mit dem Entstehenden während seines Entstehens, ja sogar mit diesem vor seiner Entstehung identisch ist. Denn auch die Baustoffe sind als Baustoffe durch die Abwesenheit des Eidos des Hauses zu dem bestimmt, was sie sind: bloße Baustoffe.

Hier sei eine vorausgreifende Zwischenbemerkung eingefügt, als erster Hinweis auf den Unterschied von natürlicher und technischer Entstehung. Bei dieser ist das Wovonher des Eidos ein Seiendes von anderer Wesensart. Das Eidos hat zwar seine vorgängige Anwesenheit in einem Hervorbringenden, jedoch in der Weise des Gesichtetseins im Logos, d. h. nicht so, daß es das wesentliche Sein des Hervorbringenden selbst ausmacht, welches vielmehr das Menschsein ist. Dagegen ist bei den natürlichen Entstehungen das über das Entstehende herkommende Eidos von derselben Art wie das Wesen des Hervorbringenden selbst. Das ist, in einer vorläufigen Kennzeichnung, der Grund, weshalb das von Natur Seiende gegenüber den angefertigten Dingen im eigentlicheren Sinne Ousia ist.

Bei der Techne spielen zwei Weisen der Entstehung (des Zum-Vorschein-gelangen-lassens) bzw. der Bewegung ineinander: Die eine nimmt zu ihrem bestimmenden Ausgang das Eidos und bringt im Übergang von diesem her eines nach dem anderen in die Sicht; die andere Bewegung geht von dem aus, was die Noesis (νόησις) als letztes erblickt: die Poiesis im engeren Sinne, die Hervorbringung von etwas in sein Eidos. Am Beispiel aus der Medizin: Soll der Kranke gesunden, so muß sein Körper in das Gleichmaß seiner Elemente gebracht werden. Das wäre in einem bestimmten Fall der ausgeglichene Wärmehaushalt. Also muß die Körpertemperatur erhöht werden. Das geschieht etwa durch Einnahme eines Medikaments. Dieses liegt bereits vor und steht zur Verfügung, so daß die Behandlung, die Poiesis, beginnen kann. Eines kommt hier nach dem anderen in die Sicht, und zwar innerhalb des von der Sicht auf das Eidos der Gesundheit eröffneten Blickbereichs.

An dieser Stelle gelingt Aristoteles die (zunächst zurückgestellte) Bestimmung dessen, was „von selbst geschieht"[45]. Wenn das Woher des Übergangs vom Kranksein zum Gesundsein das zuvor gesichtete Eidos ist (mit den aus ihm folgenden medizinischen Überlegungen), dann liegt eine Entstehung von der Techne her vor. Wenn dagegen der Übergang seinen Anfang von dem her nimmt, was bei der ärztlichen Behandlung der Anfang der Poiesis ist, dann geschieht die Gesundung „von selbst". Jemand ist erkältet, er nimmt einen starken Grog zu sich, gerät ins Schwitzen, und die Erkältung verschwindet. In diesem Falle nimmt die Gesundung ihren Ausgang nicht von dem erblickten Eidos der Gesundheit, sondern ohne dessen Kenntnis von dem her, wodurch die Gesundheit wiederhergestellt wird. „Es ging von selbst", d. h. ohne Führung durch ein sachspezifisches Wissen.

Aristoteles konzentriert die Analyse jetzt auf die Hervorbringung als solche[46]: Dem Körper wird Wärme zugeführt durch Verabreichung eines Medikaments. Die zugeführte Wärme ist ein Teil der Gesundheit[47], d. h. sie macht die Gesundheit mit aus (da diese ja nicht nur in einem ausgeglichenen Wärmehaushalt besteht) oder genauer: Sie hat das zur unmittelbaren Folge, was die Gesundheit mit ausmacht, eben den ausgeglichenen Wärmehaushalt des Körpers. Das kann auch durch mehrere einander

---

[45] 1032b 21 ff.

[46] 1032b 26 ff.

[47] Die moderne Medizin faßt die „Gesundheit" (wenn sie dergleichen überhaupt noch kennt) „dynamisch" auf: als ein ausgeglichenes energetisches Spannungsverhältnis von schwankender Konstanz, die antike Medizin mehr als maßbestimmtes Mischungsverhältnis, beide also als Zustand eines bestimmten Ausgeglichenseins.

veranlassende organische Vorgänge geschehen. Und dieser Teil des zustande gebrachten Wärmeausgleichs ist es, der als das Letzte die Gesundheit hervorbringt, dergestalt, daß er selbst ein Teil der Gesundheit ist, d. h. das Eidos der Gesundheit mit ausmacht. Nicht also die zugeführte Wärme als solche ist das eigentlich und zuletzt Gesundmachende, sondern der durch sie als ihre unmittelbare Folge zustande gekommene Wärmeausgleich, der als ein maßbestimmtes Verhältnis selbst etwas Eidetisches ist. Aristoteles fügt sogleich hinzu: „wie beim Haus die Steine und so bei allem übrigen".

Diese Gleichsetzung kommt zunächst überraschend, ist jedoch wohlbegründet: So wie die dem Körper zugeführte Wärme nicht als solche Teil der Gesundheit ist, sondern nur, sofern durch sie der Wärmeausgleich zustande kommt, der etwas Eidetisches ist, und so das Eidos der Gesundheit im Leib hervorgebracht wird, in dem sie zugleich Teil der Gesundheit selbst ist, so sind auch die Steine als solche nicht schon Teil des Hauses, sondern allererst auf Grund ihrer Zusammenfügung, durch welche das Eidos des Hauses in ihnen zum Vorschein gelangt, so daß ein Haus zustande kommt. So wie im Gefolge der Wärmezuführung der Wärmeausgleich das Eidos der Gesundheit im Leib einkehren läßt, so jedoch, daß der Wärmeausgleich das Eidos der Gesundheit selbst mit ausmacht, so erscheint durch die Art der Zusammenfügung der Steine, die etwas Eidetisches ist, das Eidos des Hausseins in den Steinen, so jedoch, daß diese, sofern sie in bestimmter Weise gefügt sind, das Sein des Hauses mit ausmachen und deshalb einen Teil des Hauses bilden.

Aus diesen Überlegungen ergibt sich: Ein Entstehen von etwas ist unmöglich, wenn nicht ein Teil des Entstehenden vor seiner Entstehung im voraus bereits vorliegt: der Stoff. Er ist im Entstandenen als dessen Teil vorhanden, und er ist es, der zu etwas wird.

Aber auch von dem im Logos erblickten Wasgehalt muß etwas schon im vorhinein vorliegen[48]. Wir können einen ehernen Ring auf zweifache Weise ansprechen, als Erz und auf sein Eidos

[48] 1033a 1 ff.

hin, als Kreis. Das Herzustellende wird vor seiner und für seine Herstellung zuerst in den Anblick einer bestimmten Gestalt gestellt, die sich vor der Herstellung schon gezeigt haben muß. Aristoteles spricht hier von „Genos", weil die einzelnen Ringe, aus welchem Stoff sie auch bestehen mögen, aus ihrem Eidos ihre gemeinschaftliche Herkunft haben. Der Logos des ehernen Rings enthält daher immer auch den Stoff, der sein Bestehen mit ausmacht, jedoch den Stoff, der bereits in einer bestimmten Weise geformt ist.

An diese Feststellung schließt Aristoteles die Erörterung eines Problemkomplexes an, der aus zwei ineinander verschränkten Problemen besteht:[49]

1. Beim ehernen Ring und dergleichen schließt der Logos den Stoff als das Woraus des Entstehens mit ein. Aber er wird dabei nicht als eine Wasbestimmtheit angesprochen, sondern nur als eigenschaftliche Bestimmtheit des Hergestellten. Wir sagen nicht, die Bildsäule sei Stein, sondern steinern. Weshalb tritt der Stoff, obwohl doch Teil des Entstandenen, nur in der eigenschaftlichen Bestimmtheit auf?

2. Beim wiedergenesenen Menschen wird das Woraus, die Krankheit, überhaupt nicht mit ausgesagt. Das Woraus erscheint im Logos nicht.

Der Grund ist: Jedes Entstehende geht ins Sein hervor aus einer Steresis und einem Hypokeimenon, welches der Stoff ist. Das Hypokeimenon ist bereits vor dem Entstehen durch das Eidos bestimmt, nämlich durch dessen Abwesenheit. So gibt es ein zweifaches Woraus des Entstehens. Deshalb können wir sagen: Der Mensch wird gesund, nämlich im Blick auf das Hypokeimenon, und: Der Kranke wird gesund, im Blick auf die Steresis. Dabei stellt sich die Steresis mehr als das Woraus des Werdens dar. Denn nicht aus einem Menschen, sondern aus einem Kranken wird ein Gesunder. Der Charakter des Woraus eignet im strengen Sinne der Steresis, die vom Werdenden im Werden verlassen wird und so verschwindet. Deshalb tritt im Ansprechen des wiedergenesenen Menschen das Woraus nicht auf.

[49] 1033a 5 ff.

Aber so verhält es sich im Grund auch beim Haus und bei der Bildsäule, also bei Seiendem der ersten Kategorie. Auch das Baumaterial ist vor der Erbauung des Hauses durch eine Steresis bestimmt, nicht anders als das Erz, aus dem der Ring geformt wird; aber hier bleibt der Steresis-Charakter verborgen und deshalb ohne einen Namen. Man sagt ja nicht, diesen Steinen und diesem Holz fehlen noch das Haussein, wie wir allerdings vom Erkrankten sagen: Es fehlt ihm etwas. Steine und Holz sind von sich her, was sie sind, und aus ihnen kann ein Haus werden, aber das Haussein ist nicht etwas, das ihnen von ihnen selbst her fehlt. Deshalb erscheint hier nicht die Steresis als das Woraus, sondern das Hypokeimenon selbst, also der Stoff. Weil dieser aber zugleich den Bestand des Entstandenen mit ausmacht, tritt er im Logos des Entstandenen mit auf. Warum aber nur in der adjektivischen Benennung, in welcher Eigenschaften vermeint sind? Diese Frage zielt auf das an der ersten Stelle aufgeführte Problem:

Wie das Woraus des Werdens, die Steresis, die das Werdende verläßt, nicht im Logos des Gewordenen auftritt, so erscheint auch im Logos der Bildsäule der Stoff als Woraus des Werdens nicht so, wie er vor dem Werden von sich her vorliegt, als welcher er ja gerade durch das Fehlen dessen bestimmt ist, was er werden und sein soll. Das Gewordene erhält sein Wassein dabei nicht von den in es eingegangenen stofflichen Bestimmtheiten, sondern von dem im vorhinein gesichteten Eidos. Deshalb fallen die stofflichen Bestimmtheiten auf die Seite der Eigenschaften des Gewordenen. Denn, so erklärt Aristoteles, wenn man es energisch[50] ins Auge faßt, kann man eigentlich nicht sagen: Aus Holz wird eine Bildsäule, oder aus Ziegeln wird ein Haus. Denn damit ein Werden sein kann, muß das Woraus (Kranksein, Gestaltlossein) in sein Gegenteil übergehen und in dieses verschwinden. Es ist der Stoff, der, von der Steresis ins Eidos hinüberwechselnd, im Wechsel zugleich beharrt. Das Eidos aber gibt dem Gewordenen die Wasbestimmtheit, die dem Stoff gerade

---

[50] 1033a 21.

fehlt. Deshalb erscheint der hyletische Teil des Seienden im Modus eigenschaftlicher Bestimmtheit.

Die Analyse der Genesis hat zum Resultat, daß für das und vor dem Entstehen von etwas ein Zweifaches schon vorliegen muß: der Stoff und das Eidos. Beide hätten also den Charakter des Unentstandenen. Was den Stoff anlangt, so liegt das klar vor Augen; denn es bezeugt sich ständig in der Wahrnehmung. Wie aber steht es in dieser Hinsicht mit dem Eidos? Bisher war zwar gezeigt worden, daß das Eidos dem Entstehenden vorangeht, aber es muß auch bewiesen werden, daß es unentstanden ist, wenn es dem Anspruch auf die Ousia als das anfänglich Seiende entsprechen soll[51]. Wenn das Hervorgebrachte zum Beispiel eine eherne Kugel ist, bringt der Hervorbringende nicht auch das Eidos der Kugel mit hervor? Aber was er hervorbringt, ist ein Dieses, diese einzelne eherne Kugel hier, die er aus einem noch in unbestimmter Weise vorliegenden Erz herstellt. Das Erz zu etwas Rundem machen, heißt nicht, das Runde bzw. die Kugel als solche hervorbringen, sondern etwas von ihr Verschiedenes, eben diese einzelne eherne Kugel hier. Rundes Erz machen besagt, das Eidos des Runden in etwas anderem, dem Erz, zum Vorschein bringen. Wäre auch das Eidos hervorgebracht, dann müßte man es aus etwas anderem, bereits Vorliegendem, hervorbringen. Denn das steht als ausgemacht fest: daß alle Hervorbringungen von etwas aus einem schon Vorliegenden erfolgen. Das wird noch einmal an der Herstellung einer Kugel gezeigt: Aus diesem unmittelbar Vorliegenden, dessen Wasbestimmtheit das Erzsein ist, wird das hervorgebracht, dessen Wasbestimmtheit das Kugelsein ist. Würde nun das, was eine Kugel ist, also die Wasbestimmtheit des Hervorzubringenden, seinerseits hervorgebracht, dann eben auf die Weise, wie die einzelne eherne Kugel, und dann gingen die Entstehungen ins Endlose, so daß es überhaupt zu keiner Anfertigung einer Kugel kommen könnte. So wird einsichtig, daß auch das Eidos (oder, sofern dieses im Stoff zur Anwesenheit gebracht ist, die Gestalt) keiner Entstehung unterliegt, so daß das Eidos und mit ihm das vorgängig-

[51] Met. VII, Kap. 8, 1033a 24 ff.

durchgängige Wassein *etwas dem Nichtsein vorgängig Unentstandenes ist.* Es geht nicht aus etwas anderem hervor wie die einzelne Kugel aus dem Erz, sondern umgekehrt: schon anwesend geht es in etwas anderes, den Stoff, ein und kommt in ihm als seine Gestalt zum Vorschein, entweder von einem sachspezifischen Wissen her oder von Natur oder durch ein Tun ohne sachspezifisches Wissen.

Was also bringt, streng gedacht, der Vorbringende hervor? Dieses, daß eine eherne Kugel ist. Aber dieses: daß ein Seiendes ist, ist eben dessen Sein. Also brächte er bezüglich eines Seienden dessen Sein hervor. Aber wie soll das zugehen? Kann denn das Sein selbst hervorgebracht werden? Was also heißt das: Er macht, daß eine eherne Kugel *ist?* Er bringt in der Tat das Wassein hervor, jedoch nicht wie ein Seiendes aus einem schon vorliegenden Stoff, sondern so, daß er das schon anwesende Eidos in einen Stoff hinein- und so in ihm hervor-, d. h. zum Erscheinen bringt. Im Anblick seines Wasseins sich zeigend, ist das Seiende da, anwesend, seiend. Man sieht jetzt deutlicher, worin das Wesen der Genesis nach Aristoteles besteht: eben darin, daß in einem vorliegenden Stoff das die Anwesenheit eines Anwesenden vollbringende, vorgängig präsente Eidos hervor und zum Vorschein gebracht wird.

In einer abschließenden Überlegung wird gezeigt, daß das Eidos von jeder Möglichkeit des Entstehens ausgeschlossen ist und so bei Identität mit dem Einzelseienden seinen Charakter als Ousia wahrt[52]. Läßt sich eine Entstehung des Eidos auf irgendeine Weise auch nur denken? Gäbe es für das Kugelsein selbst eine Entstehung, dann hätte es die Struktur des Etwas aus Etwas. Denn das Entstehen ist seiner Struktur nach auseinanderzulegen in das, was etwas wird, und das, was es wird. Soll also eine Genesis statthaben, dann müßte das Eidos etwas Zweifaches sein. Läßt sich nun am Eidos der Kugel dergleichen feststellen? Die Kugel ist eine von der Mitte her gleichgroße Figur, also durch zwei Bestimmungen gekennzeichnet. Dann wäre die Mitte das, worin die gleichgroße Gestalt hervorgebracht wird

[52] 1033b 11 ff.

(wie die Kugel im Erz), und das Gesamt aus beiden wäre das entstandene Eidos, eine offenkundige Absurdität.

So ist endgültig klargestellt, daß das Eidos nicht entsteht, sondern das aller Entstehung zuvorkommende, anfänglich Seiende ist. Was entsteht, ist die Vereinigung von Eidos und Stoff, dergestalt, daß die Vereinigung von dem Eidos her und auf es hin als das angesprochen wird, was sie ist. Sodann steht fest, daß in jedem Entstehenden und Entstandenen ein Stoff als das Woraus des Entstehens und Worin des Bestehens anwesend ist, dergestalt, daß die Vereinigung von Eidos und Stoff das Einzelseiende selbst ist. (Die Momente des Eidos selbst stehen nicht im Verhältnis von Eidos und Stoff; deshalb hat es nicht die Seinsstruktur des Entstandenen.)[53]

Wie aber steht es mit dem unentstanden-vorgängigen Eidos als solchem[54]? Ist das Eidos der Kugel selbst ein Seiendes neben und außer den einzelnen Kugeln hier und dort? Und gibt es ein ahyletisches, für sich seiendes Haus neben und außer den aus Ziegeln bestehenden Häusern? Das ist die Auffassung Platos. Nach ihm ist das Eidos das in Wahrheit Seiende, das in bleibender Offenbarkeit, weil niemals ins Nichtsein entschwindende Anwesende, der selbstseiende Anblick des Waseins. Die Einzelhäuser dagegen zeigen das Eidos in einer durch das vormalige Noch-nicht und das nachmalige Nicht-mehr eingeschränkten, getrübten Weise. Oder, so lautet die Gegenfrage, könnte, wenn das Eidos selbst ein Seiendes, also ein Dieses wäre, niemals etwas entstehen? Das Eidos ist kein Dieses, sondern ein Derartiges, ein so Geartetes (was nicht eine bloße Qualität bedeutet), also selbst kein Haus, kein umgrenztes Dieses, sondern das Haushafte, das eben deshalb, weil es kein auf sich eingegrenztes Dieses ist, als das eine und selbe in einer Mannigfaltigkeit von verschiedenen Stoffen gegenwärtig sein kann. Was daher, sei es durch Hervorbringung, sei es auf natürliche Weise, entsteht, ist ein so geartetes Dieses, ein Dieses von solcher Wasbestimmtheit,

---

[53] Was die Entsprechung von Genos und Hylē bei der Bildung der Wesensbestimmung angeht, vgl. dazu S. 108 ff.

[54] 1033b 20 ff.

zum Beispiel dieses Stück Erz hier, das seiner Wasbestimmtheit nach eine Kugel ist. Diese Struktur bestimmt einheitlich sowohl das durch Techne wie auch das von Natur Seiende. Das Gesamt aus einem Diesen und der Wasbestimmtheit, in die es gebracht wird, ist das jeweilig Einzelseiende, sei es eine eherne Kugel, sei es ein einzelner Mensch. Nun kann man das Einzelseiende auch in der Weise des Überhaupt, also im allgemeinen ansprechen. Dann sagen wir *der* Mensch, *das* Lebewesen, *die* eherne Kugel.

Daraus ergibt sich, daß die Eidē als Ideen im Sinne Platos genommen für die Entstehung und für das Entstandene nichts hergeben. Dann aber kann auch der Ansatz von Ideen nicht damit begründet werden, daß in ihnen das Entstehen und das Sein von Entstandenem gründe. Das aber war Platos These im Phaidon, daß die Ideen Ursachen des Entstehens, des Seins und des Vergehens von allem seien.

Das Eidos als solches ist also kein Seiendes, sondern eine Seinsart, die das Sein von Seiendem dadurch vollbringt, daß sie in diesem als dessen Wasbestimmtheit zum Vorschein und zur Anwesenheit gelangt. Gleichwohl ist das Eidos selbst nicht entstanden, sondern geht allem Entstehen voraus. Bei dem durch Techne Seienden geht es voraus als das in der Seele des Hervorbringenden bereits Anwesende. Aber wie steht es bei dem naturhaft Seienden? Bei ihm ist das Hervorbringende von derselben Wesensart wie das Hervorgebrachte, „Erzeugte". Hier geht das Eidos in der Weise dem Entstehenden voraus, daß es das wesentliche Sein des Hervorbringenden selbst schon ist, so daß beide zwar der Anzahl nach verschieden, der Seinsart nach aber dasselbe sind. So ist auch innerhalb der Natur das Eidos bei Identität mit dem kommenden und gehenden Geeinzelten das vorgängig und bleibend Anwesende, und zwar zufolge der identischen Seinsart von Erzeugendem und Erzeugtem, ohne daß das Eidos selbst ein Seiendes wäre. Zwar könnte man den Maulesel, die Mischung von Pferd und Esel, anführen, der der These von der sich durchhaltenden Identität der Wesensart zu widersprechen scheint. Doch scheint hier eine Abart vorzuliegen, die nur möglich ist, sofern Pferd und Esel doch ein weiter zurückliegendes, gemeinsames Genos haben, das unbenannt bleibt und das beides, Pferdsein und Eselsein, in sich enthält, so wie ein einzelner Maulesel beides einheitlich ist. So zeigt sich endgültig, daß es der Aufstellung von Ideen als Grund des Werdens und des Seins von Gewordenem nicht bedarf[55]. Und doch müßten, wenn überhaupt Ideen angenommen werden, diese für das naturhaft Seiende angesetzt werden. Die Ideen haben den Charakter der Vorbilder, nach denen und auf die hin das Entstehende sich bildet. Da nun, im Unterschied zu dem durch Techne Seienden, die natürliche Genesis ohne Beihilfe eines Herstellers geschieht, in dessen Seele die Maße und Umrisse des Entstehenden bereits vorliegen, müssen die Eidē als Vorbilder des naturhaft Entstehenden an ihnen selbst für sich bestehen. Nun aber zeigt sich, daß es gerade im Bereich der Natur der Ideen nicht bedarf; es genügt vielmehr, daß das Erzeugende die Hervorbringung beginnt, und zwar so, daß ihm die Ankunft des Eidos, das mit seinem eigenen wesentlichen Sein wesensgleich ist, in einem Stoff zu verdanken ist, dergestalt, daß nunmehr das Eidos sich von ihm selbst her in dem Stoff zum Vorschein bringt, indem es die Nährstoffe selbst für den Aufbau der Lebensgestalt sich anverwandelt. Und das Gesamt aus Eidos und Stoff ist die Anwesenheit eines so gearteten Eidos (d. h. einer wasbestimmten Seinsart und keines Dieses) in diesem Stoff, in Fleisch, Sehnen, Knochen usw.: das Geeinzelte, dieser und jener einzelne Mensch, verschieden durch den Stoff, dem Eidos nach dasselbe. Denn das Eidos läßt im Unterschied zum Genos keine Teilung mehr zu, so daß jeder einzelne Mensch das in allen Menschen identische Menschsein unteilbar-ungeteilt ist und lebt.

Daß das Erzeugende das Eidos, das sein eigenes wesentliches Sein ausmacht, an ein anderes Seiendes „weitergeben" kann, verdankt sich einem Zweifachen: einmal der Wesensart des Eidos selbst, sofern es kein auf sich selbst begrenztes Seiendes, sondern eine Seinsart ist, die in vielem Seienden bestimmend anwesend sein kann; sodann dem naturhaften Charakter dieses Eidos. Sofern nämlich das Eidos in seinem Wesen durch die Physis be-

[55] 1034a 2 ff.

stimmt ist, durch das von sich her Auf- und Hervorgehen, ist es das natürliche Eidos selbst, das sich je und je in einem Stoff von ihm selbst her als dessen Wassein zum Vorschein bringen kann. Das Denken des Aristoteles darf daher eine Vollendung der griechischen Philosophie genannt werden. Denn Aristoteles nimmt den ersten Gedanken der griechischen Philosophie, die Physis, das Anwesen im Aufgang ins Offene wieder auf, aber so, daß er die Physis zugleich durch das Eidos bestimmt. Das vollendende Ende ist gewisserweise das Erste, die Physis, aber diese in das Eidos aufgenommen und so verwandelt. Während Plato, indem er die Physis als Idee setzte, sich mit seinen Vorgängern noch in einer scharfen Auseinandersetzung befand, faßt Aristoteles dadurch, daß er das Eidos in die „vorsokratische" Physis zurücknimmt und zugleich die Physis durch das Eidos bestimmt, alle Positionen seiner Vorgänger in sein Denken zusammen. Darin bekundet sich eine Vollendung der griechischen Philosophie, die keine Rückkehr zum geschichtlich anfänglichen Denken ist, sondern in gewisser Weise sogar die äußerste Entfernung von ihm.

Im 9. Kapitel des VII. Buches[56] erfolgt die alle vorangegangenen Darlegungen zusammennehmende, volle ontologische Wesensbestimmung des Werdens und des Seins des Gewordenen.

Die Betrachtung wird eingeleitet durch eine Zwischenfrage: Wie kommt es, daß mancherlei sowohl durch Techne als auch „von selbst" entsteht, wie z. B. die Gesundheit, anderes dagegen nicht, wie z. B. ein Haus? Der Grund dafür liegt in dem Stoff, welcher den Anfang des Werdens beim Hervorbringen und beim Entstehen von etwas von der Techne her bildet und der zugleich ein Teil des Entstandenen ist. Er ist nämlich von der Art, daß er sich einerseits von sich her bewegen kann, andererseits nicht. Streng genommen eignet jedem naturhaft Seienden eine ihm eigene Bewegungsart. So trägt sich der Stein von sich her zur Mitte hin, er bewegt sich „nach unten", das Feuer dagegen „zur Peripherie", also „nach oben". Solche Bewegungsmöglichkeit ist die einzige, die dem Stein oder dem Feuer zueigen ist. Deshalb

---

[56] 1034a 9 ff.

82

sind die Steine von sich her nicht fähig, sich zu einem Haus zu fügen, wenn die Bewegung nicht von einem Seienden von anderer Wesensart herkommt, eben von dem von einem Wissen geleiteten Architekten. Zum eigentlichen Sich-von-sich-her-Bewegenden gehören die Lebewesen, die sich nach etwas aufmachen und vor etwas zurückweichen können. Aber auch von solchem Sich-durch-sich-selbst Bewegenden sind bestimmte Bewegungsarten ausgeschlossen; sie bringen zum Beispiel von sich her die Bewegungsgestalt des Tanzes nicht zustande. (Streng genommen ist die Rede vom Tanz der Mücken eine Metapher.) Auf zwei Weisen kann etwas ohne Techne zustande kommen, was gemeinhin durch Techne entsteht: Der Stoff wird durch etwas in Bewegung gesetzt, ohne daß ein sachspezifisches Wissen dabei leitend ist. Das ist z. B. der Fall, wenn jemand einen starken Grog zu sich nimmt, so daß seine Erkältung verschwindet. Oder ein Teil des Stoffes bewegt einen anderen Teil. Das würde ebenfalls auf das genannte Beispiel zutreffen, sofern hier ein organischer Vorgang einen anderen in Bewegung versetzt. Möglich aber ist solches Von-selbst-Geschehen nur dann, wenn dem Stoff die entsprechenden Bewegungsmöglichkeiten auch eigen sind.

Alles Entstandene entsteht aus Gleichnamigem, d. h. aus solchem, das mit dem Entstandenen dem Wassein nach identisch ist[57]. Das ist bei dem naturhaft Seiendem einleuchtend. Aber entsteht auch ein Haus aus einem Haus? Um das zu sehen, bedarf es einer bestimmten Blickwendung: Die Techne besteht im Sichauskennen in dem, was das ist, z. B. ein Haus. Sie ist das anwesende Eidos des Hauses selbst, dessen Präsenz die Sicht des Wasseins in der Seele ist: der Nous (νοῦς). So entsteht das einzelne Haus aus einem gleichnamigen (sachhaltig mit ihm identischen) Teil, dem ahyletischen Eidos, genauer gesagt: von dem her, der diesen gleichnamigen Teil bei sich anwesend hat, dem Architekten — es sei denn, es kommt bei der Ausführung eines Vorhabens etwas mit zustande, das gar nicht in der Absicht des Herstellers lag. Von solchen Vorgängen abgesehen, ist die erste

[57] 1034a 21 ff.

Ursache des Hervorbringens von etwas eben der wesentliche Teil des Hervorgebrachten selbst. So bringt die in der Bewegung (Reibung) entstandene Wärme die Wärme im Körper hervor. Sofern der Mensch dadurch gesund wird, ist sie die Gesundheit oder doch ein Teil der Gesundheit, indem sie die Gesundheit mit ausmacht. Oder genauer gesagt: Da doch die Wärme nicht selbst als solche die Gesundheit oder ein Teil von ihr ist: es ist mit ihr unmittelbar die Gesundheit (der ausgeglichene Wärmehaushalt) verbunden. Deshalb sagt man: Das macht gesund, weil es das ist, mit dem das Eidos der Gesundheit unmittelbar verbunden ist, mit dessen Eintritt in den Körper sich daher die Gesundheit mit einstellt. Die Wärme ist in diesem Falle das Gesundmachende, weil sie das Eidos der Gesundheit unmittelbar mit sich führt. Deshalb besteht das medizinische Wissen darin, das Eidos der Gesundheit zu kennen und von ihm her dann das zu erblicken, was das Eidos unmittelbar mit sich führt und das daher, indem es dem Körper zugeführt wird, Ursache des Gesundwerdens ist. Und so erweist sich das Wesen (Was-es-ist) als der bestimmende Anfangsgrund aller Entstehungen und alles Entstandenen, nicht anders als die Schlüsse in den theoretischen Wissenschaften ihren Ausgang von dem Was-es-ist nehmen[58]. Diese Entsprechung besteht in Folgendem: In der Geometrie wird z. B. im Ausgang von der Umgrenzung dessen, was ein Dreieck ist, solches gesucht, was mit dem Dreieck wesentlich verbunden ist, so daß überall dort, wo derartiges vorliegt, auch ein Dreieck vorliegt. Es sind die wesensspezifischen Eigenschaften des Dreiecks. Ebenso faßt der Arzt aus der Sicht dessen, was die Gesundheit ist, den Teil ihrer ins Auge, der dem Erkrankten fehlt, und erblickt von dort her das, was mit dem fehlenden Teil der Gesundheit unlösbar verbunden ist, z. B. Wärme. Also ist derjenige Teil die erste Ursache der Gesundung, mit welchem das Eidos der Gesundheit verbunden ist. Deshalb macht die Medizin gesund.

Aber entsprechend verhält es sich bei dem, was sich von sich her zur Einheit eines Seienden zusammenstellt, dem naturhaft Seienden. Aristoteles erklärt: „Das Sperma bringt hervor, wie

[58] 1034a 31 ff.

es bei dem geschieht, das von der Techne herkommt."[59] Das Sperma enthält bereits das Eidos des Entstehenden vor seiner Entstehung, und zwar „der Möglichkeit nach". Allerdings müssen wir auch die Möglichkeit (Dynamis, δύναμις) aus dem Denken des Aristoteles denken, nämlich als korrelative Bestimmung zur Wirklichkeit (Energeia, ἐνέργεια), welche das Anwesendsein aus dem und in dem Hervorgegangensein in das Sich-zeigen des Waseins bedeutet. Das Eidos liegt als Sperma schon vor in der Weise des Noch-nicht-Aufgegangenseins ins Sichzeigen, aber so, daß es den Hervorgang selbst vollzieht, indem es sich durch Anverwandlung die geeigneten Stoffe selbst zubringt. Was auf diese Weise zustande kommt, ist ein von Natur Seiendes. Solches Zustandekommen von etwas ist Genesis im eigentlichen Sinne: Hervor-gang. Das Sperma aber, welches das Eidos in der Weise der Möglichkeit schon enthält, kommt von einem Gleichnamigen her, d. h. von einem Seienden, welches das als Sperma vorliegende Eidos in der Weise der Energeia selbst ist. Und so durchherrscht das Eidos als der bestimmende Anfangsgrund (Archē) die gesamte Genesis sowie das Sein des Entstandenen. Es bedarf also keiner Ideen, weder für das durch Techne noch für das von Natur Seiende. Ja, Aristoteles könnte sogar vorbringen, daß dann, wenn für die natürliche Genesis als Maß und Vorbild Ideen angesetzt werden, die Natur im Grunde ihres Wesens verkannt wird, nämlich zugunsten einer göttlichen Techne. Diese Umdeutung der Natur in eine Art von übermenschlicher, weil göttlicher Technik ist über die mittelalterliche metaphysisch-theologische Auslegung des biblischen Schöpfungsglaubens und Kants transzendentale Begründung der Wissenschaften von den organischen und lebendigen Naturprodukten überhaupt in der „Kritik der Urteilskraft" dann auch geschehen. Die verborgenen Anfänge eines Technizismus der Natur gehen bis auf Platos Ideenlehre zurück.

Das Seiende, von dem her das Entstandene abstammt, ist jedoch nur in bestimmter Hinsicht ein ihm Gleichnamiges. Die Gleichnamigkeit erstreckt sich nicht auf die beiden Geschlechter,

---

[59] τὸ μὲν γὰρ σπέρμα ποιεῖ ὥσπερ τὰ ἀπὸ τέχνης. 1034a 33 f.

so als ob ein Mann nur von einem Mann abstammen könnte. Denn das Männliche und das Weibliche sind nicht eidetische, sondern generische Unterschiede. Deshalb geht auch ein Maulesel nicht aus einem Maulesel hervor, weil Mauleselsein kein Eidos, sondern eine Pferd und Esel zugrunde liegende generische Einheit ist. Auch Mißgeburten ergeben keinen möglichen Einwand, da hier eine Beschädigung des Stoffes vorliegt, der für die Anwesenheit des Eidos in ihm nicht geeignet ist. Bei dem, was „von selbst entsteht", d. h. ohne daß die Entstehung durch ein Eidos geleitet ist (sei es natürlich, sei es technisch), bewegen sich die Stoffe von sich her so, wie das Sperma sie bewegen würde. Auf diese Weise entstehen niedrige Organismen aus unorganischen Stoffen, eine Entstehungsweise, die Aristoteles für möglich hält.

Das Unentstandensein des Eidos erstreckt sich auch auf das Seiende der anderen Kategorien, das jeweils auch durch ein, obzwar uneigentliches, vorgängig-durchgängiges Wassein ausgezeichnet ist, dessen Seiendes zwar nicht für sich besteht, aber einen eigenen Wasgehalt in sich birgt[60]. So wie die eherne Kugel entsteht, nicht aber die Kugel selbst und auch nicht das Erz (ebenso verhält es sich beim Erz, wenn es seinerseits etwas Entstandenes sein sollte; denn immer müssen für die Entstehung der Stoff und das Eidos schon vorliegen), so verhält es sich auch bei dem Was-es-ist des Wiebeschaffen, des Wiegroß und so bei allem anderen. Nicht entsteht das Wiebeschaffen als solches, sondern das so beschaffene Holz, und nicht entsteht das Sogroß als solches, sondern ein so und so großes Lebewesen. Aber hier zeigt sich etwas dem Wesen und nur ihm Eigenes: Um das recht zu verstehen, ist eine Erinnerung an den hier auftretenden Begriff der Entelecheia (ἐντελέχεια) erforderlich. Entstehen ist ein Zum-Vorschein-Kommen des Eidos in einem Stoff. Sofern das Entstehende während seiner Entstehung bereits ein Dieses ist, hat es den Charakter des Wesens, obzwar noch im Übergang aus der Steresis in das Eidos. Wenn nun das Seiende sein Eidos ganz

[60] 1034b 7 ff.

86

und gar in sich zur Präsenz gebracht hat, ist die Bewegung des Entstehens in ihr Ende gelangt, und zwar im Sinne der Vollendung, da das Seiende nunmehr ganz als das anwesend ist, was es sein kann. Es hat seine Seinsvollendung erreicht und hält sich in ihr: Es ist eine Ousia in der Weise der Entelecheia.

Ist nun das Entstehende eine Ousia, dann muß ihm ein Seiendes vorangehen, das das, was das Entstehende sein wird, bereits in der Weise der Entelecheia ist. Nicht jedoch so das Eidos der anderen Kategorien. Zwar muß auch dieses schon vorliegen, jedoch nur im Modus des zum Hervorgehen Bereit- und Geeigneten. Eine Rose kann ihren Ausgang nur von einer Rose nehmen, die schon im Eidos des Roseseins steht; dagegen geht ihr rotfarbiges Blühen nicht aus einem schon seienden Rot hervor, wohl aber muß solches Erblühen als seinsmäßige Möglichkeit der Rose schon vorliegen; denn sonst könnte sie niemals erblühen.

So ist das Eidos qua Ousia dadurch ausgezeichnet, daß es immer im Modus der Seinsvollendung anwesend ist. Deshalb ist das Wesen anwesender, also seiender als das Seiende der anderen Kategorie, und das, um es abschließend noch einmal zu sagen, bei Identität mit dem geeinzelten Kommenden und Gehenden im Bereich der Natur und der Techne.

§ 10 *Die Wesensumgrenzung und das Seiende*

Die Wesensumgrenzung ist ein Logos, und jeder Logos enthält Teile, insofern er eine in einem Namen einheitlich vermeinte Sache artikulierend darlegt. Soll die Wesensumgrenzung die Sache unverdeckt vor Augen legen, so muß sie sachangemessen sein, d. h. es müssen die Teile des Logos den Teilen der Sache entsprechen. Das scheint ein einfacher Sachverhalt zu sein, er birgt jedoch Probleme von enormem Schwierigkeitsgrad in sich[61].

---

[61] Met. VII, Kap. 10, 1034b 20 ff.

Die erste Frage lautet: Muß der Logos der Teile der Sache in dem Logos des Ganzen enthalten sein? Diese Frage stellt sich ein, weil es sich bei einigem so verhält, bei anderem dagegen nicht. So enthält der Logos des Kreises nicht den Logos der Segmente, wohl aber enthält der Logos der Silbe den der Laute, also den der Teile der Silbe. Denn eine Silbe ist eine bestimmte Aufeinanderfolge bestimmter Laute.

Die andere Frage, die sich sogleich beim Verhältnis von Ganzem und Teilen stellt, lautet: Sind die Teile früher als das Ganze? Wäre es so, dann müßte der spitze Winkel als Teil des rechten diesem gegenüber ebenso vorgängig sein wie der Finger gegenüber dem ganzen Menschen. Aber es verhält sich umgekehrt. Denn vom Finger können wir nur sprechen im vorgängigen Blick auf den Menschen im ganzen, dessen Logos also vorgängig ist. Ebenso kann der spitze Winkel nur vom rechten her bestimmt werden, sofern er kleiner als ein rechter Winkel ist. Und schließlich kann der rechte ohne den spitzen Winkel und der Mensch ohne den Finger bestehen.

Nun wird das Wort „Teil" in verschiedenen Bedeutungen gebraucht, von denen eine die Maßeinheit hinsichtlich der Größe besagt. Denn die jeweils angesetzte Größeneinheit ist so und so oft im Gemessenen enthalten, also Teil eines Ganzen. In dieser Bedeutung ist das Wort „Teil" hier nicht gemeint. Denn solche Teile sind keine Wesensteile, aus denen das wesentliche Sein besteht, sondern Teile eines in Hinsicht auf seine Größe bestimmbaren Seienden, also bloß quantitative Teile; hier aber geht es um die Teile (Momente, Bestimmtheiten) des wesentlichen Seins.

Nun wird die Ousia nach drei Hinsichten erblickbar: als Stoff, das von sich her vorliegende Woraus des Entstehens und Bestehens von etwas, als Eidos und als das, was aus beiden hervorgeht und deshalb beides in sich enthält: das geeinzelte Seiende. So wird schon auf eine erste Weise verständlich, daß bei einigem Seienden auch der Stoff in seinen Logos als Teil mit eingeht, bei anderem dagegen nur die Momente des Eidos. So ist das Gesicht

---

[62] Gesicht, Umrißlinie, Profil stehen hier an Stelle von σάρξ, κοιλότης, σιμότης. 1035a 4.

nicht Teil dessen, was die Umrißlinie ist, wohl aber ist es Teil der Bestimmung von Profil[62]. Profil ist insofern ein ausgezeichneter Fall, als seine Wasbestimmtheit selbst den Stoff mit einschließt, an dem es erscheint. Aber so steht es bei allem Seienden, das eine Ousia im Sinne eines einigen Ganzen aus Eidos und Hyle ist (σύνολον). So enthält der Logos der Bildsäule als σύνολον das Erz als Teil in sich, nicht aber der Logos des Eidos der Bildsäule als solcher. Das Eidos kann also im Logos ohne Hyle auftreten, die Hyle dagegen immer nur in Verbindung mit einem Eidos. Der Grund für diesen Vorrang des Eidos liegt darin, daß es von ihm selbst her angesprochen und erblickt wird, der Stoff dagegen immer nur von dem Eidos her, in welches er eingegangen oder auf welches er bezogen ist.

So wird auch verständlich, weshalb der Logos des Kreises den der Segmente nicht enthält, wohl aber der Logos der Silbe den der Laute, aus denen sie als ihren Teilen besteht. Die im Wechsel der Mannigfaltigkeit ihres jeweiligen Ertönens identisch sich durchhaltenden Sprachlaute sind selbst Teile dessen, was die Silbe als solche ist. Dagegen sind die Segmente bloße Teile im Sinne des Stoffes, an dem das Eidos des Kreises zum Vorschein kommt. Freilich steht dieser „Stoff" (von welcher Art er ist, bleibt noch zu klären) dem Eidos des Kreises näher als das Erz, wenn in diesem ein Eidos in Gestalt eines Ringes erscheint. Denn jeder Kreis ist in Segmente zu zerlegen, während der sinnliche Stoff, wenn das Eidos in ihm erscheint, nicht Erz zu sein braucht. Dagegen sind die Sprachlaute nicht bloßer Stoff für das Eidos der Silbe, sie enthalten vielmehr ihrerseits einen Stoff: als Buchstaben oder als Luftvibrationen. Wenn z. B. eine Linie in ihre beiden Hälften geteilt wird, dann verschwindet *diese* Linie, nicht aber das Eidos der Linie selbst. Also gehören die Teile der Linie nicht in den Logos ihres Eidos, nicht in ihre Wesensbestimmung. Oder wenn der Mensch nach dem Tode in Knochen, Sehnen und Fleisch zerfällt, dann wird eben an diesem Zerstörungsvorgang evident, daß dergleichen nicht Teile der Ousia, sondern des Stoffes sind, also zwar Teile des Geeinzelten, aber nicht des Eidos und seines Logos. Und deshalb treten sie auch nicht in der Wesensumgrenzung des Menschen auf. So wird klar, daß und weshalb in einigen Logoi sich der Logos der hyletischen Teile befindet, in anderen aber nicht, dann nämlich nicht, wenn es der Logos des Eidos und nicht der Logos des aus Eidos und Hyle Zusammengefaßten ist. Einiges hat zu seinen bestimmenden Anfangsgründen des Seins auch solches, in das es sich beim Vergehen auflöst, eben das aus Hyle und Eidos zusammengefaßte Geeinzelte, einiges dagegen nicht: das Eidos selbst als solches. Alles, was als ein aus Eidos und Hyle Zusammengefaßtes sein Bestehen hat, löst sich beim Vergehen in seine hyletischen Bestandteile auf. Was dagegen im Logos als Eidos präsent ist, das vergeht nicht, oder, da es doch auch in der Weise der Steresis abwesend sein kann, es verschwindet zwar, aber nicht in der Weise der Auflösung und Zerstörung wie das Geeinzelte. Der Grund für diesen Unterschied liegt eben darin, daß das Geeinzelte zum Anfangsgrund seines Seins auch den Stoff hat, der deshalb einen Teil seiner ausmacht, in welchen das Geeinzelte sich auflöst, so daß es vergeht. Der vergehenmachende Stoff ist aber weder Anfangsgrund noch Teil des Eidos selbst, das darum auch nicht dem Schwund des Vergehens durch Auflösung verfallen kann.

Der Unterschied zwischen dem Eidos selbst und dem aus Eidos und Hyle Zusammengefaßten muß deshalb immer aufs neue bedacht werden, weil ihn die Sprache nicht hergibt. Denn das Eidos des Menschen und der einzelne Mensch hier und dort werden mit dem selben Namen Mensch benannt, so daß der Unterschied durch die Sprache verdeckt werden kann.

So weit ist das Verhältnis von Seiendem und seiner Wesensbestimmung ins Offene und Klare gebracht, die Frage nämlich, welche Teile des Seienden in den Logos der Ousia gehören und welche nicht. Für die Beantwortung dieser Frage bedarf es der Unterscheidung zwischen dem Seienden, sofern es nur auf sein Eidos hin angesehen wird, und demselben Seienden, verstanden als ein aus Eidos und Hyle Zusammengefaßtes. In diesem Fall gehört die Hyle als Teil dessen, was das Sein des Seienden ausmacht, in seine Bestimmung hinein. Und dennoch bedarf dieses

Verhältnis einer noch größeren Durchsichtigkeit. Was ist bis jetzt noch undurchsichtig geblieben[63]?

Es geht um die Frage, welche Teile des Seienden Teile des Logos der Ousia sind. Nun sind Teile immer Teile in Bezug auf ein Ganzes. Das Ganze aber tritt mindestens in dreifacher Weise auf: als das eidetische Ganze, d. h. als das Gesamt aller das Eidos bestimmenden Momente, als das einige Ganze von Eidos und Hyle, als das hyletische Ganze, die stofflichen Bestandteile als solche. Undurchsichtig ist noch, wie das Verhältnis des Ganzen zu seinen Teilen jeweils zu bestimmen ist. Damit hängt aber eine andere Frage zusammen: Das Eidos ist keine für sich seiende Idee, sondern das Wassein des durch es bestimmten jeweilig Seienden. Also gehört der Bezug des Eidos zur Hyle zur Seinsweise des Eidos selbst. Dieser Bezug ist noch nicht geklärt.

Die Untersuchung beginnt mit der zu Anfang des 10. Kapitels gestellten Frage, ob die Teile gegenüber dem Ganzen vorgängig seien. Alle Teile, sofern sie Teile des Logos sind, also die Momente, in die er artikuliert wird und aus denen er gefügt ist, sind früher als das Ganze. Aristoteles fügt hinzu: entweder alle oder einige. Denn nicht jedes Seiende ist durch alle Momente der Wesensart konstituiert, der es angehört. So eignen den niedrigen Organismen nicht alle Momente des Lebens, wie sie den hochspezialisierten Lebewesen zu eigen sind. Ein rechter Winkel ist zwar in spitze Winkel zerlegbar, nicht aber der Logos des rechten Winkels in den des spitzen Winkels. Vielmehr verhält es sich umgekehrt. Die Umgrenzung des spitzen Winkels, welche lautet: kleiner als der rechte Winkel, macht von dem Logos des rechten Winkels Gebrauch, welcher daher als Teil dessen Logos vorausgeht. Ebenso steht es mit dem Kreis und dem Halbkreis. Zwar ist der Halbkreis Teil des Kreises, aber er ist so wenig Teil des Logos des Kreises, daß dieser vielmehr umgekehrt vorgängiger Teil der Bestimmung des Halbkreises ist. Und so ist der Finger Teil des Menschen; aber der Finger kann nur durch einen Logos bestimmt werden, der den Logos des ganzen Menschen in sich enthält. Daraus ergibt sich zusammengefaßt: Die Teile im Sinne des Hy-

[63] 1035b 7 ff.

letischen sind später als das Ganze; die Teile des Logos, d. h. der Ousia, wie sie sich im Logos eröffnet, sind dem Ganzen gegenüber vorgängig. Dieser Sachverhalt wird von Aristoteles an der Wesensstruktur des Lebewesens eigens aufgewiesen[64].

Dem Lebewesen eignet Seele (ψυχή, Psyche); darunter ist das Wesen eines Belebten als eines solchen zu verstehen, also nicht dieses oder jenes Lebewesen, sondern das in der Umgrenzung präsente wesentliche Sein, das Eidos des Belebten, d. h. das vorgängige und durchgängige Wassein eines derartigen (nämlich belebten) Körpers. Nun sind die einzelnen Teile (Glieder und Organe) des belebten Körpers nicht zureichend zu bestimmen ohne das Werk, das jeder von ihnen verrichtet. Denn der Leib lebt in der Tätigkeit seiner Glieder und Organe. Aber diese können ihr Werk nicht verrichten ohne Wahrnehmung, welche ein Element des Eidos des Lebendigen, also der Seele ist. Daher schließt die Bestimmung der Teile des Leibes den Logos der Wahrnehmung mit ein, bzw., da diese in Wahrnehmungsarten gegliedert ist, die Teile der Wahrnehmung. Also sind diese Teile der Wahrnehmung als Teile des Eidos des Belebten vorgängig gegenüber dem Lebewesen, dem einigen Ganzen aus Seele und Körper. Dann aber sind der Körper und seine Teile später als das Wesen im Sinne des Eidos, und in die körperlichen Teile löst sich nicht das Wesen des Lebendigen selbst auf, sondern das einige Ganze aus Eidos und Hyle, also das jeweilig einzelne Lebewesen. Das Leben selbst, die Seele, verfällt nicht der Zerstörung, wohl aber das Einzelwesen. Die Seele selbst, das Eidos des Lebendigen, ist entweder im Einzelnen als dessen wesentliches Sein anwesend oder nicht, aber es vergeht niemals durch Zerstörung und Auflösung. Wie stehen nun die Teile zum einigen Ganzen aus Leib und Seele? Diese Frage ist nicht einfachhin zu beantworten. Sie sind einerseits früher als das Ganze, andererseits nicht. Die Teile sind früher, insofern durch Entstehung der Organe und Glieder und durch ihre Ausbildung das Lebewesen als Ganzes allererst zustande kommt. Andererseits vermögen sie getrennt vom Leibganzen nicht als die zu bestehen, als die sie sind: Glieder und Or-

[64] 1035b 14 ff.

gane. Insofern geht der Gesamtorganismus seinen Teilen voraus. Bei einigen Organen aber besteht Gleichrangigkeit, nämlich bei den Hauptorganen, in welchen die Lebendigkeit ihren primären Sitz hat.

Diese Analysen haben ein überaus wichtiges Nebenresultat, an das heute mehr denn je zu erinnern ist[65]. Wenn ein einzelner Mensch oder auch die Gesamtheit aller einzelnen Menschen in der Weise des Überhaupt, also im allgemeinen, bei Absehen von den individuellen Bestimmtheiten, angesprochen wird, dann wird dadurch noch nicht das Wesen des Menschen erfaßt. Allgemeinbegriffe sind als solche noch keine Wesensbegriffe. Die Vorstellung dessen, was einer Klasse von Lebewesen, z. B. allen Menschen, gemeinsam ist, erfaßt noch nicht das, was jeden Menschen zum Menschen auszeichnet, seine menschliche Gestalt. Es wird vielmehr nur ein Ganzes aus einem bestimmten Eidos und einem bestimmten Stoff im allgemeinen angesprochen, also gerade nicht das Eidos, welches das wesentliche Sein des Menschen sehen läßt. Wenn also für eine wissenschaftliche Untersuchung des Menschen bestimmte gemeinsame Merkmale zum Ausgang der Forschung genommen werden, dann ist dadurch keineswegs verbürgt, daß der Mensch als Mensch auch zureichend in den bestimmenden Ansatz gebracht ist. Im Gegenteil, es spricht vieles dafür, daß bei einem solchen Verfahren der Mensch überhaupt nicht zureichend im Thema steht. Auch ein solcher Ansatz, den alles Erforschen des Menschen braucht, ist noch eine Ontologie, aber eine sich selbst nicht mehr kennende, heruntergekommene und verkommene Ontologie. Die Wesensbestimmung unterliegt auch einer Mißdeutung durch die bekannte Auffassung, der gemäß sie nichts anderes sei als die analytische Explikation der in einem Allgemeinbegriff enthaltenen Momente. Demgegenüber ist daran zu erinnern, daß die Wesensbestimmung etwas unableitbares Ursprüngliches ist, durch welches die Sachen in dem, was sie selbst sind, allererst frei- und offengelegt werden.

Teile eines Seienden gibt es demnach in dreifacher Weise: Teile des Eidos, Teile des aus Eidos und Hyle bestehenden Gan-

[65] 1035b 26 ff.

zen und schließlich Teile der Hyle. Und nun fällt die endgültige Entscheidung darüber, daß nur die Teile des Eidos in die Wesensumgrenzung eingehen. Der Logos (und so auch der Horismos) geht immer auf das, was etwas überhaupt ist. Nun sind das im Logos gefaßte (Was-)Sein und das Seiende dieses Wasseins (von ihm selbst her angesprochen) in Wesenseinheit identisch. Also ist in der Wesensumgrenzung die Ousia, die Identität von Sein und Seiendem, nach jeder Hinsicht präsent. Beim Logos des Ganzen aus Eidos und Stoff verhält es sich nicht so. Dieses ist nicht mit dem Logos der Sache identisch und deshalb auch nicht in seiner Wesensumgrenzung präsent, sondern es gehört zu seinem Logos eine eigene Noesis oder eine Aisthesis, dergestalt, daß die mathematische Noesis z. B. die einzelnen unsinnlichen Kreise ersieht und die Aisthesis den einzelnen sinnlich-stofflichen Kreis präsentiert. Die mathematische Anschauung läßt das einzelne mathematische Gebilde in die reine, von allem Sinnlichen abgelöste Präsenz seiner selbst gelangen, die Aisthesis überführt das Wahrnehmbare in das wirkliche Wahrgenommensein. Beide, Noesis und Aisthesis, stellen bezüglich ihrer Korrelate deren Erfüllungsmodus dar (Entelecheia). Verläßt das Geeinzelte (sei es sinnlich oder nichtsinnlich) diese Entelecheia, dann bleibt unoffenbar, ob es ist oder nicht ist. Denn die mathematische Noesis ist ebenso die Anwesenheit des Mathema als eines solchen, wie die Wahrnehmung die Anwesenheit des Wahrnehmbaren als eines solchen ist. Zwar kann auch das Einzelne in einem Logos erfaßt und erkannt werden, aber nur in einem Logos, der es im allgemeinen anspricht, der daher nicht identisch ist mit der angesprochenen Sache, welche den Charakter des Geeinzelten hat. Dabei ist der Stoff, das Vereinzelnde, niemals von ihm selbst her ansprechbar, sondern immer nur von einem Eidos her.

An dieser Stelle ist auf den Unterschied zweier Stoffarten aufmerksam zu machen[66]: Es gibt einmal den sinnlich wahrnehmbaren Stoff (Erz, Holz), also jenes, was in Bewegung ist, indem es von der Steresis zum Eidos übergeht und das der Mög-

[66] 1036a 9 ff.

lichkeitsgrund für die Vielheit von Einzelseiendem desselben Eidos ist; sodann gibt es einen noetischen Stoff, welcher in dem sinnlich Wahrnehmbaren bereits vorliegt und dadurch als solcher in die Präsenz gelangt, daß von den sinnlichen Eigenschaften abgesehen wird. Er ist der Möglichkeitsgrund für eine Vielheit rein extensionaler Einzelgebilde des einen und selben Eidos.

Damit ist die Erörterung des Verhältnisses von Ganzem und Teilen abgeschlossen. Zusammengefaßt zeigen sich die folgenden Verhältnisse:

1. Beim eidetischen Ganzen sind die Teile vorgängig.

2. Bei dem aus Eidos und Hyle Geeinten sind die eidetischen Teile und das eidetische Ganze vorgängig.

3. Bei dem aus Eidos und Hyle Geeinten ist das Verhältnis des Ganzen zu seinen Teilen (Glieder, Organe) so beschaffen:

a) Das Ganze ist vorgängig.

b) Bei den lebenswichtigen Organen herrscht Gleichrangigkeit von Ganzem und Teilen.

4. Beim hyletischen Ganzen sind die Teile früher.

Aristoteles macht noch darauf aufmerksam, daß es im Problembereich des Verhältnisses von Wesensumgrenzung und Seiendem Fragen gibt, die dem Anschein nach eindeutig, in Wahrheit jedoch doppelsinnig sind[67]. So die Frage, ob der rechte Winkel, der Kreis, das Lebewesen früher seien als die Teile, in welche sie sich gliedern und aus denen sie bestehen. Denn „Seele" (Lebendigkeit) ist auch das jeweilige Lebewesen selbst, sofern es belebt ist, und umgekehrt ist „Kreis" auch das Kreissein und der rechte Winkel auch das Rechte-Winkelsein, also sein Wesen, das Eidos. Deshalb muß in der Antwort auf solche Fragen unterschieden werden, z. B. zwischen den Teilen des Logos des rechten Winkels und den Teilen eines bestimmten (einzelnen) rechten Winkels. So ist sowohl der an einem sinnlichen Stoff auftretende wie auch der aus einzelnen bestimmten Linien bestehende mathematische rechte Winkel später als die Teile des Logos. Und der stofflose Winkel, das Eidos also, ist später als die Teile seines Logos, aber früher als die Teile des jeweils einzel-

[67] 1036a 13 ff.

nen Winkels. So wäre denn auch die Seele, als das Wesen des Lebendigen genommen, später als seine konstitutiven Teile, aber
früher als die Teile des einzelnen Lebewesens. Diese Unterscheidung wäre auch dann zu treffen, wenn Seele und Lebewesen
nicht dasselbe sind, sondern (wie nach Plato) die Seele ein für
sich bestehendes Seiendes ist.

Wenn das Eidos nicht eine für sich bestehende Idee, sondern
das Wassein des jeweils einzelnen ist, dann gehört der Bezug des
Eidos zum Stoff zur Wesensweise des Eidos selbst. Der Versuch,
diesen Bezug zu klären, bringt erneut eine überaus schwierige
Problematik in die Wesensbestimmung[68]. Es muß, wie im Vor-
angehenden gezeigt worden ist, unterschieden werden zwischen
den eidetischen Teilen und den Teilen des Syntheton. Aber diese
Unterscheidung ist oft sehr schwer. Bleibt der Unterschied im
Unklaren, dann auch der Logos, welcher darlegt, was die Sache
selbst als solche in ihrem Wesen ist und so auch der Bezug des
Menschen zum Wesen der Dinge.

Was sich an spezifisch verschiedenen Stoffen zum Vorschein
bringt, wie der Kreis im Erz, Stein oder Holz, bei dem ist offenkundig, daß der Stoff nicht zu seinem Wesen gehört. Denn hier
unterscheidet sich das Wesen gleichsam selbst von dem jeweiligen Stoff, in dem es erscheint, da es ja auch in anderen Stoffen
zur Anwesenheit kommt. Wenn dagegen alle Kreise nur als
eherne wahrgenommen würden, dann würde sich zwar an dem
Sachverhalt (daß das Erz nicht Teil des Logos des Eidos ist)
nichts ändern, aber es wäre doch für uns schwierig, im Denken
das Erz vom Kreis wegzuhalten. Und so könnte dem Eidos die
Offenbarkeit seiner selbst versagt bleiben. So erscheint das
Eidos des Menschen immer in Fleisch, Knochen, Sehnen und
derartigen stofflichen Bestandteilen. Man könnte daher fragen,
ob sie nicht Teile des Wesens und des Logos seien. Doch bekundet sich in solcher Frage nur unser Unvermögen zur Trennung
des Eidos von der Hyle, weil eben das Eidos des Menschen nur
in diesem Stoff erscheint. Eine Abtrennung im Denken ist gleichwohl möglich, aber es fragt sich beim Durchdenken des Seienden,

[68] Met. VII, Kap. 11, 1036a 26 ff.

wann sie vorzunehmen, d. h. an welcher Stelle im Aufbau des Seienden sie anzubringen ist. Dabei kann es geschehen, daß man in der Sorge, das wesentliche Sein und die Wesensumgrenzung von allem Stofflichen freizuhalten, in die andere Gefahr gerät, nämlich im Weglassen zu weit zu gehen. So ist es einigen Platonikern in ihrer Wesenslehre vom Mathematischen ergangen. Sie lassen die folgenden Bestimmungen von Kreis, Dreieck und Linie nicht zu: der Kreis sei eine von einer Linie, das Dreieck eine von drei Linien umfaßte Flächenfigur, die Linie sei eine nach einer Dimension sich erstreckende kontinuierliche Größe. Denn, so erklären sie, wie Fleisch und Knochen beim Menschen und Erz und Stein bei der Bildsäule, so fungieren die Linie für Dreieck und Kreis und das Kontinuierliche wiederum für die Linie als bloße Hyle. Und so wie der Mensch nicht durch Fleisch und Knochen in seinem Wesen zu bestimmen sei, so auch nicht der Kreis und das Dreieck durch die Linie, und die Linie nicht durch das Kontinuierliche. Dies alles sei nur solches, an welchem das Eidos zum Vorschein komme, welches die Zahl sei: die Zwei, die Drei. Die Zahlen allein sind demnach wahrhaft ahyletisch, sie bestehen als sie selbst an ihnen selbst. Und so stellen die Platoniker als Wesensbestimmung der Linie die Zwei auf, welche gleichsam das erste Auseinander als solches ist. Also lautet die Wesensbestimmung der Linie nicht „das nach einer Dimension kontinuierliche Auseinander", sondern „das erste Auseinander als solches", bei Wegsehen von dem Kontinuierlichen, dem bloßen Worin des Eidos. Dabei gehen die Auffassungen der Platoniker auch noch in zwei verschiedene Richtungen auseinander: Nach den einen ist die Zwei die „Linie selbst", die wahrhaft seiende Linie, das Eidos der Linie, welches mit der Linie an ihr selbst identisch ist, die neben und außer den vielen einzelnen Linien für sich besteht. Nach der anderen Auffassung ist die Zwei zwar das Eidos der Linie, aber selbst keine Linie, sondern eine Zahl. Denn das Eidos muß mit dem Seienden, dessen Eidos es ist, nach jeder Hinsicht dasselbe sein. Und diese Identität ist bei der Linie noch nicht erreicht, weil hier das Eidos (die Zwei) und die Linie noch different bleiben. Erst in der Zahl herrscht die vollkommene Identität von Bestimmtem (Seiendem) und Bestimmendem (Wassein). Aber diese Reduktion auf die Zahlen, so einleuchtend sie auf den ersten Blick sich gibt, hat zur Folge, daß für zwei verschiedene Sachen ein einziges Eidos angesetzt wird, obwohl jede von beiden ein je eigenes Eidos zeigt. So wird die Zwei als Eidos sowohl für die einzelnen Zweien wie auch für die einzelnen Linien angesetzt. Aber beide, Linien und Zahlen, weisen von sich her einen sie verschieden bestimmenden sachhaltigen Unterschied auf, den Unterschied des Kontinuierlichen und des Discreten, worauf die Unterscheidung von Geometrie und Arithmetik beruht. Dasselbe geschieht den Pythagoreern (die nicht wie die Platoniker für sich seiende Ideen ansetzen), wenn sie das Sein alles Seienden auf Zahlen und deren Verhältnisse zurückführen. Weil nämlich die Zahlen ihrerseits eine Vielheit darstellen, müssen auch sie auf ein Eidos zurückgeführt werden, so daß es am Ende nur ein einziges Eidos für alles gäbe, d. h. alles seinem Wassein nach dasselbe Seiende wäre — eine haltlose Gedankenkonstruktion, die sich nicht mehr an das hält, als was und wie die Sachen sich von sich her darbieten.

Die Schwierigkeit bei der Wesensbestimmung besteht also vor allem darin, daß es schwer ist, zu erkennen, welche Teile dem Eidos und welche dem Syntheton zugehören. So behaupten die Platoniker, die geometrischen Gebilde seien als solche Syntheta. Aber sie weisen von sich her eine eigene, sie umgrenzende sachhaltige Bestimmtheit auf, das Kontinuierliche, welches zu ihrem Wassein gehört. Eine von jeglichem Bezug auf die Hyle absehende Reduktion führt daher ebenso in die Irre wie das unbedachte Einbeziehen der Hyle in die Wesensumgrenzung. Manches ist in der Weise, daß das, worin es besteht, das mit ausmacht, was es ist, wie das Profil oder das Männliche und Weibliche, zu deren Wasbestimmtheit das gehört, worin es sein Bestehen hat: das Lebewesen. Oder es gehört zum Wesen eines Seienden ein bestimmtes Verhalten, wie beim Lebewesen die Bewegung der Glieder, also der Leib und insofern auch das stofflich Sinnliche[69].

[69] 1036b 23 ff.

Wird in diesen Fällen von dem hyletischen Bezug des Eidos ganz und gar abgesehen, dann führt solches Vorgehen weg von dem, als was die Sachen als die seienden, die sie sind, sich selbst geben (ἀληθές). Als Beispiel für solches Fehlgehen steht die Umgrenzung des Lebewesens bei dem jüngeren Sokrates, vor allem als Mitunterredner aus Platos Politikos bekannt. Sein Versuch verläuft so: Obwohl das Eidos des Menschen nur in Knochen, Sehnen und Fleisch erscheint, sind diese doch nichts anderes, als was für den Kreis das Erz und dergleichen ist, also bloßer Stoff. Und so wie der Kreis ohne das Erz zu umgrenzen ist, so auch das Wesen des Menschen ohne das Hyletische, d. h. ohne Glieder und Organe. Aber, so wendet Aristoteles ein, beides ist nicht von derselben Art. Das Lebewesen ist seinem Sein nach ein Sinneswesen, also ohne Bewegung nicht zu umgrenzen und deshalb auch nicht ohne ein bestimmtes Verhalten seiner Glieder. So besteht zwar die Hand des Menschen aus Haut, Fleisch, Sehnen, Knochen, aber so gesehen ist sie noch gar nicht als Hand erfaßt: als das Sichausstreckende, das etwas zu sich holt, bei sich einläßt, willkommen heißt, begrüßt, ein Versprechen besiegelt. Solches Sichverhalten der Hand ist durch die spezifisch menschliche Lebendigkeit bestimmt, und umgekehrt gehören solche Glieder und Organe zum Wesen des Menschen selbst. Beim Mathematischen dagegen sind die Bestimmungen der Teile nicht Teile des Logos der Sache selbst, wie z. B. die Bestimmung des Halbkreises nicht Teil des Logos des Kreises ist. Der Kreis selbst ist kein Lebewesen und deshalb kein Sinneswesen, also ohne Bewegung und ohne ein bestimmtes Verhalten seiner Teile. Das Eidos des Menschen aber und das des Lebewesens überhaupt erfordert einen bestimmt gegliederten und organisierten Leib, ohne den es nicht das Eidos ist, das es ist. Deshalb kann bei der Wesensumgrenzung des Menschen (wie auch der anderen Lebewesen) nicht vom Leib und seiner Artikulation in Glieder und Organe („belebte Teile") und also auch nicht von der Hyle abgesehen werden.

Demnach würde der Unterschied zwischen den Lebewesen und den mathematischen Gebilden hinsichtlich ihrer Umgrenzung daher rühren, daß die einen Sinneswesen, also mit Hyle verbunden, die anderen unsinnlich, also ahyletisch sind. Aber diese Unterscheidung reicht, genauer betrachtet, doch nicht hin. Denn bei allem, was nicht das Eidos selbst an ihm selbst, sondern ein einzelnes Dieses ist, gibt es einen Stoff als Möglichkeitsgrund der Mannigfaltigkeit unterschiedener Einzelner von derselben Wesensart. So gibt es eine sinnlich wahrnehmbare und eine noetische Hyle. Und aus diesem Grund sind die Segmente nicht Teile dessen, was der Kreis überhaupt ist, sondern Teile des jeweils einzelnen Kreises und als solche, obzwar unsinnlich, doch bloß hyletische Bestandteile, von denen die Wesensumgrenzung absieht. Dagegen ist die Struktur der Wesensumgrenzung des Lebendigen verwickelter; denn einerseits ist hier ein Absehen vom Leib, also vom Stofflichen nicht möglich, andererseits können hyletische Teile nicht Momente der Wesensumgrenzung sein[70].

Die Seele ist die erste Ousia des Lebewesens (denn auch das einzelne Lebewesen hat den Charakter einer Ousia, aber erst in zweiter Linie, nämlich von der ersten Ousia her), der Körper ist der Stoff, in welchem die Seele anwesend ist. *Der* Mensch oder *das* Lebewesen ist das aus beiden Bestehende, im allgemeinen angesprochen. Nun gehört aber zu dem, *was* die Seele ist, ihre Anwesenheit in einem durch sie organisierten Leib. Das Wahrnehmen ist ein Wesensteil der Seele, aber es ist nicht, was es ist, ohne ein entsprechendes Wahrnehmungsorgan. Was ein Auge ist, das erkennt man nicht schon durch seine anatomische Zergliederung, in der es sich als ein Komplex von Häuten und Nerven darstellt, sondern erst dann, wenn man es als ein materielles Sehorgan ansieht, wie auch umgekehrt das, was Sehen ist, nicht ohne das Auge bestimmt werden kann. Und dieses wesentliche Zusammengehören erstreckt sich auch auf die ganze Seele in ihrer Beziehung zum Leibganzen. Daher kommt es, daß die Umgrenzung des Lebewesens den Leib, also das Stoffliche in bestimmter Weise enthalten muß, nicht als bloß hyletischen Bestand, sondern eben als Leib, als ein organisches Ganzes. Deshalb geht der Versuch in die Irre, die Wesensumgrenzung des

[70] 1037a 5 ff.

Lebendigen nach dem Vorbild der mathematischen Definitionen einzurichten, obwohl den mathematischen Einzelgebilden auch eine (noetische) Hyle zukommt. Bei der Wesensumgrenzung des Lebendigen steht daher das Syntheton mit im Blick, und daraus entsteht die Schwierigkeit, vor welche solche Umgrenzungen stellen. Denn das Syntheton ist das Geeinzelte, das in der Umgrenzung präsente Wesen ist aber zufolge der Identität von Was und Seiendem ein Überhaupt. Die Lösung liegt darin, daß das Syntheton bei der Wesensbestimmung in der Weise des Überhaupt mit angesprochen wird: Die Seele ist die erste Ousia eines so gearteten (organisch gegliederten) Körpers. Je genauer nun die Seele in ihren einzelnen Momenten bestimmt wird, um so mehr muß auch der im allgemeinen angesprochene Leib mitbestimmt werden, weil eben zu den Wesensmomenten der Seele entsprechende leibliche Organe gehören.

Wie steht es schließlich mit dem Logos des Einzellebendigen? Hier ist gemäß der vorangegangenen Darlegungen zu unterscheiden. Die Frage: Was ist Sokrates? geht auf Sokrates qua Seele. Die Frage nach der Seele kann zweifach beantwortet werden: Sokrates ist eine durch den Logos bestimmte Seele, d. h. ein Mensch. Mit dieser Frage kann aber auch die Seele als das Syntheton gemeint sein: Sokrates als dieser einzelne Mensch. Spricht man von dieser Seele (des Sokrates) und diesem Leib, dann liegt im einzelnen dasselbe Verhältnis vor wie zwischen Seele und Leib im allgemeinen, nämlich so, wie es vorher expliziert worden ist. — Sofern nun zum Wesen der Seele selbst ein durch sie organisierter Leib gehört, die Vereinigung von Leib und Seele aber das Syntheton, also das Geeinzelte ist, kann man sagen, daß z. B. ein jeder Mensch nicht nur seinen eigenen Leib hat, den er mit keinem anderen teilt, sondern auch das menschliche Leben auf seine ihm eigene Weise lebt.

Die Erörterung der Wesensbestimmung hat sich vorwiegend innerhalb des von Natur bzw. durch Techne Seienden, also im Bereich des sinnlich Wahrnehmbaren abgespielt. Diesem eignet, sofern es entsteht und vergeht, immer auch der Stoff. Deshalb mußte eine Entscheidung darüber fallen, welche Teile des Seienden in die Wesensbestimmung eingehen und welche nicht. Nun stellt Aristoteles die Frage, ob es außer den durch den Bezug auf den Stoff mitbestimmten Wesen auch ein Wesen gebe, das von jedem hyletischen Bezug frei ist und ob die ontologische Betrachtung nicht notwendigerweise auf die Suche nach solchem ausgezeichneten Seienden schicke, die Seinsbetrachtung also bei den sinnlich wahrnehmbaren Wesen nicht Halt machen könne[71]. Als dergleichen bieten sich z. B. die Zahlen an, weil sie unsinnlich und weil bei ihnen das zu Bestimmende und das Bestimmende völlig identisch sind, so daß sie keinem Wandel unterliegen. Aristoteles erklärt, daß die ganze Betrachtung der sinnlichen Wesen zuletzt auf diese Frage hinausblicke, d. h. daß die Ontologie ihrer leitenden Grundabsicht nach ontologische Metaphysik sei. Die sinnlich wahrnehmbaren Wesen sind auch Sache der Physik, der „Zweiten Philosophie". Denn diese befaßt sich nicht nur mit dem stofflichen In-Bewegung-Sein der Dinge, sondern gerade auch mit dem in ihrem Logos eröffneten Wesen, und mit diesem noch mehr, wenn anders die Natur mehr Eidos als Hyle ist[72]. Aber die ontologische Betrachtung geht auf die naturhaften Wesen nicht deshalb ein, weil sie von Natur sind, sondern weil sie Wesen sind, also in rein ontologischer Absicht[73]. Das aber schließt die Entscheidung darüber ein, ob es überhaupt neben und außer den naturhaften Wesen noch andere (übersinnliche) Wesensheiten gibt, d. h. ob die Ontologie nicht notwendig Metaphysik zu sein habe. Diese Frage, im ersten Kapitel des VI. Buches vorbereitet, wird im XII. Buch entfaltet und beantwortet.

Bezüglich der Wesensumgrenzung steht noch die folgende Frage aus: Es ist unterschieden worden zwischen den eidetischen Teilen, die Teile des Logos der Sache sind, und den hyletischen Teilen, die als solche nicht in den Logos eingehen. In welchem

[71] 1037a 10 ff.
[72] Physik II, Kap. 1, 192b 8 ff.
[73] Die Zweite Philosophie betrachtet die Ousia, insofern sie in Bewegung ist, also aus dem leitenden Hinblick auf die Bewegung; die Erste Philosophie betrachtet die in Bewegung befindliche Ousia als Ousia, wobei die Unterscheidung zwischen Erster und Zweiter Philosophie nur dann besteht, wenn es eine bewegungsfreie, ahyletische Ousia gibt.

Sinne von Teilsein sind aber die Teile des Logos, und wodurch bilden sie die Einheit und Ganzheit einer einheitlichen Bestimmung? Die in der Wesensbestimmung gefaßte Sache ist etwas Einheitliches, welches Teile hat. Deshalb muß es etwas geben, wodurch die Teile zugleich ein einheitliches Ganzes bilden. Vor die Behandlung dieser Frage stellt Aristoteles eine Zusammenfassung des bisher Erörterten nach seinen Hauptpunkten[74].

Dargelegt ist das vor- und durchgängige Wassein des Seienden sowie dessen Identität mit dem von ihm selbst her und auf es selbst hin angesprochenen Geeinzelten. Sodann ist gezeigt worden, weshalb bei einigem (so beim Lebendigen) der Logos des Wesens die Teile des umgrenzten Seienden enthält, bei anderem (wie beim Mathematischen) nicht. In der Wesensbestimmung sind niemals die Teile im Sinne der hyletischen Bestandteile enthalten, so in der Wesensbestimmung des Menschen nicht Fleisch, Sehnen und Knochen, also nicht das, was der Leib in rein physikalisch-chemischer Hinsicht ist: ein ständiger Auf- und Abbau chemischer Substanzen, in die er beim Vergehen zerfällt. Wohl aber sind der Leib und seine Teile in der Wesensbestimmung des Lebewesens enthalten, sofern sie Organe sind; denn das Leben (Seele) lebt in den Organen und ist das Organhafte der Organe selbst. Beim Vergehen löst sich aber der Leib nicht in seine Organe auf, sondern in die chemischen Substanzen, also in die hyletischen Bestandteile. Die Teile eines Kreises (z. B. die Halbkreise) dagegen sind von hyletischer Art; denn die dem Einzelkreis eigene noetische Hyle betrifft nur das Wiegroß der Extension eines Kreises, nicht aber dessen Wassein.

So sind also die hyletischen Teile nicht Teile der Ousia, sondern des einigen Ganzen aus Eidos und Hyle. Da dieses aber auch den Charakter der Ousia hat, so ist die Frage unausweichlich, ob es von ihm auch eine Wesensumgrenzung gibt. Die Antwort lautet: einerseits ja, andererseits nein. Im primären Blick auf den Stoff gibt es für das Syntheton keine Umgrenzung; denn dann gingen die Bestimmungen ins Unendliche. Wohl aber gibt es für es eine Umgrenzung im bestimmenden Blick auf die erste

[74] 1037a 21 ff.

Ousia, also auf das vor- und durchgängige Wassein. So kann der einzelne Mensch bestimmt werden durch den Logos der Seele, der spezifisch menschlichen Lebendigkeit. Das ist deshalb so, weil das Geeinzelte ein Ganzes aus dem in ihm anwesenden Eidos und der Hyle ist, so daß es zufolge des ihm immanenten Eidos eine Ousia ist, deren Ousia-Charakter von dem immanenten Eidos herkommt. Deshalb ist auch das einzelne eines bestimmenden Logos fähig, der nicht das Vereinzelnde, die Hyle also, enthält. Insofern gibt es von dem Syntheton einerseits eine Wesensbestimmung, andererseits nicht. Das wird noch einmal an dem Blonden als Beispiel[75] erläutert: Das blonde Haar und die Blondheit besteht aus der Helligkeit und dem Haar. Das Blonde ist immer blondes Haar. Das zeigt sich daran, daß in seiner Bestimmung das Haar immer wieder mit auftritt. Das Beispiel ist deshalb gewählt, weil das das Haar qualifizierende Eidos und das Syntheton verschieden benannt werden. Eben deshalb wird das Beispiel mit einem bei einem Eigennamen benannten einzelnen Menschen fortgesetzt, weil wir beim Menschen mittels des Eigennamens ebenfalls Wesen und Einzelwesen zu unterscheiden pflegen. Im Einzelwesen ist immer der Stoff enthalten, der kein Teil des Logos sein kann. In dieser Hinsicht ist das Einzelne keiner Wesensbestimmung fähig. Schließlich ist bereits gezeigt worden, daß nur bei der ersten Ousia die volle Identität von vor- und durchgängigem Wassein und dem jeweilig Seienden vorliegt. Sie liegt demnach in zwei Fällen nicht vor, einmal nicht, wenn das Eidos als in einem zugrundeliegenden Stoff anwesend angesprochen wird; ferner nicht, wenn das Seiende mit seinem eigenschaftlichen Bestand im Logos vermeint ist. Denn dann liegt keine wesentliche, sondern nur eine mitgängige Identität von Sein und Seiendem vor. Wenn also das Seiende als Syntheton vermeint ist, dann besteht innerhalb dieses Seienden eine Differenz zwischen ihm und dem wesentlichen Sein.

[75] statt σιμόν, 1037a 30 ff.

Exkurs über das Verhältnis der Kategorienschrift
zum VII. Buch der Metaphysik

Es sei im folgenden der Versuch unternommen, ein Mißverständnis zu beheben, das bezüglich des Verhältnisses der Kategorienschrift und den ontologischen Analysen des VII. Buches der Metaphysik besteht und das eine nicht enden wollende Kontroverse entfacht hat. In der Schrift über die Kategorien heißt es[76]: „Wesen in der beherrschenden Bedeutung und das in erster Linie und am meisten als Wesen Angesprochene ist dasjenige, was weder über ein Zugrundeliegendes ausgesagt wird noch in einem Zugrundeliegenden ist, wie ein bestimmter Mensch oder ein bestimmtes Pferd." Wesen im rangersten Sinn ist weder ein mögliches Prädikat, das über ein Vorausliegendes ausgesagt werden kann, noch hat es in einem schon Vorliegenden sein Bestehen. Das erstrangige Wesen ist demnach das Geeinzelte.

„In zweiter Linie werden diejenigen als Wesen angesprochen, in denen als den Anblicken des Wasseins jene in erster Linie als Wesen angesprochenen vorliegen, sie sowohl als auch die gemeinsamen Herkünfte dieser Anblicke, wie z. B. ein bestimmter Mensch im Anblick von Mensch steht, die Herkunft des Anblicks aber das Lebewesen ist. In zweiter Linie werden sie als Wesen angesprochen, wie *der* Mensch und *das* Lebewesen."

Mit diesen Sätzen hat Aristoteles, vor allem im Mittelalter bis in den Nominalismus hinein, Karriere gemacht wie wohl mit keinem seiner Gedanken sonst. Aristoteles erklärt doch hier eindeutig das Einzelne für das in erster Linie Seiende (prima substantia), das Eidos (forma) dagegen für nur sekundärerweise seiend. Der Nominalismus schafft dann vollends die zweite Substanz ab. Nun scheint aber die Auffasung vom Einzelnen als der ersten Ousia im Gegensatz zu den Ergebnissen der ontologischen Analysen des VII. Buches der Metaphysik zu stehen. Denn hier erklärt Aristoteles eindeutig das Eidos als die erste Ousia, während das Syntheton, also das einzelne, nur vom Eidos her als Ousia angesprochen ist, also nur in zweiter Linie Wesen

[76] Kap. 5, 2a 11 ff.

ist. Hier bietet sich nun, wie so oft in solchen Fällen, eine handgreifliche Erklärung an: Da Aristoteles im Gegensatz zu Plato „Realist" ist, insofern nach ihm die res, die selbständigen Einzeldinge, das eigentlich Seiende sind und nicht die „allgemeinen Ideen", so ist er, von Plato herkommend, immer „realistischer" geworden. Die Kategorienschrift ist (wenn sie überhaupt von Aristoteles stammt) eine Spätschrift. Die Analysen des VII. Buches der Metaphysik dagegen befinden sich noch auf dem Weg zu dieser Einsicht; sie bestreiten zwar bereits dem Eidos das selbständige Bestehen (so weit ist Aristoteles hier schon gekommen), aber sie sprechen noch dem Eidos im Unterschied zum Einzelnen den Charakter der ersten Ousia zu. Aristoteles wischt mit wenigen Sätzen in der Kategorienschrift die Ergebnisse der umfangreichen und differenzierten ontologischen Analysen des VII. Buches der Metaphysik einfach beiseite.

Nun läßt sich leicht zeigen, daß überhaupt kein Widerspruch zwischen der Kategorienschrift und dem VII. Buch der Metaphysik besteht, wenn man die Sache selbst bedenkt, von der Aristoteles handelt, und nicht nur doxographisch über Lehransichten und Sätze lediglich berichtet. Aristoteles spricht nämlich in der Kategorienschrift von den Eidē, den Anblicken des Wasseins, als demjenigen, worin das Geeinzelte vorliegt. Das eigentlich Seiende ist demnach das in seinem wesenhaften Anblick stehende einzelne, das durch das Eidos Bestimmte, welches es als das, was es ist, anwesend sein läßt. Und das ist auch der Sachverhalt, den Aristoteles im VII. Buch der Metaphysik mit dem von ihm geprägten Ausdruck τί ἦν εἶναι (vor- und durchgängiges Wassein) faßt.

Das Mißverständnis (und die Kontroverse als seine Folge) entspringt aus zwei Quellen: Einmal hat man unter dem Einzelseienden das Einzelne mit seiner eigenschaftlichen Bestimmtheit, also das Syntheton verstanden. Aber Aristoteles spricht in der Kategorienschrift von dem Geeinzelten, sofern es das erste Wesen ist, also allein in Hinsicht auf das Eidos. Und so verstanden ist es auch in der Metaphysik erste Ousia, nämlich als Wesensidentität des Wasseins mit dem durch es bestimmten Seienden.

Sodann beachtet man nicht genügend, daß die Kategorienschrift durch die Gegenwendung gegen Plato gedanklich und sprachlich bestimmt ist. Denn in der Weise genommen, in welcher Plato das Eidos allein denkt, als das reine Sichzeigen des Wasseins als solchen, ist es nur sekundär seiend. Primär seiend ist es als das mit dem von ihm selbst her angesprochenen Jeweiligen identische Wassein. Man würde vielleicht mit der Behauptung nicht fehlgehen, daß Aristoteles mit der Abhandlung über die Kategorien endgültig zu Aristoteles wird, zu dem Denker der Ousia als der Identität des Eidos mit dem von ihm selbst her angesprochenen Einzelnen. Dann wäre sie nach Stil und Gedankenführung eine Frühschrift, vielleicht sogar die früheste der uns überlieferten.

Man darf sich auch nicht daran stoßen, daß Aristoteles in der Kategorienschrift das Bestehen in einem Hypokeimenon von der ersten Ousia abweist, während er sie in Met. VII, Kap. 11 (1037a 29) ἔνυλον εἶδος nennt. Das In-einem-Hypokeimenon-Sein kennzeichnet in der Kategorienschrift nur solches, das sein Bestehen in einem wasbestimmten Vorausliegenden hat, wie das Weiße in der Wand oder das Wissen in der Seele. Dagegen kennzeichnet der Ausdruck ἔνυλον in Metaphysik VII, Kap. 11 die Seinsweise des Eidos selbst, insofern es primär nicht für sich besteht, sondern im Einzelseienden als dessen Wasbestimmtheit anwesend ist. Es gilt eben zu beachten, wie jeweils die philosophischen Begriffe gebraucht werden.

Die Kategorienschrift denkt in unmittelbarer Gegenwendung gegen Plato denselben Sachverhalt wie die Metaphysik, aber noch nicht in den auf Grund der ontologischen Analysen entschiedenen Prägungen. Von einer Wandlung des Denkens wird man nicht sprechen können. Vielmehr denkt Aristoteles in der Metaphysik dasselbe, jedoch entschiedener und sprachlich angemessener, weil nicht mehr aus der unmittelbaren Gegnerschaft zu Plato, sondern im alleinigen Blick auf die Sache selbst, die er vor Augen hat. Daß das einzelne von seinem Eidos her und durch dieses hindurch erst seine Anwesenheit hat und daß umgekehrt das Eidos nur als Wassein des einzelnen (in Identität mit diesem) seinerseits anwesend ist, das ist der einheitliche Grundgedanke der Kategorienschrift und der metaphysischen Abhandlungen. Daß dagegen das Ganze aus Eidos und Hyle, also das einzelne als einzelnes die erste Ousia sei, wäre für Aristoteles ein Ungedanke. Denn dieses einzelne löst sich in seine hyletischen Teile auf, welche die Ursache für sein Vergehen sind. Wie könnte es die erste Ousia sein, das erstlich und durchgängig Seiende?

§ 11 Die Einheit der Wesensbestimmung

Das 12. Kapitel des VII. Buches der Metaphysik behandelt die Frage nach der Einheit der Wesensbestimmung. Auf sie war im 11. Kapitel (1037a 17 ff.) vorausgedeutet worden, sie wurde in der 2. Analytik (II. Buch, Kap. 6, 92a 29) aufgeworfen, aber nicht ausgeführt und beantwortet. Ihre letzte ontologische Klärung erfährt sie im 6. Kap. des VIII. Buches der Metaphysik (1045a 7 ff.). Da die Wesensbestimmung (und deshalb auch das in ihr gefaßte Wesen) aus Teilen besteht, entsteht die Frage, wodurch sich die Teile zur Einheit eines Seienden fügen, so daß sie ein Einiges bilden, z. B. beim Menschen Lebewesen und zweifüßig (gesetzt einmal, dies sei die Wesensbestimmung des Menschen). Der Mensch ist demnach zweierlei, Lebewesen und etwas Zweifüßiges. Wodurch sind beide geeint zur Einheit eines Seienden? Verhält es sich so, wie ein Mensch sowohl Mensch wie auch weiß ist? Hier besteht die Einheit darin, daß das Eine bei dem Anderen vorliegt, dergestalt, daß das Weiß den Menschen als das Zugrundeliegende in die Bestimmtheit des Weißseins versetzt (πάθος), so daß der Mensch weiß *ist*. Nun könnte man das Verhältnis von Gattung und Unterschied entsprechend vorstellen: Wie der Mensch das Weiß an sich hat in der Weise der Teilhabe an ihm, so hat die Gattung Lebewesen das Zweifüßige an sich. Aber wenn es sich so verhielte, dann würde die eine und selbe Gattung Lebewesen an entgegengesetzten Unterschieden teilhaben, z. B. an zweifüßig und vierfüßig; und da die Unterschiede einander ausschließen, so würde die eine und selbe Gattung durch solches bestimmt sein, welches sich einander ausschließt. Wenn also das Verhältnis von Gattung und Unterschied so vorgestellt wird, daß die Gattung ein Seiendes ist, dessen Seinsbestimmtheiten die Unterschiede sind, dann würde dieses Seiende durch sich einander Ausschließendes bestimmt sein, so als ob der eine und selbe Mensch zugleich weiß und schwarz sein könnte. Aber selbst dann, wenn die Unterschiede einander nicht ausschließen, die Teilhabe also möglich wäre, wie bei den Bestimmtheiten befußt, zweifüßig, ungeflügelt, bleibt die Frage bestehen, wodurch sie etwas Einheitliches sind. Denkt man die Einheit im Sinne der Anwesenheit von etwas in oder an der Gattung, so wie das Weiße in oder am Menschen anwesend ist, dann liegt überall nur eine mitgängige, aber keine Wesenseinheit vor. Die Wesensumgrenzung ist aber eine einheitliche Darlegung, und zwar des Wesens, das etwas von sich her Einiges ist.

In einer durch Unterscheidungen zustande gekommenen Wesensbestimmung befinden sich immer die erste Gattung und die Unterschiede. Denn die anderen Gattungen (Untergattungen) bestehen ihrerseits aus der ersten Gattung und den mit ihr zusammengefaßten Unterschieden. Es macht hinsichtlich der Struktur der Wesensbestimmung keinen Unterschied, ob sie durch wenige oder durch viele Unterscheidungen zustande kommt, es genügen sogar zwei Bestimmungen: Gattung und Unterschied, z. B. Lebewesen und zweifüßig. Inwiefern und wodurch bilden die beiden eine wesenhafte Einheit? Aristoteles beantwortet diese Frage durch eine Erläuterung an einem instruktiven Beispiel[77]. Diese Wesenseinheit ist unmöglich, wenn die Gattung etwas für sich Seiendes ist, das außer und neben den Arten besteht; denn dann kommt, wenn überhaupt, nur eine mitgängige Einheit zustande. Also kann die Gattung kein Seiendes sein. Aber sie ist doch; denn Lebewesen *sind*, freilich sind sie immer nur als Löwen, Hasen usw., also als Arten der Gattung. In welcher Weise von Sein ist dann aber die Gattung selbst? Aristoteles antwortet: Die Gattung ist in der Weise des Stoffes. Das besagt

[77] 1038a 5 ff.

nicht, die Gattung sei selbst stofflicher Natur. Wohl aber entspricht ihre Seinsweise derjenigen des Stoffes. Wie das gemeint ist, zeigt Aristoteles am Beispiel der Sprachlaute, auf das wegen seiner erhellenden Kraft einige Überlegungen gewendet seien.

Den Sprachlauten liegt die stimmliche Verlautbarung als der noch unbestimmte Stoff zugrunde, aus dem die identischen Sprachlaute gebildet werden. Nun ist aber dieser Stoff zugleich Gattung der Sprachlaute. Aristoteles hat also dieses Beispiel gewählt, weil hier der Stoff zugleich selbst die Gattung ist.

Die stimmliche Verlautbarung, das Lautkontinuum von hoch und tief, laut und leise, ist gewiß der Stoff der Sprachlaute. Die eigentümliche Seinsweise des Stoffes besteht darin, das schon zu sein, was er noch nicht ist, d. h. etwas zu sein in der Weise des Geeignetseins für . . . , des Seinkönnens. So ist auch die stimmliche Verlautbarung als solche seinkönnend dieser oder jener Sprachlaut. Und so wie aus Holz durch unterscheidende Bestimmtheiten ein Tisch oder ein Stuhl entsteht, also jeweils ein abgegrenztes im Wechsel seiner Zustände mit sich identisch bleibendes Dieses, so kommen durch Artikulation der stimmlichen Verlautbarung die Sprachlaute, die Elemente einer Sprache, zustande, die sowohl gegenüber den mannigfachen Abtönungen wie auch gegenüber der momentanen Verlautbarung etwas bleibend Identisches sind.

Aber die stimmliche Verlautbarung ist nicht nur Stoff der Sprachlaute, sondern auch ihre Gattung, und das aus zwei Gründen:

Ein Tisch braucht nicht aus Holz zu bestehen; er kann ja auch aus anderen Stoffen hergestellt werden, z. B. aus Stahl. Der Sprachlaut aber ist notwendig eine stimmliche Verlautbarung. Doch ist das nicht der entscheidende Grund. Denn es gibt Eidē, die, wie z. B. die Seele, notwendigerweise auf einen bestimmten Stoff bezogen sind, ohne daß diesem der Gattungscharakter eignet.

Wenn das Holz durch eine unterscheidende Bestimmtheit in das Eidos des Tisches eingegangen ist, dann kann es nicht mehr auch ein Stuhl sein. Durch das Eingehen in eine Bestimmtheit

110

ist sein Möglichkeitscharakter getilgt. Dagegen bleibt die stimmliche Verlautbarung, wenn sie zu einem bestimmten Sprachlaut formiert ist, offen für andere Sprachlaute, so daß sie sich zu einem Sprachganzen, ja sogar zu vielen Sprachsystemen artikulieren kann. Sie hat als Stoff zugleich Gattungscharakter. Denn die Gattung, indem sie zu einer bestimmten Art spezifiziert wird, geht nicht in diese Spezifikation auf, sondern bleibt zugleich offen für andere Artbildungen, so daß sie in allen ihren Arten als die eine und selbe enthalten ist.

Es besteht daher die folgende Entsprechung: Stoff : Eidos : Dieses = Gattung : Unterschied : Eidos.

An den Gliedern der Entsprechung ist zu ersehen, daß die Gattung nicht selbst Stoff ist, sondern daß hier nur eine Strukturgleichheit in Hinsicht auf die Seinsweise besteht: zu sein in der Weise des Seinkönnens[78]. Diese Strukturgleichheit macht einsichtig, inwiefern Gattung und Unterschied eine Wesenseinheit bilden. Denn Eidos und Stoff sind nicht ontische Bestandstücke des aus ihnen bestehenden Seienden, die noch eines Dritten als des Einheitsgrundes bedürfen, sondern sie sind von sich her wesenhaft aufeinander bezogen, dergestalt, daß der Stoff das in der Weise des Seinkönnens schon ist, dessen Wirklichkeit (Energeia) das Eidos ist. In diesem Verhältnis stehen auch die Gattung und der Unterschied zueinander: Durch die Unterschiede werden die Eidē gebildet, welche die Gattung in der Weise des Seinkönnens schon ist, jedoch so, daß sie, wenn sie zu einem Eidos spezifiziert worden ist, als die eine und selbe für andere Spezifikationen offen bleibt. Sofern aber nun das aus Gattung und Unterschied gebildete Eidos noch Unterscheidungen zuläßt, hat es seinerseits zugleich Gattungscharakter und ist

---

[78] In die Irre führt der Versuch, die Gattung mit der noetischen Hyle des Mathematischen in Verbindung zu bringen und die Gattung als eine Art von gedanklichem Stoff für die Artbildungen zu verstehen. Der noetische Stoff ist ein (obzwar unsinnlicher) Stoff im eigentlichen Sinn, ohne den die mathematischen Einzelgebilde so wenig zu sein vermöchten wie die sinnlichen Einzeldinge ohne den sinnlichen Stoff. Zwischen der Gattung und dem Stoff (sei er sinnlich oder unsinnlich) besteht bei Wahrung des Unterschieds nur eine strukturale Entsprechung.

mit dem aus ihm durch den Unterschied gebildeten Eidos ebenfalls wesenhaft *eines*. So wird klar, inwiefern durch fortschreitende Unterscheidung der Gattung das Seiende in der Einheit seines Wesens zu Gesicht gebracht wird. Doch ist das nur dann verbürgt, wenn bei fortschreitender Einteilung jeweils die Unterschiede einer Unterscheidung unterworfen werden. Es sei z. B. das Befußtsein ein Unterschied der Gattung Lebewesen. Dann muß man bei der weiteren Einteilung so verfahren, daß das befußte Lebewesen nach der Hinsicht des Befußtseins unterschieden wird, also etwa nach gespalten und ungespalten (Zweihufer und Einhufer), nicht aber nach geflügelt und ungeflügelt. Denn „gespalten und ungespalten" sind das in bestimmter Weise, was das Befußtsein in noch unbestimmter Weise, also dem Seinkönnen nach schon ist, so daß Gattung, Unterschied und Unterschied des Unterschiedes sich zur Einheit des W*aseins zusammenschließen. Aus der Einsicht in den Einheitscharakter der Wesensumgrenzung ergibt sich das Gesetz, nach welchem bei ihrer Aufstellung zu verfahren ist. Dabei geht die Einteilung nicht ins Endlose, sondern sie gelangt zu Unterschieden, die keine Unterscheidungen mehr zulassen. Es gibt daher so viele Eidē eines Genos, als es letzte, unteilbare Unterschiede gibt. Der letzte Unterschied, der die Gattung und alle vorangegangenen Unterschiede in sich befaßt, macht das Wesen einer Sache und ihre Umgrenzung aus. In ihm gelangt das Sein des Seienden in die äußerste Präsenz, während es als Gattung zufolge ihrer bestimmbaren Unbestimmtheit noch zurückbleibt. Man kann daher auch sagen: In dem letzten, unteilbaren Unterschied tritt das Seiende ganz und gar in die Unverborgenheit (Aletheia) seines Seins heraus, welches die Wesensumgrenzung zur Stätte seiner Unterkunft hat. Es geht bei diesem Verfahren um das wesentliche Sein, um seine Offenbarkeit und um den im Logos gegründeten Bezug des Menschen zum Sein und nicht nur um logische Klassifikationen, zu denen das Verfahren dann freilich wird, wenn die ontologische Dimension verlassen wird.

Das Grundgesetz für die Aufstellung einer Wesensbestimmung besagt, daß jeweils die Unterschiede unterschieden werden müssen; denn dann und nur dann enthält der letzte Unterschied das Eidos, welches das wesentliche Sein der Sache ist. So ist z. B. in der die gesamte philosophische Überlieferung beherrschenden Wesensbestimmung des Menschen als eines Lebewesens, das den Logos hat, die Logos-Habe ein letzter Unterschied. Teilt man nun den Menschen weiter nach schwarz und weiß ein, so verstößt man gegen das Gesetz der Wesensbestimmung, weil schwarz und weiß Unterschiede der Farbigkeit und nicht der Logos-Habe sind. Ebenso würde man gegen das Verfahrensgesetz verstoßen, wenn man das durch den Logos bestimmte Lebewesen nach männlich und weiblich weiter unterteilen würde. Auch hier würde man die Unterscheidungshinsicht wechseln. Denn diese Unterschiede betreffen nicht die Logos-Habe, sondern nur die Gattung Lebewesen, welche der Mensch mit den anderen Lebewesen teilt. Gewiß ist die geschlechtliche Differenz beim Menschen ein durch das Menschsein mitbestimmter Unterschied, so daß Mann und Frau das durch den Logos bestimmte Leben auf eine je eigene Weise leben. Aber sie ist kein Unterschied innerhalb des Eidos des Menschen.

Wenn eine Wesensbestimmung aufgestellt wird, dann geschieht das in einer zeitlichen Folge: zuerst die Gattung, dann die Unterschiede. Aber die aus Gattung und dem Unterschied konstituierte Wesensart wird von der zeitlichen Folge nicht betroffen. In ihr selbst zeigt sich keinerlei zeitliches Nacheinander. Indes kann hier ein (den Fragebereich des Aristoteles freilich überschreitender) Hinweis darauf gegeben werden, daß die Eidē einen Zug des Hervorkommens und des Heraustretens bekunden; sie haben eine gemeinsame Herkunft und Abkunft aus demselben Genos, die wesenhaft verschieden bleibt von der Entstehung von Seiendem, die in der Zeitfolge geschieht. Die Eidē treten im Vollzug der Wesensbestimmung aus ihrem Zurückbehaltensein im Genos schrittweise in die volle Präsenz hervor. Hier bekundet sich etwas davon, daß das Sein durch eine Entbergung bestimmt ist, ohne daß Aristoteles sie als solche bedenkt. Das griechische Denken steht im Ereignis der Entbergung des Seins, ohne mit ihm selbst befaßt zu sein. Aristoteles hätte

113

auch nur dann die Entbergung als Wesen des Seins selbst denken können, wenn er das Sein als Sein und nicht immer nur als Sein von Seiendem, also als Bestimmungsgrund des Seienden und als dessen Bestimmtheit gedacht hätte. Und dazu hätte er das Sein als Differenz zum Seienden denken müssen, in welcher er sich freilich (wie alle Ontologie) bewegt, wenn er in der Ousia Sein und Seiendes in Wesensidentität zusammenbringt. Es zeigt sich auch hier, daß die „ontologische Differenz" das Fragwürdige der überlieferten ontologischen Metaphysik ist.

§ 12 Der Kampf um die Seinsart des Wesens

Im 13. Kapitel des VII. Buches[79] greift Aristoteles zunächst auf die vierfache Bedeutung zurück, in der sich die Ousia immer schon darbietet, jedoch gegenüber dem 3. Kapitel mit einer Abwandlung. Das Genos bleibt zunächst weg, seine Stelle nimmt das Syntheton ein. Das erscheint deshalb als berechtigt, weil einmal das Genos bei der Strukturanalyse der Wesensbestimmung bereits eine Behandlung erfahren hat und weil andererseits zufolge der Immanenz des Eidos das Syntheton sich als Ousia in zweiter Linie erwiesen hatte. Dessen ausführliche Behandlung erfolgt im VIII. Buch. Der Ousia-Charakter des Hypokeimenon war in den vorangegangenen Erörterungen in seiner zweifachen Bedeutung bereits aufgewiesen: einmal als ein wasbestimmtes Dieses, sofern es das Zugrundeliegende für eigenschaftliche Bestimmtheiten ist, sodann als das der Ousia im Sinne der Entelecheia Vorausliegende: Das Seiende liegt vor seinem Hervorgang in das anwesende Sichzeigen des Wasseins im Modus der Steresis schon vor, nämlich als Stoff. Demnach steht das Hypokeimenon einmal im Blick in Bezug auf die eigenschaftlichen Bestimmtheiten, zum anderen im Bezug auf das Eidos als Telos der Genesis. Unerörtert und deshalb auch noch unerschüttert in seinem Anspruch auf das wesentliche Sein bleibt noch das Überhaupt, das Allgemeine (καθ'ὅλου). Es bietet sich

[79] 1038b 1 ff.

auf natürliche Weise und gleichsam von selbst als das Wesen an. Das Überhaupt ist jenes, das mehreren einzelnen von ihnen selbst her zukommt, also das mehreren Gemeinsame (κοινόν). Und von dieser Art scheint doch das Wesen zu sein. So ist das Wesen des Menschen eben das, was jedem einzelnen Menschen und so allen Menschen in Gemeinsamkeit zukommt. Als dieses Gemeinsame bestimmt es jeden einzelnen Menschen zum Menschen und ist so der Anfangsgrund seines Seins. Dieser Sachverhalt ist unbestreitbar. Zur Frage steht jedoch, ob das Überhaupt die Seinsweise des Wesens selbst ausmacht, ob es nicht vielmehr nur ein im Wesen fundierter Modus seiner ist. Die Frage lautet also: Ist die Seinsweise des Wesens selbst das Allgemeine? Die These des Aristoteles lautet: Kein Allgemeines vermag als solches das Wesen von etwas zu sein. Ihre Aufweisung erfolgt in mehreren Beweisstufen.

1. Das erstrangige Wesen, das Eidos also, das ein Seiendes zu dem Seienden bestimmt, das es ist, ist das einem jeglichen Eigene, ja wohl sein Eigenstes[80]. Das Überhaupt aber ist das mehreren Gemeinsame; denn das eben wird als ein Überhaupt angesprochen, was mehreren einheitlich gemeinsam zukommt. Es gibt Bestimmungen, deren Wesensstruktur die Gemeinsamkeit ist. Zwei Menschen sind ein Paar, aber nicht jeder ist für sich ein Paar, sondern sie sind es nur in Gemeinsamkeit. Sie sind zusammen zwei, aber jeder für sich ist nur einer. Die Zahl hat in einem ausnehmenden Sinne die Gemeinsamkeitsstruktur. Sie ist gleichsam das Gemeinsame an ihm selbst. Anders steht es mit dem wesentlichen Sein. Zwar sind alle Menschen zusammen Menschen, aber jeder einzelne ist für sich Mensch, und er teilt das ihm eigene Menschsein mit keinem anderen.

2. Gesetzt jedoch, die Ousia sei das Allgemeine[81]. Von welchem Seienden ist dieses Allgemeine dann das Wesen? Welches ist das Seiende dieses allgemeinen Wesens? Die nächste Antwort auf die Frage lautet: von jedem einzelnen insgesamt. Aber das erweist sich als unmöglich. Wenn das Wesen das Allgemeine ist,

---

[80] 1038b 10 ff.
[81] 1038b 12 ff.

dann bestimmt es das Seiende, dessen Wesen es ist, zu einem allgemeinen Seienden, also den Menschen zu einem allgemeinen Menschen. Und was ist dann mit den einzelnen Menschen? Das Seiende, dessen Wesen und durchgängiges Wassein nur ein einziges Mal vorkommt, kommt auch seinerseits nur einmal vor. Also würden alle einzelnen Menschen in den einen allgemeinen Menschen aufgehoben. Aber dann wäre der Gemeinsamkeitscharakter des Überhaupt und damit dieses selbst aufgehoben. Es gäbe dann nur noch den allgemeinen Menschen.

3. Dieser Einwand erfolgt ausdrücklich vom Logos her, in welchem das Allgemeine sich allererst auftut. Die rangerste Ousia wird niemals über ein schon vorliegendes Zugrundeliegendes ausgesagt, sondern sie zeigt sich erst dann, wenn ein Seiendes von ihm selbst her auf es selbst hin angesprochen wird. Dem Allgemeinen aber ist es gerade wesentlich, über bestimmtes, in einer Mehrzahl schon Vorliegendes ausgesagt zu werden. Das Allgemeine kommt also gerade nicht in der dem Wesen eigenen Sichtweise, dem Ansprechen von etwas als es selbst, zur Präsenz.

4. So hat sich bereits gezeigt, daß das Wesen, wenn darunter das mit dem jeweilig Seienden identische vor- und durchgängige Wassein verstanden wird, nicht das Allgemeine sein kann. Aber läßt sich nicht das Allgemeine dann als das Wesen behaupten, wenn darunter das Genos verstanden wird[82]? Dafür spricht, daß sich das vor- und durchgängige Wassein nur im einzelnen als dessen Wassein zeigt, während z. B. das Genos Lebewesen sich gerade als das allen seinen Arten Gemeinsame, also in der Weise des Überhaupt manifestiert. Sofern nun Lebewesen ein erstes Genos ist, würde es von ihm keine Wesensbestimmung geben können, da diese jeweils ein höheres, umfassenderes Genos verlangt. Aber das wäre für den zur Frage stehenden Sachverhalt nicht ausschlaggebend; denn es ist nicht nötig, daß alle Momente des Wesens ihrerseits wiederum bestimmt werden, sie können auch einfach im Denken an- und aufgenommen werden. Das Genos wäre als Wesen jedoch in dem, wovon es Wesen ist, ebenso anwesend wie das durch das Genos bestimmte vor- und durch-

---

[82] 1038b 17 ff.

gängige Wassein in dem durch es bestimmten Einzelnen. Es ergäbe sich dann das Folgende: Das Eidos des Menschen ist als Wasbestimmtheit des einzelnen Menschen das diesem Eigene. Das Genos ist daher als Bestimmtheit des Eidos ebenfalls das dem Einzelseienden Eigene. Jeder einzelne Mensch ist für sich das Lebewesen, er teilt es so wenig mit allen anderen wie das ihm eigene Eidos. Und so wäre die Ousia, wenn unter ihr das Genos verstanden wird, ebenfalls das einem jeden Eigene.

5. Dem Wesen eignet der Charakter des Dieses, des gesonderten Für-sich-Seins[83]. Was ein Wesen konstituiert, kann daher nicht solches sein, was selbst nicht den Charakter des Wesens, also des Dieses hat. Denn dann wäre das, was den Bestand des Wesens ausmacht, selbst nicht Wesen, sondern es würde der Kategorie der Qualität angehören, so daß das, was nicht von der Seinsart des Wesens ist, dem Wesen und dem Dieses vorgängig wäre. Nun ist es aber unmöglich, daß die qualitativen Bestimmtheiten dem wesentlich Seienden dem Logos, der Zeit oder dem Entstehen nach vorausgehen; denn dann beständen sie losgelöst für sich selbst. Das Lebewesen ist kein Dieses; es gibt kein Seiendes, das nur Lebewesen ist, sondern, sofern Lebewesen sind, sind sie arthaft bestimmte Einzelseiende. Dann aber kann das Genos auch nicht das Wesen konstituieren, da zu diesem der Dieses-Charakter gehört, der dem Genos gerade fehlt.

6. Wollte man aber dem Genos den Charakter des Dieses zusprechen, dann wäre in Sokrates, der doch ein Wesen, ein für sich bestehendes Seiendes ist, noch ein anderes Wesen enthalten. Und dann wäre Sokrates ein aus zwei Wesen bestehendes Seiendes, mit der Folge, daß Sokrates zwei Seiende wäre.

7. Nun erfolgt eine zusammenfassende, grundsätzliche Feststellung[84]: Wenn der Mensch (und alles in der ersten Kategorie Angesprochene) Wesen ist, also alles, was auf sein wasbestimmtes Eidos hin, d. h. von ihm selbst her angesprochen wird, dann kann etwas so, wie es im Logos auftritt, nämlich in der Weise des Allgemeinen, nicht Wesen von etwas sein. Es kann weder

[83] 1038b 23 ff.
[84] 1038b 30 ff.

117

getrennt für sich bestehen noch in einem anderen anwesend sein. Wäre etwa das Genos Lebewesen in der Weise des Allgemeinen seiend, so würde es, da es im Eidos des Menschen bestimmend anwesend ist, auch dieses zu einem Allgemeinen qualifizieren, und dann träte eben die unter Ziffer 2 behandelte Unmöglichkeit wieder ein. Betrachtet man also die Sache unter dem Gesichtspunkt, daß das in der ersten Kategorie angesprochene Jeweilige Ousia ist, dann ist auch klar, daß nichts von dem, was in der Weise des Allgemeinen präsent ist, als solches Ousia sein kann. Nun ist das im Logos gefaßte Was des Menschseins zwar etwas, das allen Menschen gemeinschaftlich zugesprochen wird, aber, so für sich genommen, ist es kein Dieses, sondern ein Derartiges, ein So-geartet-sein, eine Wasbestimmtheit. Dieses Geartetsein ist es, das in der Wesensumgrenzung allein gefaßt wird. Sie ist das dem vielen einzelnen Gemeinsame und deshalb etwas Allgemeines. So tritt das Wesen in der Wesensbestimmung allerdings als etwas mehreren einzelnen Gemeinsames und Allgemeines auf. Aber daraus folgt nicht, daß die Weise, in der das Wesen gefaßt wird, auch seine primäre Seinsweise ausmacht. Das Wesen ist vielmehr seiend als das mit dem jeweiligen Seienden identische Wassein des einzelnen. Andernfalls erscheint neben vielem anderen vor allem auch die bekannte Aporie vom dritten Menschen[85]: Hat das Wesen des Menschen den Charakter des Allgemeinen, das für sich neben und außer dem einzelnen Menschen besteht, dann bedarf dieser allgemeine Mensch eines ihm zum Menschen bestimmenden Eidos, so daß der Mensch dreimal auftritt: als einzelner Mensch, als Mensch im allgemeinen und als das den allgemeinen Menschen bestimmende Eidos.

8. Dieses Ergebnis wird durch die folgende Überlegung gefestigt, die zugleich zu einer kritischen Diskussion der platonischen Ideenlehre überleitet, und zwar im Hinblick darauf, wie

---

[85] Für Plato ist diese Aporie unlösbar, wenn der Logos auf dem Für-sich-Setzen des in ihm vermeinten Eidos insistiert und nicht immer schon über sich hinaus in das von ihm niemals zu erfassende Bezugsganze der Ideen blickt, das jeder Hypothesis des Eidos schon vorausliegt, weil es diese allererst ermöglicht. Im „Parmenides" wird das an den „Relationsideen" exemplarisch gezeigt.

aus ihr überhaupt die Möglichkeit einer Wesensbestimmung einsichtig werden soll[86]. Die Überlegung nimmt zum Ausgang die Bestimmung des Wesens im Sinne der Entelecheia. Wenn etwas ganz und gar in sein Eidos gelangt ist, dann ist das Eidos die die Bewegung beendende Seinsvollendung des Seienden, in die angekommen es die äußerste Entschiedenheit des Dieses-und-kein-Anderes erreicht hat. Deshalb ist es unmöglich, daß ein Wesen aus zwei in ihm enthaltenen Wesenheiten besteht, wenn diese den Charakter der Entelecheia haben. Zwar können zwei Sachen eines sein, dann nämlich, wenn sie nur der Möglichkeit nach zwei sind. So bilden zwei Linienhälften *eine* Linie, solange die Linie nicht geteilt wird, d. h. solange noch nicht jede der beiden Hälften für sich im Eidos der Linie erscheint. Wenn aber das Wesen ein Eines ist, dann kann es nicht aus in ihm enthaltenen Wesenheiten bestehen, wie das der Fall wäre, wenn das Allgemeine Wesen ist. Insofern hat Demokrit in Konsequenz seiner Position mit der These recht, daß unmöglich aus zwei eines und aus eins zwei werden können. Denn nach ihm besteht das Seiende in unteilbaren Gedehntheiten (Atome), die deshalb nicht zur Einheit eines aus ihnen bestehenden Seienden zusammengehen können, sondern nur einer Anhäufung fähig sind. Aber in der gleichen Lage befinden sich paradoxerweise die platonischen Mathematiker, welche die Zahl als eine Synthesis von Monaden auffassen. Danach sind die Monaden, deren Bestimmtheit allein in ihrem Einessein besteht, die Elemente der Zahlen, dergestalt, daß jede Zahl eine dem Wieviel nach feststellbare Zusammenstellung von Monaden ist. Aber wie bringen diese Mathematiker aus solchen für sich gesetzten Monaden nun die Zahlen zustande, z. B. die Zwei, welche doch eine eigene Einheit bildet? Entweder ist die Zwei nicht etwas Einheitliches, und dann ist die Zwei überhaupt nicht, sondern es gibt nur die Mannigfaltigkeit der Monaden. Oder aber, wenn es die Zwei gibt, dann bestehen die Monaden in ihr nicht gesondert für sich, d. h. es steht nicht jede der beiden für sich im Eidos des Einesseins, in das sie erst dadurch eintreten, daß die Zwei in die beiden Monaden ge-

[86] 1039a 3 ff.

teilt wird. Aber dieses Verhältnis der Monaden zu der sie in sich enthaltenden Zahl bringt nur den fraglichen Sachverhalt auf seine formalste Struktur: Wie kann das durch das Genos bestimmte Seiende *ein* Seiendes und so überhaupt sein, wenn das Genos als etwas Allgemeines Wesen ist, also selbst ein gesondert für sich bestehendes Eines?

Allerdings erwächst aus diesem Resultat ein schweres Problem: Kein Wesen besteht aus Allgemeinem, das immer nur ein So-geartet-sein ergibt, also kein für sich bestehendes Dieses. Der Logos aber erfaßt immer das Allgemeine. Kein Wesen kann ferner aus Wesenheiten zusammengesetzt sein; es ist vielmehr unzusammengesetzt. Der Logos aber ist immer ein Ganzes aus Teilen. Wie kann, wenn es sich so verhält, es vom Wesen einen Logos geben? Wie kann es in dem bestimmt werden, was es ist? Andererseits ist das Wesen doch die erste Sache des Denkens, und das erfordert, daß es von ihm allein oder doch allem anderen zuvor eine Umgrenzung gibt. Nun aber scheint als Resultat der vorangegangenen Überlegung herauszuspringen, daß es vom Wesen keinen bestimmenden Logos geben kann. Und da alles andere Seiende nur als Bestimmtheiten des Wesens besteht, so würde mit dem Logos des Wesens zugleich jegliche Art von Wesensbestimmung entfallen[87].

Aristoteles antwortet auf die Frage nach der Möglichkeit der Wesensbestimmung mit dem Hinweis darauf, daß jeweils gemäß der Blickwendung die Frage bejaht und verneint wird. Gemeint ist wohl das Folgende: Das Seiende ist seiend, indem es sich in seinem Wassein präsentiert. Dieses Was, welches die bestimmte Art des Seienden ausmacht, kann im Logos durch Eingrenzung einer Gattung mittels der artbildenden Unterschiede erfaßt werden. Was dagegen nicht in dem jeweiligen Logos erfaßt, also nicht ausgesagt werden kann, ist die Wesensidentität des Wasseins mit dem jeweiligen Seienden, in welcher die Seinsweise des Wesens primär besteht und welche durch das philosophische Denken allererst ans Licht gebracht wird. Das wesentliche Sein, die erste Sache des Denkens, bleibt immer auch im

[87] 1039a 14 ff.

Unsagbaren einbehalten und ist schon deshalb Sache eines ständig neu anhebenden Fragens. Nicht nur im Denken Platos übersteigt das wesentliche Sein den Logos, auch für Aristoteles bleibt es, wenngleich auf andere Weise, immer auch im Unsagbaren zurück.

Die im 14. Kapitel vorgelegte Auseinandersetzung mit der Ideenlehre im Hinblick auf das Problem der Wesensbestimmung schließt sich an das Vorangegangene auf natürliche Weise an[88]. Daß das Wesen den Charakter des Allgemeinen und des Gemeinsamen habe, ist eben die Auffassung Platos, sofern er das im Logos sich zeigende, dem vielerlei einzelnen gemeinsame Wassein als für sich seiende Idee setzt und zugleich das Eidos aus dem Genos und den Unterschieden hervorgehen läßt. Die Kritik erfolgt wieder in der Form von sich steigernden Aporien.

1. Nach Plato bestehen das Eidos des Menschen und das des Pferdes getrennt vom einzelnen für sich. Beide sind Arten des Lebewesens. Also ist das Lebewesen als solches in beiden bestimmend anwesend. Aber in welcher Weise? Als ein der Anzahl nach eines und selbes oder als verschiedenes? Wie nun auch die Antwort auf diese Frage ausfallen mag, dem Logos nach ist es in beiden Arten dasselbe. Denn wenn man darlegt, was das Lebewesensein bei Mensch und Pferd besagt, dann durchgeht man dieselben inhaltlichen Bestimmungen. So wäre also die Gattung dem Sachgehalt des Seins nach in beiden Ideen als dieselbe anwesend. Aber bei dieser Feststellung kann es nicht sein Bewenden haben. Wenn das Eidos des Menschen ein für sich Seiendes ist, dann muß das, wodurch dieses Eidos ist, was es ist, ebenfalls getrennt für sich bestehen, nämlich Lebewesen und zweifüßig, also gerade auch die Gattung Lebewesen. Diese Argumentation ist zwingend: Wenn das für sich bestehende Eidos durch Gattung und Unterschied ist, was es ist, dann muß auch das Für-sich-Sein der Gattung und dem Unterschied zueigen sein. Also ist das in der Idee von Mensch und Pferd anwesende Genos ein mit sich identisches Seiendes, das ebenso mit sich identisch ist wie ich mit mir selbst, d. h. ein der Anzahl nach eines. Aber wie

[88] Met. VII, Kap. 14, 1039a 24 ff.

kann es in getrennt für sich seienden Ideen seine Einheit mit sich selbst wahren? Muß es nicht vielmehr, weil anwesend in getrennt für sich bestehenden Ideen, von sich selbst getrennt sein? Und so ergäbe sich die Unmöglichkeit, daß die mit sich identische Gattung zugleich von sich selbst getrennt wäre.

2. In dieser Lage scheint der platonische Begriff der „Teilhabe" einen Ausweg zu bieten[89]. Das Eine und Selbe kann bei Wahrung seiner Einheit und Identität an Verschiedenem teilhaben, die Gattung Lebewesen sowohl an zweifüßig wie an vierfüßig. Aber das würde heißen, daß das eine und selbe Seiende zugleich durch einander sich Ausschließendes bestimmt wäre. Wenn das aber nicht zulässig ist, in welchem Sinn von Sein ist dann das Lebewesen zweifüßig oder vierfüßig? Als ein Beisammenvorliegen von etwas bei etwas, wie schwarz oder weiß beim Menschen? Aber diese Unterschiede sind nur mitgängige und nicht wesentliche Bestimmtheiten. Also liegt hier vielleicht die Einheit der Berührung oder eine Mischungseinheit vor? Aber das ergibt keinen Sinn.

3. Es bleibt also nur die andere Auskunft, daß die Gattung in jeder ihrer Arten als eine je und je verschiedene anwesend ist[90]. Aber dann ergibt sich als Konsequenz, daß es so viel Arten von Lebewesen gibt, wie es Lebewesen gibt, also unbegrenzt viele. Inwiefern stellt sich diese Konsequenz ein? Das Lebewesen ist jetzt in jeder seiner Arten verschieden. Worin besteht dann dieses Verschiedensein? Doch nur in dem Verschiedensein der einzelnen Lebewesen. Das je und je Anderssein der einzelnen Lebewesen bestimmt jetzt das jeweilige Eidos. Also gibt es soviel Arten von Lebewesen, als es einzelne Lebewesen gibt. Das träfe nur dann nicht zu, wenn das Lebewesensein des Menschen eine bloß mitgängige Bestimmtheit und nicht eine Wesensbestimmtheit seiner wäre.

4. Aber es entschwinden nicht nur die Wesensarten ins endlos Viele, sondern es würde auch so viele Gattungen des Lebewesens geben, wie es Arten gibt[91]. Denn die auf die Gattung hin angesprochenen Arten werden nicht auf etwas anderes hin an-

[89] 1039b 2 ff.   [90] 1039b 7 ff.   [91] 1039b 9 ff.

gesprochen, was sie auch sind, sondern auf ihr Wesen, also auf das hin, was sie selbst sind. Folglich ist die Gattung, da sie in jedem Eidos als dessen Wesen anwesend ist, der Anzahl nach vieles.

5. Als letzter Versuch, der Vervielfältigung des Genos auszuweichen, bietet sich eine Unterscheidung von Idee und Ousia an, indem man erklärt: Nur die Arten sind Ideen, also für sich bestehendes Seiendes. Die Gattung und der Unterschied, aus denen die Ideen gebildet werden, sind zwar wesentliches Sein (Ousia), aber nicht Ideen, also nicht etwas an ihm selbst Bestehendes[92]. Aber diese Unterscheidung ist nicht haltbar; denn die Wesenheiten, aus denen Ideen gebildet werden, müssen selbst den Charakter von Ideen haben. Folglich ist das in den Arten präsente Lebewesen ein an ihm selbst bestehendes Seiendes und stellt deshalb eine den Arten entsprechende Vielheit dar. Aber damit hebt sich der Gedanke des An-ihm-selbst-Seins überhaupt auf. Wenn das in den Arten anwesende Lebewesen eine Vielheit bildet, wodurch ist dann diese Vielheit das, was sie einheitlich ist: Lebewesen an sich. Denn jede Vielheit bedarf einer das Viele in seinem Wassein bestimmenden Einheit. Was ist nun dieses Eine, und wie geht aus ihm das Lebewesen-an-sich hervor? Noch schärfer gefragt: Dieses Eine, aus welchem die vielen Lebewesen an sich herstammen, wäre doch das Wesen aller Lebewesen. Aber wie ist es möglich, daß das Wesen des Lebewesens außer und neben den Lebewesen an sich besteht, wenn anders doch das Lebewesen an sich das Wesen des Lebewesens ausmacht? Man sieht, daß sich die Einheit von Ousia und An-sich-Sein auflöst, welche die Platoniker gerade zur Grundlage ihres gesamten Denkens gemacht hatten.

Aristoteles fügt hinzu, daß die Aporien noch aporetischer werden, wenn man gemäß diesem Ansatz diese Verhältnisse zum sinnlich Wahrnehmbaren durchdenkt.

Das Ergebnis dieser Auseinandersetzung ist, daß das hinsichtlich seiner Seinsweise umkämpfte Eidos weder in der Weise des Allgemeinen noch als Gattung noch als für sich seiende Idee das

[92] 1039b 11 ff.

Wesen sein kann. Und so hat allein das vor- und durchgängige Wassein, verstanden als wesentliche Identität des Wasseins mit dem von ihm selbst her angesprochenen Einzelseienden, den Anspruch auf die Ousia erfüllen können.

Indes darf dieses Ergebnis nun nicht zu der Auffassung führen, als sei zufolge der Wesensidentität des Wasseins mit dem Seienden, dessen Wassein es ist, das Einzelseiende selbst das Korrelat der Wesenserkenntnis. Aristoteles weist jetzt vielmehr eigens nach, daß das Einzelseiende, sei es sinnlich, sei es übersinnlich, keiner Wesensumgrenzung fähig ist[93]. Der Nachweis wird zuerst für das sinnlich Wahrnehmbare geführt.

Aristoteles erinnert zunächst daran, daß sich das Wesen, sofern es als das eine Mannigfaltigkeit von einzelnem einheitlich bestimmende Wassein seine Präsenz im und als Logos hat, sich von seiner Vereinigung mit dem Stoff unterscheidet, welche das Wesen im zweitrangigen Sinne ist. Alles, was in der Weise der Vereinigung von Logos und Hyle als Wesen angesprochen wird, ist vergänglich. Denn es ist aus einem ehemaligen Noch-nicht-Sein im Durchgang durch eine Genesis allererst ins Sein gelangt und bleibt auch nach seiner Ankunft im Sein durch seine Herkunft bestimmt. Es währt als ein Auch-nicht-sein-könnendes, also als Vergängliches. Dagegen gibt es bei dem Wesen im Sinne des im Logos präsenten Wasseins kein Entstehen und deshalb auch kein Vergehen. Es wurde nach allen Seiten gezeigt, daß z. B. das (Was-)Sein des Hauses nicht entsteht, sondern immer nur dieses und jenes Haus hier und dort. Das Wassein selbst ist entweder gesichtet, und dann gibt es einen Logos als dessen Präsenz. Oder es geht ins Ungesichtete zurück, und dann hört der Logos auf zu bestehen. Im Bereich des Wasseins selbst gibt es nur ein Gesichtet- und Ungesichtetsein, aber kein Entstehen und Vergehen. Dagegen unterliegt die Vereinigung von Logos und Hyle, also das Geeinzelte, dem Vergehen, weil die in ihm enthaltene Hyle das Sein und das Nichtsein zuläßt. Sie ist der Möglichkeitsgrund von Entstehen und Vergehen. Daß nun das aus Eidos und Hyle vereinigte Ganze keiner Wesensumgren-

[93] Met. VII, Kap. 15, 1039b 20 ff.

zung fähig ist, zeigt Aristoteles in dem folgenden Beweisgang[94]: Wissen hat sein Bestehen in einem einen Sachverhalt in seinen Gründen aufweisenden Beweis (Apodeixis). Der Beweis geht immer auf das „Notwendige" (ἀναγκαῖον), d. h. auf solches, das in sein Was und Wie eingeschlossen ist, ohne einem Auch-anders-Seinkönnen geöffnet zu sein. Die Wesensumgrenzung gehört aber insofern zu dem Wissen, als sie wissensgründend und deshalb selbst eine Weise des Wissens ist. Nun kann aber das Wissen nicht zuweilen Wissen, zuweilen Verkennung sein, es kann nicht in sein Gegenteil übergehen, weil eben das Gewußte immer ist, was und wie es ist. Ein solcher Umschlag von Erkenntnis in Verkennung ist vielmehr eine Möglichkeit der Doxa („Ansicht"). Sie nimmt das in der Wahrnehmung Sichzeigende als so oder so, als dieses oder jenes. Da aber das in den Sinnen sich Zeigende im Wandel steht, so kann die Doxa gerade dadurch zur Verkennung werden, daß sie sich selbst gleichbleibt. Ein solcher Umschlag aus Erkennung in Verkennung kann aber dem Wissen nicht widerfahren, also nicht dem Beweis und deshalb auch nicht den einen Beweis begründenden Wesensbestimmungen. Folglich ist das durch die Sinneswahrnehmung zugängliche einzelne, das Wesen im Sinne der Vereinigung von Logos und Hyle, nicht Korrelat der Wesensumgrenzung. Das wird durch die folgende Überlegung abschließend noch befestigt: Das Einzelseiende ist als seiend nur so lange offenbar, als es im Umkreis der Wahrnehmung seitens des Erkennenden weilt. Wenn es diesen Umkreis verlassen hat, bleibt verborgen, ob es ist oder nicht ist. Zwar können die Bestimmungen, in denen es gefaßt wurde, in der Seele auch ohne seine wahrnehmungsmäßige Präsenz festgehalten werden, so daß es, ob zwar selbst ungegenwärtig, doch vergegenwärtigt werden kann. Aber weil es ohne Selbstanwesenheit in der Wahrnehmung hinsichtlich seines Seins verborgen bleibt, ergibt die Vergegenwärtigung keine Wesensbestimmung und keinen Beweis, also kein Wissen, das immer in der Präsenz des Seienden selbst in seinem Was- bzw. Wiesein besteht. Was auch immer bezüglich des Einzelseienden erkannt

[94] 1039b 31 ff.

wird, es kann jederzeit aufgehoben werden. Es läßt daher weder eine Wesensumgrenzung noch einen Beweis, also überhaupt kein Wissen zu. Sofern aber der Mensch in der Erkenntnis allererst bei sich selbst als Mensch zu Hause ist, die Wesensumgrenzung jedoch die alle Erkenntnisse gründende Erkenntnis ist, hat er nicht so sehr dem jeweilig einzelnen nachzugehen, sondern sich vor allem in dem offenen Bezug zum Wesen der Dinge selbst zu halten, welches der Logos ist, nicht als ob das im Logos präsente Wesen abgetrennt für sich bestände, sondern so, daß es als das eine Mannigfaltigkeit von Einzelseiendem bestimmende Wassein mit diesem sich in einer ontologischen Identität befindet. Wird nämlich das im Logos präsente Wesen seinerseits als ein Seiendes neben und außer dem Geeinzelten gesetzt, wie das die Platoniker tun, dann läßt es ebenfalls keine Wesensbestimmung zu, wie nun zu zeigen ist[95]:

1. Der Logos ist nichts Einfaches, sondern er besteht aus mehreren, zum mindesten aus zwei Elementen, den Worten der Sprache (ὄνομα, Onoma). Ein Wort ist kein bloßes Lautgebilde, sondern eine stimmliche Verlautbarung, die auf etwas in der Weise zeigt, daß sie das, worauf sie zeigt, durch das Zeigen in die Sicht bringt. Das Wesen der Sprache beruht in diesem die „Welt" in die Sicht bringenden Zeigen. Deshalb können die Worte auch einfach „Zeichen" (σημεῖα) und eine Sprache ein Ganzes von Zeichen genannt werden. Aristoteles hat diesen Zeigecharakter der Sprache nach Wesen und Grund seiner Möglichkeit nicht zum Thema gemacht[96], er spricht ihn vielmehr einfach aus, weil der Logos, das sachaufweisende Sagen und die darin aufgewiesene Sache, das Sein des Seienden, sein Denken

---

[95] 1040a 9 ff.

[96] Das ist auch bis heute noch nicht geschehen, vielmehr setzt man den unbedacht gelassenen Zeichencharakter mittels einer Definition einfach an, die ein Verfahren ergibt, durch welches man von der Sprache das zu fassen bekommt, was in mathematischen Formeln untergebracht werden kann. Erst Heidegger hat in seinen Sprachaufsätzen, und zwar zum erstenmal, den welteröffnenden Charakter der Sprache zum Thema gemacht, ohne daß das gegenwärtige Philosophieren davon bis jetzt Notiz genommen hat.

ganz auf sich zieht. Die Elemente der Sprache, die Worte und ihre möglichen Verknüpfungsweisen, liegen vor dem Logos und für ihn schon vor. Wer daher über Seiendes etwas ausmacht, der bringt nicht die Worte selbst hervor. Denn dann wären sie in dem unbekannt, was in ihnen vermeint ist; sie müßten also, wie das bei sprachlichen Neuprägungen geschieht, ihrerseits durch bereits bekannte, schon vorliegende Worte erläutert und in ihrer Bedeutung bestimmt werden. Nun sind die vorliegenden Worte einer Sprache allem dem gemeinsam, das in ihnen vermeint ist, so daß ihnen wesenhaft eine mehrerem gemeinsame Bedeutung eignet. Das kommt heraus, wenn wir ein Einzelseiendes, z. B. einen einzelnen Menschen, zu bestimmen („beschreiben") versuchen. Wir sagen dann etwa: Er ist groß, hager, geht gebeugt, ist von blasser Gesichtsfarbe usf.; wir gebrauchen also Worte, deren jeweils Vermeintes sich auch an anderem Seiendem antreffen ließe. Wenn also die Worte immer mehreres einzelnes in Gemeinsamkeit vermeinen, dann auch der aus ihnen gebildete Logos. Folglich ist kein Singuläres als solches einer Wesensbestimmung fähig, also auch keine der Ideen, die ja alle nur einmal vorkommende Singularitäten sind.

Man könnte freilich dagegen den folgenden Einwand vorbringen: Zugestanden, daß jedes Onoma, für sich genommen, mehreren einzelnen zukommt, also mehreres in ihm vermeint ist, aber das schließt nicht aus, daß sie auf Grund ihrer Verbindung allein dieses Seiende und kein anderes zu bedeuten geben, wie z. B. Lebewesen und zweifüßig vereint ausschließlich und allein die Idee des Menschen vermeinen. Wenn indes die Verbindung von Lebewesen und zweifüßig ausschließlich und allein dieses Seiende in seiner Dieselbigkeit mit sich selbst vermeint, dann ist auch in jedem der beiden Onomata bereits implizit dieses Seiende vermeint, also sowohl wie mit Lebewesen so auch mit zweifüßig das zweifüßige Lebewesen, und das bei dem Immerseienden sogar mit Notwendigkeit. Die Gattung enthielte bereits den artbildenden Unterschied und dieser die Gattung.

2. Wenn das Eidos des Menschen abgetrennt von dem jeweilig einzelnen für sich besteht, dann auch die dem Eidos vorgän-

gigen Wesensteile[97]. Also besteht nicht nur die Gattung Lebewesen für sich, sondern auch der Unterschied, und so bestehen
Lebewesen und zweifüßig bereits vor dem Eidos des Menschen,
obwohl in ihnen doch die Idee des Menschen vermeint sein
soll. Aber das wäre gemäß diesem Ansatz sowenig der Fall, daß
sie auch dann bestehen würden, wenn die Idee des Menschen aufgehoben würde. Diese Konsequenz erweist sich auch dann als
unvermeidlich, wenn man dem Grundgedanken Platos folgt,
daß Ideen aus Ideen zusammengesetzt sind. Denn die Ideen,
aus denen eine Idee besteht, sind dieser gegenüber unzusammen-
gesetzter und bedürfen deshalb, um zu sein, der aus ihnen bestehenden Idee nicht, während diese umgekehrt jenen ihren Bestand verdankt[98]. Also könnten Gattung und Differenz bestehen ohne das Eidos des Menschen, als welches sie doch in der
Wesensbestimmung gerade vermeint sind.

3. Die Ideen, aus denen eine Idee besteht, die also das ausmachen, was sie ist, müssen über mehrere bestimmend ausgesagt
werden können. Wie anders nämlich sollte eine Idee erkannt
werden, es sei denn durch Eingrenzung einer Gattung mittels
einer diese Gattung auf eine Art eingrenzenden, andere Arten
dieser Gattung ausgrenzenden Bestimmtheit? Eine Idee, die nur
über Eines ausgesagt werden könnte, bleibt für eine Wesensbestimmung unbrauchbar. Plato lehrt denn auch das Aneinan-
der-Beteiligtsein der Ideen, so daß sie Sache des bestimmenden
Logos sein können. Andererseits setzt er sie als übersinnliche
Singularitäten an. Das Rätsel bleibt daher unauflöslich: Wie
können die Ideen, wenn ihr Sein im Miteinandersein besteht,
getrennt für sich sein? Und umgekehrt, wie ist es denkbar, daß
sie zwar abgesondert für sich bestehen, zugleich jedoch aneinander beteiligt sind? Für Aristoteles bedeutet das: Es herrscht bei
den Platonikern eine von ihnen niemals beseitigte Unklarheit
darüber, daß das Einzelseiende keiner Wesenserkenntnis fähig

---

[97] 1040a 17 ff.
[98] Dieser Interpretation liegt folgende Textgestalt zugrunde (1040a 22 ff.):
ἔτι δ'εἰ ἐξ ἰδεῶν αἱ ἰδέαι [sc. τοῦτο συμβαίνει] · ἀσυνθώτερα γὰρ τὰ ἐξ ὧν.
ἔτι ἐπὶ πολλῶν κτλ.

sein kann, und das erst recht dann nicht, wenn eine jede Idee nicht nur etwas Einzelnes, sondern sogar etwas Einzigartiges ist.

Aristoteles weist die Unmöglichkeit einer Wesensumgrenzung für ein einzigartiges Immerseiendes an der Sonne nach, die gemäß der aristotelischen Kosmologie nicht nur faktisch einmal existiert, sondern ihrem Wesen nach einzigartig ist. Bei dem Versuch, sie gleichwohl in einer Wesensbestimmung zu fassen, geht man auf zweifache Weise fehl:

1. Man führt Bestimmungen an, bei deren Wegnahme die Sonne immer noch sein würde: die „Erde umkreisen" oder „bei Nacht verborgen sein" usw.

2. Oder man führt Bestimmungen an, die auch auf andere mögliche Gestirne zutrifft, so daß sie, wenn sie existieren würden, ebenfalls Sonnen wären. Und so wäre ihre Einzigartigkeit aufgegeben. Diese Fehlbestimmungen zeigen, daß der Logos einer Sache immer etwas mehrerem Gemeinsames faßt, daß es also von einer immerseienden Singularität ebensowenig eine Wesensumgrenzung geben kann wie von Kallias oder Sokrates. Die Platoniker, welche das Denken des Seins auf den Logos gründen, haben niemals herausgebracht und bestimmt, was die Ideen seien, sondern sie lassen sie in einer prinzipiellen Zweideutigkeit stehen, indem sie sie einmal als für sich seiende Singularitäten nehmen, als welche sie keiner Wesensbestimmung fähig sind, sodann aber als etwas an vielen anderen Ideen Beteiligtes, so daß sie durch den Logos bestimmbar sind. Hätten sie den Versuch unternommen, eindeutig zu sagen, was die Ideen seien, dann wäre ihnen klar geworden, daß das im Logos gefaßte Wesen, so wie es im Logos präsent ist, niemals ein abgesondert für sich Seiendes zu sein vermag.

Nun ist noch zu zeigen, daß weder das Eine noch das seiend, also das allgemeinste Allgemeine, auf das hin ein jegliches angesprochen wird, das in irgendeiner Weise ist, das Wesen der Dinge zu sein vermag[99]. Das Eine erstreckt sich ebenso wie das seiend

99 1040b 16 ff.

über alles und jedes, da eben ein jegliches, sofern es ist, auch ein Eines ist. Die beiden Bestimmungen sind daher wechselweise voneinander aussagbar. Nun ist das Wesen des Einen ein einzig Eines, eben das pure Einessein. Dasjenige, dessen Wesen der Zahl nach eines ist, kommt auch selbst nur einmal vor. Also kann das Eine (ebenso wie das seiend) nur Wesen von einem der Zahl nach Einem sein und deshalb nicht Wesen des mannigfachen, im Sachgehalt seines Seins verschiedenen Seienden. Zwar ist ein jegliches, was ist, ein Eines, aber nicht durch ein allgemeines Einheitswesen, und es ist seiend nicht durch ein allgemeines Seinswesen, sondern es ist seiend und ein Eines auf Grund der ihm eigenen Wasbestimmtheit. Das Eine und das seiend sind so wenig das seinsbestimmende Wesen der Dinge, wie das Element- oder das Anfangsgrundsein Elemente und Anfangsgründe der Dinge sind. Denn wenn man das Anfangsgrundsein z. B. dahin bestimmt hat, es sei jenes, von woher etwas zu sein beginnt, dergestalt, daß es in diesem einbehalten bleibt, solange es ist, dann beginnt man erst zu fragen, welches denn nun die Anfangsgründe der Dinge sind. Zwar sind das Eine und das seiend mehr Ousia als das Anfangsgrund- und das Elementsein. Denn die Ousia ist an ihr selbst seiend und von ihr selbst her eines, Anfangsgrund und Element dagegen sind als solche nur in Bezug auf das, dessen Anfangsgrund und Element sie sind. Dennoch können sie nicht das Wesen der Ousia erfüllen. Denn wenn kein Gemeinsames als solches Ousia zu sein vermag, dann das Eine und das seiend erst recht nicht, da sie das allem Gemeinsame sind. Das wird durch die folgende Überlegung noch befestigt: Das Wesen ist keinem anderen zu eigen, sondern es gehört nur sich selbst, d. h. demjenigen Seienden, dessen Wesen es ist, insofern es mit diesem wesensidentisch ist. Das Eine und das seiend kommen aber gerade allem und jedem in Gemeinsamkeit zu. Wäre nun das Eine (und ebenso das seiend) Ousia, dann könnte es nicht zugleich bei allem sein, was überhaupt ist. So wird an dem allgemeinen Allgemeinsten gerade deutlich, daß es das Allgemeine, das es ist, nicht zu sein vermöchte, wenn es Ousia wäre.

[100] 1040b 27 ff.

Den Abschluß dieser Betrachtung bildet eine grundsätzliche Stellungnahme des Aristoteles zu den Platonikern[100]. Sie tun recht daran, wenn sie die Eidē vom einzelnen abtrennen, sofern diese die Wesensheiten sind. Denn eine Wesenheit besteht an ihr selbst und für sich. Sie gehen jedoch fehl, sofern sie das Eine über vieles hin, also das Überhaupt als die Seinsweise des Eidos setzen. Der Grund für dieses Fehlgehen ist: Sie sind nicht imstande, eine Wesensumgrenzung dessen zu geben, was die unvergänglichen Wesenheiten neben und außer dem jeweilig einzelnen sinnlich Wahrnehmbaren sind. Es gibt bei ihnen keinen Logos für das, was die unvergängliche Ousia ist. Deshalb bleibt auch das Wesen der Idee im Unbestimmten: Ist die Idee eine Singularität oder etwas Allgemeines? Es geht ihnen um das wesentlich Seiende, das der Vergänglichkeit entnommen, also frei vom Entstehen und deshalb auch vom Vergehen. Daß es solches vom Nichtsein freies Seiendes geben muß, damit Entstehendes und Vergehendes auch nur sein kann, ist auch die Auffassung des Aristoteles. Aber auf welchem Wege des Denkens versuchen sie, das unvergänglich Seiende ins Offene zu bringen? Sie gehen aus von dem vergänglich Seienden, das uns immer schon bekannt, weil in der Wahrnehmung offenbar ist, und setzen nun das gesuchte Unvergängliche in Hinsicht auf das, was es ist, identisch mit dem sinnlich Wahrnehmbaren, indem sie zu diesem die Bestimmung „es selbst" (αὐτό) hinzufügen, also die Anblicke des Wasseins des jeweils einzelnen für sich setzen. So finden sie das Unvergängliche in den für sich gesetzten Anblicken, die das sehen lassen, *was* das uns durch Wahrnehmung bekannte Vergängliche ist. Sie vollziehen eine Verewigung dessen, *was* das Vergängliche ist. Sie bestehen darauf, daß es zum Sein des Unvergänglichen gehöre, sich uns zu zeigen. Deshalb kommt es zum Für-sich-Setzen der Eidē des sinnlich Wahrnehmbaren. Nun sind die Gestirne unvergänglich Seiendes. Sie manifestieren sich uns, indem sie zu uns herscheinen. Aber auch dann, wenn sie nicht in unserem Gesichtskreis ständen, wären sie um nichts weniger immerwährend Seiendes neben und außer dem Entstehenden und Vergehenden, das uns in der Wahrnehmung offenbar und bekannt ist. Die Platoniker aber gehen davon aus, daß es zum Sein des Unvergänglichen gehöre, sich uns in dem zu zeigen, was es ist. Indem sie die Anblicke des Wasseins des sinnlich Wahrnehmbaren zum Immerseienden erheben, halten sie das Wesen des Seienden im Grunde immer noch in der Doxa fest, von deren Kritik die Setzung des Seins als Ideen ihren Ausgang bei ihnen nimmt. Man erkennt hier etwas von dem philosophischen Anspruch des Aristoteles; er möchte das Denken auf die Ousia von dem letzten Schein der Doxa befreien, der auch noch der Ideenlehre anhaftet. Insofern beabsichtigt Aristoteles nichts anderes als das Zu-Ende-Denken dessen, was Plato entdeckte, als er das wesentliche Sein im Eidos erblickte und so allererst die eigentliche Dimension des philosophischen Denkens eröffnete.

§ 13 Das Wesen als Anfangsgrund und Ursache

Das letzte Kapitel des VII. Buches[101] erörtert die Beziehung, in welcher das Wesen zum Anfangsgrund und zur Ursache steht. Eine solche Erörterung ist notwendig, wenn anders das Wesen das erstlich Anwesende ist, das dem Nichtsein immer schon voraus und allem anderen Seienden vorgängig ist, so daß in ihm der Anfangsgrund und die Ursache des Seins liegen müßten. Aristoteles fügt hinzu, daß diese Betrachtung auch eine Klärung bezüglich der Frage bringen wird, wie es mit der übersinnlichen Ousia bestellt ist.

So etwas wie Ursache kommt in der Frage nach dem Wodurch oder genauer: nach dem Durch-was (διὰ τί) in die Sicht. Deshalb beginnt Aristoteles die Betrachtung mit einer Analyse der Wodurch-Frage.

Ein vorliegender Sachverhalt wird befragt in Hinsicht auf sein Durch-was. Der Sachverhalt ist das Befragte, das Durch-was das Gefragte, dessen Bestimmtheit das Erfragte, bei welchem das Fragen ins Ziel kommt. Der zur Frage stehende Sachverhalt

---

[101] 1041a 6 ff.

muß eine bestimmte Struktur haben, damit er auf sein Durch-was hin gefragt werden kann: Die Struktur des In-Einheit-Bei-sammenseins von etwas mit etwas, wie z. B. ein gebildeter Mensch. Denn dann stellt sich die Frage ein: Durch was ist das Eine beim Anderen in Einheit beisammen, dergestalt, daß das Eine, ein Mensch, etwas Anderes, nämlich gebildet *ist*. Damit überhaupt nach einem Durch-was gefragt werden kann, muß die Sache daraufhin artikuliert werden, daß sie mit etwas von ihr Verschiedenem in seinsmäßiger Einheit zusammen ist. Wird dagegen allein auf die Einheit gesehen, so daß man fragt: Wo-durch ist der gebildete Mensch ein gebildeter Mensch? dann lautet die Antwort: Dadurch, daß er ein gebildet Mensch ist. Die Antwort erfolgt also in diesem Falle mit dem Daß. Aber daß ein Mensch gebildet ist, daß überhaupt gebildete Menschen sind, muß schon offenbar sein, damit die Wodurch-Frage einen An-satz hat. Aristoteles wählt das Beispiel der Mondfinsternis: Daß beim Mond das Licht ausbleibt, daß wir also nicht etwa nur aus irgendwelchen Gründen den Mond nicht wahrnehmen, sondern *daß* Mondfinsternis *ist*, das muß schon offenbar sein, damit die Wodurch -Frage überhaupt möglich wird. Und erst dadurch, daß die zur Frage stehende Sache eigens auf eine mit ihr geeinte, aber von ihr verschiedene sachhaltige Bestimmtheit hin angese-hen wird, kann das Denken über sie hinaus und auf eine Ur-sache des Beisammenseins fragend zugehen. Andernfalls bleibt die Frage in den Sachverhalt eingeschlossen und lautet dann so: Wodurch ist der Mensch Mensch, oder wodurch ist der Gebildete gebildet, d. h. wodurch ist etwas es selbst. Auf diese Frage, so gestellt, gibt es überall nur eine Bestimmung und eine Ursache: daß eben etwas es selbst ist. Man kann allerdings noch fragen, weshalb denn das so sei, daß ein jegliches es selbst und kein an-deres ist. Die Antwort lautet, daß dies ein Grundzug des Seins alles Seienden sei, von sich selbst ungetrennt zu sein. Anders ge-sagt: ein jegliches ist nur solange, als es mit sich selbst einig ist. Dieses Geeintsein eines jeglichen mit ihm selbst ist etwas allem Seienden gemeinsames Allgemeines, und wollte man mit ihm die Wodurch-Frage beantworten, dann wäre das Fragen mit seinem

Beginn auch schon am Ende. Man wäre mit allem und jedem mit einem Schlag fertig. Anders dagegen verhält es sich, wenn etwa bezüglich des Menschen die Frage so gestellt wird: Wodurch ist der Mensch ein so geartetes Lebewesen, also ein Lebewesen, das sprechen und lachen kann. Hier wird das Befragte auf Verschiedenes hin artikuliert, das in Einheit beisammen ist: Lebewesen und eine bestimmte Eigenheit, und die Frage hat die Struktur: Was ist das, wodurch etwas bei etwas in Einheit vorliegt, dergestalt, daß das Eine das Andere in seinem Was und Wie bestimmt. *Daß* ein solches Bestimmungsverhältnis besteht, muß vor der Frage nach dem Durch-was und für sie schon offenbar sein. So kann man fragen: Wodurch ist dies da, die Ziegel, ein Haus. Auch hier wird nach der Ursache gefragt, und sie kann in einem solchen Fall in zweifacher Richtung gesucht werden: einmal in Richtung auf das erste Bewegende, so dann in Richtung auf das Umwillen. Denn einerseits sind die Ziegel dadurch ein Haus, daß der Baumeister sie in die Gestalt des Hauses gebracht hat; andererseits sind Häuser nur dadurch Häuser, daß der Mensch auf der Erde lebt, indem er auf ihr *wohnt*. Das Haus *ist* zur Unterkunft von Menschen. Gäbe es keine Menschen mehr, dann wären die Häuser nicht mehr Häuser, auch wenn sie noch dastehen. So ist das erste Bewegende Ursache des Entstehens, das Umwillen Ursache des Seins des Seienden.

Eine Sache bleibt in ihrer Fraglichkeit hinsichtlich ihrer Ursache dann verborgen, wenn man sie, statt sie zu artikulieren, einfachhin in den Blick nimmt, wenn man also fragt: Wodurch ist ein Haus ein Haus? — Denn dann lautet die Antwort: Dadurch, daß ein Haus eben ein Haus und nicht etwas anderes ist — statt zu fragen: Was ist das, daß dieses Mannigfaltige, die Ziegel, ein Haus ist? Im ersten Fall entsteht ein Fragen, das überhaupt kein Fragen ist. Beim Haus und dergleichen ist das, was auf sein Wodurch hin befragt wird, der Stoff: Durch was ist dieses Mannigfaltige ein Haus? Die Antwort lautet: Dadurch, daß ihm das vor- und durchgängige Wassein des Hauses zukommt. Oder: Wodurch ist dieses da (Fleisch, Knochen, Sehnen) ein Mensch? Wodurch ist der Leib so verfaßt, daß er ein menschlicher Leib ist? Gesucht wird in all diesen Fällen die Ursache für den Stoff, durch die dieser etwas Wasbestimmtes, Fleisch, Sehnen, Knochen z. B. ein Mensch ist. *Das aber ist das Wesen eines Seienden.* Und so hat sich auf dem Wege einer Analyse der Wodurch-Frage das Wesen als Ursache des Seins von Seiendem herausgestellt, insofern es dem Wesen zu verdanken ist, daß eine hyletische Mannigfaltigkeit ein wasbestimmtes Dieses ist. Daraus ergibt sich auch, daß es bezüglich dessen, was nicht die Struktur des Beisammen von etwas mit etwas hat, weder die Wodurch-Frage noch die entsprechende Antwort geben kann. Von dieser Art des Unbeisammen und deshalb Einfachen ist die Wasbestimmtheit des Seienden selbst, die nicht mehr im Hinblick auf ein Durch-was erfaßt werden kann, weil sie keinen Hinblick auf etwas zuläßt, das nicht sie selbst wäre. Das Wesen kann nur bezüglich seines Wie-geartetseins befragt und aufgewiesen werden.

In der nun folgenden das VII. Buch abschließenden Betrachtung wird nicht nur der Gedanke vom Wesen als Ursache befestigt, sondern das Wesen wird sogar als die erste Ursache und als der Anfangsgrund des Seins aufgewiesen[102].

Das jeweilig Seiende ist ein Syntheton, ein aus einer Mannigfaltigkeit zur Einheit Zusammengestelltes, jedoch so, daß die Zusammenstellung nicht die Anhäufung eines bloß summativen Beisammen ist, sondern so, daß sie die Einheit eines Ganzen bildet. Das wird am einfachsten Beispiel einer aus zwei Lauten bestehenden Silbe (BA) erläutert: Die beiden Laute B und A, aus denen die Silbe zusammengesetzt ist, machen ebensowenig bereits die Silbe aus wie etwa die chemischen Elemente den Leib, aus denen er besteht. Denn die Silbe BA ist nicht identisch mit der Silbe AB, obwohl die Elemente dieselben sind, aus denen beide bestehen. Und wenn die Silbe sich in die Laute auflöst, dann bleiben die Laute ebenso bestehen wie die chemischen Substanzen, in welche sich der Leib nach dem Tode auflöst. Folglich machen Vokale und Konsonanten noch nicht das Sein der Silbe aus, sondern sie ist als die Silbe, die sie ist, auch noch etwas von ihnen

[102] 1041b 11 ff.

Verschiedenes. So verhält es sich auch mit dem Leib im Verhältnis zu den chemischen Substanzen, aus denen er besteht. Aber was ist nun dieses von den Elementen Verschiedene? Und von welcher Wesensart ist es?

Entweder ist es selbst ein Element, oder es ist dergestalt von elementarem Charakter, daß es aus Elementen besteht. Im ersten Fall besteht der Leib aus hyletischen Elementen und aus noch einem anderen Element, so daß die Frage wiederkehrt, was denn nun dieses Element und alle übrigen zu einem einigen Ganzen einigt. Im zweiten Fall besteht das Einigende seinerseits aus Elementen, so daß dieselbe Frage an es selbst zu richten ist, wodurch es denn ein Einiges und Ganzes sei. Daraus folgt: Das gesuchte Einigende ist kein Element, sondern die Wasbestimmtheit (τί)[103]. Diese ist die Ursache für das Sein von diesem als Leib, für das Sein von jenem als Silbe. Die Wasbestimmtheit, die etwas einheitlich zu diesem Seienden macht, das es ist, ist aber das Wesen. Dafür ist die Silbe das ebenso einfachste wie instruktivste Beispiel. Was mehrere Laute *zu dieser* Silbe macht, ist die *Bestimmtheit* ihrer Reihenfolge, welche ihre Wasbestimmtheit selbst ausmacht. Verdankt aber eine Mannigfaltigkeit von Elementen es der Wasbestimmtheit, also dem Wesen, *dieses* Seiende zu sein, das es ist, dann hat das Wesen den Rang der ersten Ursache des Seins eines jeglichen. Denn alles andere Seiende ist nur infolge und im Gefolge des Wesens seiend. Jedoch ist nicht alles, was Wesen ist, Wesen im Sinne der rangersten Ursache des Seins. So sind die Eidē der verfertigten Dinge zwar deren Wasbestimmtheit, aber sie sind nicht erste Ursache des Seins. Denn sie bringen sich nicht von ihnen selbst her in das Seiende hervor, dessen Wasbestimmtheiten sie sind, sondern sie bedürfen dazu eines Herstellers, der das vorweg erblickte Eidos in dem bereitgestellten und zubereiteten Stoff hervorbringt. Deshalb stellt sich auch das durch Techne Seiende nicht von ihm selbst her zu einem Einigen und Ganzen zusammen. Sodann aber ist das Eidos der verfertigten Dinge auch deshalb nicht erste Ursache des Seins, weil es in dem, wozu es ist, seinen eigentlichen Bestim-

[103] 1041b 25 ff.

mungsgrund hat. Wesen im Sinne der ersten Ursache des Seins ist allein jenes Eidos, das von sich her ins Erscheinen auf- und hervorgeht, dergestalt, daß das Seiende dieses Wesens sich von sich her zur Einheit und Ganzheit mit sich selbst zusammenstellt und darum ein naturhaft Seiendes ist. Nun ist alles von der Art der Physis, was von ihm selbst her vorkommt, also auch die Elemente, welche den hyletischen Bestand eines Seienden ausmachen, nicht weniger als das wasbestimmende Eidos, also das Wesen. Und nun erfolgt die die ganze Betrachtung abschließende und vollendende Bestimmung der Ousia. Die Physis im Sinne des Wesens ist nicht Element, sondern Anfangsgrund (Arche) des Seienden, d. h. jenes, von dem her ein wasbestimmtes, an ihm selbst bestehendes Dieses seinen Ausgang nimmt und in dem es beruht, solange es ist. Das naturhafte Element dagegen macht den Bestand eines Seienden im Sinne des in ihm enthaltenen Stoffes aus, bildet also diejenigen Bestandteile, in welche das Seiende beim Vergehen sich gerade auflöst.

So ist die Ousia als erste Ursache und als Anfangsgrund des Seins ans Licht getreten. Nun hatte Aristoteles zu Beginn des 17. Kapitels erklärt, daß diese Erörterung auch eine Klärung der Frage bringen werde, wie es sich mit dem von dem sinnlich Wahrnehmbaren getrennten, also übersinnlich Seienden verhalte. Zwar kommt Aristoteles an dieser Stelle nicht ausdrücklich auf diese Frage zurück, aber es legt sich die Annahme nahe, daß diese Ausführungen zugleich implizit einen Ausblick in die Dimension des übersinnlich Seienden geben. Es ist Sache der Interpretation, diesen Ausblick zu entfalten.

Den Grundzug der Ousia bildet die Wesensidentität von (Was-)Sein und Seiendem. Diese Identität besteht innerhalb des Bereichs der Natur nur in bedingter Weise. Zwar ist auch hier das Was-es-ist mit dem jeweilig Seienden identisch, aber es tut sich zugleich eine Differenz zwischen beiden auf, insofern das Eidos kein Entstehen und Vergehen zuläßt, das mit ihm identische Seiende aber je und je entsteht und deshalb auch vergeht. Der Möglichkeitsgrund jeglichen Wandels aus Nichtsein in Sein und wiederum aus Sein in Nichtsein ist die Hyle, mit welcher sich das Eidos immer schon zu einem einigen Ganzen zusammengestellt hat. Daraus ergibt sich dann die Notwendigkeit, innerhalb der Ousia selbst zwischen dem dem einzelnen immanenten Eidos selbst und dem aus Eidos und Hyle zusammen bestehenden Geeinzelten, also zwischen erster und zweiter Ousia zu unterscheiden. Die Identität, in welcher das Eidos sich mit dem Seienden befindet, bekundet also insofern einen Mangel, als das Seiende, entstehend und vergehend, von einem Nicht an Sein affiziert ist. Aber von diesem Entstehen und Vergehen ist auch das Eidos selbst mitbetroffen, nicht als ob es auch selbst entstände oder verginge, wohl aber so, daß es ebenso durch seine Abwesenheit in der Form der Steresis wie durch seine Anwesenheit das mit ihm identische Seiende bestimmt, also auch seinerseits zwischen An- und Abwesen schwingt. Ist aber das Wesen die erste Ursache des Seins und der Anfangsgrund des Seienden überhaupt, dann kann es diesen höchsten Seinsrang nur dann einnehmen, wenn auch das Seiende, dessen Wesen es in Identität mit ihm ist, allem Entstehen zuvorgekommen und deshalb allem Vergehen entnommen ist, also erst bei uneingeschränkter Identität von Sein und Seiendem, welche allein, wenn überhaupt, bei einem vom sinnlich Wahrnehmbaren getrennten, übersinnlich Seienden angetroffen wird. Also übersteigt („transzendiert") die Ousia sich selbst in eine höchste, metaphysische oder vielleicht auch angemessener: hyper-physische Seinsweise ihrer selbst, sofern und weil sie die erste Ursache und der Anfangsgrund des Seins überhaupt ist.

II. TEIL: DIE ONTOLOGISCHE METAPHYSIK

§ 14 Die Seinsverfassung der sinnlich wahrnehmbaren Welt

„Über das Wesen geht die Betrachtung; denn es sind die Anfangsgründe und die Ursachen dessen, was Wesen ist, wonach gefragt wird."[104] Mit diesem Satz eröffnet Aristoteles das Denken, in welchem sich die metaphysische Ontologie zur ontologischen Metaphysik oder Onto-Theologie, die Erste Philosophie sich also in ihr volles Wesen entfaltet.

Die philosophische Leitfrage geht auf das „seiend" (ὄν). Aber seiend ist nicht nur das Wesen, sondern auch das Seiende der anderen Kategorien. Weshalb zieht sich die universal-ontologische Seinsfrage sogleich schon auf die Frage nach der Ousia zusammen?

Aristoteles geht von der Vielfalt des Seins aus, wie er sie zum erstenmal in der Kategorienschrift vorgelegt hatte, und weist einen dreifachen Vorrang der Ousia nach:

1. Die Kategorien können in zweifacher Weise ausgelegt werden: Sie bilden entweder Seinsbereiche innerhalb des Ganzen des Seienden, oder sie sind Bestimmungen, die an jedem Seiendem als einem solchen sich zeigen, jedoch in einer bestimmten Reihenfolge stehen. Die Auffassung des Aristoteles ist bekannt: Die Kategorien bilden keine Bereiche innerhalb des Ganzen der Dinge, sondern in ihnen artikuliert sich die Art des Seienden als eines solchen. Aber wie immer man die Mehrfältigkeit des Seins auslegen mag, Sein im Sinne der Ousia steht an der Spitze alles übrigen, das nur im Gefolge der Ousia auftritt.

2. Das Seiende der anderen Kategorien ist nicht einfachhin seiend, sondern immer nur als Beschaffenheit oder Größenbestimmtheit eines anderen, eben des wesentlich Seienden. Freilich scheint sich das Ist der Aussage: „Das ist ein Mensch" von

[104] Met. XII, Kap. 1, 1069a 18 ff.

dem Ist der Aussage: „Das ist weiß" nicht zu unterscheiden. In beiden Aussagen sagen wir das gleiche „Es ist". Aber wenn man daraufhin meinen sollte, Mensch und weiß seien, sofern sie sind, also in Hinsicht auf ihre Seinsweise ununterschieden, wäre die Konsequenz unausweichlich, daß seiend und nichtseiend überhaupt ununterschieden sind. Denn auch vom Nichtseienden sagen wir: Es ist. So ist z. B. der Mangel an Taktgefühl eines Menschen, also ein Nichtseiendes, schwer erträglich. Insistiert man also auf der Identität des Ist, d. h. sperrt man sich gegen die Einsicht, daß das Ist des Logos verschiedene Seinsweisen eröffnet, dann wären Seiendes und Nichtseiendes am Ende ununterscheidbar.

3. Das Seiende von der Seinsart der Ousia steht abgelöst und frei für sich, während alles übrige seinen Stand und sein Bestehen nur in und an einem anderen, eben der Ousia hat. Und das ist der entscheidende Gesichtspunkt: Gefragt wird nach den Gründen und Ursachen des Seienden. Diese sind bezüglich des Seienden der anderen Kategorien nicht erst zu suchen; denn dieses verdankt sein Bestehen dem Seienden von der Seinsart der Ousia. Zu fragen aber ist: Woher und wodurch ist das abgelöst und frei für sich stehende Seiende das Seiende, das es ist? Sind erst die Anfänge und Ursachen der Ousia erkannt, dann sind durch sie auch die Gründe erkannt, denen das übrige Seiende sein Bestehen verdankt. Und so zieht sich die Seinsfrage natürlicherweise auf das Seiende von der Seinsart des Wesens zusammen.

Nun gibt es zwei Zugänge zum Sein: den einen bildet die Wahrnehmung, den anderen der Logos. Die Wahrnehmung macht das Seiende als das jeweils einzelne offenbar: diesen Menschen hier, jenen Baum dort. Der Logos macht den Menschen überhaupt oder den Baum überhaupt zugänglich, also das Eine und Selbe, das sich über das Ganze alles einzelnen bestimmend erstreckt (καθ'ὅλου). Aristoteles sieht den Unterschied zwischen den früheren Philosophen und den gegenwärtigen, den Platonikern also, darin, daß die Älteren mehr als Zugang zum Seienden die Wahrnehmung nahmen und deshalb die gesuchten Anfangsgründe und Ursachen in einzelnen sinnlichen Elementen fanden, wie im Wasser, in der Luft, im Feuer, nicht dagegen in einer allen Dingen gemeinsamen allgemeinen Bestimmtheit der Körperlichkeit. Denn die Körperlichkeit als solche mit der Möglichkeit der Einrichtung einer materialistischen Philosophie wird allererst im Logos zugänglich. Deshalb ist es unberechtigt, die sog. Vorsokratiker für eine materialistische Denkweise zu reklamieren. Diese kann erst aufkommen, wenn das Denken entschieden im Logos seinen Aufenthalt genommen hat, d. h. in dem im Logos gesichteten Wassein. Der Materialismus ist deshalb nur eine mit der Metaphysik aufkommende, sie begleitende Gegenmöglichkeit und bleibt deshalb selbst in all seinen Gestalten metaphysisch. Die gegenwärtigen Philosophen, also die Platoniker, fassen entschieden im Logos Fuß. Für sie ist die Philosophie das Durchsprechen des im Logos Gesagten, d. h. desjenigen, als was das mannigfaltige einzelne einheitlich angesprochen ist: des Eidos. Von diesem hat das vielerlei einzelne die gemeinsame Herkunft dessen, was es jeweils ist. Die gemeinsame Herkunft, also das Genos, hat den Charakter des das einzelne bestimmenden Allgemeinen, des Überhaupt. Ist aber das im Logos anwesende Wassein gemäß der Art, wie es im Logos anwesend ist, nämlich in der Weise des Allgemeinen, die Ousia, dann gilt der Satz: Etwas ist um so seiender, je allgemeiner es ist. Die obersten Gattungen, aus denen ein jedes Eidos als solches seine Herkunft hat, sind daher das seiendste Seiende. Plato hat sie in dem Dialog „Sophistes" im einzelnen bestimmt und in ihrem Zusammenhang dargelegt: das Seiend, sofern eine jede Idee anwesend und da ist, Bewegung, sofern sie als ein Noeton in der Bewegung des Erkennens steht, Ständigkeit, sofern sie in dieser Bewegung bleibt, was sie ist, Verschiedenheit, sofern eine jede Idee gerade dadurch sie selbst ist, daß sie alles andere nicht ist, also von allem anderen verschieden bleibt; Selbigkeit, sofern sie in dieser Verschiedenheit von allem anderen mit sich selbst identisch ist. So beginnen die Ideen aus den obersten Gattungen allererst zu sein.

Aristoteles gliedert im Blick auf das Ganze des Seienden die Ousia in drei Bereiche: Der eine ist der Bezirk des durch die

Sinne Vernehmbaren, wie die Gewächse, die Lebewesen. Es ist das von Natur Seiende, das, was sich von sich her in die Anwesenheit aufmacht und das sich auf naturhafte Weise als seiend bekundet, nämlich in den Sinnen. In den Bereich dessen, was sich den Sinnen bezeugt, gehört auch der himmlische Bezirk der Gestirne, die zwar auch kommen und gehen, aber nicht vergehen, sondern unvergänglich sind. Und schließlich gibt es noch Seiendes, das von jeder Art von Wandel frei ist, das Unbewegte. Und dieses ist hinsichtlich seines Seins überaus strittig. Denn das von Natur Seiende einschließlich der Gestirne bekundet sich in den Sinnen als seiend. Das unwandelbar Unbewegte dagegen ist unsinnlich, und es fragt sich daher, ob und was und von welcher Wesensart es denn sei.

Wenn man die dreifache Gliederung des Seienden nach ihrer Unterscheidungshinsicht betrachtet, dann zeigt sich: Die beiden ersten Bezirke unterscheiden sich nach der Hinsicht von vergänglich und unvergänglich, der dritte Bezirk ist durch die Freiheit von jeglichem Wandel ausgezeichnet. Andererseits werden der erste und der zweite Seinsbezirk zusammengefaßt, sofern sie den Charakter der in den Sinnen sich zeigenden, im Wandel stehenden Anwesenheit haben. Daraus kann das Prinzip der Gliederung entnommen werden: Es ist die Anwesenheit, und diese wird auf ein Mehr und Weniger an Beständigkeit hin angesehen, und d. h., wenn anders doch die Ousia das allem Nichtsein Zuvorkommende ist, auf das Maß der Identität von Sein und Seiendem hin. Gewächse und Lebewesen sind, aber sie sind, sofern sie ins Sein gekommen sind und auch aus dem Sein wieder hinweggehen, also entstehen und vergehen. Ihre ontologische Identität mit dem Sein ist gebrochen durch das ehemalige Noch-nicht und das künftige Nicht-mehr. Auch die Gestirne kommen und gehen, aber ihr Gehen ist kein Vergehen, wohl aber ein unaufhörliches Nicht-mehr-dort-Sein. Das Bewegungsfreie ist dann jenes, was seiend und nur seiend, also nach jeder Hinsicht mit dem Sein identisch ist; in ihm erfüllt sich das Seiende, insofern es seiend ist, also der Logos des Seins. Und allein deshalb, weil dieses Bewegungsfreie der sinnlichen Wahrnehmung entrückt bleibt, also „übersinnlich" ist, ist das übersinnlich Seiende das zuhöchst Seiende, nicht aber deshalb, weil die Metaphysik durch ein Vorurteil zugunsten des „Geistes" gegenüber dem Sinnlichen und Materiellen geleitet wäre.

Aber dieser höchste Seinsbezirk bezeugt sich zufolge seines Vorzugs, der Freiheit von jeglichem Wandel, nicht auf natürliche Weise in den Sinnen und ist deshalb umstritten. Plato besetzt diesen Bezirk mit den von ihm entdeckten Eidē, mit der Begründung, daß sie im Unterschied zu dem einzelnen hier und dort weder entstehen noch vergehen noch sich überhaupt ändern und deshalb die Ousia erfüllen. Das Eidos aber bleibt den Sinnen verschlossen; es tut sich allein im Logos auf, und zwar als das im Logos gemeinte Was-es-ist, dem es daher in der Abkehr von der Sinneswahrnehmung nachzudenken gilt. Plato setzt daher das im Logos zugängliche, nichtsinnliche Eidos, die Idee, als das bewegungsfreie Immerseiende an. Nach Plato gliedert sich dieser Bezirk des übersinnlich Seienden in zwei Bereiche: in die Ideen, die das Wassein der Dinge sehen lassen, und in das Mathematische. Denn die Mathematik gründet in der Unterscheidung zwischen dem Sinnlichen und dem Nichtsinnlichen. Zwar führt der Mathematiker seine Beweise an einer sinnlichen Figur, aber nicht sie ist das in den Beweisen Gemeinte, sondern ein selbst unsinnlicher Sachverhalt, der an der sinnlichen Figur nur demonstriert wird. Für Plato hat die Mathematik den Vorzug, daß sie durch die Unterscheidung zwischen dem den Sinnen sich Zeigenden und dem im Logos gemeinten, unsinnlichen Sachverhalt als Wissenschaft allererst möglich wird. Sie ist gleichsam die existierende Evidenz dieses Unterschieds. Über das Verhältnis zwischen den Ideen und dem Mathematischen bestehen bei den Platonikern verschiedene Auffassungen: Während Plato zwischen den Ideen und dem Mathematischen unterscheidet, so jedoch, daß das Mathematische in den Ideen gründet, die ihrerseits den Charakter von eidetischen Anzahlen haben, setzen seine Nachfolger entweder beides in eins oder erklären das Mathematische selbst und allein für das wesenhafte Sein, eine Position, die das Für-sich-sein des nichtsinnlichen Unbewegten am schwächsten vertritt, da sich nachweisen läßt, daß das Mathematische sein Fundament in dem von Natur Seienden hat.

Gemäß der Gliederung des wesenhaften Seins gliedert sich das Wissen von ihm und von seinen Anfängen und Ursachen. „Die beiden ersten Arten des wesenhaften Seins sind Sache der Physik, denn sie sind mit der Bewegung zusammen und durch diese bestimmt; die letzte dagegen ist Sache einer anderen Wissenschaft, wenn anders sie keinen gemeinsamen Anfangsgrund haben."[105] Die andere, dritte Wissenschaft wäre dann das, was später und bis heute Metaphysik im strengen Sinne genannt wird.

Gewächse und Lebewesen, also vergänglich Seiendes, und die Gestirne, also Unvergängliches, sind Sache ein und derselben Wissenschaft. Sie sind es nicht, weil beide sinnlich Wahrnehmbares, sondern weil sie durch Bewegung wesenhaft bestimmt sind. Die Einheit einer Wissenschaft gründet in der Einheit und Identität der Wissensanfänge („Prinzipien"). Die Wissensanfänge sind die Anfangsgründe der Sache, jenes also, woher und wodurch die Sache ist, was und wie sie ist. Diese übernimmt eine Wissenschaft als ihre Wissensgründe. Nun sind Gewächse und Lebewesen einerseits und die Gestirne andererseits von ihnen selbst her Bewegtes, das den Anfang der Bewegung und der Ruhe (als Grenzfall der Bewegung) in ihm selbst hat und deshalb Sache der einen selben Wissenschaft, der Physik. Denn Anfang der Bewegung eines von ihm selbst her Bewegten zu sein, macht den Grundzug der Physis aus. Das Unbewegte hat als Unbewegtes mit dem von Natur Seienden nicht den Anfangsgrund gemeinsam. Folglich ist es Sache eines von der Physik verschiedenen Wissens.

Aristoteles beginnt die Betrachtung der Ousia mit dem sinnlich wahrnehmbaren Seienden, das sich als seiend beständig bezeugt, in der Absicht zu zeigen, daß es als seiend nur dann hinreichend begriffen werden kann, wenn das Denken über es hinausgeht und so meta-physisch wird, so daß die Physik sich erst

---

[105] ἐκεῖναι μὲν δὴ φυσικῆς· μετὰ κινήσεως γάρ· αὕτη δ'ἑτέρας, εἰ μηδεμία αὐτοῖς ἀρχὴ κοινή. 1069a 36 ff.

im Hinausgehen über sich selbst, also als Metaphysik vollendet.

Das sinnlich wahrnehmbare Seiende hat seinen Aufenthalt im Wandel, in einer Zu-und-Abkehr[106]. Der Wandel aber geht nicht von Beliebigem zu Beliebigem, sondern er spielt sich im Bereich von Entgegensetzungen ab, wie zwischen Hell und Dunkel bzw. den dazwischenliegenden Abtönungen, Klein und Groß, Warm und Kalt. Nun können aber die Gegensätze nicht auseinander hervorgehen, da sie ja gerade einander negieren. Also bedarf es noch eines Dritten, das, indem es von dem Einen zum Anderen hinüberwechselt, im Wechsel gerade verharrt[107]. Die Gegensätze dagegen verharren nicht, sondern der eine verschwindet beim Erscheinen des anderen. Das aber, was sowohl das Eine wie das gegenteilige Andere sein kann, ist der Stoff. Nun kommt jeder Übergang aus dem Nichtsein dessen her, was das Übergehende wird und nach dem Übergang auch ist: Aus dem Nicht-so-Seienden wird ein So-Seiendes, aus dem, was nicht groß ist, wird ein Groß-Seiendes, aus dem, was nicht hier ist, wird ein hier Anwesendes, und schließlich wird aus dem, was nicht Baum ist, ein Baum. So gibt es vier Arten des Übergangs aus dem Nichtsein ins Sein:

Übergang im Hinblick auf das Wiebeschaffensein,

Übergang im Hinblick auf das Wiegroßsein,

Übergang im Hinblick auf das Wosein,

Übergang im Hinblick auf das Seiendsein oder Wassein.

Alle diese Übergänge sind Übergänge aus dem Nichtsein ins Sein. Die große Frage ist, wie solche Übergänge überhaupt möglich sind und, da das von Natur Seiende seine Anwesenheit im Übergang hat, wie von Natur Seiendes überhaupt zu sein vermag. Nun kann aus nichts nichts werden, aber sofern etwas schon ist, kann es ebenfalls nicht werden. Da ferner alles Werden ein Übergehen von etwas zu etwas ist, bedarf das Werdende eines bereits Voraus- und Zugrundeliegenden, das schon ist. Wie soll da das Werden als Übergang von Nichtsein ins Sein möglich sein? Aristoteles löst die Aporie, vor welche das Werden stellt,

---

[106] 1069b 3 ff.

[107] Met. XII, Kap. 2, 1069b 7 ff.

durch die Unterscheidung des Seins nach Dynamis und Energeia, Möglichkeit und Wirklichkeit. Dazu ein Hinweis auf Bekanntes, das gleichwohl immer wieder erinnert werden möchte, damit wir die griechischen Grundworte der Philosophie auch aus dem Geist des griechischen Denkens verstehen. Energeia nennt die Seinsweise dessen, was in der Weise des Ergon (ἔργον) anwesend ist. Aber Werk meint nicht das Bewirkte eines Wirkens, sondern bedeutet: aus dem Hervorgebrachtsein in das vollendete Erscheinen währen und so *sein*. Wir sind völlig berechtigt, Energeia mit Wirklichkeit zu übersezten, dürfen dann aber nicht darunter Wirken und Bewirktsein verstehen, sondern das Angekommensein im Anblick dessen, was etwas ist, und zwar auf Grund seines Hervorgegangen-oder-Hervorgebrachtseins in diesen Anblick. Das in dem Eidos eines Hauses oder einer Rose Angekommene kommt vor dieser seiner Ankunft schon vor, nämlich als das noch nicht in das erscheinende Sichzeigen Hervorgegangene, aber dafür Bereite und Geeignete, als Baustoff oder als Same mit den Nährstoffen, in denen das Eidos sich aufbreitet. Die Seinsart des Seienden vor seiner Hervorbringung oder seinem Hervorgehen ist das zum Hervorgang Bereit- und Geeignetsein, die Dynamis. Seitdem Aristoteles das Sein nach Dynamis und Energeia ausgelegt hat, bewegt sich das Denken in dem Seinsunterschied von Möglichkeit und Wirklichkeit, so jedoch, daß das Sein die Erfüllung in der Wirklichkeit findet, während Möglichkeit immer Noch-nicht-Wirklichkeit, also einen privativen Modus der Wirklichkeit bedeutet. Auch an dieser Stelle erkennt man, daß die Artikulation des Seins nach Möglichkeit und Wirklichkeit sich nicht von selbst versteht, sondern ihre Verbindlichkeit und Bestimmungskraft auch dadurch erhält, daß sie die Möglichkeit des Werdens, des Übergehens von Nichtsein in Sein, denkbar und erfaßbar macht. In der Auslegung des Seins nach Möglichkeit und Wirklichkeit begibt sich das Werden als ein Seiend-Werden von etwas in den offenen Bereich seiner Denk- und Sagbarkeit, nämlich so: Alles wird aus Seiendem, aus dem der Möglichkeit nach Seienden, d. h. aus solchem, was der Möglichkeit nach das schon ist, was es wird und

146

sein wird. Oder alles wird aus Nichtseiendem, d. h. aus solchem, was das, was es wird und sein wird, der Wirklichkeit nach noch nicht ist. Nun ist das der Möglichkeit nach Sein die Seinsart des Stoffes, und deshalb ist alles, was im Wandel steht, immer auch stofflich. Die Gestirne sind zwar immerwährend, aber auch sie stehen in einem Ortswandel. Deshalb ist auch dieses Immerseiende stofflich, aber es besteht aus einem Stoff, der nicht Ursache von Entstehen und Vergehen, sondern nur des Ortswandels ist. Aristoteles gewinnt aus der ontologischen Bestimmung der Seinsart des Stoffes auch eine Deutung des Gedankens der vorsokratischen Philosophie von der Archē als dem Einen und All-Beisammen und dem Unbegrenzten. Was diesen Denkern vor dem Blick stand, war nicht ein seiender Urstoff, aus dem dann auf dem Wege ontischer Erklärung die vielen Dinge hergeleitet werden, sondern das Noch-nicht-Sein im Sinne des der Möglichkeit nach Seins, das nach Anaximander dem Eintreten der Dinge in den begrenzenden Umriß und nach Anaxagoras dem unterscheidenden Scheiden der Dinge durch den Nous in ihr Eigenes vorausgeht. Freilich genügt es nicht, zu sagen, alles Entstehen erfolge aus einem derartigen Nichtseienden, sondern es ist erforderlich, die Art dieses Nichtseienden zu bestimmen, dergestalt, daß das Entstehen nicht aus Beliebigem erfolgt, sondern so, daß aus dem Einen dieses und aus dem Anderen jenes wird. Deshalb reicht der allgemeine Gedanke des Alles-in-Einem-Seins als des Woraus des Entstehens nicht hin, vielmehr müssen die Stoffe, da sie ja der Möglichkeit nach das schon sind, was sie der Wirklichkeit nach werden und dann sind, bereits spezifisch verschieden sein. Gäbe es nämlich nur einen einzigen Stoff, dann hätte nach Anaxagoras, da der das Seiende in das erscheinende Sichzeigen hervorbringende Nous auch nur einer ist, auch nur *ein* Seiendes in die Wirklichkeit hervorgehen können. Die Auslegung des Seins nach Möglichkeit und Wirklichkeit erbringt auch die Einsicht, daß zum Wesen des Stoffes selbst eine spezifische Verschiedenheit von Stoffen gehört.

So gründet das sinnlich wahrnehmbare Seiende in drei Ursachen und Anfangsgründen, durch die und von denen her es seiend ist. Es sind zunächst die beiden Gegensätze, die Anwesenheit des Anblicks des Was-es-ist und dessen Abwesenheit. Das Seiende liegt, bevor es etwas wird, schon in der Weise des Seinkönnens dessen vor, was es wird und dann ist. Dieses Seinkönnen besagt, daß ihm das, was es sein wird, noch vorenthalten ist. Das einer Sache Zugehörige, aber noch Vorenthaltene heißt Steresis (privatio). Das Gegenteil zur Steresis ist das Eidos, hier auch Logos genannt, weil das Eidos das ist, als was das Seiende angesprochen wird, dergestalt, daß die Steresis nur vom Eidos her als dessen Fehlen erblickt werden kann. Das Dritte ist dann der Stoff, der von der Steresis zum Eidos hinüberwechselt, das eigentlich Werdende also. Durch diese Dreiheit und von ihr her ist das sinnlich Wahrnehmbare das Seiende, das es ist: das im Wandel (und deshalb auch in Ruhe) Anwesende. Daß diese drei in der Tat die Anfangsgründe sind, zeigt sich darin, daß sie ihrerseits unentstanden sind. Da die Steresis aber das Eidos selbst im Modus der das Seiende bestimmenden Abwesenheit ist, führt Aristoteles den Nachweis der Unentstandenheit der Anfangsgründe nur für den Stoff und für das Eidos[108].

Die volle Struktur des Wandels ist so bestimmt: Etwas (der Stoff) geht von etwas (Steresis) zu etwas (Eidos) über, und zwar von etwas her (ὑπό τινος). Das Werdende ist das, was es wird, noch nicht. Da es das, was es wird, von sich her nicht hat, kommt es ihm von einem anderen her zu: dem durch Techne Seienden von dem Hersteller, dem von Natur Seienden von dem, von welchem es abstammt. Das Wovonher ist das zuerst Bewegende, das das Werden in Gang bringt. Das, was übergeht, ist der Stoff; das, wohin es übergeht, ist das Eidos. Beide, Stoff und Eidos, entstehen ihrerseits nicht. Aristoteles gibt an dieser Stelle dafür eine ganz kurz gefaßte Begründung: Wenn bei der Anfertigung eines ehernen Kreises nicht nur das Erz rund würde, sondern ebenso auch das Runde als solches, also das Eidos, und desgleichen das Erz, also der Stoff, entstünde, dann würden die Entstehungen ins Endlose zurückweichen, so daß das Entstehen von etwas überhaupt unbegreiflich würde. Aristoteles hat im 7. und

---

[108] Met. XII, Kap. 3, 1069b 35 ff.

8. Kapitel des VII. Buches der Metaphysik die Unentstandenheit von Hyle und Eidos ausführlich dargelegt und faßt die dort gegebenen Begründungen hier zu einem kurzen Hinweis zusammen. — Das Wovonher des Entstehens ist immer ein Seiendes gleichen Namens, d. h. gleichen Wesens. Denn alles entsteht entweder durch Techne oder von Natur oder durch Zufall oder von selbst. Worin der Unterschied des durch Techne und des von Natur Seienden besteht, war schon geklärt worden: Der Anfangsgrund liegt bei dem naturhaft Seienden in diesem selbst, sofern das Wovonher des Entstehens von Menschen selbst Menschen sind. Das durch Techne Seiende dagegen hat sein Wovonher in einem anderen Seienden, in dem es herstellenden Menschen. Die beiden anderen Entstehungsweisen sind dadurch bestimmt, daß bei ihnen das die Entstehung leitende Eidos, sei es in der Weise der Techne, sei es in der Weise der Physis, fehlt. Aristoteles behauptet nun, daß (von diesen beiden Entstehungsarten abgesehen) das Woher der Entstehung überhaupt und das Entstandene gleichen Namens und Wesens seien. Wie verträgt sich diese These mit der anderen, daß das durch Techne Seiende seine Herkunft aus einem Seienden von anderer Wesensart hat? Ousia im vollen Sinne des Wortes besagt Von-sich-her-Aufgehen und Anwesen eines wasbestimmten, gesondert für sich bestehenden Anwesenden. Demgemäß kann Ousia ein Dreifaches bedeuten[109]: einmal den stofflichen Bestand eines Seienden, der diesem als das Woraus seines Entstehens bereits voraus- und zugrunde liegt, also ein selbst unentstandenes Erstes ist, das einen Zug von Ousia an sich hat. Indes bestimmen die hyletischen Bestandteile aus zwei Gründen noch nicht ein Seiendes zu dem, was es ist: Sie können, rein als solche betrachtet, sowohl dieses als auch jenes Seiende sein, und sie ergeben ein bloßes Beisammenvorliegen einer Mannigfaltigkeit, also kein einheitlich Seiendes. Ousia bedeutet daher zweitens die einheitliche Wesensverfassung, in die das Seiende von sich her hervorgeht bzw. hervorgebracht wird und aus der her es ein für sich bestehendes, wasbestimmtes Dieses ist, also das Eidos. Aristoteles charakteri-

[109] 1070a 9 ff.

siert die einheitliche Wesensverfassung des Seienden hier mittels der Kategorie der Hexis, der „Habe". Das Entstandene hat das Eidos in dem Sinne, daß seine Habe es zu diesem Seienden bestimmt, das es ist. Und schließlich bedeutet Ousia das aus Eidos und Hyle bestehende Geeinzelte. Die Ousia im rangersten Sinne ist in Übereinstimmung mit den Analysen des VII. Buches die an zweiter Stelle benannte: die Identität des Eidos mit dem Diesen oder das Dieses rein als solches, d. h. unangesehen des Stoffes, mit dem es als das Geeinzelte zusammen ist. Und diese Ousia stellt denn auch vor besondere Schwierigkeiten. Da das Eidos Anfangsgrund des Seienden ist, so muß es dem, dessen Anfangsgrund es ist, dem aus Eidos und Hyle bestehenden Geeinzelten, vorausgehen. Das macht bei den verfertigten Gebrauchtsdingen keine Schwierigkeiten. Denn hier geht das Eidos vor dem einzelnen voraus, nicht als ein für sich bestehendes Seiendes, sondern indem es der Hersteller vor der Herstellung und für sie bereits in der Sicht hat. Das Eidos des Hauses hat seine vorgängige Anwesenheit in dem und als das Sichauskennen des Baumeisters in dem, was ein Haus ist. Auch hier gibt es kein Entstehen und Vergehen, sondern nur die Anwesenheit als Gesichtetsein oder die Abwesenheit als Ungesichtetsein des Eidos. Wie aber steht es bei dem von Natur Seienden? Aristoteles gesteht Plato zu, daß er in diesem Bereich nicht ohne Grund für sich seiende Ideen ansetzt. Denn da das Eidos als Anfangsgrund des entstandenen Geeinzelten diesem vorausgeht, jedoch nicht in der Weise einer Techne, so müßte es auch als solches für sich bestehen, also eine Idee im Sinne Platos sein.

Dennoch beschreitet Aristoteles Platos Weg nicht, sondern er hält daran fest, daß innerhalb der Natur das Eidos nur als das Wassein des Geeinzelten anwesend ist, indem er den folgenden Tatbestand ins Auge faßt. Von den Ursachen, durch die Seiendes seiend ist, sind die Bewegungsursachen vorhergehend anwesend, das Eidos jedoch, das, als was wir das Seiende ansprechen, der Logos also, ist immer zugleich mit diesem anwesend. Gesundheit z. B. ist dann, wenn der Mensch gesund ist, und die Gestalt der ehernen Kugel ist, wenn eine eherne Kugel ist. Das Eidos als

Ursache ist in eins mit dem da, dessen Ursache es ist. Oder die Anwesenheit des einzelnen Seienden und die Anwesenheit des Eidos machen die eine und selbe Anwesenheit aus. Aber wie kann dann das Eidos dem einzelnen als seine Ursache vorangehen? In dem und als das Seiende, von welchem jenes abstammt. So geht das Eidos in der Tat dem entstehenden und entstandenen Einzelnen voraus, und zwar als ein Dieses, aber nicht als für sich bestehende Idee, sondern sofern ein jegliches von dem herkommt, als dessen Sein das Eidos schon in der Weise des Diesesseins anwesend ist. Es bedarf also nicht des Ansatzes einer für sich bestehenden Idee des Menschseins, da das Eidos des Menschen vorweg je und je schon besteht, nämlich als die Wesensverfassung des einzelnen Menschen, von dem ein Mensch jeweils abstammt. Aber so verhält es sich im Grunde auch bei dem Verfertigten: Es hat die Ursache seines Wasseins in der Techne. Was aber ist die Techne anders als das zuvor schon in einem einzelnen Seienden, dem Hersteller nämlich anwesende Wassein des Anzufertigenden? Und so besteht der Satz zu recht, daß jedes Seiende aus solchem gleichen Wesens hervorgeht.

So hat Aristoteles ganz im Sinne der Analysen des VII. Buches die Seinsweise des Eidos gemäß seiner Ontologie in ihre letzte Entschiedenheit gebracht: als Ursache und Anfangsgrund muß das Eidos dem Seienden, dessen Anfangsgrund es ist, vorausgehen, und zwar in der Weise eines für sich Seienden. Das trifft auf das Naturhafte und das Technische gleichermaßen zu. Innerhalb der Natur geht das Eidos als die Wesensverfassung des für sich bestehenden Einzelseienden voraus, von welchem das naturhaft Seiende abstammt. Im Bereich der Techne geht das Eidos voraus als das Wissendsein des einzelnen Herstellers. Aus dieser Übereinstimmung von Natur und Technik tritt aber zugleich auch der wesentliche Unterschied beider heraus: Innerhalb der Natur ist das Eidos in der Weise vorhergehend anwesend, daß es das wesentliche Sein des Hervorbringenden selbst ist, wohingegen das Eidos der angefertigten Dinge seine vorhergehende Anwesenheit im Wissendsein des Hervorbringenden hat, also nicht dessen Wesen selbst ausmacht. Deshalb hat das von Natur Seiende den Anfangsgrund des Seins in ihm selbst, so daß es von ihm selbst her in die Anwesenheit hervorgeht, während das durch Techne Seiende seinen Anfangsgrund in einem Seienden von anderer Wesensart hat und sich deshalb niemals von sich her ins Sein aufmachen kann.

So ist das Eidos Anfangsgrund und Ursache des Seienden in Identität mit dem jeweilig einzelnen, das, weil entstanden, auch vergeht, indem es sich in seine hyletischen Teile auflöst. Nun ist das Eidos des Menschen seine Seele, d. h. die Art seines Lebendigseins. Die menschliche Seele aber ist imstande, die Eidē als solche, abgelöst von ihrem Bestehen im jeweils einzelnen, in der Wesenserkenntnis bei sich anwesen zu lassen. Sofern die Seele des Menschen dazu fähig ist, ist sie nicht nur leibliche Lebendigkeit, sondern auch Nous. Deshalb darf man vermuten, daß die menschliche Seele nicht darin aufgeht, Lebendigkeit des Leibes zu sein, sondern als Nous, in welcher Weise auch immer, nicht an den Leib gebunden, sondern irgendwie etwas Unvergängliches ist. Aristoteles weist an dieser Stelle auf den Gedanken einer Unsterblichkeit des „Geistes" hin, wie er ihn in De anima entwickelt hat.

Als Anfangsgrund und Ursache des Seienden haben sich herausgestellt: Hyle als Hypokeimenon, Steresis und Eidos. Da aber das Eidos in der Weise vorausgeht, daß es die Wesensverfassung dessen ist, von dem das Entstandene abstammt, so kann man als vierte die Bewegungsursache hinzufügen. Aber diese Erkenntnis läßt eine Frage aufkommen, die in schwierigste ontologische Probleme verwickelt[110]. Es fragt sich nämlich: Inwiefern sind diese vier Seinsursachen für alles Seiende dieselben, als welche sie doch behauptet werden? Gewiß, für alle Menschen ist das eine und selbe Eidos die Ursache dafür, daß sie sind, was sie sind. Aber auch nur für die Menschen; denn Seiendes von anderer Wesensart verdankt sich einem anderen Eidos. Nehmen wir ferner das Eidos als vorausgehende Bewegungsursache, welche bei Menschen die Eltern sind, dann ist nicht einmal im Bereich des Menschen das Eidos als Ursache das Eine und Selbe. Sieht

[110] Met. XII, Kap. 4, 1069b 31 ff.

152

man vollends auf die Hyle als Ursache, dann gibt es soviel Ursachen als es Einzelseiendes gibt. Denn jeder Mensch hat seinen eigenen Leib. Und ist nicht ebenfalls das Eidos einem jeglichen als sein Eigenstes zu eigen? In welchem Sinne sind also die Anfänge und Ursachen dieselben? Und da in ihnen das Sein des Seienden gefunden wird —, in welchem Sinne ist das Sein ein Eines und Selbes? Aristoteles stößt hier auf eine Frage, die das Denken in Bewegung gehalten hat, seitdem Parmenides das Sein als ein einzig Eines dachte. Aber sie bewegt das Denken jetzt in die entgegengesetzte Richtung; denn während es gegenüber Parmenides zunächst galt, dem Sein das Vielessein abzugewinnen, wenn Bewegung, d. h. das Natur-Sein überhaupt möglich sein soll[111], scheint nun umgekehrt das Sein in die Vielheit des Seienden zu zerstieben. Und wenn das Sein nichts Einheitliches, nichts allem Seienden Gemeinsames bekundet, dann kann es auch kein Wissen vom Sein geben, also keine Philosophie. Andererseits kann auch die Vielfalt des Seins nicht aufgegeben werden, ohne die Vielheit des Seienden und die Bewegung ins Nichts des bloßen Scheins zu verstoßen. Aristoteles sieht sich daher genötigt, die Frage nach der Einheit und Vielfalt des Seins grundsätzlich zu erörtern.

Im Logos tut sich das Sein als die Mannigfaltigkeit der Kategorien auf. Gleichwohl gibt eine jede Kategorie Sein zu sehen, und dem entsprechen wir auch mit dem einen und selben Ist. Sollte es nun für diese Mannigfaltigkeit nicht ein einheitliches Prinzip und Element geben? Aristoteles erörtert diese Frage an den Kategorien des Wesens und der Relation, und das aus gutem Grunde; denn das Seiende aller Kategorien außer der des Wesens besteht in der und durch die Beziehung auf das an ihm selbst bestehende Wesen, so daß die Kategorie der Relation für die anderen Kategorien repräsentativ stehen kann. Das An-ihm-selbst-Sein und das In-Beziehung-Stehen müßten aus demselben Element bestehen, also aus etwas beiden Gemeinsamem. Aber solches Gemeinsame, d. h. ein Drittes neben dem wesentlichen Sein und den anderen Kategorien zeigt sich nirgendswo.

[111] Vgl. dazu Physik I, Kap. 2, 185a 20 ff.

Seiendes ist entweder seiend als ein an ihm selbst Bestehendes oder als etwas, das in Beziehung auf ein an sich selbst Bestehendes besteht. Da sich ein Drittes außer ihnen nicht antreffen läßt, ist vielleicht eines der beiden das Element für das andere? Aber das ist unmöglich. Denn weder kann das In-Beziehung-Stehen aus dem An-ihm-selbst-Sein hergeleitet werden, noch kann das Umgekehrte geschehen.

Aber ein solcher Versuch, eine Kategorie zum Element der übrigen zu machen, ist grundsätzlich verfehlt. Denn dann würde die Kategorie, welche das Element für die übrigen abgeben soll, zweimal auftreten: einmal als deren gemeinsames Element, sodann als eine Kategorie unter anderen. Aristoteles macht diese Unmöglichkeit an einem einfachen Beispiel klar: Die Silbe BA besteht aus den Lauten A und B. Kann nun eine der beiden das Element der Silbe selbst sein? Die Unmöglichkeit leuchtet zugleich ein: A ist A, dieser Laut und kein anderer, so wie B eben B und nichts anderes ist. Damit die Silbe BA zustande kommt, müssen beide Laute gleichermaßen vorliegen. Und so wenig ein Sprachlaut innerhalb einer Silbe zugleich das Element der ganzen Silbe, also der anderen Laute sein kann, sowenig kann eine Kategorie innerhalb des Gesamt der Kategorien zugleich Element des kategorialen Ganzen sein.

Aber, so könnte man sagen, das Seiende jeder Kategorie ist doch seiend. In diesem seiend kommt jede Kategorie mit jeder überein. Das „seiend" als solches, das sich ebenso wie das „Ein" über alles und jedes erstreckt, dieses im Denken bei allem und jedem und so immer schon Gedachte (Noeton), könnte es nicht das Element für alle Kategorien sein? Aber eben dieser Vorzug, als das Eine und Selbe bei allem und jedem vorzuherrschen, macht es zum Element untauglich. Seiend ist eine Rose, seiend ist auch das Rot, seiend ist aber auch das Beisammen beider, die rote Rose, sofern die Rose rot *ist*. Also kann das seiend als solches weder das wesentliche Sein noch das In-Beziehung-Stehen ausmachen und deshalb nicht das Element der Kategorien sein. Aber wie steht es dann mit der Einheit des Seins? Aristoteles erklärt: Sie besteht einerseits, andererseits aber nicht.

Aber ist diese Antwort nicht eher ein Ausweichen? Gilt in der Wissenschaft nicht das Entweder-Oder? Vielleicht in den anderen Wissenschaften, jedenfalls nicht in der Wissenschaft, welche das Sein des Seienden zu ihrer Sache hat. Hier gilt es, das Sein in seine Mehrdimensionalität freizugeben, dergestalt, daß es gerade zu zeigen gilt, inwiefern das Sein eines und zugleich vieles ist.

Aristoteles richtet die Frage an das Seiende, das hier zunächst im Thema steht: das sinnlich Wahrnehmbare. Dessen Sein wird gefunden in den genannten Ursachen. Sofern diese nun eine Vielheit darstellen, ist das Sein vielfältig. Aber die Ursachen sind doch nur Ursachen in ihrem Zusammenspiel. Nur sofern sie die Einheit eines Zusammenhanges bilden, sind sie Ursachen. Und insofern bilden sie eine Einheit. Aber hat nicht jedes Seiende seine eigene Ursache? Das Eidos als Ursache ist nur beim Menschen das eine und selbe, bei Seiendem von anderer Wesensart ist es ein jeweils anderes. Und das Hypokeimenon ist so mannigfach, wie es Einzelseiendes gibt. Mit welchem Recht sprechen wir dann die Ursachen als dieselben an? Zunächst kann man sagen: Die drei Ursachen Eidos, Steresis und Hyle sind innerhalb eines jeden Sachbereiches dieselben, z. B. im Bereich des Farbigen Weiß, Schwarz und die Oberfläche, die beides sein kann. Denn alle Farben stellen maßbestimmte Mischungsverhältnisse von Schwarz und Weiß dar. Oder Licht ist das Eidos, Dunkel die Steresis, die Luft das, was hell und dunkel sein kann, und daraus entstehen Tag und Nacht. Anders steht es freilich mit den Ursachen verschiedener Sachbereiche. Farben werden durch andere Ursachen konstituiert als die Lebewesen. Dennoch besteht auch hier eine Einheit, der gemäß wir sagen können, daß es diese drei Ursachen gibt, welche das Sein von allem ausmachen. Aber in welchem Sinne sind sie die einen und selben? Welche Art von Einheit gibt es über die sachhaltige Bestimmtheit hinaus? Es ist die Einheit der Analogie. Dieser Ausdruck ist zunächst in der Mathematik beheimatet. So sind in der Proportion $2 : 4 = 8 : 16$ die einzelnen Zahlen verschieden. Dennoch gibt es etwas Identisches, das Verhältnis nämlich, in welchem die Verhältnisse von 2 zu 4 und 8 zu 16 stehen. Und in diesem Sinne der Einheit der Analogie sind auch die drei Ursachen überall dieselben. Im Beispiel

Schwarz : Weiß : Oberfläche = Ungeordnet : Geordnet : Baustoffe = Steresis : Eidos : Hyle.

Die drei Ursachen stehen immer im Verhältnis von Steresis zu Eidos zu Hyle. In diesem Verhältnis, das bei allem Seienden das eine und selbe ist, besteht die Einheit und Identität der Ursachen in den verschiedenen Sachbereichen, die Einheit des Seins. Man muß jedoch hinzufügen, daß die Einheit der Analogie innerhalb der Metaphysik nicht der einzige Gedanke ist, in welchem die Einheit des Seins gefaßt wurde. Anders wurde sie von Plato gedacht, anders von Fichte, Schelling oder Hegel. Wir haben auch keinen Grund — es sei denn, es sind außerphilosophische Interessen im Spiel — einer bestimmten Auslegung den Vorzug zu geben, wir haben vielmehr die Vielfalt der Auslegungen hinzunehmen, sofern sie das geschichtliche Wesen der Metaphysik ausmachen.

Aristoteles faßt das bislang Erörterte nach seinen Hauptpunkten zusammen, wobei die verwendeten Leitbegriffe Anfangsgrund, Ursache, Element ihre Bestimmtheit erhalten[112]:

Eidos, Steresis, Hyle machen in der Weise das Sein des Seienden aus, daß sie in diesem anwesend sind. Sie können deshalb auch Elemente genannt werden. Die Bewegungsursache jedoch, die ebenfalls zum Sein von etwas gehört, wohnt diesem nicht inne, sondern ist selbst ein Seiendes außer ihm und kann nicht Element genannt werden. Element kennzeichnet also die inneren Ursachen. Deshalb kann man sagen: Das Seiende ist durch drei Elemente, aber durch vier Ursachen oder Anfangsgründe konstituiert. Diese drei oder vier sind die überall dieselben im Sinne der Einheit des Verhältnisses, aus welchem allein sie die Ursachen sind, die sie sind. Sie können gemäß den verschiedenen Sachbereichen dem Inhalt nach verschieden sein, aber sie stehen immer in demselben Verhältnis von Eidos, Steresis, Stoff, Bewegendes, dergestalt, daß beim Naturhaften das Bewegende

[112] Met. XII, Kap. 5, 1071a 4 ff.

dem Eidos nach dasselbe ist wie das Entstehende, so daß man insofern sogar von drei Ursachen sprechen kann. Und ebenso steht es beim Verfertigen: Hier ist die eigentliche Bewegungsursache die Techne, und diese ist nichts anderes als das im Wissen und als Wissen des Herstellers anwesende Eidos des Herzustellenden selbst. So kann man einerseits von vier Ursachen und Anfangsgründen sprechen, andererseits von drei, sofern nämlich die Bewegungsursache als solche mit dem Eidos des Verursachten identisch ist. Da aber das Seiende der anderen Kategorien nur in Beziehung auf das Wesen besteht, so sind die Wesensursachen mittelbar auch Ursachen für das Sein des übrigen Seienden und deshalb Ursachen für das Seiende überhaupt. Daß aber Aristoteles erklärt, in einer Hinsicht gebe es drei, in einer anderen Hinsicht aber vier Ursachen, hat seinen Grund auch darin, daß es, wie vorausweisend gesagt wird, neben und außer diesen Ursachen noch eine Bewegungsursache gibt, die das Erste von allem ist. Das Sein der Bewegungsursache geht nicht in der dem Eidos nach mit dem Entstehenden identischen Bewegungsursache auf, wie sich bald zeigen wird.

Die Anfangsgründe und Ursachen des sinnlich wahrnehmbaren Seienden sind nach Wesensart und Anzahl ausgemacht. Sodann ist geklärt, in welchem Sinne sie einerseits verschieden, andererseits dieselben sind. Zusammengefaßt ist zu sagen, daß sie in dreifacher Weise identisch sind: einmal zufolge ihrer analogischen Einheit, sodann in dem Sinne, daß die Wesensursachen zugleich Ursachen für alles andere Seiende sind, sofern dieses in dem wesentlich Seienden sein Bestehen hat, und schließlich, sofern es ein eines und selbes erstes Bewegendes gibt, das als höchster Erfüllungsmodus von Sein überhaupt allem möglichen Nichtsein zuvorgekommen ist. In diesen Ursachen liegt das Sein von jeglichem beschlossen.

Aristoteles hatte in einem ersten Aufriß das Ganze des Seienden in drei Arten von Ousia gegliedert, von denen die beiden ersten, das Entstehende und Vergehende einerseits und das Kommende und Gehende, aber nicht Vergehende andererseits, zur Natur gehören, während die dritte Ousia das von allem

Wandel freie Unbewegte, daher das nach jeder Hinsicht Immerwährend ist[113]. Da dieses über die Natur herausragende Seiende sich nicht von sich her als seiend bekundet, so erhebt sich die
Frage: Gibt es ein solches Seiendes, in welchem das Göttliche anwesend wäre? Stellt die Natur die einzige, alles andere fundie-
rende Seinsweise dar, oder gehört das Göttliche wesenhaft zum
Sein? Das ist keine „religiöse", sondern eine rein philosophische
Frage. Denn keine Religion könnte jemals auf den Gedanken
kommen, eine solche Frage zu stellen. Allein die Philosophie
kann die Frage stellen: Gehört zum Seienden, insofern es seiend
ist, seinsmäßig, also notwendig das Göttliche? Mit der Beantwortung dieser Frage fällt aber zugleich auch eine Wesensent-
scheidung über den Menschen, der ja ebenfalls und erst recht in
Hinsicht auf sein Wesen in der Frage steht. Sie lautet, ob der
den Menschen in seinem Wesen bestimmende Seinsbezug in Na-
turverhältnissen aufgeht oder ob sein Seins- und Selbstverhält-
nis auch durch einen Bezug bestimmt ist, der über die Natur und
alles, was sie in sich befaßt und trägt, hinausgeht, so daß der
Mensch dann ein physisches und zugleich ein meta-physisches,
also ein in sich gedoppeltes Wesen wäre.

Der Weg, den Aristoteles einschlägt, um diese Frage zu beantworten, ist so beschaffen: Den Ausgang bildet das von Natur
Seiende, das von sich her Anwesende und auch sich von sich her
als seiend Bezeugende. Dieses Seiende aber könnte nicht sein
und nicht so sein, wie es ist, wenn nicht ein Unbewegtes wäre,
das über die Natur hinausliegt: ein übersinnlich Seiendes. Der
letzte Anfangsgrund und die letzte Ursache, durch die das naturhaft Seiende seiend ist, ist metaphysisch. Und da in den Anfangsgründen und Ursachen das Sein gesucht wird, so ist das
Sein in seinem letzten Grunde meta-physisch. Seitdem ist das
Denken auf das Sein entschieden ontologische Metaphysik oder
Gegen-Metaphysik, wenn nämlich das Sein ausschließlich und
allein in dem Zugrundeliegenden gesucht und deshalb in der
Materie gefunden wird, wie immer diese bestimmt werden mag.

Der Überschritt vom Sinnlichen zum Übersinnlichen wird in

[113] 1071a 36.

einer Folge von Schritten vollzogen: Innerhalb des Seienden überhaupt ist die Ousia das Erste, und alles andere ist nur infolge der Ousia seiend. Wäre alles Seiende von der Seinsart der Ousia vergänglich, dann wäre alles insgesamt vergänglich. Ist das aber möglich? Steht alles und jedes in der Möglichkeit des Vergehens? Oder gibt es etwas, das notwendigerweise immer ist? In der Tat gibt es so etwas. Es ist die Bewegung selbst, die niemals entsteht und deshalb auch niemals vergeht. Nun ist die Bewegung nicht etwas an ihm selbst Seiendes, sondern sie ist nur als In-Bewegung-Sein eines Bewegten. Wenn also Bewegung immer ist, dann muß es auch Seiendes geben, das immer ist, und zwar in der Weise, daß es immer in Bewegung ist; und dann muß es auch eine immerseiende Bewegungsursache dieses immerseienden Bewegten geben.

Diese Überlegung leuchtet zunächst ein. Aber ist denn auch die Bewegung notwendig immer seiend? Zwar können wir sagen, daß innerhalb der Natur immer Bewegung ist. Aber aus dieser Feststellung können wir noch nicht entnehmen, daß Bewegung niemals nicht sein kann, also mit Notwendigkeit immer ist. Die Notwendigkeit von etwas können wir niemals durch bloße Feststellungen ausmachen, sie muß vielmehr bewiesen werden. Es gilt daher zu beweisen, daß Bewegung etwas Immerwährendes ist. Dieser Beweis gründet sich auf den Fundierungszusammenhang von Bewegung und Zeit, in welchem nach Aristoteles das Wesen der Zeit selbst beschlossen liegt. Der kurze Hinweis des Aristoteles an dieser Stelle[114] auf den Wesensbezug von Bewegung und Zeit bedarf daher einer ergänzenden Ausführung durch einen Rückgang auf die Wesensanalyse der Zeit in der Physik in ihren Hauptmomenten.

§ 15 Vom Wesen der Zeit

Aristoteles' Wesensanalyse der Zeit hat schon deshalb ein so großes Gewicht, weil sie das Fundament für alle folgenden Auf-

[114] Met. XII, Kap. 6, 1071 7 ff.

fassungen von der Zeit geblieben ist. Auch die Zurücknahme der Zeit in die sich selbst vorstellende Subjektivität, wie sie Kant vorgenommen hat, bekundet, wie das Schematismuskapitel in der „Kritik der reinen Vernunft" beweist, dieselben Wesenszüge der Zeit, wie sie Aristoteles herausgestellt hat. Ebenso bringt die absolute Subjektivität, die sich als Synthesis von Subjektivität und Objektivität im Denken Hegels entfaltet, die Wesensmomente der Zeit zutage, die Aristoteles bereits ersehen hat. Und schließlich liegt dem Gedanken Nietzsches vom Sein als dem Werde-Sein in der Weise der ewigen Wiederkehr des Gleichen fraglos diese Zeitauffassung zugrunde. Was aber den viel beredeten Unterschied von metrisch-physikalischer Zeit und sog. Erlebniszeit anlangt, so ist er nur möglich auf dem Grunde der einheitlichen Bestimmung der Zeit, wie sie Aristoteles aufgestellt hat. Und die aus wissenschaftsimmanenten Notwendigkeiten entwickelte Relativitätstheorie der modernen Physik betrifft nicht das Wesen der Zeit selbst, das sie vielmehr im Sinne des Aristoteles als das meßbare Früher und Später voraussetzt, sondern sie löst ein schwieriges wissenschaftliches Problem der Zeitmessung, schließt also ein, daß die Zeit ihrem Wesen nach eine Sache des Messens sei — eine Auffassung, die Aristoteles begründet hat. Diese Auffassung von der Zeit versteht sich jedoch keineswegs von selbst; denn unser Zeitverhältnis ist nicht durchgängig durch Zeitmessung bestimmt, wie allein schon die Redeweisen „Es ist jetzt an der Zeit" oder „Das geschah zur Unzeit" bekunden. Und wie steht es vollends mit der von Heidegger zum erstenmal erblickten dreifach-einigen ekstatischen Zeitlichkeit, die dem menschlichen Dasein allererst Zukunft, Gewesenheit und aus dem Zusammenspiel beider Gegenwart eröffnet? Das alles hat mit Maß und Messung nichts zu tun. Es ist vielmehr ein ganz bestimmter, nämlich der ontologisch-metaphysische Zeitbegriff, der unser Denken auf die Zeit wie selbstverständlich leitet und der in der Relativitätstheorie insofern in seine äußerste Möglichkeit gelangt, als bei der Messung von Vorgängen mit extremer Geschwindigkeit und extremen Entfernungen auf die Gleichzeitigkeit verzichtet werden muß. Wie gelangt die Zeit in dieses unser Denken über sie bestimmende Gepräge? Darüber erfahren wir etwas, wenn wir den Umkreis des aristotelischen Denkens betreten, innerhalb dessen die Zeit sich in ihr ontologisch-metaphysisches Wesen begibt.

Aristoteles erörtert die Zeit im Umkreis der Physik, einer Grundlegung des Wissens von der Natur. Die Zeit kommt also als ein Seinsmoment des von Natur Seienden in den Blick. Die Frage des Aristoteles lautet: Was ist die Zeit? und Aristoteles fügt hinzu: Was ist ihre Physis[115]? Die Frage, was sie, die Zeit, sei, nimmt die Zeit im vorhinein als etwas irgendwie Seiendes und befragt sie daraufhin, wodurch sie denn dieses Seiende sei, das sie ist. Aber dieses die Zeit auf sie selbst eingrenzende Was-sein ist nicht auf Grund irgendwelcher Vorstellungen von ihr auszumachen, sondern dem zu entnehmen, als was und wie sie sich selbst von sich her darbietet und gibt. Nun hatte Aristoteles im 1. Kapitel der Physik den Grundsatz aufgestellt, daß das einer Sache nachgehende Erkennen seinen Ausgang von dem nehme, was von ihr schon bekannt ist, nicht als ob dieses Bekannte als Maß für die Wesensbestimmung der Sache fungieren könne — denn dieses Bekannte kann auch ein die Sache verstellendes Vorurteil sein —, wohl aber bildet es den ersten Bezug zu der fraglichen Sache, der sich als natürlicher Durchgang zu ihr anbietet. Was nun das Wesen der Zeit angeht, so befindet sich das Denken des Aristoteles in einem Bezug zu dem, was die Zeit sei, sofern seine Vorgänger über sie schon etwas ausgemacht haben. Das ist nun freilich in Sachen der Zeit überaus wenig, so daß Aristoteles sich hier allein auf sich selbst gestellt findet. Denn wenn man, so erklärt Aristoteles, das, was die Vorgänger über die Zeit bereits gesagt haben, auf seine Grundzüge hin zusammennimmt, so ergeben sich zwei überaus dürftige Thesen. Gleichwohl haben sie sowohl einen methodischen wie einen sachlichen Vorzug. Sie versuchen methodisch, es der Zeit selbst zu überlassen, als was und wie sie sich bekundet, und sie fixieren einen Sachverhalt, der, recht bedacht, den Ausgang für eine grundsätzliche Analyse bilden kann.

[115] Phys. IV., Kap. 10, 218a 30 ff.

Die eine These lautet, die Zeit sei die Bewegung des Alls, d. h. da der Himmel alles umschließt, die Bewegung des Himmels; die andere lautet, die Zeit sei die Himmelssphäre selbst. Beide Auffassungen entspringen einem natürlichen Blick auf die Art und Weise, wie die Zeit sich zeigt. Denn die Bewegung der Gestirne und der Sonne auf ihrer ekliptischen Bahn bringt den Wechsel von Tag und Nacht, Sommer und Winter, Wachsen, Blühen, Altern und Vergehen hervor. Und das eben ist die Zeit. So leuchtet auch die zweite Bestimmung ein: der in unaufhörlicher Bewegung befindliche Himmel sei selbst die Zeit.

Beide Thesen treffen zwar etwas von der Zeit, aber als Wesensbestimmungen halten sie einem Durchdenken nicht stand: Die These von der Zeit als Bewegung des Alls meint, genauer präzisiert, sie sei der Umschwung des Himmels, dergestalt, daß ein Umschwung einen Tag ergibt. Nun ist aber ein Teil des Umschwungs selbst bereits Zeit, jedoch ist ein Teil des Umschwungs nicht der ganze Umschwung, was er sein müßte, wenn der Umschwung selbst die Zeit wäre. Wenn es ferner mehrere Welten gäbe, dann hätte eine jede von ihnen einen ihr eigenen Umschwung und so ihre eigene Zeit, so daß es ebenso viele Zeiten wie Welten gäbe, und zwar zugleich, d. h. zu einer und derselben Zeit. Aber verschiedene Zeiten sind nicht zugleich, sondern nacheinander.

Auch die zweite These, nach welcher die Himmelssphäre selbst die Zeit ist, hat einen Wesenszug der Zeit gesichtet. So wie die Himmelssphäre das Allumfassende ist, das alles in Bewegung hält, so ist alles in der Weise von der Zeit umfaßt, daß alles in ihr ist. Doch zeigt schon das bloß Analogische des So-Wie das Unzureichende dieser Bestimmung. In jedem Fall aber scheint die Zeit so etwas wie eine Bewegung oder ein Übergang zu sein und ist deshalb in dieser Hinsicht in den Blick zu fassen. Eine Bewegung, d. h. ein Übergang von etwas zu etwas spielt sich immer an dem und in dem ab, dessen Bewegung sie ist. Wir treffen eine Bewegung immer dort und nur dort an, wo sich das Bewegte befindet. Der Übergang einer einzelnen Rose vom Nicht-blühen ins Blühen betrifft nur diese Rose, nicht aber die anderen Rosen und Blumen, von denen ebenfalls eine jede die ihr eigene Bewegung als einen an ihr vorfindlichen Zustand hat. Die eine und selbe Zeit aber ist überall und bei allem. Dieser Grundzug der Zeit, das Überall-bei-allem-Sein, läßt eine einfache Gleichsetzung der Zeit mit der Bewegung nicht zu. Vor allem aber kann eine Bewegung schneller und langsamer sein, nicht aber die Zeit, die stets in einem gleichmäßigen Gang fortschreitet. Das Schnelle und das Langsame wird durch die Zeit bestimmt, sofern das Langsame das ist, was in vieler Zeit sich nur wenig bewegt, und das Schnelle umgekehrt als das, was in wenig Zeit sich um vieles bewegt. Wäre also die Bewegung selbst die Zeit, dann gäbe es eine langsame und eine schnelle Zeit, die durch die Zeit gemessen würde. Aber die Zeit wird überhaupt nicht durch die Zeit gemessen, weder in ihrem Wieviel noch in ihrer Beschaffenheit, wohl aber wird die Bewegung durch die Zeit gemessen und (wie noch zu zeigen ist) die Zeit durch die Bewegung.

So kann also die Zeit nicht die Bewegung sein, wohl aber steht sie in einem zu ihrem Sein selbst gehörenden Bezug zur Bewegung, der freilich erst freigelegt und bestimmt werden muß. Denn es ist ebenso ein unbestreitbarer Tatbestand, daß, wenn wir keine Bewegung, Veränderung, keinerlei Übergang wahrnehmen, sich auch keine Zeit zeigt. Würde jemand für 10 Jahre in einen Tiefschlaf versetzt und durch künstliche Ernährung am Leben gehalten, dann würde er beim Erwachen den Augenblick des Einschlafens mit dem des Erwachens zu einem einzigen Jetzt vereinigen und zuerst nicht wissen, daß inzwischen eine lange Zeit vorübergegangen ist. Erst wenn er die inzwischen stattgehabten Veränderungen erkennt, würde ihm klar, daß, ihm selbst verborgen, inzwischen viel Zeit vergangen ist. So wie wenn der Augenblick, das Jetzt also, nicht anders und anders, sondern das eine und selbe wäre, es keine Zeit gäbe, so scheint es zwischen den Jetzt keine Zeit zu geben, wenn (wie im Schlaf) das Anders-und-Anderssein verborgen bleibt. Wenn wir also kein Anders-und-Anderssein, also keine Bewegung gewahren, dann meinen wir, es sei keine Zeit vergangen, wie wir auch umgekehrt dann sagen, es sei Zeit vergangen, wenn sich uns Bewegung und Wandel zeigen. Zeit kommt also ohne Bewegung nicht zum Vorschein. Daraus ist zu entnehmen, daß die Zeit zwar nicht selbst Bewegung ist, aber ohne Bewegung nicht zu sein vermag. Deshalb nimmt die Frage: Was ist die Zeit? die Gestalt der Frage an: Was ist sie an der Bewegung? Denn wo immer wir Bewegung wahrnehmen, gewahren wir zugleich auch Zeit. Auch wenn bei völliger Dunkelheit die Welt unseren Sinnen verschlossen ist, vernehmen wir gleichwohl Zeit, indem wir den Wechsel der Vorstellungen in uns wahrnehmen. Diese Phänomene weisen daraufhin, daß die Zeit, wenn sie schon nicht die Bewegung selbst ist, so doch etwas an der Bewegung, also in der Bewegung fundiert ist.

Die Wesensumgrenzung der Zeit erfolgt demgemäß so, daß die Art ihres Fundiertseins in der Bewegung enthüllt wird, welches ihr eigenes Sein ausmacht. Deshalb wird die Bewegung daraufhin in den Blick genommen, daß und wie die Zeit in ihr gegründet ist[116].

Jedes Bewegte bewegt sich aus einem Woher in ein Wohin, und das gemäß den vier Bewegungsarten aus einem Dort in ein Hier, aus einem Nicht-So in ein So, aus einem Klein in ein Groß und schließlich aus einem Nicht-Dieses in ein Dieses. Jede dieser Bewegungsarten ist aber zugleich auch immer eine Ortsbewegung, die daher den drei anderen Bewegungsarten bleibend zugrunde liegt. Wenn z. B. aus etwas Weißem etwas Rotes wird, so tritt das Rot an einem bestimmten Ort auf, es nimmt einen Ort ein, und insofern ist die qualitative Bewegung zugleich eine Ortsbewegung. Die Ortsbewegung aber ist immer mit einer räumlichen Gedehntheit des Von-hier-nach-dort verbunden. Diese hat den Charakter des Kontinuums, einer ununterbrochenen Mannigfaltigkeit von Orten. Weil nun das Bewegte als Ortsbewegtes eine Gedehntheit durchmißt, die den Charakter des Kontinuums hat, so ist auch die Ortsbewegung selbst etwas Kontinuierliches, ein Durchmessen einer ununterbrochenen Folge von Orten, von denen keiner übersprungen werden kann.

[116] Phys. IV., Kap. 11, 219a 10 ff.

Ist aber die Zeit eine Bestimmtheit dieser Bewegung, dann ist sie ebenfalls etwas Kontinuierliches. Und in der Tat: Die zeitlichen Augenblicke schließen in der Form eines Ununterbrochenseins aneinander an, so daß man von einem Augenblick zu einem bestimmten anderen nur dann gelangen kann, wenn keiner der dazwischenliegenden Augenblicke übersprungen wird. So läßt sich schon auf eine erste Weise erkennen, daß die Kontinuität der Zeit in der Kontinuität der Ortsbewegung gründet.

Das Bewegte durchmißt als Ortsbewegtes eine Folge von Orten auf einer kontinuierlichen Bahn. Die Orte befinden sich mit Bezug auf das Bewegte im Verhältnis des Vorher und Nachher, d. h. in einer bestimmten Folgeordnung. Wenn ich ein Zimmer im ersten Stock eines Hauses aufsuchen will, dann betrete ich zuerst die Schwelle, dann den Hausflur, dann die Treppe usf. Aber dieses Vorher und Nachher der vom Bewegten durchmessenen Orte ist noch nicht das Früher und Später der Zeit, sondern kennzeichnet lediglich die räumliche Folgeordnung der Orte in Bezug auf das sie durchgehende Bewegte. Wohl aber ist das Früher und Später der Zeit in der räumlichen Folgeordnung der Orte fundiert, wie nun zu zeigen ist.

Die Orte der durchmessenen Ortsmannigfaltigkeit bieten nämlich einen zweifachen Anblick: Sie sind einmal vorhandene Stellen, die das Bewegte durchläuft. Als solche befinden sie sich in einem lagemäßigen Verhältnis des Vorher und Nachher im Bezug auf das Bewegte. Zugleich aber sind sie das jeweilige Wo des auftretenden Erscheinens des Bewegten und insofern die Bewegungsphasen des Bewegten. Das Wort Phase möchte hier und im folgenden in dem Sinne genommen werden, wie wir von Mondphasen sprechen, das meint: die wechselnden Weisen seines Erscheinens. Das Bewegte erscheint zufolge seiner Bewegung in einem je und je anderen Ort seiner Anwesenheit. Insofern sind die durchmessenen Orte zugleich die Phasen der Bewegung des Bewegten. Demgemäß stellen sich die von einem Bewegten durchmessenen Orte in einer zweifachen Hinsicht dar: einmal als eine kontinuierliche Mannigfaltigkeit vorhandener Stellen, die in Bezug auf das Bewegte eine Reihenfolge bilden, sodann als das jeweilige Wo des Erscheinens des Bewegten, als Phasen seiner Bewegung. Insofern stellt die Bewegung eine kontinuierliche Phasenfolge dar. Solange wir lediglich die durchlaufene Ortsmannigfaltigkeit in den Blick nehmen, die ein Bewegtes durchmißt, nehmen wir noch keine Zeit wahr; wenn wir dagegen die Ortsmannigfaltigkeit als Bewegungsphasen des Bewegten ansehen, dann zeigt sich uns die Zeit. Denn dann sagen wir nicht nur: dort und dort und dort, sondern: *jetzt* dort, *jetzt* dort usf. Wir sprechen das jeweilige Wo des Bewegten als das Wo seiner jeweiligen *Anwesenheit* an.

Die von einem Bewegten durchlaufenden Orte sind zugleich seine Bewegungsphasen, das jeweilige Wo seines erscheinenden Auftretens. Die Orte sind inhaltlich bestimmbar und deshalb auch die Bewegungsphasen. Sehen wir nun auf die Bewegungsphasen unangesehen ihrer inhaltlichen Bestimmtheit, also nur auf ihre Folgestruktur, dann sagen wir: jetzt und jetzt, d. h. wir erfassen Zeit.

So beginnt die Zeit in ihrem Wesensumriß hervorzutreten. Offenbar erweist sich das Jetzt als Grundbestimmtheit der Zeit. Aber wenn wir das Jetzt als solches vorstellen, zeigt sich dann Zeit? Keineswegs, es sei denn, wir stellen es im Hinblick auf die vorangehende oder folgende Bewegungsphase vor: Jetzt, da ich ins Zimmer trete, nachdem ich zuvor die Tür öffnete und bevor ich mich hinsetze. Zwar sprechen wir alle diese Phasen als das eine und selbe Jetzt an. Aber dieses Jetzt zeigt sich erst dann als Zeit, wenn es auf eine Phasenfolge bezogen bleibt. Dann also, wenn wir die Phasenfolge einer Bewegung allein im Hinblick auf ihre Folgeordnung als solche in den Blick nehmen, dann zeigt sich Zeit. Die Phasen sind in dem, was sie sind, einander gleich; die eine ist, was die andere ist: jeweiliges Wo der Anwesenheit des Bewegten. Sie unterscheiden sich nur im Hinblick auf das Vor und Nach, also durch ihre Stellung innerhalb der Folge. Sie sind nur durch die Folgestruktur als solche unterschieden. Die Zusammennahme einer Mannigfaltigkeit von Gleichartigem macht aber das Wesen des Zählens aus. Und so ergibt sich die erste fundamentale Bestimmung der Zeit: Sie ist das

Gezählte an der Bewegung im Hinblick auf das Vorher und Nachher[117]. Wenn wir nämlich die Bewegungsphasen im Hinblick auf ihre Folgeordnung begegnen lassen, dann sagen wir: jetzt und jetzt und jetzt, es zeigt sich uns Zeit. Und da die Zusammennahme von Gleichartigem das Zählen ist, so enthüllt sich die Zeit als die gezählte Phasenfolge der Bewegung.

So ist die Zeit zwar nicht einfachhin Bewegung, wohl aber Bewegung in einer bestimmten Hinsicht, nämlich Bewegung in Hinsicht auf die Folgestruktur der Bewegungsphasen als solche. Und das jeweilige Jetzt ist nichts anderes als die jeweils anwesende Phase als solche in ihrer Anwesenheit. Weil aber die jeweilige Bewegungsphase übergängig ist, so ist auch das jeweilige Jetzt übergängig an ihm selbst, also das aus dem Nicht-mehr-Jetzt in das Noch-nicht-Jetzt Übergehende.

Die Bewegung ist die Zeit, sofern sie Zahl enthält. Dieser der Zeit wesentlich eigene Zahlcharakter wird durch das folgende Phänomen bewährt: Alles Mehr und Weniger unterscheiden und bestimmen wir durch die Zahl. Das Mehr und Weniger der Bewegung, die Geschwindigkeitsunterschiede, bestimmen wir mittels der Zeit. Das beweist, daß die Zeit in einer bestimmten Hinsicht Zahl ist.

Freilich, so wenig die Zeit einfachhin Bewegung ist, so wenig kann sie auf Zahl und Zählen reduziert werden[118]. Das Zahlsein der Zeit bedarf vielmehr einer genaueren Bestimmung. Zahl meint ein Zweifaches: Einmal nennen wir Zahl das Zählbare und Gezählte, also eine vorliegende Mannigfaltigkeit im Hinblick auf ihr Wieviel; sodann nennen wir Zahl das, womit wir das vorliegende Mannigfaltige zählen: die Zwei, die Drei usf., die Zahlen als solche. Mittels dieser Zahlen zählen wir eine vorliegende Mannigfaltigkeit, indem wir sie in ihrem Wieviel umgrenzen. Die Zeit ist nicht Zahl im Sinne derjenigen Zahl, mit welcher wir zählen, sondern im Sinne des vorliegenden Zählbaren und Gezählten. Was hier als Zählbares vorliegt, sind die Bewegungsphasen in Hinsicht auf ihre bloße Folgeordnung.

---

[117] ἀριθμὸς κινήσεως κατὰ τὸ πρότερον καὶ ὕστερον 219b 2.
[118] 219b 15 ff.

167

Das Jetztsagen, ganz gleich, ob explizit vollzogen oder nur unthematisch mitvollzogen, ist die Gegenwärtigung der jeweils anwesenden Bewegungsphase in ihrer Anwesenheit. Da die jeweilige Phase aber an ihr selbst übergängig ist, so ist das Jetztsagen immer schon eine Aufreihung von Jetzt, also ein Zählen. Solche Zeitwahrnehmung braucht noch nicht eine zahlenmäßig exakte Zeitangabe im Sinne einer Zeitmessung zu sein. Damit die Zeitwahrnehmung zur Zeitmessung wird, muß dem Jetzt ein Einheitsmaß unterlegt werden: ein Tag, eine Stunde, eine Sekunde oder der Bruchteil einer Sekunde. Die Zeitmessung kann auch im Ungefähren der bloßen Abschätzung geschehen, die den täglichen Bedürfnissen genügt. Überall jedoch, wo eine exakte Zeitangabe oder in ungefährer Abschätzung eine Zeitmessung erfolgt, muß ein Einheitsmaß zugrunde gelegt werden, die Einheit eines Jetzt. Wird ein solches Einheitsmaß zugrunde gelegt, dann zeigt sich die Zeit als *Maß der Bewegung*[119]. Sie gründet in der Bestimmung der Zeit als Anzahl der Bewegung in dem erläuterten Sinne.

Die Interpretation der Zeit aus der Bewegung vermag auch den rätselhaften Doppelcharakter des Jetzt zu erklären, auf den das Denken beim ersten Zugang auf die Zeit immer wieder gestoßen ist. Das Jetzt ist nämlich einerseits immer dasselbe, eben Jetzt, andererseits ist es ein immer Anderes und Anderes. Das Jetzt scheint geradezu sich selbst zu widersprechen und so überhaupt nicht bestehen zu können. Und doch besteht es als das Bleibende im beständigen Wechsel seiner selbst. Das Jetzt meint die jeweils anwesende Bewegungsphase als solche in ihre Anwesenheit. Da aber die Phasen unaufhörlich ineinander übergehen, so ist das Jetzt, sofern es ist, also in seinem Sein ein immer Anderes. Aber das, *was* es ist, nämlich ein Jetzt, ist immer dasselbe. Nun ist die Zeit als das dergestalt Bleibende im unaufhörlichen Wechsel seiner selbst nicht ein für sich Bestehendes, sondern sie ist in der Bewegung fundiert und bedarf deshalb einer ontologischen Rückgründung in der Bewegung, damit sie in ihrem Sein ersehen und erfaßt werden kann.

[119] μέτρον τῆς κινήσεως.

Zuerst ist an das zu erinnern, als was die Zeit sich bereits herausgestellt hat: Der Bewegung (als Ortsbewegung) ist eine Gedehntheit eigen, eine von einem Bewegten durchmessene Ortsmannigfaltigkeit, die bezüglich des Bewegten eine kontinuierliche Reihenfolge darstellt. Diese, sofern sie als die Bewegungsphasen im Hinblick auf ihre Folgeordnung erblickt wird, ist die Zeit. Nun zeigt sich die Bewegung nicht getrennt für sich, sondern immer nur an einem Bewegten als dessen Zustand. Deshalb zeigt sich auch das Vorher und Nachher der Bewegung, also die Folge der Bewegungsphasen als solche, d. h. die Zeit nur an und bei dem Bewegten. In der Bewegung bleibt das Bewegte das eine und selbe Seiende, dieser Stein, dieser Vogel oder die Sonne, zugleich ist es als Bewegtes im Hinblick auf sein In-Bewegung-Sein ein immer Anderes, ein Dort-und-dort-und-dort-Seiendes. Das Bewegte bleibt als dasselbe anwesend im unaufhörlichen Wechsel seiner Anwesenheiten. Die bleibende Anwesenheit und Identität des Bewegten macht den bleibenden Jetztcharakter des Jetzt aus, der kontinuierliche Wechsel seiner Anwesenheiten das Anders- und Anderssein des Jetzt. Also gründet der Doppelcharakter des Jetzt im unaufhörlichen Anderssein eines mit sich identisch bleibenden Bewegten als eines solchen, unangesehen seines Was und Wie. Die wechselnden Bewegungsphasen sind die wechselnden Anwesenheiten des in ihnen bleibend anwesenden Bewegten. Deshalb eignet ihnen allen der Jetztcharakter. Sie unterscheiden sich nur aus dem Hinblick auf die jeweilige Phase, in welcher das Bewegte jeweils anwesend ist, also durch das Vorher und Nachher, so daß sie eine Reihe von durch ihre Stellung in der Reihenfolge unterschiedenen Phasen, also eine Jetztfolge bilden, welche die Zeit ist.

So erweist sich das Jetzt als der beherrschende Charakter der Zeit. Ja, das Jetzt gibt überhaupt erst den Ausblick auf die Zeit, dergestalt, daß es das Offenkundige ist, von dem her und durch das hindurch die Zeit erst sichtbar wird. Weshalb das so ist, zeigt sich ebenfalls dann, wenn man das Zurückgegründetsein der Zeit in die Bewegung verfolgt. Bewegung kommt zum Vorschein als In-Bewegung-Sein eines mit sich identisch bleibenden

Bewegten. Durch dessen Anwesenheit und als dessen Anwesenheit in jeder Bewegungsphase erhält diese den Charakter des Jetzt, so daß die Phasenfolge sich als Jetztfolge, also als Zeit auftut.

Das Jetzt ist der bestimmende Charakter der Zeit, dergestalt, daß der Gedanke eines zeitlosen Jetzt ein Ungedanke wäre. Denn so wie, wenn Zeit nicht wäre, kein Jetzt wäre, so gäbe es auch keine Zeit, wenn das Jetzt nicht wäre[120]. Die Zeit ist die Zahl der Bewegung, die gezählte Phasenfolge im Hinblick auf das Vor und Nach. Zählen aber besteht im So-oft-Setzen von einem und demselben. Wenn ich z. B. Äpfel zähle, dann stelle ich fest, wie oft das Eine und Selbe, nämlich ein Apfel, in der Mannigfaltigkeit der vorliegenden Äpfel vorkommt. Bei solchem Zählen nehme ich den Apfel als ein unteilbares Eines und sehe davon ab, daß er seinerseits in Teile teilbar ist. Das unteilbar Eine als solches aber ist die Eins, die Monade. Nun ist die Zeit weder eine Anzahl von vorliegenden Dingen noch das Durchgezählte reiner Monaden, sondern Anzahl der Bewegungsphasen in ihrem Vor und Nach. Bei der Wahrnehmung der Zeit wird daher das Wieoft der Anwesenheit des Bewegten in seinen wechselnden Bewegungsphasen festgestellt. Diese Anwesenheit des Bewegten in der jeweiligen Bewegungsphase macht deren Jetztcharakter aus, sie ist also so etwas wie die Eins, deren Feststellung bezüglich des Wieoft ihres Vorkommens das Zählen ausmacht. Ohne die bleibende Anwesenheit des Bewegten in den wechselnden Phasen gibt es kein Jetzt, also kein identisch Eines für das Zählen, also keine Zählbarkeit und deshalb keine Zeit. Aber auch umgekehrt: Ohne die Folge der Phasenmannigfaltigkeit gibt es kein Jetzt. Denn das Jetzt ist die Anwesenheit des Bewegten in seinen immer anderen und anderen Bewegungsphasen. Also gibt es kein Jetzt ohne Zeit und darum kein zeitloses Jetzt.

Dem Jetzt verdankt die Zeit sowohl ihre Kontinuität als auch ihr Geteiltsein. Es hält die Zeit zusammen, indem es sie zugleich auseinanderhält. Auch dieser Charakter des Jetzt gründet in der

[120] 219b 33 ff.

Bewegung. Jede Bewegung ist, obzwar eine Mannigfaltigkeit von Phasen, etwas Einheitliches, dessen Einheitsgrund in der Einheit und Identität des Bewegten liegt. Das Bewegte schließt zufolge seiner Einheit und Identität das Mannigfaltige der Bewegungsphasen zur Einheit einer Bewegung zusammen. Zugleich aber ist es das Bewegte, welches das Vor und Nach der Phasen auseinanderhält. Denn indem das Bewegte immer nur in einer Phase anwesend ist, gibt es dieser den Jetztcharakter, dergestalt, daß die anderen Bewegungsphasen den Charakter des Noch-nicht-Jetzt bzw. des Nicht-mehr-Jetzt erhalten. So ist es das Jetzt, welches die Zeit sowohl zu einer kontinuierlichen Einheit zusammenschließt, wie auch nach Vergangenheit und Zukunft auseinanderhält.

Hier legt sich nun ein Vergleich der Zeit mit der Linie nahe, von dem für die Bestimmung der Zeit immer wieder Gebrauch gemacht wird. Aristoteles erörtert die Frage, wie weit der Vergleich trägt und ob er am Ende nicht gerade das Eigene der Zeit verdecken kann[121]. Man soll die „lineare Vorstellung" von der Zeit nicht unterschätzen; vieles spricht für sie, und sie drängt sich gleichsam von selbst dem Denken auf.

Bei dieser Vorstellung entspricht die Linie der Zeit, der Punkt dem Jetzt. Denn die Linie ist ein extensionales Gebilde von einer Dimension, und der Punkt hält die beiden Linienhälften zusammen und grenzt sie zugleich gegeneinander ab. Er ist wie das Jetzt für die Zeit das Kontinuierende und das Auseinanderhaltende in eins und zumal, als der eine und selbe Anfang der einen und Ende der anderen Linienhälfte, so wie das Jetzt Ende der einen und Anfang der anderen Zeit ist. Aber hier zeigt sich auch schon die Grenze der Entsprechung. Der eine und selbe Punkt wird in zweifacher Weise genommen, als Ende und als Anfang. Nun aber ist das Jetzt als das die Zeit Zusammen- und Auseinanderhaltende zufolge der Bewegtheit des Bewegten etwas je und je Verschiedenes. Würde also das Jetzt als Punkt einer Linie genommen, dann würde das den Stillstand der Zeit, also ihr Verschwinden bedeuten. Diese so oft verwendete Zeit-

[121] 220a 9 ff.

vorstellung kann, wenn sie nicht im Vergleich gehalten, sondern wörtlich genommen wird, das Zeitwesen geradezu auslöschen. Die Zeit ist zwar Anzahl, aber nicht so, wie ein und derselbe Punkt einmal als Anfang, zum anderen als Ende genommen werden kann, also als zwei, sondern, wenn man schon bei der linearen Vorstellung bleiben will, eher dergleichen wie die Endpunkte einer Linie, so daß die Zeit eine Zeitstrecke zwischen den beiden Jetzt bildet. Und doch bleibt auch die Vorstellung von einer durch zwei Zeitpunkte herausgegrenzten Zeitstrecke aus eben demselben Grunde sachunangemessen. Denn es stellt ebenfalls die Zeit still. Also ist die Zeit weder ein nach zwei Hinsichten genommener Jetztpunkt noch eine durch zwei Jetztpunkte abgegrenzte Zeitstrecke. Beide aus dem naheliegenden Vergleich mit der Linie erwachsende Vorstellungen verdecken das Eigentliche der Zeit. Wird das Jetzt lediglich als Grenze von Vergangenheit und Zukunft genommen, dann ist es kein Teil der Zeit, so wie der Punkt nicht Teil der Linie ist. Nur als Grenze genommen ist das Jetzt weder Zeit, noch konstituiert es die Zeit, sondern es ist etwas, das an der Zeit mit auftritt[122], also seinerseits im Sein der Zeit fundiert ist. Einer Beschränkung des Blicks auf das Jetzt als selbst ausdehnungslose Grenze zwischen Vergangenheit und Zukunft zeigt sich nicht das Wesen der Zeit, wohl aber lassen sich auf ihn Aporien nach Belieben auftürmen. Zeit ist nicht das Jetzt als Grenze, sondern das, womit die Phasenfolge der Bewegung gezählt wird, so daß diese eine Jetztfolge darstellt. Dieses Jetzt, das Womit des Zählens, ist niemals ein ausdehnungsloser Jetztpunkt, sondern es ist seinerseits gedehnt, z. B. ein Tag, eine Stunde, eine Sekunde oder deren Bruchteil, und auch dieser ist, wie klein auch immer, seinerseits in Zeiteinheiten artikulierbar, also selbst Zeit.

Aus dem Anzahlcharakter der Zeit einerseits und ihrem Kontinuitätscharakter andererseits lassen sich ihre Wesenseigenschaften begreifen[123]. Von den Zahlen als solchen ist die Zwei die kleinste Zahl. Die Eins ist, streng genommen, selbst keine Zahl,

---

[122] 220a 21.
[123] Phys. IV, Kap. 12, 220a 27 ff.

sondern das Element des Zählens, insofern Zählen ein So-oft-Setzen der Eins ist. Nehmen wir dagegen die Zahl nicht rein als Zahl, sondern als Zahl in einer bestimmten Hinsicht, z. B. als eine Anzahl von Linien, dann gibt es einerseits eine kleinste Zahl, andererseits nicht. So gibt es in Hinsicht auf die Vielheit der Linien eine kleinste Zahl, nämlich zwei oder eine Linie[124], in Hinsicht auf die Größe dagegen nicht. Denn jede Linie ist in Teile teilbar, die wiederum teilbar sind. So steht es auch mit der Zeit. In Hinsicht auf das Wieviel gibt es eine kleinste Zeit: das jeweilige Jetzt, das der Zählung zugrunde liegt, nicht aber der Größe nach. Denn jedes Jetzt ist seinerseits in eine Jetztfolge artikulierbar. Das Jetzt hat ebenso wie die räumliche Erstreckung Kontinuitätscharakter. Was immer wir als Jetzt, als Einheit für die Zeitbestimmung, nehmen, es ist niemals ein ausdehnungsloser Jetztpunkt, sondern zufolge seines Fundiertseins in der Bewegung eine artikulierbare Mannigfaltigkeit von Jetzt. Daraus folgt: Es gibt viel und wenig Zeit, zufolge ihres Anzahlcharakters, und die Zeit kann lang und kurz sein, zufolge ihrer Kontinuität. Daß aber die Zeit nicht schnell und langsam sein kann, liegt wiederum in ihrem Anzahlcharakter begründet. Die Zeit, mit der wir eine Bewegung zählen, also die zugrundeliegende Zeiteinheit, eine Stunde, eine Minute, hat nicht den Charakter des schnell und langsam. Nun ist aber das Gezählte immer von derselben Wesensart wie das, womit wir zählen. Kommt also dem Womit des Zählens der Bewegung, der Zeiteinheit, nicht zu, schnell oder langsam sein zu können, dann auch nicht der Bewegung als gezählter Phasenfolge.

An dieser Stelle wird übrigens auch das Phänomen verständlich, daß uns manchmal eine kurze Zeit „unendlich lang", wie wir zu sagen pflegen, vorkommen kann, oder umgekehrt eine lange Zeit als schnell vorübergegangen scheint. Das hat seinen Grund in dem, was wir jeweils, wie unausdrücklich auch immer, als Zeitmaß oder Zeiteinheit nehmen. So kann die von uns empfundene, ihrer Größe nach gleiche Zeit bald schnell, bald lang-

---

[124] Tritt die Zahl als Anzahlen von Dingen (im weitesten Sinne) auf, dann ist es sinnvoll, die Frage nach dem Wieviel auch mit „eins" zu beantworten.

sam für uns vergehen, je nach der Größe der zugrundegelegten Zeiteinheit, nach welcher wir zählen bzw. unausdrücklich mitzählen.

Aus den beiden Wesensmomenten der Zeit, der Bewegung und der Zahl, ergibt sich auch der Doppelcharakter der Zeit, dem gemäß sie als dieselbe Zeit überall und bei allem ist, während die frühere und spätere Zeit verschiedene Zeiten sind[125]. Von den Bewegungsphasen ist immer nur eine einzige jeweils anwesend, übergängig angeschlossen an die nicht mehr anwesende und an die noch nicht anwesende Phase. Zeit aber ist die im Hinblick auf das Vorher und Nachher der Phasen gezählte Bewegung, deren Zählung jeweils ein Jetzt als Zeiteinheit zugrunde liegt. Sind nun die Bewegungsphasen im Hinblick auf das Vorher und Nachher verschieden, dann sind sie es auch als gezählte. Und so sind die frühere und die spätere Zeit verschiedene Zeiten, so daß wir mit Recht von verschiedenen Zeiten und vom Wandel der Zeiten sprechen. Dagegen ist das jeweils gegenwärtige Jetzt überall bei allem dasselbe. Dieser Sachverhalt wird aus dem Zahlcharakter der Zeit einsichtig. Es kann in der einen und derselben Zahl sachhaltig Verschiedenes vorliegen: zehn Bäume, zehn Äpfel, zehn Menschen. Das, wovon sie Zahl ist, ist sachhaltig verschieden, während die Zahl selbst dieselbe bleibt. Sie erstreckt sich als die eine und selbe über alles, was sie befaßt, was und wie dieses auch sei. In dieser sachhaltigen Ungebundenheit gründet die Einheit und Identität der Zeit als Gegenwart. Eine Bewegung, z. B. der Umschwung der Sonne, hat als Durchmessung einer Ortsmannigfaltigkeit eine Dauer, die als gezählte ein anzahlhaft bestimmbares Wielange ist. Dieses ist zufolge seiner anzahlhaften Bestimmtheit als solches ablösbar von der jeweiligen Bewegung und erstreckt sich daher über alle Bewegungen, ja es umfaßt sogar auch das Ruhende in Hinsicht auf die Dauer seines Ruhens. Und so ist die Zeit als jeweilige Gegenwart: diese Stunde, dieser Tag, bei allem für alles die eine und selbe. Zwar hat jede Bewegung ihre eigene Dauer, aber diese Dauer in ihrem anzahlhaft bestimmten Wielange ist die eine und

[125] 220b 5 ff.

selbe für alle Bewegungen und auch für deren Gegenteil. Diese Auffassung von der Zeit ist durch die moderne Relativitätstheorie nicht etwa umgestürzt worden. Die Relativitätstheorie dient vielmehr einem Zweck, der Auflösung eines wissenschaftsimmanenten Meßproblems bei bestimmten räumlichen Dimensionen und hohen Geschwindigkeiten, und zwar durch die notwendig gewordene Relativierung der Zeitmessung auf den Ort des Messens, also durch einen Verzicht. Seinen Sinn empfängt der relativistische Zeitbegriff allein in und aus dem mathematischen Naturentwurf mit dem daraus entspringenden Messungsproblem. Außerhalb der mathematisch-physikalischen Forschungsweise hat diese Theorie weder Sinn noch Bedeutung. Es ist von dieser Relativitätstheorie eine Zeitlang viel die Rede gewesen, so als werde in ihr unabhängig von dem wissenschaftsmethodischen Problem der Zeitmessung eine Wesensaussage über die Zeit überhaupt gemacht, sowie auch die zweifache Darstellung des Elektrons als Welle und als Korpuskel oftmals nicht in den Grenzen ihrer Bedeutung gesehen worden ist, so als ob es einen Sinn hätte, von der Materie als Gegenstand der Physik auch außerhalb der Informationen zu sprechen, welche die Natur ihrer Befragung durch die technischen Apparate zwecks Verifikation von Hypothesen im Experiment erteilt. Auch hier hat sich die Naturwissenschaft zu einem endgültigen Verzicht genötigt gesehen, wie das der Terminus von der „Unschärferelation" bekundet. Man sollte aber aus erklärten Verzichtleistungen einer Wissenschaft keinen philosophischen oder genauer: weltanschaulichen „Tiefsinn" machen.

Weil die Zeit die gezählte Bewegung ist, kann auch dieselbe Zeit immer wiederkehren, wie der Frühling, der Sommer, der Herbst. Es ist dieselbe Bewegung, derselbe Wandel, der immer wieder aufs neue mit allem geschieht und deshalb auch dieselbe Zeit: die Frühlingszeit, die Sommerzeit.

Ist die Zeit das Gezählte der Bewegung, dann ergibt sich auf natürliche Weise, daß wir die Bewegung durch die Zeit messen, d. h. das Wielange ihrer Dauer bestimmen[126]. Im Unterschied

[126] 220b 14 ff.

zur bloßen Zeitwahrnehmung liegt dem Messen der Bewegung die fixierte Einheit eines Zeitmaßes zugrunde, das beliebig festgesetzt werden kann. Denn Messen heißt: feststellen, wie oft das Maß im Gemessenen enthalten ist. Deshalb ist zum Messen ein Zweifaches erforderlich: daß das Maß dem Sachgehalt nach mit dem Gemessenen identisch ist und daß im Vollzug des Messens die angesetzte Maßeinheit durchgehalten und nicht verändert wird. Wir messen aber auch umgekehrt die Zeit durch die Bewegung. Der Gebrauch der Uhr besteht gerade auch darin, daß wir mittels der Bewegung des Uhrzeigers die Zeit messen. Die Uhr ist ein Zeitmesser, ein Chronometer. So stellen wir, indem wir die Zeit durch die Bewegung messen, fest, ob wenig oder viel Zeit vergeht oder vergangen ist. Inwiefern die Bewegung durch die Zeit meßbar ist, ist unmittelbar einsichtig; die Meßbarkeit der Zeit durch die Bewegung dagegen bedarf einer Erklärung ihrer Möglichkeit. Sie wird einsichtig, wenn man zunächst das Verhältnis von Zahl und Zählbarem allgemein in Betracht zieht. Wir erkennen durch die Zahl das vorliegende Zählbare in seinem Wieviel. Aber im Zählen, dem Feststellen des Wieviel einer vorliegenden Mannigfaltigkeit, findet zugleich auch das Umgekehrte statt: Wir erkennen die Anzahl durch das und mittels des vorliegenden Zählbaren. Wir bestimmen die Zahl der Äpfel, indem wir feststellen, wie oft *ein* Apfel in der vorliegenden Mannigfaltigkeit vorhanden ist. Zahl und Zählbares bestimmen einander wechselseitig: Die Zahl bestimmt das vorliegende Mannigfaltige in seinem Wieviel. Aber es wird auch umgekehrt die Zahl durch die Menge des Zählbaren bestimmt. In diesem Verhältnis des wechselseitigen Sichbestimmens stehen auch Zeit und Bewegung. Wir messen die Bewegung durch die Zeit, indem wir das Wielange ihrer Dauer bestimmen. Aber wir messen auch die Zeit durch die Bewegung, indem wir die Zeit durch das Ausmaß der Bewegung bestimmen, z. B. eine Stunde durch den Umschwung des Minutenzeigers.

Indes, es genügt nicht, dieses Wechselverhältnis des Messens und Gemessenwerdens von Zeit und Bewegung durcheinander nur festzustellen, es muß auch der Grund seiner Möglichkeit aufgewiesen werden. Die Bewegung durchmißt eine räumliche Erstreckung, so daß sie immer zusammen mit einer räumlichen Erstreckung erscheint. Ebenso erscheint die Zeit in unlösbarer Einheit mit der Bewegung, dergestalt, daß beide durch dieselben Bestimmtheiten geeint sind: durch Größe, Stetigkeit, Teilbarkeit. Die von einem Bewegten durchmessene räumliche Erstreckung hat eine bestimmte Größe, sie stellt eine kontinuierliche Mannigfaltigkeit von Orten dar, sie ist in Teilstrecken zerlegbar, die ihrerseits wiederum teilbar sind. Die Bewegung, sofern sie die kontinuierliche Mannigfaltigkeit von Orten als ihre Phasen hat, hat diese Bestimmtheiten an sich und deshalb auch die Zeit, sofern sie die gezählte Bewegung selbst ist. Deshalb sind Zeit und Bewegung wechselweise durcheinander bestimmbar. So bemessen wir die räumliche Entfernung zwischen zwei Städten nach dem Ausmaß der Bewegung, indem wir von einer kurzen oder weiten Reise sprechen, und wir bestimmen umgekehrt die Größe der Reise durch die Größe der Entfernung. Entsprechend bestimmen wir auch wechselseitig die Zeit und die Bewegung durcheinander. Wir sagen: Die Reise (Bewegung) ist so und so lang, insofern sie 10 Stunden beträgt. Und wir sagen umgekehrt: Weil ihre Länge 600 km beträgt, dauert sie 10 Stunden. Dieses Wechselverhältnis im Gemessenwerden des einen durch das andere beruht darin, daß die Bewegung die Bestimmtheiten der räumlichen Erstreckung an sich hat: Größe, Kontinuität, Teilbarkeit, und deshalb auch die Zeit als die gezählte Bewegung. Es zeigt sich hier ein Bezug der Zeit auf den Raum als das Ganze der möglichen von einem Bewegten durchmeßbaren Erstreckungen — der Grund also, weshalb Raum und Zeit immer wieder zusammengenannt werden. Aristoteles' Zeitanalyse gibt auch einen ersten Einblick in die Union von Raum und Zeit, die in dem Augenblick thematisch werden muß, da die Zeit entschieden als *Maß* der Bewegung bestimmt wird.

Aus der Wesensumgrenzung der Zeit als Maß der Bewegung empfängt auch das In-der-Zeit-Sein seine ihm eigene Sinnbestimmtheit[127]. Wir pflegen von Innerzeitlichem zu sprechen und

[127] 220b 32 ff.

grenzen es gegen das Außerzeitliche und Überzeitliche ab, das auch das „Ewige" genannt wird. Alles von Natur Seiende währt in der Zeit und auch alles, was sich auf die Natur gründet, die Werke und Taten der Menschen. Mathematischen Sachverhalten dagegen sprechen wir das In-der-Zeit-Sein ab, zögern aber, es als etwas Ewiges anzusprechen, sondern kennzeichnen es lieber als etwas Außerzeitliches. Was also ist das In-der-Zeit-Sein, das Außer- und Überzeitlichsein von Seiendem? Wie gelangt das Seiende in diese Unterscheidungshinsicht der Zeit? Das In-der-Zeit-Sein des Seienden nennt man auch seine Zeitlichkeit. Diese wird oft mit der Vergänglichkeit gleichgesetzt. Wie stehen Zeitlichkeit und Vergänglichkeit zueinander?

Den Leit- und Grundgedanken der folgenden Erörterung bildet die Wesensbestimmung der Zeit als Maß der Bewegung. Sie ist eine abgewandelte Fassung desselben Sachverhaltes, der in der Bestimmung Zahl der Bewegung erfaßt wird. Diese Wesensbestimmung erfaßt die Zeit, insofern wir — wie unthematisch auch immer — die Bewegungsphasen einer Bewegung mitzählen, so daß diese als Phasenfolge, also als Zeit, zum Vorschein kommt. Wird die Zeit als Maß der Bewegung genommen, dann gelangt sie thematisch in den Blick, als das gemessene Wielange der Dauer einer Bewegung, und zwar in der Form der ungefähren oder genauen Abschätzung oder der exakten Bestimmung mittels eigens dazu konstruierter Meßgeräte. Die Zeit als Maß mißt die Bewegung und deshalb das In-Bewegung-Sein des Bewegten. Sie mißt die Bewegung in der Weise, daß eine bestimmte Bewegung als Maßeinheit festgelegt wird, mittels derer dann die ganze Bewegung gemessen wird. Solches Gemessenwerden der Bewegung durch die Zeit ist aber (und das ist der entscheidende Gedanke) ein *Gemessenwerden ihres Seins*[128], die Umgrenzung des Wielange ihrer *Anwesenheit*. Die Zeit als Maß der Bewegung betrifft die Bewegung in ihrem Sein, indem sie die Dauer ihrer Anwesenheit bestimmt. Und das Gemessenwerden ihres Seins macht das In-der-Zeit-Sein der Bewegung aus. Nun läßt sich unschwer zeigen, daß nicht nur für die Bewegung,

[128] 221a 5 ff.

178

sondern auch für alles übrige Seiende das In-der-Zeit-Sein in dem Gemessenwerden seines Seins durch die Zeit, daß also das In-der-Zeit-Sein von Seiendem überhaupt im Gemessenwerden durch die Zeit besteht. Das In-der-Zeit-Sein ist von der Art des In-einer-Zahl-Seins. Dies besagt ein Mehrfaches: Teil der Zahl sein (wie die Einsen) bzw. Bestimmtheiten der Zahl sein (wie gerade und ungerade), d. h. entweder Vorliegen einer Mannigfaltigkeit von Dingen in einer Zahl oder etwas sein, das selbst von der Art der Zahl ist. Aus den Weisen des In-der-Zahl-Seins läßt sich nun auch das In-der-Zeit-Sein genauer bestimmen. Die Zeit ist Zahl der Bewegung, die gezählten Phasen im Hinblick auf das Vor und Nach. Also sind die Phasen so in der Zeit, wie die Einsen oder das Gerade und Ungerade in der Zahl sind, nämlich als etwas, das die Zeit selbst ausmacht. Das in Bewegung Seiende, die Dinge also, sind in der Weise in der Zeit, wie Dinge in einer bestimmten Zahl vorliegen. Und so wie die Zahl das in ihr vorliegende Gezählte umfaßt, das In-der-Zahl-Sein von Dingen also ein Umfaßtsein von der Zahl ist, so ist das In-der-Zeit-Sein von Seiendem ein Umfaßtsein seiner von der Zeit. Es tritt hier der Umfassungscharakter der Zeit ans Licht. Die Zeit erscheint als dasjenige, von dem das Seiende ringsherum umhalten wird[129], gleichsam als Behältnis. Aristoteles stellt das In-der-Zeit-Sein in eine Entsprechung zu dem In-einem-Ort-Sein. So wie das In- der-Zeit-Sein der Dinge ihr Umfaßtsein in der Zeit ist, so ist das In-einem-Ort-Sein ein Umfaßtsein von dem Ort. Zeit und Raum sind auf verschiedene Weise Behältnisse von Seiendem.

Nun wird noch eigens gezeigt, daß die Zeit das Allumfassende ist[130]: Da das In-der-Zeit-Sein von der Art des In-der-Zahl-Seins ist, so gibt es so, wie es für das in der Zahl Seiende immer noch eine Zahl gibt, die größer ist als das von ihr Gezählte, für das in der Zeit Seiende immer noch eine Zeit, die größer ist als das durch sie Bemessene. Daher ist alles, was in der Zeit ist, von der Zeit umfaßt, so daß es niemals und nirgendswo der Zeit ent-

---

[129] 221a 17 ff.
[130] 221a 26 ff.

weichen kann. Aber dieses Umfaßtsein von der Zeit ist für das Seiende nicht etwas Belangloses, sondern es wird von der es von allen Seiten einschließenden Zeit angegangen und betroffen. So pflegen wir zu sagen: Die Zeit macht schwinden, macht altern, läßt vergessen. Besonders an dem Phänomen des Vergessens wird das Schwindenmachende der Zeit vordringlich. Denn daß sich uns etwas Bekanntes, Erkanntes, Behaltenes aus dem Umkreis des uns Offenkundigen entzieht, und zwar so, daß sich uns dieses Sichentziehen seinerseits auch entzieht, kann allein durch Zeit geschehen. So sprechen wir denn auch in der mythologisierenden Redeweise von der „Macht" oder gar der „Allmacht der Zeit". Aristoteles erklärt, die Zeit sei von ihr selbst her mehr das Schwindenmachende[131], und dieser Charakter kommt ihr von der Bewegung her zu, deren Zahl sie ist. „Die Bewegung setzt das gegenwärtig Anwesende aus seiner Anwesenheit heraus."[132] Das In-Bewegung-Sein ist kein Tun, sondern eher ein Erleiden; denn das Tun geschieht immer an einem anderen und in Bezug auf einen anderen. Das Erleiden aber ist etwas, das an und mit dem Erleidenden geschieht. Nun ist das In-Bewegung-Sein ein unaufhörliches Weggehen aus der Anwesenheit, in welcher das Bewegte je und je weilt, also ein Schwinden. Insofern ist die Zeit die Präsenz des Schwindens als eines solchen. So wird auch deutlich, inwiefern die Zeit primär mit dem Vergehen zu tun hat, so daß Zeitlichkeit und Vergänglichkeit dasselbe bedeuten und wir das Vergängliche auch das Zeitliche nennen können.

Zugleich wird klar, daß und inwiefern das Immerseiende nicht in der Zeit ist[133]. Denn da es von keiner Zeit, wie groß ihr Ausmaß auch sei, umfaßt wird, so wird sein Sein nicht von der Zeit gemessen. Das zeigt sich daran, daß das Immerseiende frei von allen Erleidnissen seitens der Zeit ist, eben weil es nicht in der Zeit ist. Unter dem Immerseienden ist daher solches zu verstehen, das von der Zeit nicht umfaßt wird, deshalb keinem Zeitmaß unterliegt und so *nicht* in der Zeit *ist*.

[131] 221a 30 ff.
[132] ἡ δὲ κίνησις ἐξίστησεν τὸ ὑπάρχον. 221b 3.   [133] 221b 3 ff.

Die Zeit ist das Maß der Bewegung, und deshalb ist alles Bewegte in der Zeit. Nun aber war bereits gesagt worden, auch das Ruhende sei in der Zeit. Inwiefern es sich so verhält, bedarf eines eigenen Nachweises[134]. Die These lautet: Weil die Zeit das Maß der Bewegung ist, deshalb ist sie auch das Maß der Ruhe. Das besagt aber: Alle Ruhe ist in der Zeit. Wäre die Zeit selbst Bewegung, dann könnte das Ruhende, sofern es ruht, freilich nicht in der Zeit sein. Aber die Zeit ist nicht einfachhin Bewegung, sondern Zahl der Bewegung, das Wielange ihrer Anwesenheit. Und so wie das sachlich Verschiedenste in der einen und selben Zahl vorliegen kann, so ist auch die Ruhe von etwas durch ein Wielange ihrer Dauer bestimmbar. Solch zeitliche Bestimmung der Ruhe erfolgt also im Blick auf die Bewegung, an welcher die Zeit allein sich zeigt. Deshalb bleibt es eine Frage, wie mittels eines der Bewegung abgenommenen Maßes das Gegenteil der Bewegung, die Ruhe, gemessen werden kann, wenn doch Maß und Gemessenes von ein und derselben Wesensart sein müssen.

Das Ruhende ist, sofern es ruht, unbewegt. Aber nicht alles Unbewegte ist in Ruhe. Eine Zahl wandelt sich nicht, sie ist von aller Bewegung frei und deshalb unbewegt. Aber es hat keinen Sinn, zu sagen, sie sei in Ruhe. Denn nur, was in Bewegung sein kann, kann auch in Ruhe sein. Genauer gesagt: Nur solches, zu dem seinsmäßig das In-Bewegung-Seinkönnen gehört, kann auch nicht in Bewegung, also in Ruhe sein. Was ruht, das bewegt sich nicht mehr oder noch nicht, dergestalt, daß es sich vormals bewegte und sich auch nachmals wieder bewegen kann. So wie eine Blume, wenn sie noch nicht oder nicht mehr blüht, durch das Ausbleiben des Blühens oder durch das Verblühtsein in ihrem Seinszustand bestimmt ist — im Unterschied zum Stein, zu dessen Sein das Blühen nicht gehört, so daß es bei ihm auch nicht ausbleiben kann —, so ist das Ruhende durch das Wegbleiben der Bewegung selbst bestimmt. Ein solcher durch das Wegbleiben von etwas ihr Zugehörigem bestimmter Zustand einer Sache ist die Steresis. Eine Zahl kann nicht ruhen, weil zu ihrem Sein

[134] 221b 7 ff.

überhaupt nicht die Möglichkeit von Bewegung gehört, so daß sie auch nicht durch das Wegbleiben der Bewegung in ihrer Verfassung bestimmt sein kann. So wird deutlich, inwiefern die Zeit auch die Ruhe mißt, also auch das Unbewegte, sofern es ruht, von der Zeit umfaßt bleibt, indem die Dauer seines Nichtbewegtseins gemessen wird, so daß es auch dann in der Zeit ist, wenn es ruht. Genauer gesagt: Auch hier wird die Dauer einer Bewegung in ihrem Wielange gemessen, nämlich das Wielange der Abwesenheit der Bewegung. Wenn wir eine Stunde ruhen, dann heißt das: Die Anwesenheit der Ruhe währt so lange wie die Dauer des Umlaufs des Minutenzeigers. Die Bestimmtheit der Ruhe durch das Maß der Bewegung, welches die Zeit ist, ist deshalb möglich, weil auch das Ruhende durch die Bewegung bestimmt bleibt, nämlich in der Weise der Steresis. Daraus folgt, daß solches, das weder in Bewegung noch in Ruhe, also seinem Sein nach von der Bewegung frei ist, nicht in der Zeit ist, weil es in keiner Weise durch die Zeit gemessen werden kann.

So umfaßt der Anblick der Zeit das Gesamt des Seienden, dessen Sein durch Bewegung mitbestimmt ist, sei es durch ihre Anwesenheit, sei es durch ihre Abwesenheit. Erstreckt sich nun die Zeit auch über das Nichtseiende[125]? Bereits die Frage scheint widersinnig zu sein. Denn wie kann das, was nicht ist, von einem anderen Seienden umfaßt werden? So sollte man auf den ersten Blick hin meinen, aber es verhält sich anders. Nichtseiendes, das nicht die Möglichkeit hat zu sein, ist nicht in der Zeit. Denn da ihm die Möglichkeit zu sein abgeht, so ist es vom Übergang von Nichtsein ins Sein und so von jeder Art von Wandel und Bewegung ausgeschlossen. Das In-Bewegung-Sein kommt ihm wesenhaft nicht zu und deshalb auch nicht das In-Ruhe-Sein. Es ist weder auf die eine noch auf die andere Weise in der Zeit. So ist die kommensurable Diagonale ein niemals Seiendes, weil ein wesenhaft Nicht-Seinkönnendes, das deshalb auch niemals ins Sein übergeht und so, ausgeschlossen von allem Wandel, nicht in der Zeit ist. Da die Zeit von ihr selbst her Maß der Bewegung und von der Bewegung her dann auch Maß der Ruhe ist, so folgt

[135] 221b 23 ff.

daraus, daß das Sein von allem, das von der Zeit gemessen wird, in Ruhe oder in Bewegung ist. Folglich ist alles, was entsteht und dahinschwindet, alles übergängig im Sein Während notwendig in der Zeit. Denn wielange es auch im Sein währen mag, es gibt immer noch eine größere Zeit, die die Dauer seines Seins, also die Zeit seiner Anwesenheit überragt. Dasjenige Nichtseiende, das von der Zeit umfaßt wird, ist daher einmal das Seiend-gewesene, das Vergangene; ihm ist das Sein entzogen, das ihm ehemals eigen war. Dieses Entzogensein hat eine maßbestimmte Dauer und ist deshalb in der Zeit. Das Zukünftige ist ein Seiendwerdendes, dem das Sein noch vorenthalten ist. Auch dieses Nichtsein im Sinne des Vorenthalts hat eine maßbestimmte Dauer (auch dann, wenn wir sie nicht bestimmen können), ist also ebenfalls in der Zeit. Das Nichtseiende jedoch, das in keiner Weise von der Zeit umfaßt ist, war weder, noch ist es, noch wird es jemals sein. In den Umkreis des Nichtseienden von solcher Art gehört alles, dessen Gegenteil immer ist. Was Nichtsein besagt, läßt sich allein im Hinblick auf Sein als dessen Gegenteil bestimmen, nämlich als dessen Wegbleiben. Deshalb läßt sich das immer Nichtseiende nur aus der Hinsicht auf sein Gegenteil, das Immerseiende, erkennen. So ist das Inkommensurabelsein der Diagonale ein immer seiender Sachverhalt, der daher nicht in der Zeit ist. Und deshalb ist das Kommensurabelsein der Diagonale ebenfalls nicht in der Zeit; denn es ist immer nicht seiend, weil sein Gegenteil ein Immerseiendes ist. Für solches Nichtseiendes gibt es keine mögliche Stätte im Sein, weil sein Gegenteil das Sein je und je schon besetzt hält. Nichtseiendes jedoch, dessen Gegenteil nicht immer ist, steht in der Möglichkeit zu sein und nicht zu sein. Es gehört zu ihm das Entstehen und Vergehen, also Wandel und Bewegung. Es ist, obzwar nicht seiend, in der Zeit.

So gibt die Zeit einen Ausblick auf Sein und Nichtsein, jedoch nicht auf Sein und Nichtsein überhaupt, nämlich nicht auf das Immerseiende und nicht auf dessen Gegenteil, das immerdar Nichtseiende. Denn dieses Seiende und Nichtseiende ist weder in Bewegung noch in Ruhe, also nicht von der Zeit umfaßt. Weil die Zeit zwar einen Ausblick auf Sein und Nichtsein gibt, aber auf den Seinsbereich der Natur begrenzt bleibt, deshalb ist der Ort ihrer Behandlung die Physik, nicht aber die universale Ontologie, d. h. das Denken auf Sein und Nichtsein überhaupt, das vielmehr immer auch metaphysisch ist, weil es gerade Seiendes in den Blick nimmt, das zufolge seines Freiseins von der Bewegung nicht in der Zeit ist.

Man kann bezüglich des Seienden, das nicht in der Zeit ist, eine Unterscheidung anbringen. Die mathematischen Sachverhalte sind nicht in der Zeit. Aber es könnte sein, daß sie nicht frei für sich bestehen, sondern nur zufolge ihrer Thematisierung durch die mathematischen Wissenschaften für sich gesetzt werden. Das ist auch die Auffassung des Aristoteles[136]. Wir können das Mathematische etwas Außerzeitliches nennen. Was dagegen in der Weise nicht in der Zeit ist, daß es an ihm selbst und für sich selbst besteht, würden wir dann das Überzeitliche oder das Ewige nennen. An der Beantwortung der Frage, ob es Seiendes von solchem Seinsrang gibt, entscheidet sich, ob die Philosophie in der ontologischen Metaphysik ihre primäre Existenzform hat.

Ein jegliches in der Zeit Seiende hat seine Zeit, und es währt, indem es seine Zeit zu Ende bringt. Kann nun auch die Zeit selbst zu Ende gehen, so daß sie einmal ausbleibt und keine Zeit mehr ist[137]? Die Frage kann auch so gestellt werden: Gehört zur Zeit wesenhaft und notwendig das Einst, verstanden als das zukünftige Jetzt? Wenn nämlich die Zeit nicht wesenhaft immer auch das Einst ist, dann gäbe es ein letztes Jetzt, und die Zeit wäre ihrem Sein nach begrenzt. Kann nun die Zeit einmal zu Ende gehen und wegbleiben? Um diese Frage zu beantworten, ist das Folgende zu bedenken: Das jeweilige Jetzt ist zugleich Ende und Anfang der Zeit, nicht derselben Zeit, sondern Ende der vorbeigegangenen, vergangenen Zeit, Anfang der kommenden, der zukünftigen Zeit. Weil aber die Zeit eine Folge von Jetzt darstellt, so ist die Zeit immer im Anfang und am Ende.

[136] Vgl. dazu Met. XIII, Kap. 3, 1077b 23 ff.
[137] Phys. IV, Kap. 13, 222a 29 ff.

Genauer gesagt: Indem die Zeit das Ende ihrer eigenen Vergangenheit ist, ist sie, unaufhörlich übergehend, zugleich immer im Anfang ihres eigenen Kommens. Wäre sie nämlich nicht immer auch das Ende ihres Vergehens und Vergangenseins, dann würde sie selbst vergehen und vergangen sein. Nun aber ist sie je und je das Ende ihres Vergehens und so immer der Anfang ihres eigenen Kommens. Und so währt die Zeit, indem sie je und je das Ende ihres Vergehens ist, in der unablässigen Ankunft ihrer selbst und ist so etwas Immerwährendes. Nennen wir das In-der-Zeit-Seiende das Zeitliche, dann ist die Zeit selbst nicht etwas Zeitliches. Sie ist selbst nicht etwas, das entsteht und vergeht, sondern die immerwährende Präsenz des Schwindens als eines solchen. In diesem Sinne ist die Zeit in der Tat etwas Immerwährendes[138].

Die Zeit ist die Zahl der Bewegung im Sinne ihrer zählbaren Phasen im Hinblick auf das Vor und Nach. Nun gehört zum Zählbaren als solchem der Bezug auf ein Zählenkönnendes. Deshalb entsteht die Frage, ob ohne die Seele oder genauer, da Seele Lebendigkeit überhaupt bedeutet, ohne die denkende Seele, also ohne den Nous, der imstande ist, eines vom anderen abzuheben und aufeinander zu beziehen, Zählbares und, da die Zeit das Zählbare der Bewegung ist, Zeit überhaupt sein kann[139]. Denn da einerseits nur die Seele das Zählen vermag und es das Denkvermögen ist, welches die Phasenfolge als solche allein präsent macht, so ist ohne die denkende Seele keine Zeit. Andererseits sind die Phasen in ihrem Vorher und Nachher Phasen der Bewegung, also der Bewegung von ihr selbst her eigen, dergestalt, daß jeweils eine Phase im Übergang aus der vorhergehenden in die folgende anwesend ist. Aristoteles nennt diese je und je anwesende Bewegungsphase das, was die Zeit jeweils gerade ist[140]. Als diese ist die Zeit auch ohne die zählende Seele. Aber die Phasenfolge als Folge, das Früher und Später als solches, d. h. die eine und selbe sich über alles Bewegte und Ruhende erstreckende

---

138 Vgl. dazu auch Phys. VIII, Kap. 1, 251b 10 ff.

139 Phys. IV, Kap. 14, 223a 16 ff.

140 ὅ ποτε ὄν ἔστιν ὁ χρόνος. 223a 27.

Zeit ist nur in Bezug auf die zählende Seele. Ohne die zählende Seele gelangt die Zeit nicht in die Präsenz ihres Wesens als das abmeßbare Wielange der Dauer der Bewegung oder der Ruhe, als welche sie auch das Allumfassende ist. Sie gelangt ohne den Bezug auf die zählende Seele nicht in die Offenbarkeit ihrer selbst als Zeit. Der von Aristoteles herausgestellte Bezug von Zeit und Seele bzw. Geist weist in die zukünftige Möglichkeit einer Zurücknahme der Zeit in die Subjektivität des selbstbewußten Denkens, wie sie Kant vorgenommen und Fichte dann insofern radikalisiert hat, als er die Zeit aus dem Ich als die notwendige Bedingung des seiner selbst bewußten Vorstellens von Gegenständen, die Zeit also als Wesensbedingung der Subjekt-Objekt-Relation deduziert.

§ 16 *Die ontologisch-metaphysische Transzendenz*

Der Überstieg vom Bewegten zum Unbewegten, von der sinnlich wahrnehmbaren Natur zum Übersinnlichen erfolgt über den Strukturzusammenhang von Zeit und Bewegung[141]. Die Zeit kann niemals nicht sein, dergestalt, daß es weder ein erstes noch ein letztes Jetzt gibt. Die Zeit aber ist seinsmäßig in der Bewegung fundiert. Kann nun die Zeit niemals nicht sein, so auch nicht die Bewegung, das Fundament der Zeit. Bewegung ist also etwas Immerseiendes. Die Kontinuität der Zeit verdankt sich der Kontinuität der Ortsbewegung und von den Ortsbewegungen der Kreisbewegung; denn alle anderen Ortsbewegungen halten bei der Umkehr oder der Richtungsänderung einen Augenblick ein. Folglich ist die Kreisbewegung etwas Immerwährendes, und deshalb, da das Immersein der Bewegung ist als ein Immer-in-Bewegung-Sein eines Bewegten, muß es Seiendes geben, das sich immer im Kreis bewegt. Aber so, wie es keine Bewegung gibt ohne ein Bewegtes, so kann Bewegung nicht sein ohne ein Bewegendes. Denn Bewegung ist immer Übergang aus einer Möglichkeit in die Wirklichkeit. Dieser Übergang kommt

---

[141] Met. XII, Kap. 6, 1071b 7 ff.

dem Übergehenden von dem her zu, das das schon in Wirklichkeit ist, wozu das Bewegte übergeht. Das ist das Bewegende, welches das Bewegte aus dem Seinkönnen in das Wirklichsein hervorgehen läßt[142].

Nun kann das Bewegende von zweifacher Art sein: ein Bewegendsein-könnendes und ein in Wirklichkeit Bewegend-seiendes. Wenn das Bewegende nur ein Bewegendsein-könnendes ist, also nicht in Wirklichkeit bewegt, dann ist Bewegung nicht. Wenn Bewegung ist, dann muß das Bewegende auch ein in Wirklichkeit Bewegendes sein. Deshalb, so erklärt Aristoteles, ist nichts damit erreicht, wenn Immerseiendes angesetzt wird, wie die Ideen Platos. Denn aus dem Ansatz von Ideen wird nicht einsichtig, daß und wie es Bewegung gibt, in welcher das naturhaft Seiende seinen Aufenthalt hat. Die Natur kann in den Ideen deshalb nicht gegründet werden, weil sie nicht Grund des wirklichen In-Bewegung-Seins der Naturdinge sein können.

Aber auch diese Bestimmung, der gemäß das Bewegende ein in Wirklichkeit Bewegendes sein muß, damit Bewegung immer ist, reicht nicht hin. Denn wenn dieses wirklich Bewegende seinem wesentlichen Sein nach auch durch ein Seinkönnen bestimmt wäre, dann wäre zwar Bewegung, solange jenes wirklich bewegend ist, aber eine immerwährende Bewegung wäre noch nicht verbürgt. Denn alles, was in seinem Wesen zugleich durch ein Seinkönnen bestimmt ist, steht in der Möglichkeit das, was es ist, auch nicht zu sein. Es genügt also nicht, als Anfangsgrund der Bewegung ein wirklich Bewegendes anzusetzen. Das Immersein der Bewegung, des Grundzuges der Natur, wird erst durch ein Bewegendes verbürgt, dessen wesentliches Sein selbst Wirklichkeit ist. Nun ist das Seinkönnende der Stoff, der der Grund dafür ist, daß das Wirkliche auch nicht sein kann. Mithin muß der Grund der immerseienden Bewegung frei von Stoff sein. Und so gründet die Bewegung in einen Bewegungsgrund, dessen Wirklichkeit von jedem Seinkönnen frei, dessen Wesen also reine Wirklichkeit ist.

Wie muß der Bewegungsgrund beschaffen sein, damit er die

---

[142] ποιητικόν 1071b 12.

Natur so zu begründen vermag, wie sie sich von sich her gibt und zeigt? An dieser Frage tritt die metaphysische Denkweise klar heraus: Zur Seinsverfassung der Natur gehört die immerwährende Bewegung. Diese vermag nur dann zu sein, wenn sie in einem Bewegenden von der Seinsart der reinen Wirklichkeit gründet. Diese Denkweise ist metaphysisch im Wortsinne: Sie ist *meta*-physisch, sofern sie über die Natur hinausdenkt; sie ist meta-*physisch*, sofern das über die Natur Hinausliegende dann als hinreichend geklärt und erfaßt gilt, wenn aus ihm einsichtig wird, wie die Natur so zu sein vermag, wie sie sich von sich her gibt und zeigt. Was in diesem Über-natürlichen gesucht und gefunden wird, ist aber nicht eine die Natur hervorbringende Ursache, sondern gerade der Grund für das Immersein der Natur.

So wird um der Natur willen der Gedanke einer reinen Wirklichkeit gedacht, der an das Denken eine äußerste Zumutung darstellt. Denn innerhalb der Natur, wohin wir auch den Blick lenken mögen, geht überall die Möglichkeit der Wirklichkeit voraus. Jetzt aber ist es erforderlich, im Blick auf die Natur eine Wirklichkeit zu denken, die aller Möglichkeit zuvorgekommen ist. Begibt sich Aristoteles mit diesem Gedanken nicht in bloße Konstruktionen eines sich selbst bewerkstelligenden Denkens? Verläßt er hier nicht die phänomenale Basis, die gerade gegenüber Plato festzuhalten ein Grundsatz seines Denkens ist? Ist der metaphysische Gedanke einer reinen Wirklichkeit nicht eine bloße Vorstellung und deshalb auch die Metaphysik? Aber so schwer zumutbar dieser Gedanke auch ist, der Verzicht auf ihn würde in eine volle Ausweglosigkeit des Denkens führen. Denn wenn bei allem und jedem die Möglichkeit der Wirklichkeit vorangeht, dann wäre die Möglichkeit auch wesenhaft das Erste und Anfängliche, also das Nichtsein. Und dann bliebe nicht nur uneinsichtig, wie Bewegung wirklich sein kann, sondern auch, daß überhaupt wirklich Seiendes ist. Es bliebe alles im Zustand des bloßen Seinkönnens zurück, da doch das Sein-könnende nicht von sich her in die Wirklichkeit überzugehen vermag. Nun aber ist doch Seiendes in Wirklichkeit seiend, und Bewegung ist wirklich, und zwar als etwas Immerwährendes, und das kann nur sein, wenn es ein Seiendes von der Seinsart einer Wirklichkeit gibt, die aller Möglichkeit zuvorgekommen ist. Das metaphysische Denken des Aristoteles behält also, obwohl die Natur überschreitend, diese als die phänomenale Basis bei; denn es ist die Frage der Natur, deren seinsmäßige Verfassung, das Immer-in-Bewegung-Sein, in dem Gedanken einer über sie hinausliegenden reinen Wirklichkeit allererst ihre zureichende Begründung findet.

Man kann hier vielleicht die Umwandlung erkennen, die sich abgespielt hat, als der für das Immersein der Natur gesuchte metaphysische Grund mit dem Schöpfergott der christlichen Theologie gleichgesetzt wurde. Es zeigt sich, daß die scholastische Aristoteles-Rezeption etwas ganz anderes ist als eine bloße Rezeption. Sie ist ein von uns bei weitem noch nicht hinreichend durchdachter Vorgang, dessen Vordergrund sich als Rezeption der aristotelischen Philosophie darstellt. Die Frage des Aristoteles lautet: Wie muß der Bewegungsgrund hinsichtlich seines Seins gedacht werden, damit aus ihm einsichtig wird, daß die Natur so sein kann, wie sie sich darbietet, nämlich immerseiend.

Wenn es innerhalb der Natur nur Seiendes gäbe, das sich immer in einer gleichbleibenden Bewegung, also der Kreisbewegung, befindet, dann müßte es ein Immerseiendes geben, das immer in einer sich gleichbleibenden Weise wirkt[143]. Nun aber bietet die Natur auch den Anblick von Entstehen und Vergehen. Es müßte also eine zweite Bewegungsursache geben, die immer bald so, bald anders wirkt, so daß der Gegensatz von Entstehen und Vergehen sein kann. Dieser müßte das bald so, bald anders Wirken von ihr selbst her eigen sein, aber sie müßte auch durch einen anderen Bewegungsgrund bestimmt sein, dem sie das Gleichmäßige des Übergehens von dem einen zu dem anderen Wirken verdankt, als Grund für die Periodizität des Wechsels von Entstehen und Vergehen. So wäre also das anders und anders Wirkende zugleich durch das immer in gleicher Weise Wirkende mitbestimmt.

---

[143] ἐνεργοῦν 1071b 23.

Es genügt also, zwei Bewegungsursachen zu denken, um die Seinsverfassung der Natur einsichtig zu machen: ein immer in gleicher Weise Wirkendes und ein anders und anders Wirkendes, dergestalt, daß die Vereinigung der beiden Wirkweisen die immerwährende Periodik von Entstehen und Vergehen ergibt. Diese Grundbewegungsweisen und ihre Ursachen sind in einem freien ontologischen Denken entworfen, welches die Gründe für die Seinsart der Natur zu ergründen trachtet. Aber Aristoteles fügt hinzu, daß dieser gedankliche Entwurf sich durch die Wirklichkeit bezeugt[144] — wir müssen hinzusetzen: wenn wir der Natur die ihr eigene Bezeugungsweise selbst überlassen. Denn in der natürlichen Wahrnehmung zeigt sich: Die beiden Bewegungsarten sind vereinigt in der Bewegung der Sonne, deren Tagesumschwung an der immer sich gleichbleibenden Bewegung des Fixsternhimmels teilhat, die aber zugleich eine immerwährende eigene Bewegungsweise hat, die ekliptische Jahresbewegung, durch welche sie die Ursache des Entstehens, Blühens, Reifens und des Schwindens und Vergehens ist. Wir haben hier das bekannte „geozentrische Weltsystem" vor uns, das von Claudius Ptolemäus um 150 n. Chr. ausgebaut und vollendet worden ist. Diese Kosmologie ist offenbar nur noch historisch interessant. Und wenn sie einen Bestandteil der aristotelischen Metaphysik bildet, dann scheint auch diese insofern zu den Gegenständen zu gehören, die nur noch ein kulturhistorisches Interesse beanspruchen können. Allenfalls ist die Herrschaft des ptolemäischen Weltbildes, das bis zum Beginn des 16. Jahrhunderts in Geltung blieb, ein Zeichen dafür, wie lange der menschliche Geist in Irrtümern befangen bleibt.

Doch gilt es hier, ein Zweifaches zu unterscheiden: Aristoteles hat die beiden Bewegungsarten nicht einfach dem Augenschein entnommen, sondern die Notwendigkeit ihres Ansatzes gedanklich entworfen und begründet. Daß aber Aristoteles sogleich sagen kann, es verhalte sich so auch in Wirklichkeit, da in der Wahrnehmung sich beide Bewegungsarten finden, hängt mit seiner Denkweise zusammen, der gemäß der Zugang zu einer

---

[144] Met. XII, Kap. 7, 1072a 22.

Sache durch deren Wesensart selbst bestimmt ist. Das von Natur Seiende ist das von ihm selbst her Anwesende und das von sich her Sichzeigende. Die ihm entsprechende Zugangsweise muß daher ebenfalls natürlich sein. Das Natürliche in unserer Erkenntnis, das sich gleichsam von sich her macht, ist die Sinnesanschauung. Und in ihr bekunden sich allerdings der Fixsternhimmel und die Sonne als in Bewegung und die Erde als in Ruhe befindlich. Diese „natürliche Weltansicht" beweist jedoch nicht ein naives „Zutrauen zu den Sinnen". Das kann schon deshalb nicht sein, weil Aristoteles in der Nachfolge Platos steht, der gerade das Nichtsinnliche, das nur im Denken zu erfassende Eidos als das wesentliche Sein gesetzt hat. Gegen den Grundsatz, daß bei dem von sich her Sichzeigenden die Art, gemäß der es sich zeigt, zum Zugang zu nehmen ist, ist methodisch überhaupt nichts einzuwenden.

Die Frage: Welches System ist wahrer, das Alte oder das Neuzeitliche? ist, so gestellt, nicht zu beantworten. Denn was heißt hier „wahr"? Wenn es nur „richtig" besagt, dann ist das alte System nicht weniger richtig als das neue. Die neue Astronomie hat die Vorstellung von der unbewegten Sonne längst aufgegeben. Da in der Welt nichts in Ruhe befindlich ist, ist es im Grunde gleichgültig, ob die Sonne oder die Erde zum Bezugspunkt für die Messung der Gestirnbewegung genommen wird — nur daß im letzten Fall die Bewegungsberechnungen überaus kompliziert werden, so daß das „kopernikanische System" aus Gründen der Denkökonomie den Vorzug verdient. Es würde sich dann um den Unterschied eines einfacheren und eines komplizierteren Berechnungsverfahrens handeln, nicht aber um den Unterschied von wahr und falsch. Aber Wahrheit könnte ja auch noch etwas anderes und Wesentlicheres besagen als bloße Richtigkeit der Berechnung. Was kann z. B. bezüglich des Menschen nicht alles an Richtigem, d. h. auf ihn Zutreffendem erkannt werden, ohne daß sich jenes enthüllt, was der Mensch ist, sofern er Mensch ist. Und in dieser Hinsicht unterscheidet sich Aristoteles allerdings von der neueren Astronomie. Für Aristoteles sind die Sinne an der Öffnung und an dem Offenhalten des

Bereichs der Natur wesentlich mitbeteiligt, und zwar gemäß dem oben angeführten Grundsatz. Diesen gibt die neuzeitliche Wissenschaft entschieden auf, bis auf das Eine, daß die Informationen, welche die Natur erteilt, sich mittels technisch konstruierte Apparate den Sinnen bekunden. Das weist daraufhin, daß sich die Wahrheit über die Natur selbst gewandelt hat. Die neuzeitliche Wissenschaft steht offenbar in einem anderen Wahrheitsentwurf bezüglich der Natur als die griechische Naturwissenschaft. Vielleicht hat sich unser Denken einem Vorgang noch nicht hinreichend zugewendet, dem gemäß die Wahrheit bezüglich des Seienden sich selbst wandelt, also geschichtlich ist, und nicht immer nur die menschlichen Auffassungen von der Wahrheit. Das griechische Denken wurde veranlaßt durch das Ereignis der Lichtung des Seins für das Denken und Sagen, aber es blieb ihm versagt, den Lichtungscharakter selbst oder das Ereignis der Lichtung selbst zu denken. Nach Aristoteles aber sind an der Lichtung des Seienden die Sinne auf ihre spezifische Art wesentlich beteiligt. Wenn es sich so verhält, wie steht es dann mit der modernen Astronomie? In welche Wahrheit über das Seiende ist ihr gesamter Bestand von Berechnungsformeln eingelassen? Welchen Wesens ist die Wahrheit einer Wissenschaft, der als wirklich, d. h. objektiv das gilt, was von der Natur in daraufhin konstruierten Apparaten im Experiment erschlossen werden kann? Abwegig ist freilich die Meinung, die moderne Naturwissenschaft habe, da sie nach mathematischen Methoden verfährt, lediglich die Kategorie der Quantität „verabsolutiert". Diejenigen, die diese Meinung aufbringen und unterhalten, geben die Kategorienlehre des Aristoteles als eine ewige Wahrheit aus, während es doch gilt, den Wahrheitsbereich allererst aufzuschließen, aus dem Aristoteles die Kategorien geschöpft hat. Es ist zwar eine Naivität, die Naturwissenschaft des Aristoteles als falsch zu verwerfen und die neuzeitliche Wissenschaft für die allein wahre zu erklären. Aber es ist nicht minder einfältig, das Eigene der modernen Wissenschaft mit dem Hinweis zu erledigen, sie habe einseitig die Kategorie der Quantität absolut gesetzt. Mit solchen simplen Kennzeichnun-

gen kommt man dem Wandel der Wissenschaft in ihr neuzeit-
liches Wesen ebensowenig bei, wie wenn man ihn lediglich als
Fortschritt in der „exakten Beschreibung" von Naturerscheinun-
gen charakterisiert.

Was Aristoteles anlangt, so bleibt festzuhalten, daß der Ansatz der beiden Bewegungsursachen und der Kombination ihres
Wirkens in der Frage gründet, welche Bewegungsursachen als hinreichend anzunehmen sind, damit die Natur so sein kann, wie
sie sich selbst präsentiert. Für Aristoteles bestätigt das die sinnliche Wahrnehmung, nicht aber für die neuzeitliche Naturwissenschaft, die unter der Führung eines anderen Wahrheitsent-
wurfes steht, der dadurch bestimmt ist, daß als wahr nur das
zugelassen ist, was Gegenstand einer methodischen, d. h. durch
Voraus- und Nachberechenbarkeit gesicherten Erkenntnis ist.

Das Immersein der Bewegung ist als das Immer-in-Bewegung-
Sein eines immer Bewegten, des Fixsternhimmels, welcher das
Ganze der Natur in Bewegung hält. Nun ist jede Art von Bewegung ein Übergang vom seinkönnenden Noch-nicht-Sein ins
Wirklichsein, beim Fixsternhimmel unaufhörlicher Übergang
vom Dort-Seinkönnen zum Dortsein. Ein solches Übergehen
bedarf, wie aller Übergang aus der Möglichkeit in die Wirklichkeit, einer Bewegungsursache, die das schon ist, wozu das Bewegte übergeht. Die Gestirne aber sind wesenhaft nicht nicht-
seinkönnend, also geht ihnen das Möglichsein ab — bis auf die
eine, immer noch anderswo sein zu können, als wo sie jeweils in
Wirklichkeit sind. Der Bewegungsursache der Gestirne muß deshalb auch noch diese Möglichkeit abgehen. Sie ist daher nach
jeder Hinsicht Wirklichkeit, also reine Wirklichkeit. Der Fixsternhimmel hält das Naturganze in Bewegung, aber er ist selbst
noch bewegt. Seine Bewegungsursache dagegen, da ihr beim Fehlen jeder Möglichkeit kein Übergang von der Möglichkeit zur
Wirklichkeit zukommt, ist ein selbst unbewegt Bewegendes: ein
immerwährendes Seiendes von der Seinsart der reinen Wirklichkeit.

Aber was ist nun mit diesem Ansatz einer übernatürlichen
Bewegungsursache für das von Natur Seiende gewonnen? Sie ist

193

ihrem Sein nach reine Wirklichkeit und deshalb unbewegt. Aber wie kann sie dann bewegen? Muß sie, um bewegen zu können, nicht selbst in Bewegung sein? Es ist an den Grundsatz zu erinnern, wonach eine Ursache immer schon das in Wirklichkeit sein muß, wozu sie das Bewegte bringt. Demnach müßte die erste Ursache des In-Bewegung-Seins selbst in Bewegung sein. Aber dann wäre sie auch schon von einem Seinkönnen affiziert und nicht mehr erste Bewegungsursache. Sie muß also, weil sie erste Bewegungsursache ist, selbst unbewegt sein. Aber wie kann Unbewegtes bewegen? Wir sind geneigt, in weite Fernen Ausschau zu halten, um vielleicht etwas unbewegt Bewegendes zu erblicken. In Wahrheit kennen wir dergleichen aus nächster Nähe. „Auf diese Weise bewegt das Erstrebte und das Zu-denkende."[145] Das Erstrebte kann nun von zweifacher Art sein: das Schönscheinende und das Schön-seiende. Hier gilt es freilich, an das griechisch erfahrene Schöne zu erinnern. Das Schöne, aus dem griechischen Wissen gedacht, ist dasjenige, in dessen Anwesenheit ein Streben seine Erfüllung findet. Was erstrebt wird, wenn das Streben auf das Schöne geht, ist die Anwesenheit des Schönen als solche und das Weilen im Umkreis seiner Anwesenheit. Das Schöne wird nicht in dieser oder jener Hinsicht erstrebt, sondern umwillen seiner Anwesenheit selbst und allein. Deshalb ist das Streben zum Schönen immer auch in sich ein Denken des Schönen in seinem Sein (Noesis). Es gibt freilich auch eine andere Art des Strebens nach dem Schönen: das Begehren der Begierde. Sie verstrickt sich zufolge ihrer Selbstbezüglichkeit in sich selbst und bleibt so dem verschlossen, was das Begehrte ist. Sie verfällt dem bloßen Anschein des Schönen. Wie das Schöne das Streben in Bewegung setzt, ohne selbst bewegt zu sein, so bewegt auch das Zu-denkende (Noeton) das Denken zu ihm hin, z. B. ein wissenschaftlicher Sachverhalt, der selbst unbewegt bleibt.

Das Streben zum Schön-seienden wird von einem Denken geleitet, das von dem Zu-denkenden her bewegt wird, welches das Sein ist. Das Denken erblickt das Sein immer von diesem selbst her, sein Gegenteil, das Nichtsein, dagegen aus dem vor-

---

[145] κινεῖ δὲ ὧδε τὸ ὀρεκτὸν καὶ τὸ νοητόν. 1071a 26.

gängigen Blick auf das Sein. Das Sein gliedert sich in die Kategorien, von denen wiederum die Ousia das zuerst Gedachte ist; denn alles andere wird von der Ousia her und auf sie hin als seiend gedacht. Die rangerste Ousia ist aber das Eidos, und dieses macht die Wirklichkeit von Seiendem aus; denn auch das Sein im Sinne der Möglichkeit wird erst aus der Sicht auf das Wirklichsein denkbar. Die Wirklichkeit als solche und einfachhin ist es also, die von ihr selbst her das Denken zu ihr in Bewegung setzt. Sie ist das Maß, an welchem allererst zu ermessen ist, inwiefern und inwieweit ein Seiendes seiend ist. Nun handelt es sich hier nicht nur um das Denken, sondern um das Streben. Von der Art des von ihm selbst her und als es selbst Zu-denkenden ist auch das Schöne und das um seiner selbst willen Erstrebte, da seine Anwesenheit selbst dem Streben die Erfüllung bringt. Darum eignet ihm der Charakter des Worumwillen (οὗ ἕνεκα) oder des an sich Guten; denn das Gute ist jenes, was dafür einsteht, daß dem Streben seine Erfüllung zuteil wird.

Es gilt, zu begreifen, wie das Unbewegte bewegt. Die vorangegangenen Erörterungen ermöglichen die Einsicht in die Art und Weise, wie das unbewegt Seiende Bewegungsursache der Natur ist. „Es bewegt, wie das Geliebte bewegt."[146] Dieser oft angeführte Satz ist einem Mißverständnis ausgesetzt (und ihm auch oftmals erlegen), als ob nämlich das Verhältnis des Bewegten zum unbewegten Beweger als Liebe zu denken sei, so daß dann alles, was ist, aus Liebe zum unbewegten Beweger ist. Aber der Satz erläutert das Bewegendsein des Unbewegten aus dem So-Wie des Vergleichs zur Liebe. Es ist s o bewegend, *wie* das Geliebte bewegt. Das Geliebte bewegt als Geliebtes auf sich zu, weil es das Schöne ist, jenes also, dessen Gegenwart dem Liebenden die Erfüllung seines Wesens gewährt. Die Anwesenheit des Geliebten ist daher die Vollendung der Liebe oder ihr Telos. Auf die Sache gesehen, um die es hier geht, bedeutet das: Das von Natur Seiende ist in Bewegung, deren Wohin ihr Telos ist. Das aber ist das anwesende Sichzeigen dessen, was etwas ist, sein Weilen und Währen in und aus dem Hervorgegangensein in das

[146] κινεῖ δὲ ὡς ἐρώμενον 1072b 3.

Eidos, also die Wirklichkeit. Was aber ist die erste und letzte Ursache solcher unablässigen Bewegung? Aristoteles antwortet: Sie ist von der Art, wie das Geliebte bewegt. Das besagt jetzt: Das Unbewegte ist nicht nur das ranghöchste Seiende, sondern als reine Wirklichkeit die Gegenwart des Seins selbst. Was aber erstrebt das Seiende, wenn es sich je und je aufmacht, um in sein Eidos zu gelangen, anderes als die Gegenwart des Seins, soweit es das vermag? Denn nur dank der Gegenwart des Seins ist es ein *Seiendes*. Es strebt zur Gegenwart des Seins, um das, was es sein kann, auch in Wirklichkeit zu sein. Daß das Unbewegte wie das Geliebte bewegt, bleibt solange un- oder mißverstanden, als nicht die zwei Bedingungen des Verstehens erfüllt sind: einmal, daß das Wissen des Schönen griechisch gedacht wird, nämlich als das durch seine Anwesenheit selbst einem Streben die Erfüllung Gewährende; sodann, daß das Unbewegte als reine Energeia die Gegenwart des Seins selbst und als solche ist. Denn dann wird verständlich, daß und inwiefern das Sichaufmachen in das Sich-zeigen dessen, was ein jegliches ist, ein Streben nach der Gegenwart des Seins ist, welche das Unbewegte selbst ist, so daß sich das Streben nach dem Unbewegten als Seinserstrebnis erweist. Steht es so, dann ist das Unbewegte die erste und letzte Ursache alles In-Bewegung-Seins in dem Sinne, daß es das Worumwillen der Bewegung als solches ist. Alles Seiende ist in Bewegung um-willen des Seins. Das Unbewegte aber ist als reine Energeia die Gegenwart des Seins selbst und deshalb jenes, in dessen Gegen-wart ein jegliches bei sich selbst ankommt.

Aristoteles bestimmt die Art, gemäß welcher das Unbewegte ist, auf folgende Weise: Alles Bewegte läßt ein Auch-anders-Sein zu. Das gilt auch für das Immerseiende, dessen Wirklichkeit die rangerste Bewegung ist, in welcher alle anderen Bewegungen ihrer Möglichkeit nach gründen. Zwar läßt es seinem Sein nach kein Auch-anders zu, wohl aber in Hinsicht auf den Ort. Seine Bewegungsursache aber läßt nach keiner Hinsicht mehr ein An-ders-seinkönnen zu und ist daher in reiner Wirklichkeit seiend. Die erste Bewegung, als deren Folge alle anderen Bewegungen allererst sein können, ist die Kreisbewegung. Also bewegt die selbst unbewegte Bewegungsursache das erste In-Bewegung-Seiende so, daß sie dieses in der Kreisbewegung hält. Da aber die erste Bewegungsursache in keiner Hinsicht ein Auch-anders-Seinkönnen zuläßt, so ist sie aus *Notwendigkeit seiend*, d. h. sie ist nirgendswo und niemals einer Möglichkeit des Nichtseins geöffnet, sondern von allen Seiten von dem Sein umschlossen, das sie selbst ist. So kommt bereits, maßgeblich für die Folgezeit, die Notwendigkeit im Verhältnis von Möglichkeit und Wirklichkeit als der höchste Seinsmodus des Seienden zum Vorschein.

Es ist aber gut, sich klar zu machen, daß der Anfangsgrund für alles Seiende das Unbewegte und so das aus Notwendigkeit Seiende ist. Denn das besagt: Er ist nicht dadurch Anfangsgrund, daß er das andere Seiende bewirkt oder sich ihm mitteilt, sondern er ist Anfangsgrund allein durch seine Präsenz selbst und allein — ein Gedanke, der nur einmal in dieser Klarheit und Reinheit gedacht worden ist. Der Anfangsgrund des Seienden ist nicht eine causa efficiens. Die entscheidende Umgestaltung, welche die mittelalterliche Philosophie bei ihrer Aristoteles-Rezeption vorgenommen hat, besteht gerade auch darin, daß sie, immer schon geleitet von dem theologischen Schöpfungsglauben, die causa efficiens in den Vorrang gebracht hat, für welche Aristoteles nicht einmal den Namen kennt.

§ 17 Die Wesensbestimmung des höchsten Seienden als Geist (Nous)

„Von einem Anfangsgrund von solcher Wesensart her ist der Himmel und die Natur in das Sein einbehalten."[147] Die Wesensart dieses Anfangsgrundes gilt es, zu umgrenzen und so das ranghöchste Seiende in seinem Wesen zu bestimmen. Seiner Seinsart nach ist es reine Energeia, d. h. die von jedem Nichtsein ungetrübte Gegenwart des Seins. Nun kennen wir zwei Grundweisen der Gegenwart von etwas: Wahrnehmung und Denken. Die Wahrnehmung ist die Anwesenheit des jeweils in den Sin-

---

[147] ἐκ τοιαύτης ἄρα ἀρχῆς ἤρτηται ὁ οὐρανὸς καὶ ἡ φύσις. 1072b 14.

nen sich Zeigenden, das Denken das In-die-Sicht-Kommen des Seins. Wir kennen noch zwei andere Weisen der Gegenwart von etwas: Erinnerung, Behalten und Erwarten, Erhoffen. Denn zweifellos ist uns in der Erinnerung etwas gegenwärtig wie auch in der Erwartung. Aber, was da gegenwärtig ist, ist gerade ein Nichtgegenwärtiges als ein solches, ein gegenwärtig Gewesenes und ein Gegenwärtig-sein-Werdendes. Wenn wir Gewesenes erinnernd oder ein Zukünftiges erhoffend vergegenwärtigen, dann deshalb, weil seine ehemalige Gegenwart erfreulich war bzw. seine künftige Gegenwart erfreulich sein wird. Wir erinnern oder erhoffen das Nicht-Gegenwärtige um seiner ehemaligen oder künftigen Gegenwart willen. Das im Wahrnehmen und im Denken erfreuliche Gegenwärtige stimmt uns von ihm selbst her in die Freude. Erinnern und Erwarten sind also im Gegenwärtigen fundiert und kommen für die Wesensweise des höchsten Seienden nicht in Betracht. Die Wahrnehmung hat dieses und jenes Seiende vor sich, also solches, das kommt und geht. Das Denken ist die Gegenwart des Seins, also des Bleibenden. Und so dürfte wohl das Denken die Wesensweise des höchsten Seienden ausmachen. Denken aber ist Anwesenheit des Gedachten, und das Gedachte ist das Sein. Ist das Denken die Anwesenheit des Gedachten, dieses aber das Sein, dann ist das Denken, indem es das Sein denkt, sich selbst gegenwärtig. Aristoteles drückt das so aus: „Das Denkende denkt sich selbst gemäß seinem Beteiligtsein an dem Zu-denkenden."[148] Wir neigen zu der Vorstellung, Aristoteles stoße hier auf den Reflexionscharakter des Denkens, das im Denken eines Gegenstandes auch immer sich selbst denkt. Aber hier gilt es, Vorsicht walten zu lassen. Denn es ist die Frage, ob das, was wir hier mit Reflexibilität des Denkens meinen, auch das trifft, was Aristoteles vor Augen hat. Der hier zur Frage stehende Sachverhalt ist der folgende: Indem das Denken seine Sache, das Sein, denkt, bringt es sich in eins damit zu sich selbst. Aber diesen Sachverhalt als Reflexion kennzeichnen heißt, ihn in einer ganz bestimmten Weise auslegen, die sich nicht von selbst versteht. Das neuzeitliche Denken steht

---

[148] ἑαυτὸν δὲ νοεῖ κατὰ μετάληψιν τοῦ νοητοῦ. 1072b 20.

unter dem leitenden Hinblick der durch Erkenntnis eigens zu sichernden Erkenntnis. Deshalb richtet es seine Ordnung des Seienden nach dem Maße der Gewißheit ein, an deren Spitze das Gewisseste zu stehen kommt. Das aber ist das Denken selbst. Denn in jedem Denken von etwas ist das Denken sich seiner selbst in unbezweifelbarer Gewißheit als seiend gewiß. Liegt die Wahrheit in der Gewißheit, dann hat das Denken sein Wesen in dem sich wissenden Rückbezug seiner auf sich selbst, in der Reflexion des Selbstbewußtseins. Und darin gründet der Vorrang der Methode für die theoretische und praktische Welterkenntnis.

Wie aber steht es, wenn der leitende Hinblick auf das Seiende gar nicht von der Gewißheit her bestimmt wird? Dann steht der Sachverhalt, daß das Denken als Denken des Seins sich selbst gegenwärtig ist, also das Denkende sich selbst denkt, in einem anderen Licht. Denken ist Anwesenheit von Gedachtem. Deshalb ist das Denken im Gedachten sich selbst gegenwärtig, nämlich als dessen Anwesenheit. Das Denken wird selbst zu einem Gedachten, so daß Denkendes und Gedachtes in dem Sinne eines werden, daß das Denken darin aufgeht, die Anwesenheit des Gedachten zu sein, dergestalt, daß dem Denkenden das Gedachte wie auch sein eigenes Denken (als das Dasein des Gedachten) in eins und zumal gegenwärtig ist. Und so erblickt das Denkende im Gedachten sich selbst. Die aristotelische Auslegung der Selbstgegenwart des Denkens im Denken einer Sache kann als Beispiel dafür gelten, daß die neuzeitliche Auffassung, welche das Denken vom Selbstbewußtsein der Reflexion her auslegt, nicht die einzige Möglichkeit einer Wesensbestimmung des Denkens ist.

Um nun aber die Wesensweise des höchsten Seienden zureichend zu bestimmen, bleibt zu beachten, daß der Nous, so wie wir ihn beim Menschen als das ihm Eigene kennen, nicht immer schon und nicht ständig in der Gegenwart des Seins weilt, sondern immer nur übergängig. Der menschliche Nous ist primär das Vermögen zu denken, d. h. er ist von sich her befähigt und geeignet, das Zu-denkende und das wesentliche Sein bei sich einzulassen und so dessen Gegenwart zu sein, deshalb nur das der

Möglichkeit nach Denkende. Soweit wir erfahren, geht das Denkende immer jeweils erst aus dem Denkendsein-können in das wirkliche Denkendsein über und geht deshalb auch immer wieder in das bloße Denkendsein-können zurück. So aber kann es sich bei dem Seienden nicht verhalten, dessen Sein reine Wirklichkeit ist. Seine Seinsweise ist daher die immerwährende Gegenwart des Zudenkenden, also des Seins. Und das ist nicht mehr eine menschliche, sondern eine göttliche Seinsweise. „Wenn der Gott immerdar in einer so vortrefflichen Seinsweise weilt, in der wir uns nur bisweilen aufhalten, dann ist das erstaunlich. Wenn er aber gar in dieser Seinsweise in noch höherem Maß weilt, dann stimmt uns der Gott in ein wachsendes Erstaunen.“[149] Das Hinausdenken auf das Sein des Göttlichen versetzt den Menschen in ein wachsendes Staunen. Wir sind denkende Lebewesen. Unser Leben geht nicht im Denken auf; denn als Lebewesen sind wir, wie die anderen Lebewesen auch, bestimmt durch Wahrnehmen, Sichnähern, Schlafen, Wachen, überhaupt durch Entstehen und Vergehen. Das Leben des Gottes aber besteht im reinen Denken. Leben ist von sich her aufbrechender Hervorgang in das erscheinende Sichzeigen als das Telos, in welchem das Lebendige ganz zu sich selbst gekommen und bei sich anwesend ist. Solches Währen im erscheinenden Sichzeigen dessen, was es ist, ist die Energeia. Nun aber ist der Gott reine Energeia, also höchste Lebendigkeit. „Denn die Wirklichkeit des Denkenden ist Leben. Jener aber ist die Wirklichkeit (und nur Wirklichkeit) ... Wir behaupten, der Gott sei ein immerwährendes Lebewesen, welches das Wesen des Lebens in höchster Weise vollbringt.“[150] Das Lebendigsein des Lebendigen erfüllt sich in der Energeia. Nun aber ist der Gott immerwährende, reine Energeia. „Daher herrscht bei dem Gott Leben vor und eine ununterbrochene und immerwährende Lebenszeit.“[151] Das

---

[149] εἰ οὖν οὕτως εὖ ἔχει, ὡς ἡμεῖς ποτέ, ὁ θεὸς ἀεί, θαυμαστόν· εἰ δὲ μᾶλλον, θαυμασιώτερον. 1072b 24 ff.

[150] ἡ γὰρ νοῦ ἐνέργεια ζωή, ἐκεῖνος δὲ ἡ ἐνέργεια ... φαμὲν δὲ τὸν θεὸν εἶναι ζῷον ἀίδιον ἄριστον. 1072b 27 ff.

[151] ὥστε ζωὴ καὶ αἰὼν συνεχὴς καὶ ἀίδιος ὑπάρχει τῷ θεῷ. 1072b 29 f.

griechische Wort αἰών bedeutet Lebenszeit, also das ganze Leben eines Menschen, eines Volkes oder gar der Welt. Die Lebenszeit des Gottes ist erstaunlich: Sie ist eine ununterbrochene, immerwährende Lebenszeit. So wird das göttliche Wesen im ständigen Rückblick auf den Menschen gedacht, also aus dem Verhältnis von Sterblichen und Unsterblichen, wie es die Griechen von Anfang an getan haben.

An dieser Stelle wird ein eigener Wesenszug der Metaphysik sichtbar: Das Zu-denkende ist das Sein des Seienden. Den Ausgang bildet das von Natur Seiende. Dieses verlangt zuletzt eine ontologische Gründung in einem Übernatürlichen. Insofern ist das ontologische Denken in sich selbst meta-physisch. Die Wesensbestimmung dieses metaphysischen Grundes erfolgt aus dem vergleichenden Blick auf den Menschen. Hier also, auf dem Gipfel der ontologischen Metaphysik, kommt der Mensch auf eine betonte Weise ins Spiel. Zwar gelangt die höchste Ursache von der Natur her als reine Energeia in den Blick. Aber die Bestimmung dessen, was dieses Seiende von solch ausnehmender Seinsart in seinem Wesen sei, wird erst im Blick auf das Eigene des Menschen, den Nous, auslegbar. Denn wenn der Mensch seine höchste Wesensmöglichkeit ergreift, dann weilt er, obzwar nur übergängig und gegenüber dem Gott gemindert, auch im Anblick des Seins und, da der Gott die Anwesenheit des Seins selbst ist, im Anblick des Göttlichen. Und das ist für den Menschen das Höchste: Weilen im Schauen in den Anblick des Göttlichen, welches die erfüllte Gegenwart des Seins selbst ist. Dieses Schauen ist ein wachsendes Staunen. Im Staunen werden wir von dem Befremdlichen angegangen. Und je größer das Staunen, um so befremdlicher das Geschaute. In diesem vom wachsenden Staunen durchstimmten Schauen vollzieht der Mensch den Bezug zum Göttlichen, jedoch so, daß beide, Mensch und Gott, zugleich in das Ungleiche ihres Wesens heraustreten: der Gott als der Ewige, der Mensch als der übergängig im Sein Weilende, Vergängliche, und gleichwohl am Ewigen Beteiligte.

Wir erkennen hier zwei aufeinander bezogene Weisen der metaphysischen Transzendenz. Die ontologische Metaphysik sucht und findet im Übergang über die Natur in einer übernatürlichen Ursache des Natürlichen das Sein, und sie findet in diesem das Wesen des Göttlichen im Überstieg über das dem Menschen Eigene, das Denken. Die zweite metaphysische Transzendenz wurde im geschichtlichen Endzustand der Metaphysik, in der Philosophie Nietzsches, zum Grund der Möglichkeit ihrer Umgestaltung zu einer unbedingten Anthropomorphie, indem die Gestalt des Lebewesens Mensch zum Zentrum der Auslegung des Seienden im Ganzen wurde.

So gibt es also außer dem sinnlich wahrnehmbaren Seienden, dem schwundhaften und dem immerwährenden, ein unbewegtes Seiendes, das eine eigene Ortschaft einnimmt, die noch über den Bereich der Gestirne hinaus im Übersinnlichen liegt. Das Wesen dieses Übersinnlichseienden ist Nous, Geist, Denken. Indes erwachsen gerade aus dieser Bestimmung des zuhöchst Seienden als Geist enorme Schwierigkeiten, deren Exposition und Lösung einen vertieften Einblick in das Wesen dieses Seienden verschaffen[152]. Es ist als Nous bestimmt, als das Denkende. Denken aber ist, wenn es etwas denkt; denn Denken ist Anwesenheit von Gedachtem. Wenn einem Denken kein Gedachtes anwesend ist, dann ist es zwar nicht schlechthin nichts, aber es ist nicht als es selbst präsent, sondern nur Denken der Möglichkeit nach. Der göttliche Nous muß also *etwas* denken. Aber wenn wir das mit Recht annehmen, dann entstehen erst die eigentlichen Schwierigkeiten. Denn dann nimmt sich die Sache so aus: Für sich genommen ist der Nous nur das der Möglichkeit nach Denkende. Wirklich denkend ist er erst durch die Anwesenheit des Gedachten in ihm. Und das würde besagen: Nicht er selbst, der denkende Nous, ist als denkender das Höchste — denn er ist ja seinem eigenen Sein nach bloße Möglichkeit zu denken — sondern das, was er denkt, das Gedachte, welches das mögliche Denken erst zum wirklichen Denkendsein bestimmt.

Wie immer es sich damit verhalten mag, die erste Frage lautet: Was ist es, das er denkt? Offenbar denkt er entweder sich selbst, also sein eigenes Sein, oder etwas von ihm selbst Verschiedenes.

[152] Met. XII, Kap. 9, 1074b 15 ff.

Und wenn er etwas von ihm selbst Verschiedenes denkt, dann entweder immer dasselbe oder etwas anderes und anderes.

Nun sind wir bei der Frage, was der göttliche Geist denkt, schnell mit der Antwort bei Hand: Er denkt alles. Ist er doch der unendliche göttliche Geist, dem alles offenbar ist. Aber mit dieser Antwort würden wir bekunden, daß wir das Wesen des Denkens selbst nicht gedacht, sondern bloß vage vorgestellt haben. Das Denken ist, da es die Anwesenheit des Gedachten ist, in seinem Wesen durch das bestimmt, was es denkt. Ein Denken, das Unklares denkt, ist selbst unklar; ein Denken das Klares denkt, ist selbst klar. Und ein Mensch ist so, wie er denkt, nämlich wie er wirklich denkt, mag seinem Denken auch oft genug die Selbstvorstellung nicht entsprechen. Da das Denken immer durch die Wesensart dessen bestimmt ist, was es denkt, kann der göttliche Nous auch nur das Göttlichste und Würdigste denken. Es ist ferner auch wohl ausgeschlossen, daß sein Denken von einem zum anderen übergeht. Denn dann wäre sein Denken, also sein Sein, bereits durch Möglichkeit und so durch eine Weise von Nichtsein bestimmt.

Das also sind die Fragen, die sich bezüglich des göttlichen Geistes stellen: Er muß etwas denken; denn ohne ein Gedachtes ist er die bloße Möglichkeit zu denken. Aber auch, wenn er durch die Anwesenheit von Gedachtem wirklich denkt, bleibt er seinem eigenen Sein nach ein Denkenkönnen, sofern seine Wirklichkeit ihm von dem Gedachten her zukommt, welches dann das Höchste ist. Was ist es ferner, was er denkt? Sich selbst? Zwar denkt das Denken auch immer, wenn es denkt, sich selbst, aber doch nur dann, wenn es eine Sache denkt. Wenn er nun etwas denkt, denkt er dann immer dasselbe, oder geht sein Denken zu immer Anderem über? Dann wäre freilich sein Denken nicht reine Energeia. Die Fragen sind gestellt, und aus ihnen gehen, wenn sie recht durchdacht werden, die Antworten hervor.

Wenn sein Denken von sich her ein Denkendsein-können wäre, dann bedürfte der Geist, um sich ununterbrochen im wirklichen Denken zu halten, einer unablässigen Anstrengung. Denn das zur Wirklichkeit gelangte Seinkönnen macht das Wirkliche zu einem Auch-nicht-sein-Könnenden. Mithin ist es ausgeschlossen, daß der göttliche Geist seinem eigenen Sein nach bloßes Denkenkönnendes ist. Aber er ist es auch aus einem anderen, bereits genannten wesentlichen Grunde nicht: Wäre er seinem eigenen Sein nach bloßes Denkenkönnen, dann gäbe es noch etwas Ranghöheres als ihn selbst, nämlich das, was er denkt, das Gedachte also, dessen Anwesenheit ihn allererst zu einem in Wirklichkeit Denkenden macht. So verhält es sich mit allem Denken, das, für sich genommen, bloße Möglichkeit ist. Es wird bestimmt durch das, was es denkt, sei es Hohes, Wesentliches, Niedriges oder Belangloses. Da aber derartiges von ihm auszuschließen ist, so bleibt, da er doch selbst das Höchste ist, keine andere Möglichkeit als die, daß er sich selbst denkt. Das Sein des Geistes ist das Denken. Dieses ist bestimmt durch das, was er denkt. Nun ist aber doch sein Denken das Höchste, nämlich reine Energeia. Also kann das sein Denken bestimmende Gedachte nur er selbst, also sein Denken sein. Folglich ist das Denken des Geistes ein Denken des Denkens[153].

Aber diese Bestimmung des Göttlichen, obwohl als ein notwendiger Gedanke erwiesen, versetzt in eine neue Schwierigkeit. Denken des Denkens — gibt es so etwas? Kann es überhaupt so etwas geben? Gewiß denkt das Denken sich auch immer selbst, aber doch nur in eins damit, daß es eine von ihm verschiedene Sache denkt. So sind auch Wahrnehmung und Ansicht sich selbst gegenwärtig, aber so, daß sie auf sich selbst immer nur in der Weise der Mitgegenwärtigkeit mit etwas anderem gehen. Wenn wir einen Sachverhalt denken, dann zeigt dieser sich uns in dem, was und wie er ist. In eins damit gelangt auch das Denken vor sich selbst. Das Denken denkt sich selbst immer nur in einem Mitdenken seiner selbst beim Denken einer von ihm verschiedenen Sache. Dagegen ein Denken, dessen Gedachtes ausschließlich das Denken selbst ist — läßt sich so etwas überhaupt ausweisen? Daran jedenfalls muß festgehalten werden, daß das Denken dann anwesend ist, wenn es eine Sache denkt, also solches, das in irgendeiner Weise *ist*. Wie steht es nun in dem Fall, daß das Sein

[153] νοήσεως νόησις 1074 b 34.

des Gedachten das Denken selbst ist? Dann wären in der Tat Denkendes und Gedachtes nichts Verschiedenes, sondern sie wären eines und dasselbe. Und dann würde das Denken, indem es die Sache denkt, insofern ein Sich-selbst-Denken sein, als es das Sein der Sache selbst ist. Dergleichen Sachverhalte sind uns bekannt. So verhält es sich nämlich bei den ahyletischen Sachverhalten, z. B. bei der Zahl fünf. Worin besteht ihr Sein? Die Zahl fünf kommt zunächst vor als 5 Äpfel, 5 Menschen usf. Hier sind Denken und Gedachtes etwas Verschiedenes. Aber *die* Zahl fünf als solche oder *der* Kreis, dessen Eigenschaften die Geometrie untersucht, wie gelangen sie zur Anwesenheit? Die Antwort des Aristoteles lautet: Die Zahlen als solche kommen dadurch zu ihrer Präsenz, daß wir bei den Dingen von ihrem gesamten sinnlichen Eigenschaftsbestand absehen und sie nur noch in ihrem puren Einheitscharakter als solchem festhalten, so daß sich ein Feld reiner Monaden auftut. Solches den eigenschaftlichen Bestand wegnehmende Zum-Vorschein-Bringen beliebiger Vielheiten von reinen Einsen ist das Werk der mathematischen Noesis. In ihr und als sie sind die mathematischen Sachverhalte als solche anwesend, dergestalt, daß diese Noesis und das Sein der Sache das eine und selbe sind. Die Mathematik ist insofern eine Selbstanschauung des mathematischen Denkens selbst. Etwas Entsprechendes läßt sich bei den angefertigten Dingen zeigen. Diese sind in ihrem vor- und durchgängigen Wassein und Wesen vor ihrer Herstellung schon da, nämlich in der Techne des Herstellers und als diese. Die Techne ist selbst die Anwesenheit der Sachen, und insofern sind diese und die Kenntnis der Sache eines und dasselbe. Das gilt auch für die Wesenserkenntnis. Zwar liegt das Eidos des Menschen z. B. schon vor, jedoch nicht als das Eine und Selbe, sondern als die Vielfalt der einzelnen Menschen. Die Wesenserkenntnis versammelt das Eidos zur Einheit seiner selbst, so daß es in der Wesenserkenntnis als es selbst anwesend ist. So sind die Anwesenheit des Eidos und das Denken dasselbe, und die Wesenserkenntnis ist in gewisser Weise eine Selbstanschauung des wesentlichen Denkens.

Es bedarf jetzt nur noch eines Denkschrittes, um den notwendigen Gedanken eines Denkens, das ausschließlich sich selbst denkt, zur Ausweisung zu bringen. Das Eidos macht die Anwesenheit des einzelnen Seienden aus, also dessen Sein. Die Noesis ist die Anwesenheit des Eidos, also die Anwesenheit des Seins selbst. Bei dem göttlichen Nous handelt es sich um eine Noesis, die nicht die Anwesenheit von diesem oder jenem Eidos dieses oder jenes Seienden ist, sondern die Anwesenheit des Seins überhaupt und schlechthin oder auch (wenn man so sagen darf) des Eidos, welches das Seinswesen überhaupt ist. Denn die göttliche Noesis ist reine Energeia, während die naturhaften Eidē auch in der Weise der Steresis abwesend sein können. Das ist auch der Grund, weshalb für Aristoteles die Vorstellung, das Gedachte des göttlichen Geistes sei das Ganze der naturhaften Eidē, unannehmbar wäre. Daraus folgt: Die göttliche Noesis ist die Anwesenheit des Seins selbst. Indem sie sich denkt, denkt sie das Sein, das sie selbst ist. So ist das sich selbst denkende Denken, der Geist, das Sein als das selbst seiende, d. h. anwesende. Oder das sich selbst denkende Denken ist die Anwesenheit des Seins selbst als solchen. So weit der Gott in der beständigen Selbstanschauung seines Denkens, als welches das Sein in unbeschränkter Weise anwesend ist. Wir können daher sagen: Das ranghöchste Seiende ist das Sein. Wir haben dann aber Auskunft darüber zu geben, was dieses „ist" bedeutet. Als das rangerste Seiende seiend ist das Sein selbst, unbetroffen von allem Nein und Nicht, von allen Weisen von Nichtsein, selbst da, gegenwärtig, anwesend. Und sofern das Sein schon da ist, können auch Werden und Bewegung, kann ein Woher und ein Wohin, kann alles und jedes seinerseits *sein*.

An dieser Stelle kommt abermals ein eigener Grundzug der metaphysischen Ontologie zum Vorschein. Die Wesensweise des höchsten Seienden ist das Denken, so jedoch, daß sich in ihm das Wesen des Denkens erst erfüllt und vollendet. Das menschliche Denken, das nur bisweilen denkt, bisweilen aber nicht denkt und das, indem es das eine denkt, in der Möglichkeit steht, anderes zu denken, bleibt von der Möglichkeit mitbestimmt. So bleibt im Menschen das Denken hinter seiner höchsten Seinsweise noch zurück. Erst im göttlichen Denken erringt sich das Denken seine ganze Wesensfülle. Das Denken ist also in seinem vollen Wesen von übermenschlicher, göttlicher Wesensart. Und sofern der Mensch ein denkendes Naturwesen ist, hat er zugleich eine übermenschliche, göttliche Wesensabkunft.

Daraus ergibt sich die Aufgabe, die metaphysische Wesensart des Denkens zu entfalten, d. h. zugleich den Wesensraum zu erblicken, in welchem der Mensch als der Denkende sich bewegt. Es gilt, zu sehen, wie in der metaphysischen Ontologie sich das Denken, das wir zunächst als das dem Menschen Eigene kennen, von sich her zu einem Höheren und Höchsten, nämlich zum Göttlichen, übersteigt. Die metaphysische Wesensart des Denkens hat Aristoteles im III. Buch von De anima dargelegt, in welchem daher auch die metaphysische Abkunft des Lebewesens Mensch, d. h. zugleich die Beziehung des Menschen zum Göttlichen ihre volle Bestimmtheit erhält.

III. TEIL
DIE METAPHYSISCHE WESENSPRÄGUNG DES DENKENS

§ 18 Wahrnehmung und Denken

Aristoteles handelt vom Wesen des Denkens[154], indem er das denkende Lebewesen Mensch in den Blick faßt, und das gemäß seinem methodischen Grundsatz, es dem Seienden selbst zu überlassen, wie es sich in seinem Sein von sich her gibt. Der Mensch aber kommt von sich her als der Denkende vor, und zwar innerhalb der Naturwesen.

Aristoteles eröffnet die Betrachtung des Denkens mit dem folgenden Satz: „Der Teil der Seele, mit dem sie erkennt und denkt, sei es, daß er getrennt für sich, sei es, daß er als Teil nicht getrennt für sich besteht, aber im Ansprechen abtrennbar ist, ist daraufhin zu betrachten, was seine unterscheidende Bestimmung ausmacht und wie das Denken jeweils zum Vorschein kommt." An diesem Satz ist mehreres zu beachten: Aristoteles betrachtet das Denkende, den Nous, als Teil der Seele (ψυχή). „Seele" ist der Name für das Wesen dessen, was lebt, also für die Lebendigkeit des Belebten. Das Belebtsein macht die höchste Seinsweise des von Natur Seienden aus, weil das Belebte nicht einfach vorliegt, sondern in der Weise vorkommt, daß es sich von sich her in die Anwesenheit hervorbringt. Dabei bleiben die Gewächse sich selbst und allem verschlossen, was sie umgibt, und sie befinden sich in einem ununterbrochenen Zusammenhang mit dem, woraus sie sich ernähren. Die Lebewesen (ζῷα) dagegen sind von dem, woraus sie sich ernähren, abgesondert, dergestalt, daß sie es eigens wahrnehmen und sich ihm zuwenden können. Deshalb erfüllen sie das wesentliche Sein, die Ousia, in höherer Weise als die Gewächse, eben weil sie von sich selbst umgrenzt und so von allem, was sie umgibt, abgesondert sind. Nun fragt es sich, wie es mit dem Teil der Seele steht, dem das Lebe-

[154] De anima III, Kap. 4, 429a 10 ff.

wesen Mensch es verdankt, ein erkennendes und denkendes Wesen zu sein. Die Seele ist die Lebendigkeit des Leibes, und der denkende Teil von ihr ist etwas Unsinnliches. Deshalb fragt es sich, ob er etwas vom Leiblichen getrennt für sich Bestehendes oder nur etwas im Logos Abhebbares, für sich Betrachtbares ist. Von der letzten Art sind die Eidē des naturhaft Seienden. So hat das Eidos des Menschen seine Anwesenheit in diesem und jenem einzelnen Menschen und besteht nicht, wie Plato meint, als eine für sich seiende Idee. Aber das Eidos kann im Logos für sich betrachtet werden, wie das in der Wesensbestimmung geschieht. Nun fragt es sich, wie es in dieser Hinsicht mit dem Teil der Seele steht, der das Denken vollzieht. Gewiß kann er im Logos für sich genommen und für sich betrachtet werden; aber die Frage ist, ob er auch für sich besteht oder ob er nur ein unselbständiges Moment der Lebendigkeit des Leibes ist. Es ist klar, was bei dieser Frage auf dem Spiele steht: Wenn der denkende Teil der Seele etwas an ihm selbst Bestehendes ist, dann vergeht er nicht mit dem Leib, sondern ist etwas Unsterbliches. Aber über diese Frage kann erst entschieden werden, wenn zuvor geklärt ist, worin das Eigene des Denkens besteht und in welcher Weise von Sein es überhaupt ist. Es wird sich zeigen, daß die obige Frage gar nicht so einfachhin beantwortet werden kann, wie sie gestellt wurde.

Die Wesenserfassung des Denkens erfolgt in ihren ersten Schritten durch eine abhebende Unterscheidung von der Wahrnehmung. Beide kommen darin überein, daß sie etwas erscheinen lassen und offenbarmachen, die Wahrnehmung das Sinnliche, das Denken das Nichtsinnliche (Noeton). Man könnte daher meinen, der Unterschied beider bestehe darin, daß das eine auf Sinnliches, das andere auf Nichtsinnliches gehe. Jedoch steht die Wahrnehmung zum Wahrgenommenen im Verhältnis des Erleidens (πάσχειν). Eine Rose durchgeht eine Mannigfaltigkeit von Farbbestimmtheiten. Blicken wir auf die Rose, dann versetzt sie uns, die Wahrnehmenden, in den entsprechenden Wahrnehmungszustand, z. B. in den Zustand des Rot-Wahrnehmens. Wandelt sich das Rot, dann wird unsere Wahrnehmung mitgewandelt. Verschwindet das Rot, dann hört die Rot-Wahrnehmung auf. Das Verhältnis des Wahrnehmbaren zum Wahrnehmenden ist also insofern ein Leideverhältnis, als die Wahrnehmung durch das Wahrgenommene jeweils in einen bestimmten Wahrnehmungszustand versetzt wird. Aber ist das Verhältnis des Denkens zum Denkbaren auch ein solches Leideverhältnis? Auch dem Denken ist rot offenbar, zwar nicht dieses einzelne Rot hier oder dort, wohl aber das Rote als solches, rot überhaupt, sei es das Rot der Rose oder eines Kleides. Während nun die Wahrnehmung von dem Wahrgenommenen durch dessen Anwesenheit in den Sinnen jeweils in einen bestimmten Zustand versetzt wird, verhält es sich mit dem Denken ganz anders. Wenn Rotes unsere Sinne nicht angeht, nehmen wir Rotes nicht wahr. Aber ob Rotes in den Sinnen vorliegt oder nicht, das Denken kann das, was das Rote überhaupt und als solches ist, jederzeit in den Umkreis seiner Gegenwart holen, und zwar durch das Denken selbst und allein. Also kann das Denken zum Gedachten nicht in einem Leideverhältnis stehen, im Gegenteil, da es ein jegliches von sich her vor sich bringen kann, ist es geradezu das Herrschende. Da es ferner alles und jedes denken kann, so muß es auch allem geöffnet sein und alles bei sich einlassen können. Die Wahrnehmung geschieht durch die Sinne. Diese sind jeweils auf bestimmte Felder begrenzt: das Auge auf das Feld des Farbigen, das Ohr auf den Bereich des Tönenden usf. Das Denken aber ist allem geöffnet. Während die Wahrnehmung außerstande ist, das, wovon sie angegangen wird, nicht wahrzunehmen, kann das Denken das, was an einer Sache sich mitzeigt, daran hindern, in seine Gegenwart einzutreten. Es hält das Sichmitzeigende vom Erscheinen ab und kann so eine Sache unter einer bestimmten Hinsicht betrachten bei Absehen von allem übrigen. Offenbar ist der Nous nichts Eigenes für sich, d. h. es eignet ihm von sich her keinerlei sachhaltige Bestimmtheit. Denn wäre er etwas für sich, dann wäre er nicht allem, was ist, in gleicher Weise geöffnet, und er könnte nicht ein jegliches so begegnen lassen, wie es von sich her ist. Ist der Nous, ehe er sich einer Sache zuwendet, etwas für sich, dann wird er von Vorurteilen geleitet. So ist der Nous als solcher gleichsam das Nichts der Offenheit für alles. Und deshalb, so erklärt Aristoteles, sei es wohlbegründet, zu sagen, er sei mit dem Leib nicht gemischt[155]. Andernfalls wäre er durch einen leiblichen Zustand bestimmt und nicht mehr für alles offen, oder er wäre an ein Organ gebunden wie das Sehvermögen an das Auge. Daß nämlich die Wahrnehmung in den Sinnesorganen erst wirklich ist, hat zur Folge, daß sie auf bestimmte Sachfelder begrenzt ist. Man könnte zwar einwenden, auch für das Denken gebe es ein Organ, das Gehirn. Aber daß das Denken an Gehirnfunktionen gebunden ist, ist kein Einwand gegen die Ausführung des Aristoteles. Denn mag die Tätigkeit des Denkens auch die Gehirnfunktion erfordern, so ändert das doch nichts an dem Tatbestand, daß sich das Denken ohne Einwirkung des zu Denkenden auf den Leib vollzieht, während die Wahrnehmung nur dann das Wahrnehmbare vernimmt, wenn es die Sinne angeht, diese also von ihm etwas erleiden. Das Denken ist keine Gehirnfunktion, wohl aber ist diese eine Bedingung für seinen Vollzug. Was immer die moderne Gehirnphysiologie und Neurologie über die Gehirnfunktionen und die Gehirnvorgänge zu wissen bekommen, es ist damit nicht das Geringste über das Wesen des Denkens gesagt, sondern immer nur etwas über seine Bedingungen oder Vorbedingungen und seine Folgen. Das Wesen des Denkens selbst entzieht sich den Wissenschaften und ist allein Sache des Denkens. Die Wissenschaften neigen dazu, das, was die Metaphysik über das Wesen des Denkens zutage bringt, für Mystifikation zu halten. Die Schuld daran ist dann den Wissenschaften beizumessen, wenn sie die durch ihre Methode vorgezeichneten eigenen Grenzen bezüglich der Sache des Denkens nicht achten. Es wäre keine Herabsetzung der Wissenschaften, sondern die Festlegung des Rechts ihrer Grenzen, wenn man im Anschluß an die Ausführungen des Aristoteles über das Denken den Satz einmal erwägen würde: Das Denken fängt dort an, wo die Wissenschaften nicht hinkommen.

Man hat nach Aristoteles mit Recht gesagt, die Seele sei der

[155] 429a 24 f.

Ort der Eidē[156], eine Bestimmung, die jedoch nicht die ganze, sondern nur die denkende Seele betrifft. Der Ort geht ganz darin auf, das Wo der Anwesenheit eines Dinges zu sein, so jedoch, daß er durch dessen Anwesenheit erst zu einem Ort wird. So wie der Ort bloße Stätte für das Vorhandensein von Dingen ist, so ist der Nous die Stätte für die Anwesenheit der Eidē in ihm. Im Nous sind die Wesensanblicke des Seienden erst an ihrem Ort. Inwiefern besteht diese These zurecht? Wo sind die Eidē, bevor der Nous sie zu sich und so an ihren Ort bringt? Sie sind bereits die Wasbestimmtheiten des jeweils Einzelnen. Das Rot ist schon, bevor es gedacht wird. Es ist als das Rotsein von dieser und jener Rose, von diesem und jenem Kleid. Aber das Rote als solches, als das Eine und Selbe, erlangt erst im Nous seine eigene Anwesenheit. Der Nous ist die Stätte für die mögliche Anwesenheit der Eidē in ihrer Einheit und Identität. Im Nous ist das Eidos als es selbst anwesend und nicht immer nur als die jeweilige Wasbestimmtheit von diesem und jenem einzelnen. Das Eidos aber macht das Sein des Seienden aus. Im Nous ist daher das Sein selbst als solches präsent.

Der Nous ist nicht dieses oder jenes, sondern die reine Möglichkeit der Eidē, als sie selbst in ihrer Einheit und Identität präsent zu sein. Indes bedarf diese Bestimmung des Nous als der reinen Möglichkeit noch einer Ergänzung. Seinkönnen, Möglichkeit besagt nämlich ein Zweifaches. Man kann sagen: Der Nous ist als Anlage und Möglichkeit im Menschen immer schon vorhanden. Diese Möglichkeit kommt durch Erfahrungen, Lernen, Üben zur Wirklichkeit. Aber dieser wirklich gewordene Nous ist seinem Sein nach abermals Möglichkeit, die Möglichkeit nämlich, ein jegliches in dem, was es ist, zur Präsenz zu bringen. Von dieser Möglichkeit ist im Folgenden allein die Rede.

Das Denken ist durch das bestimmt, was es denkt. Deshalb faßt Aristoteles auf einer zweiten Betrachtungsstufe das Denken von dem zu Denkenden her in den Blick, und zwar abermals in Abhebung gegen die Wahrnehmung[157]. Das Wahrnehmbare

[156] 429a 27 ff.
[157] 429b 10 ff.

und das Denkbare sind nicht zwei getrennte Bereiche, sondern sie sind in gewisser Weise dasselbe. Beide, Wahrnehmung und Denken, machen z. B. den Baum zugänglich, die Wahrnehmung die einzelnen Bäume, das Denken das Baumsein. Was die Wahrnehmung vernimmt, ist immer ein Beisammen von Eidos und Hyle: dieses in den Sinnen Anwesende als Baum. Das Denken dagegen vernimmt das Eidos selbst, das also, was ein Baum, sei es dieser oder jener, als solcher ist. In der Wahrnehmung ist daher das Denken bereits am Werk. Denn die Wahrnehmung gewahrt das in ihr sich Zeigende als Baum, sie sieht also auf das Eidos hinaus. Der Unterschied von Wahrnehmen und Denken liegt also nicht darin, daß die Wahrnehmung nur das Sinnliche, das Denken aber das nichtsinnliche Eidos erfaßt. Das Denken ist vielmehr in der Wahrnehmung bereits tätig, aber noch in sie gebunden, also noch nicht befreit zu sich selbst. Deshalb vernimmt die Wahrnehmung in gewisser Weise bereits das Eidos, aber noch als die dem jeweiligen einzelnen eigene Wasbestimmtheit, also noch nicht als das Eine und Selbe in der Mannigfaltigkeit des einzelnen. Das Denken befreit gleichsam das Eidos zu einer eigenen Anwesenheit als es selbst und befreit dadurch zugleich sich selbst in sein eigenes Wesen: Präsenz der Eidē als solcher zu sein. Indem das Denken die als Wasbestimmtheiten des einzelnen vorliegenden Eidē zu ihnen selbst befreit, kehrt es allererst in die Freiheit seines eigenen Wesens ein. Das Denken des Nous bringt das einheitliche Sein gegenüber der Vielheit des geeinzelten Seienden in den Vorrang, indem es die Eidē an ihren eigenen Ort bringt, welcher der Nous selbst ist.

Aus dieser Bestimmung des Denkens erwachsen zwei Probleme, die eine verschärfte Fassung des Bezugs von Denken und Denkbarem (Noeton) erforderlich machen[158]. Der Nous ist seinem Wesen nach etwas Einfaches, das mit keinem anderen gemischt ist, mit keinem anderen eine Gemeinsamkeit hat und deshalb in keinem Leideverhältnis zu etwas steht. Nun empfängt aber doch das Denken, sofern es immer etwas denkt, von dem zu Denkenden her eine Bestimmtheit. Also scheint doch ein

[158] 429b 22 ff.

Leideverhältnis vorzuliegen, und das ist nur möglich, wenn bei dem Gedachten und dem durch es bestimmten Denken etwas Gemeinsames vorherrscht. Sodann denkt der Nous auch immer sich selbst. Also wäre er nicht nur denkend, sondern selbst auch etwas, das gedacht wird, also etwas Denkbares (Noeton). Aber wie ist das möglich? Alles Denkbare ist als solches von ein und derselben Art. Ist das Denkende selbst denkbar, dann müßte auch allem anderen Denkbaren ein Denken beiwohnen, auf Grund dessen es ebenso denkbar ist wie der Nous selbst. Oder aber, wenn diese Annahme unmöglich ist, es wäre dem Nous etwas beigemischt, das ihn zu etwas Denkbarem macht, und dann wäre er nicht mehr ungemischt.

Bei der Auflösung der beiden Probleme kommt es jedesmal darauf an, den Bezug von Denken und Denkbarem aus ihm selbst her zu erblicken und nicht von dem Wahrnehmungsverhältnis her auszulegen. Auch wenn wir bei geschlossenem Auge nichts sehen, ist das Sehorgan doch vorhanden, das dann, wenn wir die Augen öffnen, von dem Sichtbaren in einen Zustand des Sehens versetzt werden. Aber der Nous, wenn er nicht denkt, ist kein Seiendes, das dann durch das Denkbare in den Zustand des Denkens versetzt wird, sondern wenn er nicht denkt, ist er nur die Möglichkeit der Anwesenheit von Denkbarem, des Eidos als solchen. Es besteht hier kein Leide- und Wirkverhältnis, und deshalb bedarf es auch keines beiden Gemeinsamen, durch das allererst eine Beziehung zwischen ihnen gestiftet würde. Denn der Nous ist, wenn er nicht denkt, das mögliche Anwesendsein der Eidē selbst, und, wenn er denkt, deren wirkliche Anwesenheit.

Auch das zweite Problem löst sich auf, wenn das Verhältnis von Denken und Denkbarem angemessen gedacht wird. Bei allen ahyletischen Sachverhalten, erklärt Aristoteles, sind Denken und Gedachtes eines[159]. Das meint nicht, daß beide in ein ununterschiedenes Einerlei aufgehen; vielmehr besteht hier das Einessein darin, daß das Denken dann, wenn das Zu-denkende ganz in es eingeht, das Dasein des Gedachten und deshalb selbst etwas

[159] 430a 3 ff.

214

Gedachtes ist. So sind das Gewußte und das Wissen eines, sofern eben das Wissen das Dasein des Gewußten ist und so im Gewußten als dessen Gewußtheit sich selbst weiß.

Nun wird auch klar, inwiefern das Denkbare nicht selbst etwas Denkendes ist, wohl dagegen das Denkende etwas Denkbares. Die Eidē, das Denkbare, liegen von sich her in einem Beisammen mit dem Stoff schon vor, in welchem sie ihr Bestehen haben. Zugleich stehen sie in der Möglichkeit einer stofffreien Anwesenheit als sie selbst. Diese ihre Möglichkeit ist das stofffreie Denken. Sie verdanken also diese Möglichkeit einer stofffreien Präsenz ihrer selbst nicht sich selbst, sondern einem anderen, dem selbst stoffreien Denken. Deshalb kommt ihnen kein Denken zu, sondern nur das Denkbarsein und Gedachtsein. Das von Natur Seiende ist daher niemals selbst denkend, sondern es ist das Zu-denkende und Gedachte. Da aber das Denken das Dasein des Gedachten ist, sei es der Möglichkeit nach, sei es in Wirklichkeit, so ist das Denkende, der Nous, immer auch Denkbares und Gedachtes.

Nun ist es aber gerade diese einleuchtende Auflösung der beiden Probleme, aus welcher eine Frage hervorgeht, deren Behandlung in den metaphysischen Wesensgrund des Denkens verweist[160].

§ 19 Die metaphysische Transzendenz des Denkens

Die Frage ist, warum denkt das Denken in der Seele nicht immer? Gerade auf Grund des in der letzten Erörterung gewonnenen Einblicks in das Denken ist diese Frage unumgänglich. Das Denkbare, das Eidos also, liegt als die jeweilige Wasbestimmtheit von diesem und jenem einzelnen immer schon vor. Das Denken selbst ist die mögliche Anwesenheit des Denkbaren als eines Gedachten. Es ist daher zugleich für sich selbst etwas Denkbares. Für das Denken ist also immer Denkbares da. Weshalb denkt es dann nicht immer? Hier besteht ja nicht wie bei

[160] De anima III., Kap. 5, 430a 10 ff.

der Wahrnehmung die Möglichkeit, daß kein Vernehmbares vorliegt, wie es für das Sehen bei völliger Dunkelheit oder bei geschlossenen Augen der Fall ist. Denkbares ist immer da, nämlich die als die Wasbestimmtheiten der Dinge vorliegenden Eidē, welche die Denkmöglichkeiten des Denkens selbst sind. Und doch denkt das Denken, wie wir zweifellos erfahren, nicht immer, ja sogar sehr oft nicht. Weshalb ist das so, und wie geht das zu?

Die Antwort auf diese Frage gibt den Einblick in den metaphysischen Wesensgrund des Denkens. Der Nous ist, für sich genommen, das Anwesendsein-können der Wesensanblicke als solcher, also die reine Möglichkeit des Denkens. Solange er noch im bloßen Denkendsein-können weilt, zeigt er sich doch nicht als der Denkende, und deshalb sind auch die Wesensanblicke als solche noch nicht präsent. Das Übergehen und Hervorgehen aus dem Vorliegen im Noch-nicht-Sichzeigen in die sich zeigende Anwesenheit, das alles von Natur und durch Techne Seiende durchherrscht, bedarf eines Grundes seiner Möglichkeit, eines spezifischen Stoffes, der innerhalb des durch ihn umgrenzten Sachbereichs alles werden und sein kann. So ist z. B. das Holz in gewisser Weise der Tisch, der noch in das erscheinende Sichzeigen hervorgebrachte, aber dafür geeignete Tisch. Das, was das Holz werden und sein soll, kommt ebenfalls bereits vor: als das Wissen des Tischlers, welches die Anwesenheit des Eidos des Tisches ist und dem zufolge der Tischler der Hervorbringende ist. Sofern nun das Denken aus der Möglichkeit in die Wirklichkeit übergeht, finden sich auch bei ihm die entsprechenden Bestimmungen vor, vor allem auch eine Ursache für den Übergang vom Denkenkönnen in das wirkliche Denken, jedoch mit einem wesentlichen Unterschied: Bei diesem Übergang geht es nicht darum, daß ein schon vorliegender Stoff in ein zuvor schon gesichtetes Eidos gebracht wird. Denn das Denken ist ja selbst das Seinkönnen der Eidē als solcher. Die Ursache, welcher das Denken den Übergang von der Möglichkeit in die Wirklichkeit verdankt, kann also nicht von der Art sein, daß sie bereits über das Eidos verfügt, um dann einen Stoff in dieses als seine Gestalt zu bringen. Vielmehr verdankt das Denken dieser Ursache, daß das in den Dingen bereits anwesende Denkbare zu einem wirklich Gedachten wird. Das Denken ist jenes, das alles zu sein vermag, nämlich Anwesenheit eines jeglichen Eidos; die Ursache ist das, was das Denkbare zu einem Gedachten und so das Denkenkönnen zu einem wirklichen Denken macht. Welchen Wesens ist diese Ursache? Aristoteles antwortet: Sie ist ebenfalls ein Denken. Zu dieser Antwort gelangt Aristoteles auf eine ebenso einfache wie folgerichtige Weise. Die Ursache muß das in Wirklichkeit schon sein, was das in die Wirklichkeit Übergehende der Möglichkeit nach ist. Deshalb muß die Ursache, die das mögliche Denken in seine Wirklichkeit hervorbringt, selbst ein *wirkliches* Denken sein.

Um an dieses Denken näher heranzukommen, vergleicht Aristoteles es zunächst mit dem Licht. Allerdings müssen wir, um den Vergleich zu verstehen, auch das Wesen des Lichtes aus dem Wissen des Aristoteles denken. Demgemäß ist das Licht „die Anwesenheit des Durchsichtigen als eines Durchsichtigen"[161]. Das Licht ist das Durchsichtige, d. h. es läßt den Blick hindurch auf das Aussehen der Dinge und läßt zugleich diese in ihr Sichzeigen frei, während das Dunkel absperrt, indem es weder den Blick zu den Dingen hindurchläßt noch diese in ihr Erscheinen kommen läßt. Zwar ist auch das Glas durchsichtig, aber nicht an ihm selbst, sondern nur im Licht. Das Licht ist das an ihm selbst und von ihm selbst her, daher das seinem Wesen nach Durchsichtige. Es bringt durch seine Anwesenheit die Farben in ihr Sichzeigen hervor und macht zugleich das Sehenkönnen zu einem wirklichen Sehen. Das Licht macht nicht, daß dieses blau und jenes rot ist, sondern es ist der Grund dafür, daß die Farben sich als die zeigen, die sie von sich her sind. Anwesendes Sichzeigen dessen, was etwas ist, ist aber das Wesen der Wirklichkeit. Und so macht das Licht bezüglich der Farben die Wirklichkeit dessen aus, was sie ohne das Licht nur der Möglichkeit nach sind. So verhält es sich auch mit jenem Denken, welches Ursache dafür ist, daß das Denkenkönnende in das wirkliche Denkendsein

---

[161] ἐνέργεια τοῦ διαφανοῦς ᾗ διαφανές De anima II, Kap. 6, 418b 9 f.

übergeht. Es ist nicht Ursache dafür, daß das Eidos des Baumes eben dieses ist, Eidos des Baumes. Aber es ist Grund dafür, daß dieses oder jenes Eidos in die Präsenz seiner selbst als ein Eines und Selbes in der Vielheit des Geeinzelten gelangt, d. h. daß das Denkbare zu einem wirklich Gedachten wird. Das schon wirkliche Denken läßt es durch seine Anwesenheit im Nous gleichsam hell werden, so daß die in den Dingen bereits vorliegenden Eidē als solche erblickt werden. So wie das Licht die Farbe aus der Ungesichtetheit in ihre Sichtbarkeit hervorbringt, so bringt jenes Denken das Wesen der Dinge als solches in die sich zeigende Anwesenheit hervor, und zwar allein durch seine Gegenwart im Nous.

Demnach ist das Denken in sich etwas Zweifaches: einmal jenes, das aus der Möglichkeit in die Wirklichkeit übergeht, und sodann die Ursache für dieses Übergehen. Und von diesem Denken, welches der Grund des Übergehens vom Denkenkönnen zum wirklichen Denken ist, sagt Aristoteles, es sei etwas für sich Seiendes (χωριστός), d. h. es nimmt eine eigene Ortschaft ein, indem es frei von jeglicher Art des Erleidens ist, da es nicht von der Möglichkeit in die Wirklichkeit übergeht und darum auch nicht in die bloße Möglichkeit zurückfallen kann. Es ist seinem Wesen nach Wirklichkeit. Das übergängige Denken ist nicht seinem Wesen nach Wirklichkeit; denn es ist ja auch in der Weise des bloßen Denkendseinkönnens. Jenes aber ist immer schon je und je Wirklichkeit[162].

Die Wesensgründung des Denkens, welches den Menschen zum Menschen bestimmt, stößt zuletzt auf einen ermöglichenden Grund, welchem dieselbe Auszeichnung zukommt, die dem seiendsten Seienden, der Archē des Seienden im Ganzen, eignet: reine Energeia zu sein. Das ist gewiß ein erregender Gedankenzusammenhang. Das Suchen nach den Anfangsgründen und Ursachen des von Natur Seienden stößt zuletzt auf ein Seiendes, dessen Sein reine Energeia ist und dessen Wesen im Denken beruht. Und die Frage nach dem den Menschen auszeichnenden Denken stößt auf ein Denken, dessen Seinsart reine Energeia

[162] 430a 17 ff.

ist. Das könnte bedeuten: Das Seiende im Ganzen gründet in einem metaphysischen Grund. Und unter allem Seienden ist der Mensch dadurch ausgezeichnet, daß er als der Denkende eine metaphysische Wesensabkunft, eine Herkunft aus demselben hat, in welchem das Seiende überhaupt und im Ganzen zuletzt gegründet ist. Bevor jedoch diesem Gedanken weiter nachgegangen werden kann, gilt es, den metaphysischen Wesensgrund des Denkens weiter aufzuhellen.

Aristoteles sagt: „Denn immer ist das Hervorbringende ranghöher als das Erleidende und der Anfangsgrund gegenüber dem für das Hervorgehen Geeigneten."[163] Die beiden Weisen des Denkens stehen also in einem Rangverhältnis von der Art, daß das hervorbringende Denken ranghöher ist als das durch es übergehende. Denn es ist ja als das, nämlich als Denken, schon wirklich, wozu es jenes erst bringt. Es ist also ranghöher, sofern es der Anfangsgrund des Denkens ist. Denn diesem ist das von ihm selbst her eigen, wozu es jenes (das Bereit- und Geeignete) erst bringt: die Wirklichkeit des Denkendseins. Also geht das wirkliche Denken dem möglichen voraus. Aber es erhebt sich auch hier wieder die Frage, ob das nicht alles auf den Kopf stellt. Geht nicht vielmehr umgekehrt, soweit wir erfahren, gerade beim Denken die Möglichkeit seiner Wirklichkeit voraus? Nun geht gewiß, auf diesen oder jenen einzelnen Menschen gesehen, das Denken immer erst von der Möglichkeit in die Wirklichkeit über. Aber wenn es sich überhaupt und schlechthin so verhielte, daß die Möglichkeit der Wirklichkeit voranginge, dann bliebe alles Denken in der bloßen Möglichkeit, und es käme niemals zu einem wirklichen Denken. Nun aber erfahren wir doch immer wieder den Übergang vom möglichen zum wirklichen Denken, der nicht statthaben würde, wenn nicht ein schon wirkliches Denken als Ursache des Übergangs bestände. Wir erfahren unser Denken als etwas, das bisweilen denkt, bisweilen nicht denkt. Nicht aber verhält es sich so mit dem Denken, das der Wirklichkeitsgrund unseres Denkens ist. Es ist seinem Wesen nach wirk-

---

[163] ἀεὶ γὰρ τιμιώτερον τὸ ποιοῦν τοῦ πάσχοντος καὶ ἡ ἀρχὴ τῆς ὕλης. 430a 18 f.

liches Denken, deshalb unsterblich und immerwährend, also göttlich. Dagegen ist das Denken, das wie das unsrige bisweilen denkt, bisweilen nicht denkt, sterblich und schwundhaft, nicht erst deshalb, weil es auf die Sinne bezogen und mit dem Leib verbunden ist, sondern sterblich ist es gerade als Denken.

Wie stehen die beiden Weisen des Denkens zueinander? Negativ steht fest: Ohne das immer schon wirkliche Denken, also gesondert von ihm, vermögen wir nichts zu denken. Denn dann ist unser Denken ein bloßes Denkendsein-können, und das zu Denkende liegt als das bloß Denkbare vor. Nun aber gilt es, einen Einblick in das Zusammenspiel der beiden Weisen des Denkens zu gewinnen[164]. Aristoteles geht von der zunächst allein bekannten und deshalb geläufigen Vollzugsform des Denkens aus. Dieses hat die Art der Synthesis, des Zusammenstellens von etwas mit etwas: Die Wand ist weiß, die Diagonale ist inkommensurabel. Hier liegt jedesmal eine Synthese von zweierlei Gedachtem (Noemata) vor, mit dem Unterschied, daß im ersten Fall (wie bei allem Entstandenem) der Zeitbezug hineinspielt. Nun ist aber das Denken immer ein Ist-sagen, d. h. es werden nicht nur zwei Noemata im Denken zusammengebracht, sondern sie werden als etwas in Einheit Beisammenseiendes, als ein einheitlich Seiendes erblickt. Das besagt zugleich: In dieser Synthesis von Noemata liegt die Möglichkeit von Wahr- und Falschsein. Die sinnliche Anschauung erfaßt das Rot als etwas, das an und bei der Rose vorkommt. Aber dieses: daß die Rose selbst rot *ist,* das bringt erst das Denken ans Licht. Nun wird deutlich, daß es das hervorbringende Denken ist, welches allererst das in der Einheit eines Seienden Beisammenvorliegen von etwas mit etwas, also die Seinseinheit präsent macht. Und die Stätte für die Anwesenheit dieser Seinseinheit ist der Nous, der, für alles geöffnet, für sich bloßes Denkenkönnen ist, welches das hervorbringende Denken dadurch zum wirklichen Denken macht, daß es in ihm die Seinseinheit als solche zur Präsenz bringt. Offenbarkeit des Seienden in Hinsicht darauf, was und wie es ist, macht aber das Wesen der Wahrheit aus, und so ist der

[164] De anima III., Kap. 6, 430a 26 ff.

hervorbringende Nous der Grund von Wahrheit und deshalb auch der Möglichkeitsgrund ihres Gegenteils, des Irrtums. Das Gegensatzpaar von Wahrheit und Irrtum hat sein Bestehen nur im Umkreis einer Synthesis, d. h. dort, wo das im Nous Anwesende die Struktur des Etwas-mit-etwas-Seins hat. Denn dann können wir etwas mit dem zusammenbringen, mit welchem es in Einheit beisammen ist — und dann besteht Wahrheit — oder wir können es auch mit solchem zusammenbringen, von dem es getrennt ist — und dann ist Irrtum. Aber beides, Wahrheit und Irrtum, gründen ihrer Möglichkeit nach darin, daß überhaupt so etwas wie die seinsmäßige Einheit von Mehrerem in die Offenbarkeit ihrer selbst gelangt. Der hervorbringende Nous bringt die Einheit des Seins zur Präsenz, das übergängige Denken ist die Stätte der Anwesenheit dieser Einheit.

So sind im Denken beide Denkweisen geeint, dergestalt, daß das Denken in seinem vollen Wesen das einigende Erblicken der Seinseinheit eines vielfältig Seienden ist. Dieses einigende Sichten der Seinseinheit liegt nicht allein bei uns. Oft genug bemühen wir uns vergeblich um die einheitliche Erfassung eines Sachverhaltes. Oftmals „bringen wir die Sache nicht zusammen", so daß sie nicht in ihrer Einheit, also nicht in ihrem Sein zur Erfassung kommt. Bisweilen aber geht uns, wie wir sagen, „ein Licht auf", in welchem wir dann die Sache so sehen, wie sie selbst ist. Dieses Licht, dessen Aufgang nicht allein bei uns liegt, sondern das immer auch, wenn es geschieht, von sich her in uns aufgeht, ist eben der hervorbringende Nous, dessen Gegenwart in uns die Dinge so sehen läßt, wie sie sind.

Das uns zunächst bekannte und vertraute Denken vollzieht sich als eine Synthesis mehrerer Noemata. Dieses Zusammenbringen ist aber zugleich auch immer ein Auseinanderlegen. Was in der Wahrnehmung beisammen vorliegt, eine Rose und das Rot, wird gegeneinander abgehoben und miteinander verbunden. Das gewöhnliche Denken ist immer ein solches auseinanderlegendes Zusammenbringen von etwas mit etwas. Was in diesem Denken gedacht wird, ist die Einheit der zugleich in dem Unterschied gehaltenen Noemata. Das Seiende von syntheti-

221

scher Seinsart hat daher die Struktur des Auseinanderlegbaren (διαιρετός). Nun ist aber das, was in diesem Denken in seiner Einheit erblickt wird, seinerseits schon jeweils ein Noema: Haus, Diagonale, weiß, kommensurabel, das nicht die Struktur des Etwas-mit-etwas hat, daher etwas Nicht-auseinanderlegbares (ἀδιαίρετος), also Unzusammengesetzes oder Einfaches. Bezüglich dieses Unzusammengesetzten ergibt sich eine Reihe von Problemen. Indem Aristoteles ihnen nachgeht, enthüllen sich zugleich die sich steigernden Wesensstufen des Denkens.

Wie steht es mit dem Erfassen einer Linie, die auch dann, wenn sie nicht auf ihre Eigenschaften hin angesehen, sondern nur als Linie genommen wird, etwas Teilbares ist? Aristoteles beantwortet diese Frage mit der Unterscheidung von Dynamis und Energeia. Eine Linie ist zwar in zwei Hälften zerlegbar, aber solange sie nicht wirklich geteilt wird, ist sie ein ungeteiltes Eines und Ganzes, dessen Hälften nur im Modus des Seinkönnens vorliegen. Eine Linie wird daher auch nicht im Übergang von Teil zu Teil, sondern in ungeteilter Einheit erfaßt. Erst wenn die Linie wirklich geteilt wird, erfaßt das Denken zuerst diesen Teil und dann den anderen. In eins damit also, daß die Linie geteilt und die Teile gesondert erfaßt werden, wird auch die Zeit auseinandergelegt: jetzt dieser Teil, jetzt der andere Teil. Das einige Ganze dagegen wird in einer ungeteilten (obzwar der Möglichkeit nach artikulierbaren) Gegenwart erfaßt. Das in sich zusammenhängende Teilbare, das Kontinuum, die geometrische Größe, wird erst dann in einem zeitlichen Nacheinander Teil für Teil erfaßt, wenn es wirklich geteilt wird.

Von einer anderen Art des Ungeteilten ist das dem Eidos nach Unteilbare, z. B. ein Mensch, ein Haus. Hier sind die Teile, die Gliedmaßen des Menschen oder die Wände und das Dach des Hauses, nicht wie bei den geometrischen Größen nur der Möglichkeit nach seiend, sondern sie bestehen in Wirklichkeit. Was wir hier erfassen, ist zwar ein wirklich bestehendes, sich in räumlich erstreckende Teile artikuliertes Ganzes, aber auch dieses erfassen wir in der Wahrnehmung nicht als etwas Geteiltes, sondern als ein ungeteiltes, einiges Ganzes. Dabei erscheinen seine Teile als Teile nur beiher (κατὰ συμβεβηκός), und erst dann, wenn wir uns diesem Miterscheinenden eigens zuwenden, zeigen sich die Teile als Teile, dergestalt, daß sich in eins mit ihrer gesonderten Erfassung auch die Zeit in eine Mannigfaltigkeit von Jetzt artikuliert. Auch ein Ganzes, dessen Teile wirklich sind, hat etwas Unteilbares in sich, das zwar nicht getrennt für sich besteht, wohl aber durch den Nous abhebbar ist, eben das, *was* die Teile einheitlich sind und aus ihnen ein einiges Ganzes macht: ein Haus, ein Mensch. Dieses einheitliche Wassein, das Noema in der Seele, ist etwas Ungeteiltes, und die Art seiner Präsenz ist eine ungeteilte Gegenwart, nicht freilich ein bloßer Jetztpunkt, sondern eine ungeteilte Gegenwart, die ebenso wie eine räumliche Größe der Möglichkeit nach in Teile artikulierbar ist.

Sodann ist zu bedenken, daß manches nicht im Blick auf es selbst, sondern nur von einem anderen her erkannt wird, wie z. B. der Punkt als Begrenzung der Linie, also von dieser her, oder das Dunkel als Steresis des Lichtes, also vom Licht her. Von dieser Art ist das Denken in Gegensätzen. Es ist nur dadurch möglich, daß im Denken, wenn es das Eine wirklich denkt, z. B. die Helle, das Denkenkönnen des Gegenteils, des Dunkels, mitanwesend ist. Gegensätze, etwas, das ein Anderes als sein Gegenteil von sich ausschließt, vermag nur ein Denken zu denken, das, indem es wirklich denkt, zugleich ein Denkendsein-können bleibt, dergestalt, daß ihm im wirklichen Denken des Einen das Denkenkönnen des Anderen mitgegenwärtig ist. Nur ein übergängiges Denken ist des Denkens in Gegensätzen fähig. Und das bedeutet, daß das Denken in Gegensätzen ein Index für die Sterblichkeit solchen Denkens ist. Deshalb hat auch nach Aristoteles das sich in Gegensätzen bewegende Denken der „Naturphilosophen" das volle Wesen des Denkens noch nicht erreicht.

Wie verhält es sich bei solchen Ursachen des Seienden, die nicht von der Art des Entgegengesetzten sind? Als eine solche Ursache hat sich das rangerste Wesen herausgestellt. Das Seiende dieses Wesens ist sowenig ein Entgegengesetztes, daß es Gegensätzliches bei sich einläßt und dabei das Eine und Selbe bleibt. Wie also steht

es mit der Erfassung des Wesens? Hier gibt es nicht wie bei hell
— dunkel, gut — schlecht Eines, durch welches ein Anderes erkannt wird, sondern nur den Blick auf das, was etwas von ihm
selbst her an ihm selbst ist. Dessen Präsenz ist das Denken selbst.
Wodurch also das Wesen des Seienden erkannt wird, ist das Denken selbst und allein. In der Wesenserkenntnis ist daher das
Denken, da es die Präsenz des Wesens selbst ist, sich selbst ganz
gegenwärtig. Es ist nicht nur wie beim Denken in Gegensätzen
Denken des Einen in der Mitgegenwart des Denkenkönnens des
Anderen, sondern es geht ganz in das Dasein des Einen und Selben auf und ist so die sich selbst gegenwärtige, für sich seiende
Wirklichkeit des Denkens selbst. Die Wesenserkenntnis stellt die
höchste Wesensweise des Denkens für den Menschen dar; denn
in ihr löst sich der Nous sogar von dem Bezug auf die sinnliche
Wahrnehmung und erringt sich ein Für-sich-Sein. Das Zu-denkende liegt als Denkbares bereits in den Wahrnehmungen vor,
aber in die Vielfalt des einzelnen als dessen Wasbestimmtheiten
zerstreut. Deshalb ist das Denken auf die sinnliche Wahrnehmung bezogen. Solange wir noch in Gegensätzen denken, ist das
Eine ein wirklich Gedachtes, dergestalt, daß das gegenteilige Andere als ein Denkbares mitgegenwärtig ist. Das Denkbare als
solches ist aber gerade das in der Vielfalt der Sinneswahrnehmungen Vorliegende. Folglich kommt das Denken in Gegensätzen nicht vom Sinnesbezug los. Da nun das Wesen eine gegensatzfreie Seinsursache ist, so geht in der Wesenserkenntnis das
Denken ganz und gar, d. h. ohne ein mitgegenwärtiges Denkenkönnen von Anderem, in die Anwesenheit des Wesens auf
und ist so, frei vom Sinnesbezug, für sich selbst und ganz bei sich
selbst. Das in der Wesenserkenntnis ganz bei sich selbst seiende
Denken ist ein Seinszustand, der dem Göttlichen am nächsten
kommt, dem sich selbst gegenwärtigen Denken, welches die Präsenz des Seins selbst ist. Wir weilen im Anblick des Göttlichen,
an dem wir in dem Maße teilhaben, gemäß welchen wir denkend sind. Aber nur selten glückt es uns, in den reinen Vollzug
der Wesenserkenntnis zu gelangen, und wenn sie uns zuteil wird,
so weilen wir im Anblick des Seins und des Göttlichen nur eine

Weile, also vorübergehend. Ja, noch mehr: Erst im Lichte des Ewigen erkennt der Mensch sich selbst zugleich als den Sterblichen, als den nur übergängig im Sein Währenden, der er gerade auch als der Denkende ist. Und doch ist er als Denkender auch unsterblich, nicht weil er den Tod zu überdauern vermöchte, sondern weil er für eine Weile, wenn er das wesentliche Denken übernimmt und vollzieht, soweit er es vollzieht, am Ewigen teilhat. Nach Aristoteles besteht die Unsterblichkeit des Menschen in der Möglichkeit einer Teilhabe am Ewigen, solange er lebt.

Das uns geläufige Denken hat die Vollzugsart der Synthesis, des Zusammenbringens von etwas mit etwas. Der hervorbringende Nous ist das Licht, in welchem die den Sinnen unzugängliche seinsmäßige Einheit des Mannigfaltigen erblickbar wird. Das Fassen solcher synthetischen Einheit ist in sich ein Aussagen von etwas über etwas, eine Prädikation, die wahr oder falsch sein kann — wahr, wenn sie das in Einheit Beisammenseiende als solches aussagt, falsch, wenn sie das zusammenbringt, was nicht in Einheit beisammenliegt. Nun sind aber die Elemente solcher Synthesis ihrerseits bereits Noemata. Denn um die Rose und das Rot in der Aussage zu verbinden, muß das, was eine Rose ist, und das, was das Rote ist, irgendwie bereits in der Sicht des Denkens stehen. Der hervorbringende Nous ist daher auch das Licht, in welchem das, was ein jegliches ist, also das vor- und durchgängige Wassein von Seiendem erblickbar wird. Meistens freilich denken wir dem, was ein jegliches ist, nicht weiter nach, sondern wir streifen es nur, um uns dem zuzuwenden, was mit ihm ist. Es ist das philosophische Denken, welches das Bedenken dessen, was ein jegliches ist, als seine eigene Aufgabe übernimmt. Deshalb ist auch das philosophische Denken das eigentliche Denken.

Wie aber steht es mit dem Denken dessen, was etwas ist, in Hinsicht auf Wahrheit und Falschheit? Das Falsche hat sein Bestehen in der Verbindung von solchem, was nicht in seiender Einheit beisammen ist, und läßt so in der Aussage Nichtseiendes als seiend erscheinen. Da nun demjenigen, was etwas als solches ist, das Beisammen mit anderem abgeht, kann es bezüglich seiner keine Falschheit geben. Es ist also das Denken, welches das Wesen des Seienden denkt, sofern und soweit es denkt, in dem Sinne wahr, daß ihm eine gegensatzfreie Wahrheit eignet. Aristoteles bringt sie in eine Entsprechung zum einfachen sinnlichen Vernehmen, z. B. dem Sehen. Sofern dieses sich an das ihm und nur ihm Zugängliche hält, die Farben, ist es täuschungsfrei. Denn nicht bezüglich des durch den Gesichtssinn vernommenen Weiß können wir uns täuschen, sondern darin, ob das Weiße ein Mensch oder etwas anderes ist. So verhält es sich auch mit dem ahyletischen Eidos als solchem. Wir täuschen uns nicht in dem, was der Mensch ist, sondern darin, ob dieses einzelne uns begegnende Seiende, also das Syntheton aus Eidos und Hyle, ein Mensch ist. Dieser Sachverhalt weist in den Bezugszusammenhang von Wahrheit, Sein und Denken hinein, den es durch eine Interpretation des 10. Kapitels des IX. Buches der Metaphysik später zu entfalten gilt.

Fassen wir das Erörterte im Hinblick auf die Frage nach der metaphysischen Wesensart des Denkens zusammen, dann ergibt sich das Folgende: Aristoteles fragt nach dem Wesen des Denkens gemäß seiner philosophischen Grundmethode: Wo und wie zeigt sich das Denken von sich her, also auf natürliche Weise? Die Antwort lautet: beim Menschen als der erkennende Teil seiner Lebendigkeit. Aber dieses Denken ist, für sich genommen, bloßes Denkendsein-können, das Nichts der Offenheit für alles und jedes in Hinsicht auf das, was es ist. Der Nous ist der Ort für die mögliche Anwesenheit der Eidē. Diese liegen schon vor, jedoch nicht als sie selbst, sondern als die dem Geeinzelten je eigenen Wasbestimmtheiten. Wem aber verdankt es das Denken, daß es zum wirklichen Denken übergeht, daß das Denkbare zum Gedachten, das jeweilige Eidos als solches in seiner Einheit und Identität erblickbar wird? Was ein anderes aus der Möglichkeit in die Wirklichkeit führt, muß das schon in Wirklichkeit sein, was jenes der Möglichkeit nach ist. Also verdankt das menschliche Denken den Übergang in die Wirklichkeit einem schon wirklichen Denken. Dieses ist überall in unserem Denken anwesend, wo immer wir etwas denken. Das immer schon wirkliche Denken bewirkt nicht eigentlich etwas im Sinne einer Wirkursache, wohl aber bringt es hervor: Wie das Licht dort, wo es aufleuchtet, die Farben aus ihrem vormaligen Ungesichtetsein in das Erscheinen hervorbringt, und zwar allein durch seine Gegenwart, so macht jenes Denken durch seinen Eintritt in den Nous des Menschen die Eidē als solche erblickbar und so das Denkenkönnen zu einem wirklichen Denken. Dieses die Eidē in die Gesichtetheit hervorbringende Denken ist ein immerwährendes wirkliches Denken, ohne jede Möglichkeit des Nicht-denkendseins. So ist im menschlichen Denken, wenn es wirklich denkt, ein Denken von metaphysischer Wesensart anwesend, ein in einer immerwährenden Wirklichkeit währendes Denken. Von dieser ausnehmenden Seinsart ist aber gerade auch der erste Anfangsgrund des Naturganzen. Deshalb stellt sich die Frage ein, ob der metaphysische Grund des Ganzen des Seienden und der im menschlichen Denken anwesende Grund seiner Wirklichkeit nicht eines und dasselbe sind. Diese Frage kann im Umkreis von De anima nicht entschieden, ja eigentlich nicht einmal gefragt werden. Denn gemäß dem Thema und der Absicht dieser Schrift, die den ausgezeichneten Seinsbezirk des Lebens und innerhalb seiner das erkennende Leben, den Menschen also, behandelt, gilt das göttliche Denken dadurch als aufgehellt genug, daß es die Einsicht in die Wirklichkeit des menschlichen Denkens gewährt.

§ 20 Die volle Wesensumgrenzung des Denkens

Im 8. Kap. des III. Buches von De anima gibt Aristoteles einen zusammenfassenden Überblick über das Wesen der denkenden Seele[165]. An die Spitze stellt Aristoteles den Satz: Die Seele ist in bestimmter Weise das Seiende insgesamt. Das ist ein zwar bekannter, aber das Denken immer wieder befremdender, daher herausfordernder Satz. Der Mensch, zwar durch denkende Lebendigkeit ausgezeichnet, aber doch ein Seiendes innerhalb

[165] 431b 20 ff.

des Gesamt alles übrigen, soll das Seiende insgesamt sein? Im Sein der denkenden Seele, welche der Mensch ist, soll das Ganze des Seienden anwesen? Aristoteles erklärt, so verhalte es sich in bestimmter Weise, also nicht so einfachhin. In welcher Weise aber ist dann die menschliche Seele das Seiende insgesamt? Das, was ist, gliedert sich in das sinnlich Wahrnehmbare und das nichtsinnlich Denkbare. Für dieses kann Aristoteles auch „das Wißbare" sagen, weil das Wißbare in dem besteht, *was* etwas *ist*. Das Wissen ist selbst in gewisser Weise das Wißbare, wie die Wahrnehmung das Wahrnehmbare ist. Was ist das Wahrnehmen? Die Anwesenheit des den Sinnen sich Zeigenden als eines solchen. Was ist das Denken? Die Anwesenheit des Gedachten, also des Noeton — beides jedoch mit einer wesentlichen Einschränkung. Die Wahrnehmung ist ebenso Wahrnehmungsvermögen, d. h. mögliche Anwesenheit alles Wahrnehmbaren als eines solchen, wie das Denken Denkvermögen ist, d. h. mögliche Anwesenheit des Noeton. In ihrem Erfüllungsmodus (Entelecheia) ist die Wahrnehmung immer nur Anwesenheit eines Wahrnehmbaren unter anderem möglichen Wahrnehmbaren. Ebenso ist das wirkliche Denken immer nur die Präsenz eines Noeton unter anderen möglichen. Mit dieser Einschränkung ist die Seele die Stätte der Anwesenheit sowohl des sinnlich Wahrnehmbaren wie auch des nichtsinnlich Denkbaren. Aber auch diese Kennzeichnung erfordert noch eine genauere Bestimmung. Wenn wir einen Stein wahrnehmen oder denken, dann ist in uns doch nicht der Stein anwesend; er bleibt vielmehr an der Stelle, an welcher er liegt. In der Tat, was in die wahrnehmende Seele eingeht, ist nicht der Stein in seinem stofflichen Bestand, sondern sein sinnlicher Anblick, in welchem er sich darstellt, bezeugt und bekundet und den daher die Seele mittels der Einbildungskraft (φαντασία) ohne seine Gegenwart in den Sinnen von sich her frei vorstellen kann. Und ebenso geht nicht das einzelne Seiende hier und dort in das Denken ein, wenn wir es in dem erfassen, was es ist, sondern sein Eidos, das von noetischer Wesensart ist und im Nous zur Selbstpräsenz gelangt. Deshalb vergleicht Aristoteles die Seele mit der Hand. Die Hand ist das

Werkzeug der Werkzeuge[166]. Dem Werkzeug eignet sein Werkzeugcharakter von der Hand her. Die Hand läßt erst ein Ding im Anblick des Werkzeughaften erscheinen. Das zeigt sich besonders dann, wenn man Dinge als Werkzeuge gebraucht, die nicht als Werkzeuge zugerichtet sind. Der Hand verdankt das Werkzeug sein Sichzeigen als Werkzeug. Entsprechend ist der Nous in der Seele der Anblick der Anblicke[167] und die Wahrnehmung Anblick des Wahrnehmbaren. Im Eidos hat ein jegliches seine Anwesenheit. Auch der Nous ist Eidos, aber nicht von diesem und jenem Seienden, sondern er ist die Anwesenheit der Wesensanblicke selbst. Und die Wahrnehmung ist Anblick, nämlich die Anwesenheit dessen, worin das sinnlich Wahrnehmbare sich zeigt, Anwesenheit der sinnlichen Anblicke als solcher. Wenn anders aber das Seiende einerseits in den Sinnesanblicken, andererseits in den noetischen Anblicken anwesend ist, die Seele aber als wahrnehmende und denkende die Anwesenheit dieser Anblicke als solcher ist, dann ist die Seele, recht gedacht, in bestimmter Weise das Seiende insgesamt. Man kann hinzufügen: Sie „ist" auch das Göttliche, sofern in dem wirklich denkenden Nous das göttliche Denken ebenfalls anwesend ist. Die denkende Seele durchragt alle Bezirke des Seienden, so daß sich in ihrer Behandlung das Ganze des Seienden, das Thema der ontologischen Metaphysik, in einer bestimmten Hinsicht darstellt.

Nun bestehen die Wesensanblicke nicht getrennt für sich, sondern sie sind, bevor sie im Nous zur Selbstpräsenz kommen, als die Wasbestimmtheiten des jeweilig einzelnen in diesem enthalten. Das einzelne aber zeigt sich in der sinnlichen Wahrnehmung. Also liegen die Wesensanblicke bereits in den sinnlichen Anblicken vor, jedoch noch ungesichtet, nämlich in der Weise der Möglichkeit des Gesichtetwerdens. Daher kommt es, daß wir ohne Wahrnehmung zu keiner Erkenntnis gelangen können. Der Nous schaut nicht durch ein einfaches Hinsehen die Wesensanblicke an, sondern sein Sehen ist ein Er-sehen, d. h. ein Sehen, welches das Gesehene allererst in den Umkreis der Sicht-

---

[166] 432a 1 f.
[167] εἶδος εἰδῶν 432a 2.

barkeit hervorholt, also ein hervorbringendes Sehen. Nun vermögen wir aber auch dann Sachverhalte zu denken, wenn diese nicht in unserer Wahrnehmung vorliegen. Das Denken ist nicht auf das beschränkt, was gerade jeweils in unserer Wahrnehmung steht, wohl aber bedarf es des Vorliegens der wahrnehmbaren Anblicke dessen, was es jeweils denkt. Der Seele eignet nämlich ein Vermögen, den sinnlichen Anblick eines Seienden ohne dessen Anwesenheit in der Wahrnehmung durch sich selbst gegenwärtig zu haben. Es ist das Vermögen der Einbildungskraft (φαντασία), die etwas anschaulich erscheinen lassen kann, ohne daß das Erscheinende in der Wahrnehmung gegenwärtig zu sein braucht. Diese frei vergegenwärtigten anschaulichen Anblicke der Dinge heißen Phantasmata. Ohne die Einbildungskraft, ohne das Vermögen der freien Vergegenwärtigung der anschaulichen Anblicke der Dinge wäre das Denken an das jeweils Wahrgenommene gebunden. Der Einbildungskraft eignet dieselbe Freizügigkeit wie dem Denken. Sie vermag von sich her die Anblicke der Dinge in die Gegenwart einzuholen, jedoch immer, wie frei auch gestaltet, sinnliche Einzelanblicke, aus denen der Nous den einheitlichen Wesensanblick ersieht.

Es ist daran zu erinnern, daß die Einbildungskraft noch nicht das Seiende in seinem Sein vorstellig macht, sondern nur die sinnlichen Anblicke als solche vorführt. Hinsichtlich seines Seins wird das Seiende erst im Nous und als Nous offenbar, einmal in der uns geläufigen Weise des Denkens als Synthesis von Noemata und dann und dieser Synthesis zuvor als einigendes Ersehen des jeweiligen Noema aus den von der Einbildungskraft frei vergegenwärtigten anschaulichen Einzelanblicken.

Die Frage nach dem Wesen des Denkens stößt auf einen metaphysischen Grund, sofern im wirklichen Denken als Ursache seines Übergangs von der Möglichkeit zur Wirklichkeit bereits ein Denken am Werk ist, dem die Seinsweise einer immerwährenden Wirklichkeit eignet. Da nun der erste Anfangsgrund des Seienden im Ganzen von eben derselben Seinsart ist, erhebt sich die bereits gestellte Frage, ob der erste Anfangsgrund der Welt und der Wirklichkeitsgrund des menschlichen Denkens nicht das eine und selbe sind. Um eine Antwort auf diese Frage zu gewinnen, gilt es, das Verhältnis von Denken und Sein in seinen ganzen Wesensumfang zu entfalten.

Vor diese Aufgabe stellt sich aber eine Frage, die unausgesprochen schon länger anstand und deren Behandlung jetzt nachgeholt werden muß: Das Sein des Geistes wird mittels der Begriffe Dynamis und Energeia, Seinkönnen und Wirklichsein ausgelegt. Aber nicht nur das Sein des Geistes, sondern das Sein des Seienden überhaupt erscheint vor dem Denken des Aristoteles in der zweifachen Hinsicht von Möglichkeit und Wirklichkeit. Woher sind diese Begriffe geschöpft? Welches ist ihr Herkunftsbereich? Inwiefern gliedert sich das Sein in diese beiden Bestimmungen? Erst seit Aristoteles erscheint alles Seiende in dem Unterschied von Möglichkeit und Wirklichkeit, und seitdem beherrscht dieser Unterschied das Denken wie selbstverständlich bis heute, und heute erst recht, und zwar in einer völlig gedankenlosen Fraglosigkeit. Aber geschichtlich gedacht, ist diese Unterscheidung, in welche alles gestellt wird, was ist, ein Ereignis, welches mit dem entschiedenen Beginn der Metaphysik zusammenfällt. Deshalb ergeht im folgenden die Frage an Aristoteles: Aus welchem Bereich entstammt der das Sein nach Möglichkeit und Wirklichkeit gliedernde Unterschied? Für den Ansatz dieser Frage gibt Aristoteles einen Wink, gesetzt, daß wir ihn aufzufangen und zu verstehen vermögen. Ein bereits angeführter, bekannter Satz des Aristoteles lautet: „Denn die Wirklichkeit des Geistes ist Leben."[168] Er könnte in den Ursprungsbereich zeigen, aus welchem die ontologischen Begriffe Möglichkeit und Wirklichkeit geschöpft sind. Das Sein des göttlichen Nous ist reine Wirklichkeit. Diese wird bestimmt als Leben, so daß die höchste Wirklichkeit als höchste Lebendigkeit erscheint. Das legt die folgende Vermutung nahe: Wenn die höchste Wirklichkeit durch höchstes Leben, Wirklichkeit daher durch Lebendigkeit bestimmt ist, dann spricht das dafür, daß der Ursprungsbereich der Begriffe Möglichkeit und Wirklichkeit der Wesensbereich des Lebens sein könnte. Das würde bedeuten, daß die Wesensumgrenzung des

---

[168] Met. XII, Kap. 7, 1072b 27.

Lebens zugleich den Horizont bildet, innerhalb dessen das Sein als Möglichkeit und Wirklichkeit in das Offene seiner Denkbarkeit gelangt. Wenn ferner der Geist die höchste Stufe der Lebendigkeit darstellt, dann erfordert ein zureichendes Begreifen des Geistes einen Wesensbegriff des Lebens sowie dessen Explikation.

Es sei auch daran erinnert, daß der Bezug von Leben dem Denken im geschichtlichen Vollendungsstadium der Metaphysik, in Hegels Phänomenologie des Geistes, an der Stelle Thema wird, wo der Geist zum ersten Mal als Geist erscheint. In dem Abschnitt IV mit der Überschrift: „Die Wahrheit der Gewißheit seiner selbst", welcher gleichsam das Gelenkglied der ganzen Phänomenologie bildet, zeigt Hegel, daß weder das bloße Leben noch das bloße Denken (neuzeitlich als das reine Selbstbewußtsein verstanden) die volle Wirklichkeit des Wirklichen ausmacht, sondern erst der Zusammenschluß beider, auf den sowohl das Leben wie das Denken von sich her hindrängt. Und der Zusammenschluß von Leben und Denken ist das Wesen des Geistes.

Im folgenden wird ein Versuch unternommen zu zeigen, daß der Wesensentwurf des Lebens den Horizont bildet, innerhalb dessen die Gliederung des Seins nach Möglichkeit und Wirklichkeit sich anfänglich dem Denken lichtet.

232

IV. TEIL
DER WESENSENTWURF DES LEBENS
ALS HORIZONT FÜR DIE AUSLEGUNG DES SEINS
NACH MÖGLICHKEIT UND WIRKLICHKEIT

§ 21 Die Wesensbestimmung der Seele

Aristoteles handelt vom Wesen der Seele in der umfangreichen Abhandlung De anima. Zunächst muß einigermaßen
Klarheit über das Thema und über den Ort seiner Behandlung
innerhalb der Philosophie herrschen. Da bei einer großen Philosophie die Klassifikation in Disziplinen versagt, tun wir gut
daran, die Abhandlung nicht sogleich schon in die Psychologie
einzuordnen, sondern uns von Aristoteles selbst sagen zu lassen,
wohin sie gehört. Deshalb seien zuerst einige Sätze aus der Einleitung, dem 1. Kap. des I. Buches, wiedergegeben[169].

„Wenn wir dafür halten, daß das Wissen zu dem Schönen und
Würdigen gehört, und zwar eines mehr als das andere, entweder
im Hinblick auf die Gründlichkeit, oder weil es auf Höheres und
Erstaunlicheres geht, dann würden wir aus diesen beiden Grün-
den die Erkundung im Bereich der Seele wohl in den ersten
Rang setzen."

Dieser Eröffnungssatz klingt seltsam in unseren Ohren, vor
allem die Behauptung, das Wissen gehöre in den Umkreis des
Schönen. Denn das Schöne, so glauben wir zu wissen, gehört in
den Bereich der Ästhetik, während es beim Wissen um Erkenntnis geht, die unter den Regeln der Logik steht. Oder will Aristoteles sagen, das Wissen sei insofern eine schöne Sache, als es auch
seine eigenen ästhetischen Reize haben könne? Aber das griechisch erfahrene Schöne meint ja gar nicht das, was sich uns,
spätestens seit dem 18. Jahrhundert, als das Ästhetische darstellt. Denken wir das Schöne griechisch — und nichts hindert
uns daran, es zu tun —, dann wird sogleich einsichtig, inwiefern das Wissen zum Schönen gehört. Das Schöne ist jenes, was

---

[169] 402a 1 ff.

durch seine Anwesenheit selbst dem Streben die Erfüllung gewährt, dergestalt, daß es den Strebenden in seine Gegenwart entrückt. Wissen aber ist ein Weilen bei einer aufgelichteten Welt, und solches Weilen gewährt dem Menschen als dem denkend-erkennenden Wesen eine eigene Wesenserfüllung. Die Griechen erstrebten das Wissen primär nicht um seiner praktischen Verwendbarkeit willen, obwohl sie auch das Verfertigen von Gebrauchsdingen im Begriff der Techne und die menschliche Lebensführung im Begriff des Ethos ins Wissen gehoben haben; sie erstrebten das Wissen zuerst um der in ihm sich ereignenden Weltauflichtung willen, welche den Menschen der Tagespraxis entrückt, in die er gleichwohl auch immer wieder zurückkehren muß. So gesehen, gehört das Wissen in den Bereich des Schönen. Ferner gehört das Wissen zu dem Würdigen[170]. Das Würdige ist das in dem ihm gebührenden Rang Anerkannte, und der Rang eines Wissens bemißt sich nach den beiden Hinsichten der Gründlichkeit und der Erstaunlichkeit[171].

Hier stocken wir abermals. Daß das Wissen unter der Forderung der Gründlichkeit steht, versteht sich für uns von selbst. Aber was hat sie mit Schönheit zu tun? Will Aristoteles etwa sagen, die Gründlichkeit in den Wissenschaften sei eine schöne Sache? Hier kann uns das gewählte Übersetzungswort auf eine Spur bringen, sofern Gründlichkeit bedeutet: einen Sachverhalt bis in seine Gründe hin verfolgen. Dem Grund aber verdankt eine Sache die Bestimmtheit dessen, was und wie sie ist. Je entschiedener wir ihre Gründe erfassen, je tiefer wir in die Gründe einer Sache eindringen, um so heller und klarer bekundet sie sich in dem, was sie als diese Sache ist. Die Gründlichkeit vollbringt die Sachaufhellung und ist deshalb etwas Schönes. Das andere Maß für die Ranghöhe eines Wissens liegt in der Erstaunlichkeit des Gewußten. Das Erstaunliche ist das aus dem Bereich des Gewohnten, Bekannten und Vertrauten, der Welt des tagtäglichen Umgangs Herausragende, das sich uns dadurch eröffnet, daß es uns befremdet und ins Staunen stimmt. Das Erstaunliche nötigt

---

[170] τίμιος.
[171] ἀκρίβεια, θαυμάσιος.

uns zum Anhalten auf den gewohnten Bahnen des alltäglichen Besorgens (wozu in der modernen Welt gerade auch das Aufgehen in den Wissenschaftsbetrieb gehört), zum Ansichhalten mit den gewohnten Weisen des Sichumsehens, mit denen wir die Dinge auf unsere Absichten hin verfolgen und so zugleich im Bann der Dinge gemäß der Art ihrer Verwendbarkeit stehen. Das Erstaunliche läßt uns bei ihm verweilen und versetzt uns in die Frage, was es, das befremdende Erstaunliche, denn sei. Solches Fragen ist der Vollzug des Erstaunens selbst, der das Erstaunliche in eine immer noch höhere Erstaunlichkeit emporwachsen läßt. Diese Rangsetzung des Wissens nach Gründlichkeit und Erstaunlichkeit ist uns durch unseren Wissensbegriff weitgehend abhanden gekommen. Unter dem, was die Griechen mit „Genauigkeit" meinten, verstehen wir vor allem die methodische Exaktheit im Sinne des jederzeit wiederholbaren identischen Experiments. Und die Wissenschaftlichkeit einer Wissenschaft bemißt sich allein nach dem Grad der Sicherheit, deren sie fähig ist.

„Es scheint aber auch im Blick auf die Wahrheit insgesamt die Erkenntnis der Seele Großes beizutragen, am meisten im Blick auf die Natur; denn sie ist gewissermaßen der Anfangsgrund der Lebewesen."[172]

Die Seele ist nicht nur ein Seiendes von erstaunlicher Wesensart, sondern ihre Erkenntnis gibt zugleich einen Ausblick in den weitesten Bereich, den Ausblick in die Wahrheit insgesamt. Worin das Wesen der Wahrheit nach Aristoteles besteht, wird im 5. Kap. dieser Abhandlung zu erörtern sein. Hier genüge der Hinweis, daß das Wort ἀλήθεια („Wahrheit") an dieser Stelle (wie auch sonst oft bei Plato und Aristoteles) den ganzen Bereich des im Offenen Anwesenden bedeutet, in welchen der Mensch in der Weise hineinversetzt ist, daß er immer schon in einem Bezug zu ihm steht, wie wenig durchsichtig ihm dieser Bezug auch sein mag. Das Denken auf die Seele versetzt also in den Bereich aller Bereiche des Seienden im Ganzen, in den metaphysischen Denkbereich, und innerhalb seiner in den Bereich des von sich her An-

---

[172] 402a 4 ff.

wesenden, der Natur. Denn die Seele ist der Anfangsgrund der Lebewesen, das Prinzip des Lebendigseins des Lebendigen selbst. So ist die Abhandlung über die Seele keine bloße Psychologie in unserem Sinne, sondern sie ist eine eigentümliche Gestalt der metaphysischen Ontologie, und das nicht nur in dem allgemeinen Sinne, daß im Grunde jede Wesensbestimmung aus dem metaphysischen Denken auf das Sein kommt, sondern in der ausgezeichneten Weise, daß das Denken auf die Seele zugleich den weitesten metaphysischen Gesichtskreis eröffnet und offen hält. Folglich umfaßt die Frage nach der Seele das Ganze der ontologischen Metaphysik auf eine eigene Weise und ist insofern eine Gestalt dieser Metaphysik selbst. Dann aber muß auch die Frage nach der Seele alle metaphysischen Grundfragen aufspringen lassen.

„Es gehört in jeder Hinsicht und auf alle Weisen zu dem Schwierigsten, etwas Verläßliches über die Seele auszumachen."[173] Diese Schwierigkeiten in ihrem ganzen Umfang und nach allen Seiten zuerst einmal vor Augen zu stellen, ist nicht nur die Absicht des 1. Kap., sondern im Grunde des gesamten ersten Buches der Abhandlung überhaupt. Für uns, die wir bereits die Seele einer „positiven", von der Philosophie abgelösten Wissenschaft ebenso zugewiesen, wie wir das Leben längst an die der Philosophie entfremdeten Wissenschaften vergeben haben, kommt noch eine weitere Schwierigkeit hinzu: die Schwierigkeiten, welche eine Wesenserfassung der Seele bereitet, überhaupt zu sehen; sie seien daher im folgenden näher ins Auge gefaßt.

„Und wenn diese Frage auch vielem anderen gemeinsam ist — ich meine die Frage nach dem Wesen und dem Was-es-ist —, dann kann es leicht scheinen, als bestehe ein einziger Weg des Nachgehens für alles, dessen Wesen wir erkennen wollen, wie auch für die Aufweisung der mitanwesenden Eigenschaften, und so hätten wir zuerst nach diesem (nämlich einzigen) Weg des Nachgehens zu suchen. Wenn es aber keinen einzigen und für alles gemeinsamen Weg im Umkreis des Waseins gibt, dann

[173] 402a 10 f.

wird die Bemühung um die zur Frage stehende Sache noch schwieriger. Denn dann wären wir gehalten, zuerst einmal auszumachen, welche Wendung wir im Umkreis von jeglichem zu nehmen haben, um auf den Weg zu gelangen, auf dem wir seinem Wesen nachgehen können."[174]

Gefragt wird nach dem Wesen der Seele und nach den ihr wesentlichen Eigenschaften. Danach wird auch in anderen Bereichen des Seienden gefragt. Wenn daher erst einmal die Art der Wesenserfassung festliegt, scheint der Weg, auf dem man dem Wesen einer Sache nachzugehen hat, grundsätzlich festzuliegen, so daß die Untersuchung sich auf einer gesicherten Bahn bewegt. Die Frage nach dem Wesen der Seele intendiert offenbar als Antwort eine Definition. Gemäß der leitenden Was-Frage scheint die Art des Vorgehens hier überall dieselbe zu sein. Aber es scheint auch nur so zu sein, so jedoch, daß dieser Schein auf allen Wesensfragen liegt. Es ist ja richtig, daß die Wesenserfassung in einer Umgrenzung des Wasseins, also in einer Definition besteht. Aber die Frage ist: Wie gelangen wir bei einem hinsichtlich seines Wesens zur Frage stehenden Seienden in die Sicht seines Wesens? Denn erst das gesichtete Wesen kann in einer Wesensbestimmung gefaßt und aufbewahrt werden. Über den jeweils einzuschlagenden Weg, der uns in die Sicht des Wesens einer Sache gelangen läßt, sagt der Satz: Das Wesen von etwas wird in einer Definition gefaßt, nichts aus. Es gibt eben keinen im vorhinein und ein für allemal festliegenden Weg, auf dem wir dann bloß fortzugehen hätten, um an seinem Ende zur Wesenserkenntnis der Dinge zu gelangen. Keine Definition als solche verbürgt schon, daß in ihr auch das Wesen einer Sache, d. h. die ihr eigene Seinsart gefaßt ist. Eine Definition, so sagt man, enthalte die einer Sache eigentümlichen Merkmale. Aber wodurch ist denn verbürgt, daß diese Merkmale auch die Seinsart der Sache, also ihr Wesen ausmachen? Das ist doch erst und nur dann der Fall, wenn in ihnen das Wesen der Sache selbst gefaßt ist. Und das vermag das definitorische Verfahren durch sich selbst auf keine Weise zu verbürgen. Folglich gibt es keine im

[174] 402a 11 ff.

237

vorhinein festliegende Methode für die Gewinnung einer Wesenserkenntnis. Um das Wesen und alles Wesentliche breitet sich ringsherum geradezu eine Weglosigkeit (Aporie) aus, und zwar grundsätzlich und immer wieder aufs neue. Aporie heißt nicht Ratlosigkeit, die ja noch auf einen Rat von irgendeiner Seite bezogen bleibt, sondern Weglosigkeit, Aus- und Wegbleiben des Wegs. Es gibt im Umkreis des Wesens keine schon gebahnten Wege, keine feststehenden Methoden, die man nur konsequent einzuhalten braucht, um zu zwingenden Ergebnissen zu kommen. Denn das ist das Befremdliche und Eigene des wesentlichen Denkens, daß das Gehen des Weges den Weg allererst zum Vorschein bringt, daß es für den nur Wege gibt, der sie selbst geht. Wenn wir einmal von der heute so oft apostrophierten Selbständigkeit des Denkens sprechen wollen, so besagt das: Das philosophische Denken verlangt uns die höchste Selbständigkeit ab, die sich überhaupt nur vorstellen läßt. Das gilt auch für das Mitdenken mit den Gedanken der großen Philosophen. Denn nur dann, wenn wir deren Denkwege selbst gehen, tun sie sich uns auf. D. h. nur dann, wenn wir die *Sache* vor unser Denken gelangen lassen, die Aristoteles bedenkt, denken wir seine Gedanken. Andernfalls bleibt es bei einem mehr oder minder genauen und ausführlichen Bericht über die Lehrmeinungen des Aristoteles, aus denen der Geist und das Leben der Philosophie entwichen sind.

Wesensfragen sind aporetisch, d. h. nicht, sie sind unlösbar. Lösbarkeit und Unlösbarkeit gibt es, streng genommen, nur im Umkreis von *Problemen*, die einer Wissenschaft aus ihrem jeweiligen sachlichen und methodischen Stand erwachsen. Das philosophische Denken bewegt sich in Fragen, die aporetisch sind, sofern die Blickbahnen zunächst verschlossen sind. Deshalb gibt es in der Philosophie kein stetiges Fortschreiten nach gesicherten Verfahrensweisen, sondern zu ihrem Gang gehört das Hin und Her, das Verharren im Fragen, das Steckenbleiben und Wiederanfangen. Und alle Anstrengungen verbürgen durch sich selbst noch nicht die Wesenserkenntnis, wenngleich sie ohne unaufhörliche Anstrengung mit Sicherheit ausbleibt. Wer es mit

Wesensfragen aufnimmt, wagt es auf die Gefahr hin, das Erfragte zu umirren und es vielleicht niemals zu erblicken. Er wagt es daraufhin, daß er im Unzulänglichen stecken bleibt, und oft genug, ohne es zu wissen. Das gilt auch und erst recht für das Mitdenken der Gedanken einer großen Philosophie.

Wenn die Seele ein Seiendes von so ausgezeichneter Wesensart ist, daß der Blick auf sie in das Ganze des Seienden hinaussehen läßt, dann muß die Frage nach ihr bereits im Ansatz auch am weitesten hinausfragen. Sie muß sich von vornherein dem Seienden als solchem im Hinblick auf sein Sein geöffnet haben. Sie muß aus der Grundfrage der Metaphysik selbst vollzogen werden. Deshalb beginnt Aristoteles im 1. Kap. des II. Buches die eigentlichen Erörterungen über die Seele mit den folgenden Sätzen:

„Wir sprechen einen bestimmten Stammbereich des Seienden als Wesen an, und von diesem sagen wir einmal, es sei Stoff, nämlich das, was von ihm selbst her nicht als ein Dieses besteht, zum anderen sagen wir, es sei die Gestalt und der Anblick des Was-es-ist, von dem her und auf das hin immer schon ein Dieses angesprochen wird, und zum dritten das aus beiden Bestehende. Es ist aber der Stoff die Möglichkeit (das für das Hervorgehen in das Sichzeigen dessen, was es ist, Geeignete und Befähigte), der Anblick des Wasseins das Sichhalten in der (das Hervorgehen) beendenden Vollendung, und dieses wiederum in zweifacher Weise, einerseits wie das Wissen, andererseits wie das Betrachten (des gewußten Sachverhalts).“[175]

Die Erläuterung dieser Sätze greift auf bereits Behandeltes zurück. Man sieht sogleich, daß Aristoteles auf die metaphysische Grundfrage zurückgeht. Im Blick steht das Seiende, d. h. das Ganze, was ist, in der ganzen Fülle seines Reichtums. Dieses wird daraufhin betrachtet, was es ist, insofern es ist. Diese Betrachtung trachtet danach, diejenigen Bestimmtheiten des Seienden zu erfassen, durch die es seiend ist. Die Dimension, in welcher sich ein jegliches und alles als seiend, als durch Sein bestimmt enthüllt, ist der Logos. Nun zeigt das Seiende im Logos

[175] 412a 6 ff.

mehrere Stammbereiche, denen es als Seiendes entstammt. Es sind die von Aristoteles entdeckten Kategorien, die Grundweisen, in denen wir Seiendes ansprechen und denen gemäß das Angesprochene in vielfältiger Weise des Seins begegnet. Sprechen wir ein Seiendes in Hinsicht auf das an, *was* es ist, dann begegnet es als ein Dieses, als ein von allem anderen abgegrenztes Für-sich-Seiendes, als Wesen also, im Unterschied zu den anderen Kategoremata, die alle nur sind, sofern sie Bestimmtheiten eines an ihm selbst Bestehenden sind. Konzentriert sich der Blick auf die Ousia, dann tut diese sich in dreifacher Weise hervor. Nehmen wir ein Haus und betrachten wir es daraufhin, was im Unterschied zu seinen Eigenschaften sein eigenes Sein ausmacht, dann zeigt sich uns sein stofflicher Bestand (Hyle). Aber wenn wir es ausschließlich auf seinen stofflichen Bestand hin ansehen, zeigt sich dann ein Haus? Keineswegs; denn der Stoff, die Ziegel, können, für sich genommen, dieses, aber auch jenes, z. B. eine Mauer oder ein Turm sein. Nicht von ihm, sondern erst von der Gestalt her, zu welcher er zusammengefügt ist, also von dem das Wassein zeigenden Eidos her zeigt sich der Stoff als dieses Seiende, als ein Haus. Also tut sich zweitens die Gestalt, das Eidos, welches das Wassein sehen läßt, als Wesen hervor. Aber weder der stoffliche Bestand noch das Eidos sind, jeweils für sich genommen, das Haus, sondern erst auf Grund ihres Zusammenstandes und als dieser Zusammenstand sind sie das seiende Haus. Deshalb besagt Wesen in seiner dritten Bedeutung das aus Stoff und Eidos bestehende geeinzelte, für sich seiende Dieses.

In welchem Verhältnis aber befinden sich Stoff und Eidos, sofern ihr Zusammenstand das jeweils einzelne Haus ist? Sie können nicht selbst Seiende sein; denn dann bestände das Haus aus zwei Seienden und wäre nicht *ein* Haus. Aristoteles erklärt kurz und bündig, der Stoff habe den Charakter der Dynamis, das Eidos den der Entelecheia. Daß diese Begriffe in der Wesensbestimmung des Lebens allererst ihre volle Bestimmungskraft erfüllen und aus ihr ihr Licht empfangen, bleibt im folgenden nachzuweisen. Die zuvor erforderliche Erläuterung an einem verfertigten Ding ist daher auch nur ein Vorschein ihrer eigentlichen Leuchtkraft. Der Stoff macht das Sein des Hauses aus und ist insofern das Haus. Dennoch ist er, für sich genommen, noch nicht das Haus. Aber was ist er dann bezüglich des Seins des Hauses? Aristoteles beantwortet diese Frage mit dem Begriff der Dynamis, der solches kennzeichnet, was von sich her zu etwas bereit, befähigt, und geeignet ist. Der Stoff macht daher das Sein des Hauses in der Weise aus, daß er das für das Haussein Geeignete ist. Oder er ist das Haus in der Weise des Haus-sein-Könnens. Wäre er nicht bereits das Haus in der Weise des Haussein-Könnens, niemals könnte er ein Haus werden und sein. Wann aber *ist* er ein Haus, also dieses und kein anderes? Wenn er zur Gestalt eines Hauses gefügt ist, wenn er in dem Anblick dessen erscheint, *was* ein Haus *ist*. Das Eingehen des Stoffes in das Eidos des Hauses ist das Hauswerden, das entstehende Haus in seinem Entstehen. Und die Bewegung des Hauswerdens beendet sich im vollständigen Eingegangensein des Stoffes in das Eidos. In dieser Beendigung des Hauswerdens hat sich die Bewegung vollendet. Das vollendende Ende einer Bewegung heißt griechisch Telos (τέλος), ein Wort, dessen Sinn wir völlig verfehlen, wenn wir es mit „Zweck" oder „Ziel" übersetzen. Das Haus ist seiend aus und in der vollendeten Ankunft des Stoffes in das Eidos als seine Gestalt, dergestalt, daß es aus dieser die Bewegung vollendende Ankunft weilt und währt und so „ist". Das Währen in der Gestalt aber ist ein Sichhalten im Telos des Werdens gegen den möglichen Schwund des Zerfallens und Vergehens. So ist das Haus als das Seiende, das es ist, im Sichhalten in der das Werden beendigenden Vollendung. Seine Seinsweise ist die Entelechie, das Sichhalten im Telos. Aber damit ist auch schon die Wesensweise des Eidos bestimmt. Das Eidos des Hauses ist seinerseits dann voll und ganz präsent, wenn das Haus erbaut ist. Aber es ist auch nur so lange da und präsent, als das Haus in ihm steht. Wenn das Haus das Eidos verläßt, wenn es abgerissen wird und zerfällt, verschwindet mit seinem Vergehen auch das Eidos. Es ist als Wassein, also in Identität mit dem Seienden nur so lange anwesend, als das Haus in ihm als dem Telos sich hält. Das Eidos ist in der Weise der Entelecheia des Seienden. Also besagt Entelecheia dasselbe wie Energeia: Währen aus der Hervorgebrachtheit in das Sichzeigen dessen, was etwas ist.

Nun aber kann Entelecheia, das Sichhalten im Telos, seinerseits ein Zweifaches bedeuten, eine Zweifachheit, die sich abermals erst im Bereich des Lebendigen erfüllt und die Aristoteles am Wissen erläutert, das seinerseits eine Weise des Lebendigseins ist. Solche erst durch die späteren Analysen ihre Aufweisung findenden Vorgriffe sind in der Philosophie unvermeidbar.

Wissen hat zweifellos den Charakter der Entelecheia, sofern es das beschließende Ende eines Lernens ist, durch welches ein Mensch hindurch muß, um in ein Wissen zu gelangen. Aber dieses erlangte Wissen hat seinerseits den Charakter der Möglichkeit zu seinem Vollzug. Ein Mathematiker, z. B. ein Gruppentheoretiker, hat ein Wissen erlernt. Auf Grund dieses Wissens kann er gruppentheoretische Probleme darlegen und ihre Lösungen vorführen. In solcher Darlegung erscheint erst das Wissen als Wissen und er selbst als Wissender. Das durch Lernen erworbene Wissen ist die erste, der Wissensvollzug durch Vor-Augen-Führen des gewußten Sachverhaltes die zweite Entelechie. Das Beispiel des Wissens dient hier, wie gesagt, nur zur vorläufigen Klärung der Begriffe, in denen das Wesen des Lebens zur Erfassung gelangt.

„Wesen scheinen aber am meisten die Körper zu sein, und unter ihnen wiederum die natürlichen; denn sie sind Anfangsgründe für die anderen."[176] Aristoteles legt vorläufig fest, welches Seiende der Ousia am ehesten zu entsprechen scheint. Dieses „scheinen" (δοκεῖν) meint nicht den bloßen Anschein, den nichtigen Schein, demgegenüber es in Wahrheit sich ganz anders verhält. Aristoteles sagt: Wesen „scheinen" ganz besonders die natürlichen Körper zu sein, weil offenbleiben muß, ob nicht Seiendes von unkörperlicher Seinsart auch und vielleicht noch mehr das Wesen der Ousia erfüllt. Sodann bleibt immer wieder daran zu erinnern, daß wir die Bedeutung von „Körper" (σῶμα) aus dem Wissen der Griechen zu denken haben, wenn die Auslegung

[176] 412a 11 f.

nicht bei ihrem ersten Schritt bereits in die Irre gehen soll. Wir stellen nämlich den Körper im vorhinein gegenständlich als das räumlich Ausgedehnte vor, das in dynamischen oder statistischen kausalgesetzlichen Bewegungszusammenhängen steht, und zwar entschieden seit Descartes' Grundunterscheidung von res extensa und res cogitans, welch letzte Descartes auch animus, mens, ratio, also Seele, Geist, Vernunft nennt. Descartes bestimmt Körper und Seele aus der Entgegensetzung beider als Objekt und Subjekt, die dann das gesamte auf ihn folgende Denken beherrscht. Seitdem bewegen wir uns in Gegensätzen von Seele und Leib, Vernunft und Trieb, Geist und Natur, Person und Sache, Geschichte und Natur und halten nach Vermittlungen Ausschau. Ein Vermittlungsversuch ist auch der Verzicht auf die Bestimmung des Unterschieds von Seele und Leib im Begriff der psycho-somatischen Einheit. Dieser Begriff bleibt indessen völlig unbestimmt und dient nur als Hypothese für psychologische oder medizinische Verfahrensweisen. Worin die Einheit besteht, bleibt daher völlig dunkel, weil ungedacht.

Körper im griechischen Sinne ist der Name für das als es selbst im Bereich des durch Wahrnehmung Offenkundigen Anwesende. Wir kommen dieser Bedeutung schon näher, wenn wir uns an die geläufige Rede erinnern: Er ist leibhaft anwesend, d. h. in der Wahrnehmung selbst präsent. So ist es auch zu verstehen, daß für Homer der Leib das Selbst des Menschen ausmacht. Das liegt nicht daran, daß die Griechen zur Zeit Homers noch ganz im Sinnlichen steckten, aus welchen sie sich dann erst allmählich zum „Geistigen" herausgearbeitet haben, sondern diese Auffassung hält sich an den Tatbestand, daß der Leib die Anwesenheit eines Menschen selbst ausmacht. Leibhaft anwesend ist er als er selbst da und anwesend.

Die Körper sind anwesend in der Weise des Für-sich-Seins, dergestalt, daß das Seiende der anderen Kategorien nur als Bestimmtheiten von Körpern besteht. Aristoteles fügt hinzu: Unter den Körpern sind die natürlichen am meisten Wesenheiten. Die Begründung lautet: Denn diese sind Anfangsgründe für die anderen. In der Tat ist das Erste, womit und wobei die Herstellung eines Tisches beginnt und das sie nicht verläßt, das Holz, das als diese oder jene Baumart von sich her schon vorkommt, dergestalt, daß das in die Gestalt des Tisches eingegangene Holz der Tisch selbst ist. Als Anfangsgrund des durch Techne Seienden erfüllt das naturhaft Anwesende in höherer Weise das Wesen der Ousia.

„Von den natürlichen Körpern haben die einen Leben, die anderen haben es nicht; Leben aber nennen wir die Ernährung sowie das Wachsen und Schwinden im Durchgang durch es selbst."[177] Diese Bestimmung des Lebens scheint von dem Lebendigen lediglich abgelesen und recht äußerlich, wenn nicht sogar überflüssig zu sein. In Wahrheit spricht Aristoteles in dieser Kennzeichnung die Grundauffassung von Leben aus, die bis heute herrschend geblieben ist. Man kann sagen, daß die ganze Biologie an dieser Bestimmung hängt.

Das Sichernähren (und in seinem Gefolge das Wachsen und Sicherhalten des Lebendigen) ist ein Zu-sich-holen von Stoffen, die das Lebendige für seinen Aufbau und für seine Erhaltung braucht. Das sich einverleibende Zu-sich-holen von Stoffen ist ein Auslangen nach anderem. Dieses Hin-zu-anderem und Zurück-zu-sich ist die Grundbewegung des Lebens. Um zu dem hingelangen zu können, was das Lebendige für seinen Aufbau zu sich holt, bedarf es der Durchgänge, durch die hindurch es zu anderem gelangt. Und wie gelangt das Lebendige zu dem anderen? Im Durchgang durch es selbst. Es holt das von ihm Benötigte zu sich, indem es durch sich selbst hindurchgeht. Leben ist daher ein durch sich selbst hindurchlangendes, auslangendes Zu-sich-holen von anderem. So wächst es durch sich selbst in seine Anwesenheit hervor und geht auch durch sich aus der Anwesenheit hinweg, wenn es das auslangende Einholen einstellt. In diesen Durchgängen, die es selbst ist, lebt das Lebendige. Das Wodurch des Lebens nennt Aristoteles, und nennen auch wir heute noch „Organe". Sie sind daher das Lebendige am Lebendigen. Demnach ist das Lebendige das Organhafte. Aristoteles hat den Lo-

---

[177] τῶν δὲ φυσικῶν τὰ μὲν ἔχει ζωήν, τὰ δὲ οὐκ ἔχει· ζωὴν δὲ λέγομεν δι' αὐτοῦ τροφήν τε καὶ αὔξησιν καὶ φθίσιν. 442a 13 ff.

gos des Lebendigen zum erstenmal voll ausgesprochen, in welchem sich die Biologie in all ihrem Forschen von da ab gehalten hat.

„Demnach wäre also jeder natürliche Körper, der am Leben teilhat, ein Wesen, und zwar ein Wesen im Sinne des Zusammenstandes."[178] Aristoteles kennzeichnet das Lebendigsein jetzt als „Teilhabe am Leben". „Teilhabe" ist aber ein Grundwort der platonischen Philosophie und meint die Teilhabe des jeweils einzelnen, den Sinnen Sichzeigenden an dem, wohindurch es ein einheitliches Aussehen darbietet und so als dieses oder jenes anwesend ist, also die Teilhabe an der dem vielen einzelnen gemeinsamen Idee. Aristoteles nimmt Platos Gedanken auf, jedoch um ihn auf die folgende Weise gerade anders und umzudenken: Alles Lebende steht in der einheitlichen Sicht des Lebens und ist so bei allen Unterschieden der Lebensarten durch ein einheitliches Aussehen bestimmt. „Lebend" ist ein Partizipium, das die Teilhabe des Einen an einem Anderen ausdrückt. Eines, der jeweils einzelne Körper, hat an einem Anderen, dem allen Lebendigen gemeinsamen Eidos des Lebens, teil. Sofern etwas am Eidos des Lebens teilhat, ist es beseelt. Dasjenige aber, wohindurch der einzelne Körper sich als belebt zeigt, so daß er in solchem Sichzeigen als belebter anwesend ist, ist die Idee des Lebens. Nun aber besteht Leben im auslangenden Einholen von Nährstoffen im Durchgang durch sich selbst. Und das heißt grundsätzlich: Das, wohindurch das Lebendige geht, um in die Anwesenheit zu gelangen, ist gerade es selbst. Und es ist anwesend, solange es auslangend-einholend durch sich selbst hindurchgeht. So wird bereits deutlich, weshalb Platos Bestimmung des Beseeltseins als Teilhabe an der Idee des Lebens nicht zureicht. Denn Beseeltsein als Teilhabe gefaßt schließt ein, daß die Idee des Lebens selbst neben und außer dem Beseelten für sich besteht. Aber das Lebendige ist gerade selbst das, wohindurch es in die sich zeigende Anwesenheit als dieses oder jenes hervorgeht, dergestalt, daß das Wohindurch kein anderes, sondern ge-

---

[178] ὥστε πᾶν σῶμα φυσικὸν μετέχον ζωῆς οὐσία ἂν εἴη, οὐσία δ'οὕτως ὡς συνθέτη. 442a 15 f.

rade es selbst ist. Für die Bestimmung des Lebendigseins reicht Platos Begriff der Teilhabe an der Idee des Lebens nicht aus, er ist der Seinsart des Lebendigen unangemessen, die deshalb eine andere ontologische Auslegung verlangt. Dabei steht das Lebendige in folgendem Frageansatz: Das Lebendige ist ein Körper, der Leben hat, dergestalt, daß es die Lebens-Habe ist, die das Lebendige zu einem solchen bestimmt. Das bestimmende Wesen des Lebendigen als eines solchen heißt Seele (ψυχή). Was ist nun der Körper als solcher, sofern er belebt ist? Von welcher Art ist das ihn zu einem belebten Körper bestimmende Belebende, d. h. die Seele? In welchem Verhältnis stehen Körper und Seele im Hinblick darauf, daß sie ein einheitlich Seiendes von der Seinsart des Lebendigen bilden?

„Da es nun ein so gearteter Körper ist — denn er hat Leben —, wäre also der Körper nicht Seele; denn der Körper gehört nicht zu dem, was über ein Zugrundeliegendes bestimmend ausgesagt wird, sondern er verhält sich eher so wie ein Zugrundeliegendes und wie ein Stoff. Daraus ergibt sich die Notwendigkeit, daß die Seele Wesen in dem Sinne ist, daß sie der Wesensanblick eines natürlichen Körpers ist, der geeignet und befähigt ist, Leben zu haben, das Wesen aber ist die Seinsvollendung. Folglich ist die Seele die Seinsvollendung eines derartigen Körpers.“[179]

Das Wesen der Seele wird bestimmt im Hinblick auf den lebendigen Körper. Dieser hat die Seinsart der Ousia, des von sich her anwesenden für sich Seienden, und zwar der Ousia in der dritten Bedeutung, des Zusammenstandes von Eidos und Hyle. Denn er ist ein Körper von einer bestimmten Wesensart, eben ein belebter Körper. Von solchem Körper wird gesagt, er sei belebt. Der Körper ist also das Worüber des Logos, der bestimmt, wessen Wesens er sei. Er ist das dem wesensbestimmenden Logos Zugrundeliegende. Das, was als das durch den Logos zu Umgrenzende vorliegt, ist von der Art des Stoffes, der als solcher das der Möglichkeit nach ist, als was er durch den Logos bestimmt wird. Das einen Stoff in seinem Wassein Umgrenzende

[179] 412a 16 ff.

ist das Eidos, die Ousia in der zweiten Bedeutung. Dieses war als eine beendigende Vollendung dessen bestimmt worden, was der Stoff der Möglichkeit nach bereits ist. Also ist die Seele das Eidos und d. h. die Entelecheia eines Körpers, der als solcher der Möglichkeit nach belebt ist. Das will sagen: Der Körper eines Lebewesens, als Körper für sich betrachtet, ist nicht etwas Lebloses, das durch den Eintritt der Seele in ihm belebt wird, sondern der Körper als solcher ist bereits das Lebendige, aber das Lebendige, sofern es sich noch nicht als Lebendiges zeigt, dessen Sein aber gerade dadurch bestimmt ist, sich als Lebendiges zeigen zu können. Seele und Körper stehen nicht in dem Verhältnis zueinander, daß die Seele einen von sich her leblosen Körper mit Leben begabt. Das Verhältnis von Seele und Körper ist kein ontisches Verhältnis zweier Seiender, eines Belebenden und eines von sich her leblosen Stoffes, durch deren Vereinigung dann das Belebte entstände. Gerade diese Auffassung ist die Ursache für das sog. Leib-Seele-Problem, das bis in die Gegenwart durch die Geschichte der Philosophie und der Wissenschaften hindurch geschleppt worden ist. Es ist auch mit der These nichts getan, wonach im Lebendigen Stoff und Leben nicht erst nachträglich zusammentreten, sondern immer schon zusammen sind. Denn gerade diese These läßt das Verhältnis von Leib und Seele völlig im Ungedachten. Dieses Verhältnis kann allererst innerhalb der ontologischen Dimension eine Durchsichtigkeit erhalten, dergestalt, daß der Leib, für sich genommen, das Lebendige in der Weise des Seinkönnens dessen ist, dessen Wirklichkeit die Seele ist.

Deshalb sind auch die Teile des Leibes, für sich betrachtet, nicht bloß hyletische Bestandteile, die man chemisch und physikalisch untersuchen kann, sondern Organe, dasjenige also, worin das Eidos des Lebens, die Seele, das auslangende Einholen, seine Anwesenheit hat. Sie sind in dem, was sie sind, auf das Eidos des Lebens, die Seele, bezogen und kommen deshalb auch allein im Blick auf die Seele angemessen zur Erfassung. Umgekehrt gehören zum Wesen der Seele selbst die Organe, in welchen allein das Lebendige lebt. Deshalb hat man überhaupt nicht zu fragen, ob Seele und Leib eines seien. Denn dieser Frage liegt die unangemessene Vorstellung zugrunde, als seien Leib und Seele zwei ontische Komponenten, durch deren Zusammenkunft der lebendige Leib entstünde, so daß nach einem einigenden Band beider gefragt werden müßte. Das Verhältnis von Leib und Seele ist vielmehr ein nach den beiden Richtungen von Dynamis und Entelecheia zu explizierendes Seinsverhältnis, dem zufolge Seele und Leib von sich her immer schon etwas wesenhaft Einiges sind, eben zufolge des wesenhaften Bezogenseins von Dynamis und Entelecheia. Erst die Teile des leblosen Leibs sind bloße materielle Bestandteile, also keine Organe mehr, weil ihnen die Möglichkeit des auslangenden Einholens genommen ist.

Daß die Seele kein Seiendes ist, das ein anderes, von sich her des Lebens Entbehrendes mit Leben versieht, sondern das wesensspezifische Sein des Lebendigen selbst, das zu zeigen und zu verdeutlichen, ist Aristoteles in diesem Kapitel unablässig bemüht. „Denn wenn das Auge ein Lebewesen wäre, dann wäre das Sehen seine Seele; denn dies ist das Wesen des Auges in dem Sinne, woraufhin wir es ansprechen. Das Auge aber ist der Stoff des Sehens, so daß, wenn dieses fehlt, es kein Auge ist, es sei denn dem bloßen Namen nach wie das steinerne oder das gemalte Auge."[180]

Das Sehen ist ein ausgezeichnetes Vermögen der Seele. Es nimmt das Aussehen von Dingen auf, in welchen sie sich bezeugen. So sprechen wir von einem Augenzeugen, der einen Vorgang bezeugt, weil dieser sich ihm im Sehen bezeugt hat. Sehen besagt: sich zeigen von Dingen in ihrem Aussehen, in welchem sie selbst präsent sind. Und in solchem Sichzeigen der Dinge in ihrem Aussehen und als solches Sichzeigen ist das Auge selbst als das anwesend, was es ist, als das Sehende. Also macht das Sehen das Wesen des Auges aus. Was aber ist das Auge, wenn es lediglich als materielles Organ betrachtet wird? Ist es dann ein bloßer Komplex von Häuten und Nerven, zu welchem dann das Sehvermögen hinzutritt? Ein Auge, dem der Bezug zum Sehen fehlt, ist überhaupt kein Auge. Wie aber läßt sich dann das, was das

[180] 412b 18 ff.

Auge als materielles Organ ist, aus dem ihm wesenhaften Bezug zum Sehen bestimmen? Die Antwort auf diese Frage fällt jetzt nicht mehr schwer. Das Auge ist seiner Seinsart nach jenes, was dazu befähigt und geeignet ist, daß in ihm das Sehen, d. h. das Sichzeigen der Dinge in ihrem Aussehen zum Vollzug gelangen kann. Das Auge, als das materielle Organ betrachtet, ist das der Möglichkeit nach Sehende, die Seele aber ist seine Wirklichkeit, d. h. das Erscheinen der Dinge in der Bestimmtheit ihres Aussehens. Aber das Sehen ist auch seinerseits nur dann seiend, wenn es sich in dem Auge organisiert hat, so daß auch umgekehrt zum Sein des Sehens selbst gehört, daß es sich in einem Organ organisiert, dessen Vollzug es ist. Der Wirklichkeit nach seiend ist das Auge als das Sehende im Sehen, im Sichbezeugen der Dinge in ihrem Aussehen.

Und so wie das Sinnesorgan zum Sehen sich verhält, so verhält sich der Leib überhaupt zur Seele. Der Leib, das Ganze der materiellen Organe, ist als solcher das für den Lebensvollzug, das auslangende Einholen, Geeignete, und die Seele ist der Lebensvollzug in seinem Sichvollziehen und deshalb die Wirklichkeit des Lebendigen als eines solchen.

Daß die ontologischen Begriffe Dynamis und Energeia ihre volle und eigentliche Konkretion im Wesensbereich des Lebens erhalten, ist dann leicht einzusehen, wenn man auf die Übereinstimmung und die Verschiedenheit der Seinsstruktur beim Lebendigen und bei den angefertigten Dingen achtet. Dem Baustoff entspricht der materielle Organismus, dem Eidos des Hauses die Seele, dem einzelnen Haus der einzelne lebendige Leib. Die Baustoffe haben ebenso wie der materielle Organismus die Seinsart der Dynamis, das Eidos des Hauses und die Seele haben den Charakter der Energeia; das einzelne Haus in seinem Fertigsein entspricht dem einzelnen Lebendigen. Also beruht das Sein beider in dem Verhältnis von Dynamis und Energeia. Aber beim Lebendigen befinden sich Dynamis und Energeia immer schon in einer wesenhaften Einheit, so daß sie überhaupt nur in ihrer Einheit vorkommen können. Ein Haus dagegen kommt zuerst im Modus des bloßen Seinkönnens vor, als Baustoff, der dann in das Eidos des Hausseins gebracht wird. Dagegen ist der Same einer Pflanze selbst schon das Eidos, wenngleich noch in der Latenz. Macht aber das Verhältnis von Dynamis und Energeia das einheitliche Sein des Seienden überhaupt aus und ist das Lebendige durch die wesenhafte, ursprünglich ungetrennte Einheit beider bestimmt, dann besteht wohl die Annahme zurecht, daß die Begriffe Dynamis und Energeia ihre anfängliche Bestimmungskraft im Sein des Lebens erfüllen. Sofern nämlich die wesenhafte Einheit von Dynamis und Energeia das Sein des Lebendigen ausmacht, geht dieses von ihm selbst her im Durchgang durch sich selbst in die Anwesenheit dessen hervor, was es ist. Weil also die Begriffe Dynamis und Energeia aus der Interpretation des Lebens gewonnen sind, bildet das Leben den Horizont für die Auslegung des Seienden nach Dynamis und Energeia überhaupt.

§ 22 Die Wesensstufen des Lebens

Nachdem das Wesen des Lebens mittels der Begriffe Dynamis und Energeia in seinen Umriß gefaßt ist, ist nunmehr zu zeigen, daß und wie das Leben in sich steigernden Stufen seiner selbst sich entfaltet und im denkenden Geist seine höchste Wesensweise erlangt. Dazu ist ein Zweifaches zu bedenken:

Die Wesensweise der Seele ist das auslangende Einholen. Dieses hat zwar zu seiner elementaren Grundform das Sichernähren. Aber es zeigt sich, daß alle Verhaltungen der Seele eigene Weisen des auslangenden Einholens sind. Für das strebende Verhalten der Lebewesen und insbesondere des menschlichen Strebens, das unter der Führung des Logos steht, ist das ohne weiteres einleuchtend. Aber auch das Wahrnehmen ist von der Art eines auslangenden Einholens, insofern das Wahrnehmungsvermögen die sinnlichen Anblicke der Dinge als solche zu sich holt und bei sich einläßt, so daß die Dinge in verschiedener Weise sich je und je bekunden. Doch auch das Denken — und dieses erst recht — ist ein Lebensvollzug in der Weise des auslangenden

Einholens. Denn der Nous holt die in die einzelnen Dinge als deren Wasbestimmtheiten zerstreuten Wesensanblicke zu sich, indem er sie bei sich einläßt und ihnen so einen eigenen Ort für ihre Präsenz als sie selbst gibt. Darum ist das Denken ein Seinsvollzug der Seele, also des Lebens.

Daß aber beim Lebendigen die untrennbare Einheit von Dynamis und Energeia dessen einheitliches Sein ausmacht, darf nicht im Sinne einer bloß formalen Korrelation verstanden werden, wozu wir heute gemäß der unser Denken beherrschenden Tendenz zur logischen Formalisierung und Funktionalisierung aller Seinsverhältnisse besonders neigen. Es ist daran zu erinnern, daß die Energeia den Charakter der Entelecheia, der Seinserfüllung des von sich her bloß Geeigneten hat. Deshalb betont Aristoteles, daß Sein im Sinne der Entelecheia die beherrschende Seinsweise sei[180]. Wenn nun die Energeia eine Steigerung ihrer selbst zuläßt, dann auch das Lebendigsein des Lebendigen. Und so verhält es sich in der Tat.

Die Gewächse sind Seiendes, das belebt ist. Aber sie sind gleichwohl nicht Lebewesen im strengen Sinne von „Wesen". Denn die Gewächse leben im unmittelbaren Verbundensein mit den Stoffen, aus denen sie sich nähren. Die Lebewesen dagegen sind abgelöst von ihren Nährstoffen; ihnen eignet ein von ihnen abgetrenntes Für-sich-Sein und deshalb auch allererst das Sein im strengen Sinne von Ousia. Sie machen sich in freier Beweglichkeit auf zu dem, was sie zu sich holen, und sie weichen vor dem zurück, was sie bedroht, indem sie beides gewahren können. Deshalb ist die fundamentale Bestimmung der Lebewesen das Wahrnehmenkönnen[181]. Dieses Für-sich-Sein steigert sich noch einmal in der Gestalt des spezifisch menschlichen Strebens. Denn dieses steht unter dem Geleit des Logos, der ein jegliches, mit welchem der Mensch zu tun hat, in dem, was es ist, offenbar macht. Das spezifisch menschliche Streben erstrebt nicht nur etwas, sondern ihm ist das Erstrebte als solches und darum sein Streben selbst offenbar. Da der Logos ein jegliches auf Sein hin

---

[180] 412b 9. Zum Vorrang der Energeia vergleiche vor allem Met. IX., Kap. 8, 1049b 4 ff.   [181] De anima II., Kap. 2, 413b 2.

eröffnet, Sein aber die Grundbestimmtheit von allem ist, ist das menschliche Streben in die mögliche Zuwendung zu jeglichem freigegeben. Solches Streben, Praxis genannt, ist ein gesteigerter Vollzug der Energeia und deshalb des Lebens.

Aber das Leben erfährt eine nochmalige Steigerung im denkenden Geist. Er wurde bestimmt als „Anblick der Wesensanblicke"; denn in ihm zeigen sich die Wesensanblicke selbst, die ein jegliches zu diesem Seienden bestimmen, das es ist. Nun macht das Eidos, in welchem das jeweilig einzelne steht, dessen Wirklichkeit (Energeia) aus. Ist der Nous die Anwesenheit der Eidē und machen diese die Wirklichkeit des jeweils Seienden aus, dann ist der Nous die Wirklichkeit der Wirklichkeiten als solcher und deshalb seinem Sein nach höchster Wirklichkeitsmodus. Und da die Wirklichkeit der Erfüllungsmodus (Entelecheia) des Lebens ist, so ist der denkende Geist der höchste Modus des Lebens selbst. So also stehen Denken und Leben zueinander, daß das Denken selbst eine Weise des Lebens ist, und zwar seine höchste, höher noch als die Lebenspraxis. Die Rangsetzung von „Theorie" und „Praxis" erfolgt also nicht auf Grund von irgendwelchen „Wertungen", für die wir dann nach Maßstäben und Motiven zu suchen hätten, wo diese dann auch immer gefunden werden mögen: im Psychologischen, Sozialpsychologischen, im Sozialentwicklungsgeschichtlichen, im „Sozioökonomischen". Alle diese „Erklärungen", die dann auch meist noch Verbindungen miteinander eingehen, weichen vor der Verbindlichkeit des Gedankens aus. Die Rangsetzung erfolgt aus einer ontologischen Wesensexplikation des Lebens, in welcher sich das Leben des Geistes, das reine Denken, als höchste Stufe des Lebens enthüllt. Weil wir aber heute, von allen Seiten umstellt von den durch ihre Forschungsergebnisse und technischen Erfolge ihre Effektivität überall beweisenden technisch geprägten Wissenschaften, kaum noch imstande und willens sind, die im überlieferten Denken verbindlich gedachten Sachverhalte in Selbständigkeit selbst zu denken, reduziert sich uns die aus der Sache selbst sich ergebende Rangsetzung von Theorie und Praxis auf eine bloße Wertungsweise, für die man dann anderwärts nach Motivationen

Ausschau halten muß.

Das Denken des Geistes ist, weil es die Wirklichkeit der Wirklichkeiten als solcher ist, höchster Lebensvollzug oder, wie wir auch sagen können, höchste Lebendigkeit. Nun ist zwar das Denken des Menschen zweifellos an Gehirnfunktionen als Bedingungen seiner Tätigkeit gebunden, jedoch ist das Denkvermögen nicht in der Weise im Gehirn organisiert wie das Wahrnehmungsvermögen in den Sinnesorganen. Denn der Nous befindet sich nicht zu seinem Korrelat, dem Noeton, in dem Leideverhältnis, in welchem das Wahrnehmungsvermögen zu den wahrnehmbaren Dingen steht; er ist deshalb auch nicht auf bestimmte Sachgebiete festgelegt wie die Wahrnehmung auf die spezifischen Sinnesfelder, sondern er ist allem, was ist, vorweg geöffnet. Wohl aber ist der Nous, für sich genommen, nur Denkendsein-können, also seiner Seinsart nach eine Dynamis, und deshalb ist er auch dann, wenn er wirklich denkt, das Nicht-denkendsein-Könnende. So erleidet er den Weggang aus dem Denken in das Nicht-mehr-denkend-Sein und ist, obwohl von unstofflicher Seinsart, insofern einem Erleiden geöffnet, indem er den Schwund seiner Wirklichkeit erleidet. Aber der den Übergang vom möglichen zum wirklichen Denken vollbringende Grund ist wirkliches und nur wirkliches Denken ohne das Noch-nicht und das Nicht-mehr der Dynamis. Und so zeigt sich, daß auch das menschliche Denken noch nicht die höchste Weise des Lebendigseins ist, daß vielmehr das menschliche Denken sich selbst in den Anfangsgrund seiner selbst übersteigt, welcher die höchste Weise des Lebendigseins ist: das Denken, das reine Wirklichkeit ist und darum die lebendigste Lebendigkeit. Von dieser Wesensart ist aber der erste Anfangsgrund der Natur, der ewige Beweger des Himmels, der das Naturganze in der Bewegung und so im Sein hält. Der Satz aus dem XII. Buch der Metaphysik: „Denn die Wirklichkeit des Geistes ist Leben" empfängt ebenso wie die Gottesbestimmung als „immerwährendes, höchstes Lebewesen" seine Sinnbestimmtheit aus der Wesensexplikation des Lebens, aus welcher die ontologischen Grundbestimmungen Dynamis und Energeia geschöpft sind.

Die Unterscheidung von erster und zweiter Entelechie ist als Lehrstück der aristotelischen Philosophie bekannt. Es kommt aber darauf an, einzusehen, weshalb die Wesensexplikation des Lebens eine solche Unterscheidung notwendig macht.

Im 5. Kap. des II. Buches von De anima erklärt Aristoteles: „Es sind bezüglich der Dynamis und der Entelecheia Unterschiede sichtbar zu machen."[182] Diese Unterschiede werden, wie bereits im 1. Kap. angezeigt, am Wissen erläutert:

Wissendsein ist eine wesentliche Möglichkeit des Menschen, die ihm und nur ihm eigen ist. Sofern der Mensch da ist, steht er durch sein Dasein in der Möglichkeit des Wissendseins. Insofern ist der Mensch als Mensch, also seinem Wesen nach, ein Wissend-sein-könnender.

Sodann bedeutet Wissendsein im Besitz eines bestimmten Wissens sein, z. B. eines mathematischen oder geschichtlichen Wissens. Wissendsein bedeutet dann Wissenshabe.

Schließlich meint Wissendsein: auf Grund einer Wissenshabe einen Sachverhalt auf seine Gründe und Ursachen hin darlegen, also Wissensvollzug.

Die beiden ersten Bedeutungen von Wissendsein besagen ein „imstande sein", jedoch nicht in gleichem Sinne. Wenn Wissendsein eine ausgezeichnete Möglichkeit des Menschen ist, dann gehört jeder Mensch zu den Wissenden, sofern er ein Mensch ist. Es besagt Sein in der Weise des Seinkönnens. In der zweiten Bedeutung meint Wissendsein Wissenshabe, also der Wirklichkeit nach wissend sein. Aber diese Wirklichkeit ist in sich abermals Möglichkeit, eben die Möglichkeit, das Gewußte darzulegen, d. h. in der Darlegung des Gewußten selbst als ein Wissender erscheinen.

Aristoteles lenkt den Blick auf den jeweiligen Übergang von der Möglichkeit in die Wirklichkeit. Der Mensch steht, sofern er als Mensch wirklich ist, in der ihn auszeichnenden Möglichkeit des Wissendseins. Um zu einem wirklich Wissenden zu werden,

[182] 417a 21 ff.

muß er durch ein Lernen hindurch. Deshalb ist das Lehren primär nicht ein Beibringen von Kenntnissen, sondern es besteht vor allem darin, den Lernenden in das Lernen gelangen zu lassen, ihn das Lernen zu lehren. Lernen ist ein Anderswerden dessen, der lernt. Denn durch das erlangte Wissen ändert sich sein Bezug zu den Dingen. Es kann aber auch geschehen (und das ist in der Philosophie sogar vorzüglich der Fall), daß der Lernende durch das Lernen von einer verkehrten Ansicht über die Sache zu ihrer Erkenntnis gelangt. Dann geschieht mit dem Lernenden nicht nur eine Veränderung, sondern ein Umschwung (μεταβολή), insofern ihm die Erkenntnis der Sache im Verschwinden seiner bisherigen Ansicht von ihr aufgeht. Wo der Lernende allererst aus einer verkehrten Ansicht in die wahre Sicht der Sache gelangt, ist das Lernen ein Erleiden. Er erleidet den Verlust seiner bisherigen Ansicht. Eine Ansicht haben heißt: einer Ansicht *sein*. Deshalb ist ein solches Lernen ein Umschwung aus einem Sein in das gegenteilige Andere, d. h. ein Erleiden.

Wie aber ist der Übergang von der Wissenshabe zum Vollzug des Wissens zu bestimmen? Er ist kein Umschwung von dem Einen ins gegenteilige Andere. Denn hier wendet sich nicht die wahre Sicht der Dinge gegen die bisher bestehende und festgehaltene Ansicht. Dieser Übergang ist also kein Erleiden. Er ist aber auch keine Veränderung; denn beim Übergang von der Wissenshabe zum Vollzug ändert sich nicht der Bezug des Wissenden zu der Sache. Aristoteles erklärt, dieser Übergang sei so wenig ein Erleiden, daß er vielmehr eher eine Rettung und Bewahrung sei[183]. Etwas retten heißt: es in sein Sein zurückbergen, so daß es ins Sein einbehalten bleibt. Solcher Rettung aber bedarf dasjenige, das durch den Schwund bedroht ist. Und das ist beim Wissen in einer ausnehmenden Weise der Fall. Das Wissen ist bedroht durch die Zeit, die das Schwinden- und Vergehen-machende an ihr selbst ist. Ein Wissen kann allein durch die Zeit schwinden. Und das Unheimliche an diesem Vorgang ist, daß er uns zugleich auch noch verborgen bleibt. Eines Tages erfahren

[183] 417b 2 ff.

wir zu unserer Betroffenheit, daß wir das, was wir gewußt haben, nicht mehr wissen. Das geschieht, weil wir das Wissen nicht mehr vollzogen haben. Der Wissensvollzug rettet das Wissen vor seinem Schwund. Der Übergang von der Wissenshabe zum Wissensvollzug bewahrt das Wissen vor seinem Schwund in die Absenz, ist also Wissensrettung.

Man kann den Vollzug auch „Gebrauch" (χρῆσις) nennen, so wie man vom Gebrauch unserer Fähigkeiten spricht. Gebrauch meint aber nicht einfach nur Verwendung von etwas. So ist das Bewohnen eines Hauses sein Gebrauch, der, wenn er recht vollzogen wird, das Haus gerade instand hält, während das Unbewohntlassen das Haus verkommen und verfallen läßt. Das sachgerechte Brauchen ist ein Instandhalten des Gebrauchten, ist seine „Rettung". Es ist schwer auszudenken, was das ist, daß heute der Gebrauch von Gebrauchsdingen im vorhinein durch den Verbrauch geregelt und bestimmt wird. Der Gebrauch wird in Verkehrung seines Wesens zum Verbrauch, damit die Produktion nicht nur in Schwung bleibt, sondern sich unablässig steigert. Diese ist der Schein dessen, was sie nicht ist, der Schein des Produktiven; denn sie ist in Wirklichkeit die unaufhörlich sich beschleunigende Produktion des Schwundes der Dinge in die Absenz, die organisierte Form der Dingvernichtung. Aber das vermögen wir erst dann zu sehen, wenn wir uns durch das überlieferte Denken an das Wesen des Gebrauchs erinnern lassen. Deshalb könnte dieses Denken auf seine Weise „aktueller" sein als alle aktuellen Analysen des „Wirtschaftslebens", d. h. der Produktion und des Konsums.

Verstehen wir den Wissensvollzug als Gebrauch in seinem rechtmäßigen Sinne, dann können wir sagen: Das Wissen braucht seinen Gebrauch, weil der Gebrauch es im Verbleib hält. Aber so steht es mit dem sachgerechten Gebrauch überhaupt: Er hält das Gebrauchte im Verbleib.

Die Wissenshabe, das wirkliche Wissendsein, in welchem das Lernen in seine es beendigende Vollendung gelangt, ist die erste Entelechie. Der Wissensvollzug, der Gebrauch, ist die zweite Entelechie. Die erste Entelechie braucht die zweite, damit sie vor

dem Schwund bewahrt bleibt. Nun rechtfertigt sich auch vielleicht die umständliche Übersetzung von Entelechie durch die
Paraphrasierung „Sichhalten in der beendigenden Vollendung";
die zweite Entelechie vollbringt das Sichhalten im Telos gegenüber der Gefahr des Schwindens.

Deshalb ist der Übergang von der Wissenshabe zum Vollzug
kein Umschwung, keine Zukehr zu dem Einen bei Abkehr von
dem Anderen, aber auch keine Veränderung, sondern „der Zu-
wachs in Richtung auf es selbst und auf die Entelechie"[184].
Durch den Vollzug nimmt das Wissen in Hinsicht auf es selbst
und seine Entelechie, die es schon ist, noch zu. Denn das Wissen
geht, wenn es zum Vollzug übergeht, nicht zu etwas anderem
hinüber, sondern es bringt sich in das volle Scheinen dessen, was
es ist. Es ist nicht nur wirkliches Wissen, sondern es ist *als* wirkliches Wissen präsent. Seine Wirklichkeit tritt selbst ins Erscheinen hervor und nimmt so an sich selbst, als Wirklichkeit, zu.

Nun ist leicht einzusehen, daß die Unterscheidung von erster
und zweiter Entelechie, am Wissen erläutert, das Sein des Lebendigen überhaupt betrifft. Denn das Lebendige ist dadurch
seiend, daß es sich von sich her in die Anwesenheit hervorbringt
und sich gegen den Schwund aus sich selbst in ihr hält. Das Sichhalten in der Anwesenheit geschieht als zweite Entelechie, als
Vollzug und Gebrauch. Das gilt für das Lebendige als das
Ganze ebenso wie für seine Teile, also seine Organe, Glieder, für
das Wahrnehmungsvermögen bei dem Lebewesen und für das
Denkvermögen beim Menschen. Wer vom Denken keinen Gebrauch macht, dem verkümmert es mehr und mehr, wie es umgekehrt durch seinen Gebrauch an sich selbst zunimmt, indem es
immer denkender wird. Durch den Gebrauch seiner Lebendigkeit hält das Lebendige sich von sich her und durch sich selbst im
Leben, solange es ihm beschieden ist.

So wird auch klar, daß das Seiende, dessen Sein reine Wirklichkeit ist, sich nicht im Sein gegen den Schwund zu halten
braucht und deshalb auch nicht in dem Unterschied von erster
und zweiter Entelechie steht. Diese Unterscheidung einer zwei-

[184] 417b 5 f.

fachen Entelechie hat den Grund ihrer Notwendigkeit in der Seinsverfassung desjenigen Lebendigen, das im Übergang vom Noch-nicht-Sein zum Nicht-mehr-Sein weilt, wozu auch der Geist des Menschen gehört.

Jetzt sei die Frage endlich in Angriff genommen, die sich bereits mehrmals gemeldet hatte und zuletzt zugunsten der Gewinnung eines Strukturbegriffs vom Wesen des Lebens zurückgestellt worden war: Das Denken gründet in einem metaphysischen Grund, dem die Seinsart einer immerwährenden, reinen Wirklichkeit eignet. Aber von dieser Seinsart ist auch der erste Anfangsgrund des Naturganzen. Wie stehen der metaphysische Grund des Denkens und der Anfangsgrund der Natur zueinander? Sind sie das Eine und Selbe? Und wie ist dann ihre Identität zu denken? Um eine mögliche Antwort auf diese Frage zu finden, gilt es, das Verhältnis von Denken und Sein überhaupt in seiner ganzen Weite zu entfalten und zu erörtern. Mit dieser Aufgabe begeben wir uns in das innerste Zentrum der aristotelischen Philosophie und aller Metaphysik überhaupt.

Das Denken ist Denken des Seins. Also ist im Denken das Sein dessen, was ist, zugänglich und offenbar. Offenbarkeit des Seienden in Hinsicht auf sein Sein macht aber das aus, was Wahrheit ist. Indem wir nach dem Verhältnis von Denken und Sein fragen, bedenken wir zugleich das Wesen der Wahrheit. Diese Frage blickt in die weiteste Weite hinaus; denn sie umfaßt auch noch die Frage nach der Wahrheit des philosophischen Denkens, also der ontologischen Metaphysik selbst.

V. TEIL
SEIN UND DENKEN. DAS WESEN DER WAHRHEIT

§ 24 Die überlieferte Wesenbestimmung der Wahrheit

Die ontologisch-metaphysische Grundfrage des Aristoteles ist von einer vierfachen Gliederung des Bedeutens von Sein geleitet, zusammengefaßt vorgeführt im 7. Kapitel des V. Buches der Metaphysik[185]: Sein als Mitsein von etwas bei und mit etwas, dergestalt, daß sachlich Verschiedenes dadurch geeinigt ist, daß es Bestimmtheiten des einen und selben Seienden sind; Sein im Sinne der Kategorien; Sein als Wahrsein und Nichtsein als Falschsein und schließlich Sein im Sinne von Möglichkeit und Wirklichkeit. Vom Sein in der Bedeutung von Wahrsein und dem Gegenteil handelt Aristoteles im 4. Kapitel des VI. Buches[186] und im 10. Kapitel des IX. Buches der Metaphysik[187]. Das Denken auf das Wesen der Wahrheit gelangt jedoch nicht, wie man erwarten sollte, in den Bereich einer endgültigen Helle und Durchsichtigkeit, sondern es verweist auf etwas sich verbergendes Verborgenes. Das bekundet sich zunächst in der gedanklichen Unausgeglichenheit, in welcher das Verhältnis der beiden Erörterungen der Wahrheit zu stehen scheint. Ihre Verhältnisbestimmung ist denn auch seit langem schon Gegenstand einer niemals zur Ruhe gekommenen Kontroverse gewesen. Dabei sind vor allem Stellung und Bedeutung des 10. Kapitels des IX. Buches umstritten. Es ist schwierig, in dieser Lage, angesichts der mit disparaten Mitteln unternommenen Erklärungen, noch einmal einen Versuch zu unternehmen, das Verhältnis der beiden Kapitel in einer freien, jedoch an die Sache gebundenen Überlegung zu klären. Ein solcher Versuch schließt die Notwendigkeit einer Kritik von vornherein mit ein. Vorausdeutend sei

---

[185] 1017a 7 ff.
[186] 1027b 17 ff.
[187] 1051a 34 ff.

gesagt, daß das Denken des Aristoteles auf die Wahrheit die Signatur einer Zweideutigkeit trägt, die weder eine gedankliche Unausgeglichenheit oder gar Unsicherheit des Denkens verrät noch durch Athetesen oder durch Verteilung auf entwicklungsgeschichtliche Phasen aufgelöst werden kann, sondern in der Sache selbst liegt.

Wahrsein und Falschsein sind Grundweisen des Bedeutens von Sein und Nichtsein. Was besagen Wahrsein und Nichtsein im Sinne von Falschsein? Die Fassung dieses Gegensatzpaares führt zur Aufstellung der herkömmlichen Wahrheitsbestimmung im Sinne der Übereinstimmung des Denkens mit der gedachten Sache. Aristoteles faßt das Wahrsein und sein Gegenteil von vornherein im Blick auf den Logos, das Darlegen einer Sache in Hinsicht auf Sein und Nichtsein, weil wir ja beides im Ist-sagen bzw. Ist-nicht-sagen antreffen und vorfinden. Im Ist-sagen sagen wir etwas über etwas aus und sprechen einem Vorliegenden etwas zu[188], im Ist-nicht-sagen sprechen wir einer vorliegenden Sache etwas ab[189]. Liegt nun das Zugesprochene bei der vorliegenden Sache in Einheit mit ihr vor oder ist das Abgesprochene von der angesprochenen Sache getrennt, dann ist Wahres. Widerspricht dagegen das Sagen der Sache, indem es sie anders sagt, als sie vorliegt, dann ist Wahres nicht, sondern Falsches. Wahrsein und Falschsein beruhen demnach auf der Verteilung vom seiend und nichtseiend im Aussagen über etwas. Wahres ist, wenn die Verteilung sachgerecht ist, indem sie sich nach der Sache in ihrem Vorliegen richtet, nämlich nach dem Beisammen- bzw. Getrenntsein von etwas in Bezug auf etwas. Wenn dagegen das Sagen sich verkehrt zum Beisammensein und Getrenntsein stellt, dann ist Falsches. Wahrheit und Falschheit bestehen demnach in der Richtigkeit bzw. Unrichtigkeit der Aussage. Solche Verteilung von Sein und Nichtsein im Logos, sei sie richtig oder unrichtig, betrifft aber das Seiende in seinem Sein selbst nicht. Ein Seiendes bleibt, was und wie es ist, mag es nun richtig oder unrichtig angesprochen werden. Wahr und falsch

---

[188] κατάφασις.
[189] ἀπόφασις.

haben daher nicht wie gut und schlecht ihren Ort in der Sache selbst, sondern in der Art des Bezuges unseres Ansprechens und Besprechens zu den Sachen. Das Darlegen eines Vorliegenden im durchsprechenden Besprechen seiner heißt Dianoia (διάνοια), vernehmendes Durchnehmen von etwas, also Denken. Das Denken vollzieht der Verstand. Folglich haben wahr und falsch ihren Ort nicht in der Sache selbst, sondern im Verstand. Genauer gesagt: wahr und falsch kennzeichnen das Vorliegende hinsichtlich der Art seiner Darlegung, nicht aber in seinem Vorliegen, also nicht in seinem eigenen Sein. Demnach kommen Wahrsein und Falschsein dem Seienden nicht von ihm selbst her zu, sondern sie stellen sich nur bei ihm und mit ihm ein, sofern es dargelegt, d. h. vorgenommen und durchgenommen wird. Insofern treten Wahr- und Falschsein auf die Seite des bloß mitgängigerweise Seienden. Sie sind etwas, in das der Verstand in seinem Bezug zum Seienden versetzt wird; es enthüllt sich in ihnen kein genuiner und eigener Charakter des Seienden selbst wie in den Kategorien und in den Bestimmungen von Möglichkeit und Wirklichkeit. Deshalb schließt Aristoteles das Wahr- und Falschsein aus der eigentlichen Seinsbetrachtung ebenso aus wie das mitgängigerweise Seiende, weil es eben nicht dem Seienden selbst, sondern seiner Darlegung im Logos, der Dianoia also zu eigen ist. Das Wissen vom Logos ist die Logik. Und so beginnt bei Aristoteles die Wahrheit bereits eine Sache der Logik zu werden.

Kaum scheint etwas so klar und selbstverständlich zu sein wie dieser Gedankengang und sein Ergebnis. Doch ist hier eine Einschränkung zu machen, die von Aristoteles selbst herrührt. Wahr und falsch haben ihren Ort im Zu- und Absprechen, und diese bewegen sich im Umkreis von Zusammensetzung und Trennung[190], dergestalt, daß Wahres dann ist, wenn das Zusprechen sich an das vorliegende Beisammen und das Absprechen sich an das Getrenntsein hält, während das Falsche sich widersprüchlich zu dieser Verteilung verhält. Solches einigende oder trennende Durchnehmen einer Sache hat die Vollzugsform der Dianoia,

[190] 1027b 19.

der daher immer zu Vereinigendes oder zu Trennendes vorliegen muß. Wie aber steht es dann mit dem Einfachen, d. h. dem Was-es-ist, also vor allem dem wesentlichen Sein, das kein Beisammen von etwas mit etwas ist? Aristoteles erklärt, im Umkreis des Einfachen und des Was-es-ist habe das Wahre und Falsche seinen Ort auch nicht in der Dianoia[191]. Daraus ist bereits zu entnehmen, daß es sich in diesem Kapitel nur um eine beschränkte Fassung der Wahrheit handelt, die nicht nur eine Erweiterung zuläßt, sondern sogar einer eigenen Fundierung bedarf. Dafür sprechen auch die Darlegungen am Ende von Kapitel 6 des III. Buches von De anima, in welchem auf die gegensatzfreie Wahrheit des Eidos, des Was-es-ist und des Wesens sowie des Ahyletischen überhaupt hingewiesen wird, das doch schon in die Sicht gekommen sein muß, damit ein Zu- und Absprechen möglich werden kann[192]. Aristoteles hat die Aufgabe einer Fundierung der dianoetischen Wahrheit im 10. Kapitel des IX. Buches der Metaphysik[193] übernommen[194].

§ 25 Das Wahrsein und Falschsein des Logos

Der weitläufige einleitende Satz des 10. Kapitels gibt nicht nur das Thema an, sondern er bringt bereits erste Bestimmungen des Wahr- und Falschseins.

[191] 1027b 27 f.

[192] 430b 26 ff.

[193] 1051a 34 ff.

[194] Dem Verf. sei die Bemerkung gestattet, daß er die hier vorgelegte Interpretation von Met. IX., 10 während der letzten 20 Jahre wiederholt in Vorlesungen mitgeteilt hat. — Ausdrücklich verwiesen sei auf die bislang wichtigste und richtigste Interpretation durch M. Heidegger, Gesamtausgabe, II. Abteilung: Vorlesungen 1923—1944, Bd. 21, Logik. Die Frage nach der Wahrheit, S. 170 ff. Heideggers Rückgang auf Aristoteles ist durch die Absicht bestimmt, die postmetaphysische Frage nach dem Sinn von Sein auf die Bahn zu bringen, und zwar durch den Versuch, im Umkreis von „Sein und Zeit" über einer Auseinandersetzung mit der überlieferten Metaphysik einen Weg von der Zeitlichkeit als Sinn der Sorgestruktur des menschlichen Daseins zur Zeit als Horizont des Verstehens von Sein überhaupt zu finden. — Daß aber die im Folgenden vorgelegte Interpretation nicht möglich gewesen wäre ohne Heideggers Erinnerung an das griechische Wahrheitswesen, die ἀλήθεια, möchte der Verf. an dieser Stelle noch einmal bekräftigen.

„Da das seiend und das nichtseiend gesagt wird gemäß den
Gestalten der Kategorien, ferner von der Möglichkeit und Wirklichkeit und deren Gegenteil her, sodann in der beherrschend-
sten Seinsweise von wahr und falsch und dieses in den Sachen
gründet, nämlich in dem Beisammenvorliegen und dem Getrenntsein, so daß derjenige Wahres sagt, der das Auseinander-
liegende für auseinanderliegend, das Zusammenvorliegende für
zusammenvorliegend hält, derjenige aber im Irrtum ist, der sich
entgegengesetzt zu den Sachen verhält — wann ist oder ist nicht
das gesagte Wahre oder Falsche? Denn das ist prüfend zu betrachten, was wir sagen (wenn wir sagen: Es ist wahr oder es ist
falsch.).“

Hier begegnet die Gliederung des seiend, desjenigen also, woraufhin wir ein jegliches, womit wir zu tun haben, vorgängig
bereits angesehen haben, wie sie Aristoteles im 7. Kapitel des
V. Buches vorlegt, allerdings mit einigen zu beachtenden Unterschieden. Das Nichtsein wird von vornherein in die Betrachtung
einbezogen. Die ontologisch metaphysische Grundfrage blickt
also in den weitesten Horizont überhaupt hinaus. Sodann werden hier nur drei Grundweisen von Sein genannt, das Sein in der
Weise der Mitgängigkeit bleibt aus. Man könnte das damit begründen, daß es in den Analysen des 4. Kapitels des VI. Buches
bereits vorgelegt ist, und zwar mit dem Ergebnis, daß es aus der
ontologischen Fundamentalbetrachtung auszuschließen sei. In
Wirklichkeit tritt es jedoch bereits in dem angeführten Satz auf,
der eine erste Bestimmung von Wahr und Falsch gibt. Vor allem
aber erscheint hier das Wahr- und Falschsein als die beherrschendste Seinsweise[195], in deren Erfassung sich daher die Seinsbetrachtung der Bücher VII bis IX vollendet, während in VI 4
erklärt wurde, daß Wahr- und Falschsein das Seiende nicht in
seinem eigenen Sein, sondern nur den Bezug des Denkens zum Seienden betreffe. Es gilt, diese zweifache Bestimmung der Wahrheit aus der Sache selbst evident zu machen.

Aristoteles stellt die Frage: Wann ist Wahres bzw. sein Gegenteil? Auch hier geht Aristoteles davon aus, daß das Wahre

[195] τὸ κυριώτατα ὄν.

und das Falsche zuerst in der Aussage, im Logos, anzutreffen sind. Daraus ergibt sich die Frage: Wann ist das in der Aussage Gesagte wahr bzw. falsch? Denn dadurch, daß das Gesagte als Wahres behauptet wird, ist es nicht schon wahr. Und umgekehrt ist dadurch, daß etwas Gesagtem das Wahrsein bestritten wird, dieses noch nicht falsch. Wann also und unter welchen Bedingungen ist Gesagtes wahr bzw. falsch? Was bedeutet Sein im Sinne von Wahrsein und Nichtsein im Sinne von Falschsein?

Der große Einleitungssatz gibt in seinem zweiten Teil eine erste Bestimmung des Wahrseins sowie seines Gegenteils. Wahrsein ist etwas an den Sachen[196] und beruht in dem Beisammen- bzw. Auseinanderliegen. „Die Sachen" stehen an dieser Stelle, wie auch sonst öfter bei Aristoteles, für das Seiende. Aristoteles wählt mit Bedacht hier diesen neutralen Ausdruck, weil ja das Seiende bzw. das Nichtseiende aus der Hinsicht auf Wahrsein und Falschsein allererst bestimmt werden soll. Demnach ist das im Logos oder der Dianoia antreffbare Wahre, sofern es *ist*, etwas an den Sachen. Und in der Tat, sobald ich sage: Es ist wahr, muß ich auf die im Sagen dargelegte Sache blicken, an welcher das gesagte Wahre vorfindlich und ausweisbar ist. Wer Beisammenvorliegendes in seinem Beisammen bzw. Auseinanderliegendes in seinem Auseinander darlegt, der hält Wahres gegenwärtig[197]. Dieses besteht darin, etwas als so seiend zu nehmen und gegenwärtig zu halten, wie es sich von sich her gibt und darbietet, nämlich als in Einheit beisammenseiend oder als getrennt auseinanderliegend. Nehme ich dagegen eine Sache anders, als sie sich von sich her gibt, also ein Beisammen als ein Auseinander und umgekehrt, dann befinde ich mich im Irrtum oder (wenn ich darum weiß) führe einen anderen in den Irrtum. Ich lasse zwar die Sache im Logos erscheinen, aber so, daß sie verstellt und verdeckt begegnet[198]. Wahres sagen bedeutet demnach: die Sache unverstellt, unverdeckt darlegen und begegnen lassen. Das griechische Wort für Wahrheit ἀλήθεια (Aletheia) besagt

---

[196] ἐπὶ τῶν πραγμάτων.
[197] ἀληθεύει.
[198] ψεῦδος.

seinem Wortsinn nach Unverborgenheit. Demnach besteht das Falsche darin, daß eine vorliegende Sache zwar im Logos erscheint, aber in der Weise der Verdeckung und Verstellung, insofern das Beieinander als ein Auseinander und umgekehrt erscheint.

Das Wahre und Falsche der Aussage ist demnach etwas an den Sachen. Aristoteles vollzieht eigens die Rückgründung des Wahr- und Falschseins der Aussage auf die Sachen in dem folgenden Satz: „Denn nicht dadurch, daß wir wahrhafterweise dafür halten, du seiest weiß, bist du weiß, sondern dadurch, daß du weiß bist, halten wir, die wir das Weißsein behaupten, ein Wahres gegenwärtig."

Der Satz macht deutlich, wohin wir den dem Wahren nachgehenden Blick lenken müssen, um das Sein von Wahrem zu erblicken: auf die vorliegende Sache hinsichtlich der Art ihres Vorliegens, in welcher das Wahre des Logos sein Sein hat. Das Wahre und Falsche des Logos sind, sofern sie sind, in ihrer Rückgründung auf die Art des Vorliegens der vorliegenden Sache in Hinsicht auf das Beisammen und das Auseinander. Entsprechend bestimmt dann der nächste Satz die Struktur des Seins im Sinne von Wahr- und Falschsein: „Wenn nun einiges je und je beisammen vorliegt und nicht imstande ist, getrennt zu werden, anderes aber je und je getrennt und außerstande ist, zusammengestellt zu werden, wieder anderes Entgegengesetztes bei sich zuläßt — wenn es sich so verhält, dann ist Sein Beisammenvorliegen und Einessein, Nichtsein aber Nichtbeisammenvorliegen und Mehrererleisein."

Mit diesem Satz tut Aristoteles einen entscheidenden Schritt in Richtung auf die seinsmäßige Fundierung der Wahrheit und Falschheit der Aussage. Wenn beide in der Sache gegründet sind, auf welche der Logos sich bezieht, wie sind dann Sein und Nichtsein zu bestimmen, auf die zurückgegründet das Wahre und Falsche des Logos sind, sofern sie sind? Sein besagt Beisammenvorliegen und Einheit dieses Beisammen, also Geeinigtsein zu Einem, Nichtsein Auseinanderliegen, in Mehrererlei Zerstreutsein. Das Nichtseiende ist also nicht schlechthin nicht, sondern es ist auf seine Weise auch seiend. Das schöne Völkerschlachtdenkmal in Leipzig ist nicht schlechthin nicht; denn beide, das Denkmal und das Schöne, sind; sie liegen vor, aber nicht in der Einheit des Beisammen, sondern in ein Auseinanderliegen getrennt: hier das Denkmal und anderswo das Schöne.

Nun gliedern sich das Beisammen und das Auseinander in zwei Arten: in das ständige Beisammen als Beisammenbleiben, wie z. B. Körper und ausgedehnt, die nicht voneinander getrennt werden können, und dem entspricht als Gegenteil das ständige Auseinander als Auseinanderbleiben, wie z. B. Schnee und Wärme, und in das unständige Beisammen bzw. Getrenntsein, also in solches, das Entgegengesetztes bei sich einläßt, wie z. B. ein Mensch, der zuerst klein und dann groß ist. Sind aber Sein im Sinne von Wahrsein und Nichtsein im Sinne von Falschsein im Hinblick auf die Art des Vorliegens des Seienden zu bestimmen, dann ergeben sich zwei Arten von Sein und Nichtsein:

Sein besagt einmal bleibendes in Einheit Beisammensein, wesenhafte Einheit, bleibende Anwesenheit. Nichtsein besagt dann ständiges Ausbleiben des Beisammen, wesenhaftes Mehrererleisein, immerwährendes Nichtsein.

Sein besagt sodann: unständige Einheit eines Beisammen, dergestalt, daß das Eine beim Anderen nicht in bleibender Einheit vorliegt, sondern nur eine Weile mit ihm zusammen mitgegangen ist und sich dann von ihm wieder trennt, wie z. B. das Blühen der Rosen. Nichtsein besagt entsprechend unständiges Ausbleiben des Beisammen, eine Einheit also, die zwar jetzt nicht ist, aber zu ihrer Zeit sein kann und dann sein wird.

Weil nun das Wahre und Falsche des Logos in das Sein des Seienden zurückgegründet sind, muß sich auch das Wahr- und Falschsein aus der Seinsstruktur des Seienden, d. h. aus der Art des Beisammen- bzw. Auseinanderseins bestimmen lassen:

„Im Umkreis dessen, was Entgegengesetztes zuläßt, geht die eine und selbe Ansicht als falsch und wahr hervor und ebenso die eine und selbe Aussage und läßt so bald die Gegenwart von Wahrem, bald den Irrtum zu." Doxa (δόξα), Ansicht, bedeutet die Art und Weise, wie wir uns die Dinge, indem wir sie ansehen, sich zeigen lassen. Die Rosen blühen, sie zeigen sich uns in seinsmäßiger Einheit mit dem Zustand des Blühens. Werden sie in dieser Ansicht festgehalten, dann kann diese verstellend und verdeckend werden. Die Rosen sind inzwischen verblüht, aber ich halte sie in der Ansicht und der ihr entsprechenden Aussage fest, daß sie blühen. Gerade also dadurch, daß die Ansicht dieselbe bleibt, geht sie aus dem Wahrsein in das Falschsein über. Das in dem unständigen Beisammen gegründete Wahre steht also in der Möglichkeit des Umschlags in sein Gegenteil, dessen Möglichkeitsgrund die Seinsstruktur des Seienden ist, worin dieses Wahre sich gründet.

„Im Umkreis dessen aber, das zu keinem Sich-anders-verhalten imstande ist, ergibt sich nicht ein bald Wahrsein, bald Falschsein, sondern dasselbe bleibt immer wahr und falsch." Das in der Seinsstruktur der wesenhaften, bleibenden Einheit des Beisammen und Einesseins gegründete Wahre ist ein immerseiendes Wahres und das entsprechende Falsche ein immerseiendes Falsches.

§ 26 Die Wahrheit des Wesens

Das aus der Struktur des Vorliegens von Seiendem gewonnene Wahrsein und Falschsein umfaßt sowohl das Wandelbare, das bald ist, bald nicht ist, wie auch das Immerseiende und das Immer-Nichtseiende. Und damit scheint das Sein als Wahr- und Falschsein überhaupt erfaßt zu sein.

Aber nun zeigt sich, daß dem nicht so ist, daß es sich vielmehr ganz anders verhält. Wir haben nämlich den eigentlichen Bezirk der Wahrheit überhaupt noch nicht betreten, sondern uns bislang nur in ihrem Vorhof aufgehalten.

„Aber im Umkreis des Unzusammengesetzten nunmehr, was ist da Sein und Nichtsein und das Wahre und das Falsche? Denn hier ist kein Zusammengesetztes, so daß Sein ist, wenn ein Beisammenvorliegen ist, Nichtsein aber, wenn ein Auseinandergetrenntsein ist, wie das weiße Holz oder die inkommensurable Diagonale; deshalb wird auch das Wahre und Falsche nicht in gleicher Weise bei jenem vorliegen." Aristoteles hatte bisher das Sein in Hinsicht auf Wahrsein in das unständig und das ständig Beisammenseiende gegliedert. Das Sein des ständig Beisammenseienden stellt eine wesenhafte, bleibende Einheit dar. Jetzt aber faßt Aristoteles solches in den Blick, das noch einiger und einhafter ist als das wesenhaft Beisammenseiende, nämlich solches, das nicht mit anderem, sondern nur mit sich selbst geeint, das also, vom Zusammensein her gedacht, nur mit sich selbst zusammen ist. Was ist das, was Aristoteles da ins Auge faßt?

Aristoteles spricht einige Zeilen später vom Was-es-ist und von den Wesenheiten, sofern sie nicht mit anderem zusammengestellt sind[199]. Das Wesen, sofern es sich nicht mit anderem zusammengestellt hat, also z. B. nicht die Rose, die rot ist, sondern die Rose als Rose, hat nicht die Seinsstruktur des Beisammen von etwas mit etwas, und deshalb kann Nichtsein auch nicht Vorliegen im getrennten Auseinander bedeuten. Demnach ist das Unzusammengesetzte vor allem jenes, womit wir antworten, wenn wir fragen: Was ist dieses? Ein Baum, ein Mensch, ein Haus. Der vor uns stehende Baum ist nicht nur, *was* er ist, sondern er steht an dieser Stelle in dieser Umgebung, er hat seine Beschaffenheit und ein bestimmtes Alter. Das, was er ist, sein Wesen, hat sich mit mancherlei anderem zusammengestellt. Er ist zwar eine Ousia, ein für sich Seiendes, aber eine Ousia, die mit vielerlei in Einheit beisammen ist. Jetzt aber gilt es, den Baum nicht als ein Hier und Jetzt und So, sondern in seinem Wassein als Baum in den Blick zu nehmen. Das geschieht dadurch, daß der Blick das abweist, mit dem das Wesen immer schon zusammensteht, also gerade das Beisammen und deshalb auch die Einheit des Beisammen. Das Wesen kommt dann in die Sicht, wenn wir ein Seiendes auf sein Wassein hin befragen. Gleichwohl meinen Ousia und das Was-es-ist nicht in jeder Hinsicht dasselbe. Zwar ist die Ousia durch das Wassein gekennzeichnet, aber nicht jedes Was-es-ist ist eine Ousia. Diese meint vielmehr ein ausgezeichnetes Wassein, dessen Seiendes für sich besteht, wie ein Baum, ein Mensch oder auch ein Haus. Auf das

[199] 1051b 26.

hin, was es ist, kann aber auch solches befragt werden, was nicht an sich selbst besteht, wie das Weiße, das Große, das Schöne. Auch solchem Seienden eignet ein eigener Wasgehalt, aber nicht so, daß er das Wassein einer Ousia ist.

Das jetzt auf Sein und Nichtsein im Sinne des Wahr- und Falschseins hin Befragte ist also das Was-es-ist und vor allem das vorzügliche Wassein, dessen Seiendes ein für sich Bestehendes ist. Diesen Bereich bringt Aristoteles so in den Blick, daß er ihn durch Abhebung gegen die Seinsstruktur des Beisammenvorliegenden in seinem Eigenen ans Licht hebt.

„Vielmehr wie bei diesem das Wahre nicht dasselbe ist, so auch nicht das Sein; sondern es besteht das Wahre oder das Falsche darin: das eine im unmittelbaren Anwesendhaben und im einfachen Sagen (denn nicht sind Aussage und Sagen dasselbe), das Verkennen aber im Nicht-anwesendhaben. Denn Getäuschtwerden gibt es im Umkreis des Was-es-ist nicht, es sei denn in der Weise des Mitgängigen. In gleicher Weise verhält es sich mit den Wesenheiten, sofern sie sich nicht mit anderem zusammengestellt haben. Denn es besteht hier keine Möglichkeit des Getäuschtwerdens.“

In diesen Sätzen bestimmt Aristoteles das dem Unzusammengesetzten zugehörige Wahr- und Falschsein, indem er zeigt, daß dieses Wahrsein überhaupt nicht in der Möglichkeit des Falschseins steht. Einige Herausgeber haben das „falsch“[200] deshalb streichen wollen. Aber daß dem Unzusammengesetzten ein gegensatzfreies Wahrsein eignet, daß also der Gegensatz von wahr und falsch in diesem Bereich überholt werden muß, wird in diesen Sätzen allererst herausgebracht. Man darf den Weg eines Denkers nicht von seinem Ende her korrigieren; denn der Weg selbst gehört zur Sacherschließung und möchte deshalb immer wieder aufs neue gegangen werden. Der Ansatz von wahr oder falsch wird im Umkreis des wesentlichen Seins überholt, und solches Überholen eines ersten Frageansatzes ist dem Denken des Aristoteles eigentümlich und dem philosophischen Denken überhaupt, das sich nicht in Ableitungen aus festen Vorausset-

[200] ψεῦδος.

zungen bewegt, sondern den Grund und Boden, auf dem wir sicher zu stehen glauben, ins Wanken bringt, nicht um alles unfest und schwankend zu machen, sondern um den Grund allererst zu erlangen und zu gründen.

Unzusammengesetztsein kennzeichnet solches, das nicht die Struktur des Beisammen von etwas mit etwas hat, dessen Sein deshalb auch nicht Einheit des Beisammenvorliegens besagt. Entsprechend kann dann auch Nichtsein nicht Auseinanderliegen bedeuten. Das ihm zugehörige Wahrsein kennzeichnet Aristoteles als ein „berühren"[201]. Berühren meint: sich in die unmittelbare Gegenwart zu etwas bringen, sich in unmittelbarer Anwesenheit zu etwas halten. Es verdeutlicht sich durch die Abhebung gegen die zuvor behandelte Weise des Wahrseins, des Sehenlassens eines Seienden von etwas anderem her und auf etwas anderes hin, z. B. eines Baumes daraufhin, daß er jetzt in Blüte steht. Was das aber ist, ein Baum, das wird nur in einem unmittelbaren Sichhalten an sein Wassein zugänglich. Hier gibt es keine Möglichkeit des Hinsehens auf etwas, das mit ihm zusammen ist, sei es bleibend, sei es vorübergehend. Das einfache Sichten dessen, was ein jegliches ist, nennt Aristoteles Noein (νοεῖν). Es ist nicht ohne weiteres mit Erkennen gleichzusetzen. Wenn ich in der Ferne etwas nur umrißhaft wahrnehme und ich sehe beim Näherkommen: Es ist ein Mensch, dann habe ich das Sichzeigende erkannt. Aber um es als einen Menschen zu erkennen, muß ich beim Erkennen und für es das, was das ist: ein Mensch, in den Blick fassen. Dieses Wassein selbst kann ich nicht mehr durch den Rückgang auf anderes erfassen, sondern hier gibt es nur das einfache Fassen und Gefaßthalten. Zur Verdeutlichung dieses Sachverhaltes könnte man die Unterscheidung anbringen: Erfassen ist immer ein Erfassen von etwas in Hinsicht auf etwas, z. B. dieses da, den Sinnen Sichzeigende, als Mensch. Das jedoch, als was ich es erfasse, das Wassein selbst, kann nicht er-faßt, sondern nur gefaßt werden.

Heidegger hat öfter Noein mit Vernehmen übersetzt, und das aus wohlerwogenen Gründen. Einmal ist der Vollzieher des

---

[201] θιγεῖν.

Noein der Nous, seit Kant entschieden mit Vernunft übersetzt. Nach Plato sieht der Nous das Wassein der Dinge, ihr Wesen. Die Sicht, in der sich das Wassein zeigt, nennt Plato „Idee", Sicht im betonten Sinne der eigentlichen Sicht. Kant nennt in der Nachfolge Platos die Vernunft das Vermögen der Ideen, und in der spekulativen Metaphysik des Deutschen Idealismus nennen Vernunft und Idee oft dasselbe: das absolute Sein alles Seienden. Sodann trifft das Verbum „vernehmen" gerade auch einen wesentlichen Zug des griechischen Noein. Denn vernehmen besagt: einem Sichdarbietenden, einer Tonfolge, Wortfolge, einer Nachricht oder Mitteilung sich öffnen und sie bei sich einlassen. Jede Übersetzung, wenn sie auf sich selbst insistiert, wird verzwungen und schief. Aristoteles denkt das Noein als ein Berühren, als ein Sichhalten in der unmittelbaren Gegenwart eines Anwesenden. Wir können Noein mit Vernehmen übersetzen, aber auch mit Fassen, so wie ein Gefäß eine Flüssigkeit faßt, d. h. bei sich einläßt und in sich aufbewahrt.

Die Vollzugsart des Fassens ist das einfache Sagen[202]. Denn Sagen und Aussage[203] sind nicht dasselbe. Aussagen ist immer ein Sagen von etwas über etwas, und dazu muß schon ein Zwiefaches vorliegen, also Seiendes von der Struktur des Beisammen. Das unzusammengesetzte Einfache, das Wesen des Seienden selbst, wird gefaßt im einfachen Sagen: Baum, Blume, Haus, und ist in solchen Worten aufbewahrt. Alles Aussagen, alles ansprechen von etwas als etwas, geht durch das einfache Sagen hindurch, in welchem das im Noein Erblickte gefaßt wird, und geht so durch das Noein hindurch, ohne daß wir eigens darauf achten. Solches durch das Noein hindurchgehende Vernehmen einer Sache im Hinblick auf das, was mit ihr ist, ist die Dianoia, die eine Sache daraufhin ansieht, was mit ihr in Einheit beisammen ist. Aber wir vermöchten eine Sache nicht auf ihre Eigenschaften hin anzusehen und diese durchzugehen, wenn dabei nicht schon das, was sie ist, gefaßt wird.

Da das Wesen des Seienden selbst nicht die Struktur des Bei-

---

[202] φάσις.
[203] κατάφασις.

sammen von etwas mit etwas hat, kann es auch bezüglich seiner keine Täuschung geben. Denn Sichtäuschen und Getäuschtwerden besagt, etwas als etwas ansprechen und nehmen, mit dem es nicht in Einheit beisammen ist und umgekehrt. Nur was von synthetischer Seinsstruktur ist, kann im Logos verdeckt und verstellt werden, so daß es als etwas erscheint, das es nicht ist. Das Wassein dagegen gibt nichts her, als was es genommen und angesehen werden könnte. Das Gegenteil des ihm zugehörigen Wahrseins ist daher nicht die Täuschung, nicht das Falsche, sondern das Ausbleiben des Noein, das Nichtvernehmen. Es kann geschehen, daß die Sicht auf das, was etwas ist, ausbleibt, weil das zugehörige Vernehmen nicht zum Vollzug kommt. Aber wenn ich das Wassein präsent habe, dann kann ich mich nicht an ihm versehen. Es gibt hier nur ein Haben oder ein Nichthaben, ein Sehen oder Nichtsehen.

Nun schränkt Aristoteles allerdings die These vom täuschungsfreien Wahrsein des Wesens ein, indem er sagt, bezüglich seiner gebe es mitgängigerweise doch eine Täuschung. Was hier gemeint ist, sei an einem Beispiel erläutert. Aus einer großen Entfernung halte ich einen Turm für ein Haus. Liegt hier nicht offenkundig eine Täuschung bezüglich des Wasseins vor? Denn ich halte doch das, was ein Turm ist, für das, was ein Haus ist.

Aber täusche ich mich eigentlich in dem, was ein Turm ist? Worin ich mich täusche, ist die Tatsache, daß an dieser Stelle ein Turm steht und kein Haus. Ich nehme ein Auseinander, das Haus und diese Stelle, als ein Beisammen. Also bezieht sich meine Täuschung doch auf Seiendes von der Struktur der Einheit eines Beisammen. Denn freilich befindet sich das Haus an einer bestimmten Stelle, nur nicht an derjenigen, die ich mit ihm zusammenbringe. Andererseits halte ich aber doch das, was ein Turm ist, für ein Haus, so daß sich die Täuschung auch auf das Wassein bezieht. Es fragt sich nur, von welcher Art diese Beziehung ist. Ich täusche mich nicht in dem, was ein Turm ist, vielmehr bleibt das Wassein dieses von mir wahrgenommenen Seienden mir verschlossen. Das Noein bleibt bezüglich dieses Seienden aus, es gelangt erst gar nicht zum Vollzug. Bezüglich des

272

Wasseins des Turms liegt ein Nichtsehen vor, aber kein falsches Sehen.

Es sind also zwei Arten der Täuschung zu unterscheiden:

Ich täusche mich in dem, was mit einer Sache ist. So nehme ich z. B. an, die Äpfel seien reif, obwohl sie den Reifezustand noch nicht erreicht haben. Ich halte ein Nichtbeisammen für ein Beisammen.

Ich täusche mich nicht in dem, was mit einer Sache ist oder nicht ist, sondern bezüglich ihrer selbst, indem ich das Eine mit dem Anderen verwechsle. Dieses ist bei dem zuerst genannten Beispiel der Fall. Auch hier liegt eine Täuschung vor, indem Eines, das Haus, mit einem Anderen, dieser Stelle, zusammen gebracht wird, obwohl sie nicht beisammen sind. Aber diese falsche Auffassung ist die Folge von etwas anderem, dem Ausbleiben der Sicht, in welcher das wahrgenommene Seiende sich als das zeigt, was es als dieses ist. Und erst zufolge dessen, daß bezüglich dieses Seienden die Sicht seines Wasseins ausbleibt, nehme ich es als etwas, das es nicht ist, den Turm als Haus, da ich ja nicht umhin kann, es als etwas zu nehmen. Hier handelt es sich um ein harmloses Beispiel eines wesentlichen, das Wesen umirrenden In-die-Irre-Gehens, das seinem Ursprung nach ein Ausbleiben des Noein bezüglich des vorliegenden Seienden ist und zufolge dieses Ausbleibens dann eine falsche Auffassung. Denn wenn die Sicht auf das ausbleibt, was das Vorliegende selbst ist, dann nehme ich es als etwas anderes, das es gerade nicht ist, und verwechsle so das Eine mit dem Anderen. Und je mehr wir an dem festhalten, als was wir es genommen haben, je mehr wir also auf unserer Ansicht insistieren, um so mehr verschließt sich uns die Möglichkeit, das Vorliegende in der ihm eigenen Sicht seines Wasseins aufzunehmen. Das einfache Nichtvernehmen und das auf sich insistierende Nehmen-als steigern sich einander eines am anderen. Denn einerseits führt das Ausbleiben des Noein dazu, es als das zu nehmen und festzuhalten, als was wir es ansehen. Und andererseits nimmt uns dieses Verharren bei dem Nehmen-als endgültig die Möglichkeit, uns für das freizugeben, was es selbst ist. Die zweite Art der Täuschung, das

273

wesentliche In-die-Irre-Gehen, gründet im Ausbleiben des Noein, aus welchem die falsche Auffassung erst hervorgeht.

Die dem Wesen zugehörige Wahrheit ist also gegensatzfrei. Wie ist nun das Sein des Wesens im Hinblick auf die ihm zugehörige eigene Wahrheit zu bestimmen?

„Alles, was in der Weise des Wesens ist, hat die Seinsart des In-Wirklichkeit-Seins und nicht die des der Möglichkeit nach Seins. Denn dann würde es entstehen und vergehen. Nun aber entsteht das Sein selbst nicht und vergeht auch nicht; denn es würde aus etwas entstehen. Alles also, was eben das ist, was das Sein ist, und deshalb in Wirklichkeit ist, bezüglich dessen gibt es kein Getäuschtwerden, sondern nur ein Vernehmen oder dessen Ausbleiben."

Der Baum, der dort an einer Straßenkreuzung steht, ist ein Seiendes von der Seinsart der Ousia. Aber er stand einst nicht dort und wird deshalb auch einstmals dort nicht mehr stehen. Denn er steht dort als ein aus dem Seinkönnen in die Wirklichkeit Hervorgegangenes, das deshalb ein Auch-nicht-Seinkönnendes ist und einmal nicht mehr sein wird. Aber wie steht es mit dem Baumwesen selbst und als solchem, das vom Nous erblickt wird. Dieses hat die Seinsart der durch kein Seinkönnen und Nichtseinkönnen bestimmten reinen Wirklichkeit. Es entsteht immer nur dieses und jenes Seiende, indem es aus dem Vorliegen im Seinkönnen in die Wirklichkeit, d. h. in das Eidos übergeht, nicht aber das (Was-)Sein oder das Eidos selbst. Denn wenn auch dieses entstände, dann müßte es wie alles Entstehende aus etwas entstehen. Und das so Entstandene wäre dann nicht das Wassein oder das Eidos selbst, sondern ein aus Hyle und Eidos bestehendes geeinzeltes Seiendes. Das Unentstandene, das aus keinem Seinkönnen her kommt, ist, weil vom Nicht-sein-können nicht angegangen, auch das Unvergängliche. Deshalb, so stellt Aristoteles noch einmal fest, gibt es bezüglich der Ousia kein Getäuschtwerden, eben weil sie vom Noch-nicht- und Nicht-mehr-sein nicht angegangen ist. Denn eben darin kann man sich täuschen, daß man dafür hält, etwas sei schon da, obwohl es noch nicht da ist, oder es sei noch da, obwohl es geschwunden ist.

Alles wesentliche Sein ist von der Art der täuschungsfreien, bleibenden Präsenz, bezüglich deren es nur ein Erblicken oder das Ausbleiben der Sicht gibt.

Nun kann aber bezüglich der Ousia selbst noch einmal gefragt werden, was sie sei. So geht die Feststellung: Dieses da ist ein Mensch, in die Frage über: Was ist das, ein Mensch? Die Frage zielt auf eine Definition, die seit Plato und Aristoteles unablässig in Übung geblieben und es bei allen operationalen Umformungen auch heute noch ist. Es fragt sich aber, wie sie möglich sei. Denn wenn das Wesen das Einfache ist, dann kann ihm nur ein einfaches Sagen entsprechen. Die Ousia macht an einem Seienden das aus, was es ist. Wie kann dieses Wassein seinerseits noch daraufhin gefragt werden, was es sei? Müßte das Wesen, wenn es überhaupt bestimmbar sein soll, nicht etwas Mehrfältiges sein? Aber wie vertrüge sich das mit seiner Einfachheit? Oder birgt dieses Einfache doch eine Mehrfältigkeit in sich, die freilich von anderer Art ist als das Mannigfaltige der synthetischen Seinsstruktur?

Aristoteles stellt diese Frage in eins mit ihrer Beantwortung in dem Satz: „Es wird aber nach dem Was-es-ist bezüglich der Wesenheiten in dem Sinne gefragt, ob sie so geartet sind oder nicht."

Die Ousia, das wesentliche Sein ist immer so oder anders geartet: Es ist das Baumhafte, das Löwenhafte, das Haushafte usf. Das erfragte Was der Ousia beantwortet sich daher mit ihrem jeweiligen Geartetsein. Dieses wird erfaßt durch Unterscheiden der Arten eines einheitlich gemeinsamen Genos. Insofern also das Sein arthaft bestimmt ist, kann seine Art durch ausgrenzende Eingrenzung bestimmt und so erfaßt werden. Solche arthafte Erfassung ist von dem Noein, dem Wesensblick geleitet, der das Maß dafür abgibt, ob die Bestimmungen zureichend sind oder nicht. Die Definition kann daher niemals den Wesensblick ersetzen, sie kann höchstens zu ihm anleiten. Eine Definition ist daher von dem erst erfaßt, der den Wesensblick selbst vollzieht oder mitvollzieht. Andernfalls verkommt die Definition zu einem bloßen Verzeichnis von Merkmalen einer Sache.

Es bleibt also dabei, daß das wesentliche Sein unerfaßbar, unaussagbar ist. Doch bedeutet das nicht seine Preisgabe an das Irrationale. Denn das wesentliche Sein ist so wenig das Irrationale, daß es die eigentliche Sache des Denkens ist und bleibt, das allem beweisenden Denken vorausgeht und zugrunde liegt. Nur dann, wenn das beweisende Denken, in welcher seiner Formen auch immer, ausschließlich als Denken zugelassen wird, entsteht der Irrationalismus, und zwar mit Notwendigkeit. Nennen wir die Auffassung, nach welcher nur das beweisende Denken ein Denken ist, Rationalismus (der dann auch in „kritischer" Gestalt auftreten kann), dann stellt sich heraus, daß der Rationalismus selbst es ist, der den Irrationalismus ständig produziert und reproduziert, dergestalt, daß dieser die Ratio, verstanden als Vollzieher des beweisenden Denkens, in ihrem Anspruch sichert, allein das Denken zu vollbringen. So gehen Rationalismus und Irrationalismus eine Bündnisgemeinschaft ein, die dadurch im Dunkel bleibt, daß beide als Gegner auftreten. Aber diese Gegnerschaft ist ein bloßer Anschein; denn die produzieren und bestärken einander wechselseitig. Der Irrationalismus herrscht überall dort, wo die Philosophie die Behauptung der Wissenschaft bestätigt, daß sie die einzige Form des Wissens und des Wißbaren überhaupt darstelle.

Das Sein ist nichts Irrationales, es ist dem Denken zugänglich und im Denken präsent; es ist die erste und durchgängige Sache des Denkens selbst. Zugleich ist es unerfaßbar und unaussagbar, wenngleich nicht schlechthin. Denn sofern es so oder so geartet ist, ist es durch ausgrenzende Eingrenzung in der Wesensbestimmung erfaßbar und aussagbar. Diese kann mehr oder weniger zulänglich sein, so daß keine Wesensbestimmung ein für allemal und endgültig das wesentliche Sein erfaßt, sondern der Frage nach ihrer Zulänglichkeit immer ausgesetzt bleibt.

§ 27 Die Steigerungsstufen der Wahrheit und das Denken als Wahrheit des wesentlichen Seins

Die folgenden Sätze nehmen das bislang Erarbeitete auf seine Hauptpunkte hin zusammen, um es dem Denken zuzueignen. Die Sprache des Aristoteles erreicht dabei eine einzigartige Prägnanz, hinter der jeder Übersetzungsversuch zurückbleibt.

„Sein als Wahrsein und Nichtsein als Falschsein: Einessein ist, wenn ein Beisammenvorliegen besteht, Wahres; wenn aber kein Beisammenvorliegen ist (sondern ein auseinanderliegendes Getrenntsein), dann ist Falsches. Das Einessein aber ist, wenn es so seiend ist (wenn das Sein die Struktur des Beisammen und der Einheit des Beisammen hat). Wenn es aber nicht so seiend ist (wenn das Sein also nicht die Struktur der Einheit des Beisammen hat), dann besteht auch keine (synthetische) Einheit (dann gibt es solches Geeintsein nicht). Das Wahrsein ist dann das einfache Vernehmen des (Was-)Seins des Seienden selbst. Das Falsche ist dann nicht und auch nicht Täuschung, sondern das Ausbleiben des Vernehmens. Das ist aber nicht so zu verstehen wie Blindheit; denn der Blindheit würde es entsprechen, wenn jemand überhaupt nicht die Möglichkeit hätte, das Sein zu vernehmen."

Das Ist- und Ist-nicht-Sagen des Logos schließt implizit immer ein „Es ist wahr" bzw. „Es ist nicht wahr" ein. Da aber das im Logos Gesagte nicht durch sich selbst schon für das Wahrsein einsteht, so erhebt sich die Frage: Wann *ist* das im Logos behauptete Wahre, und wann ist es *nicht*, sondern statt seiner Falsches? Wohin müssen wir sehen, um das Sein des behaupteten Wahren zu erblicken? Die Antwort lautet: auf die Sache, auf welche die Aussage sich bezieht. Das Wahre ist etwas an den Sachen. Es *ist* dann, wenn die Sache die Einheit eines Beisammen ist. Genauer gesagt: Die im Logos ausgesagte Einheit eines Beisammen ist dann etwas Wahres, wenn diese Einheit die Seinsstruktur des Seienden selbst ausmacht, über das die Aussage ergeht. Denn dann legt der Logos die Sache unverdeckt und unverstellt vor Augen. Wenn dagegen umgekehrt das Gesagte nicht in der Sache selbst in Einheit beisammen ist, sondern getrennt auseinander-liegt, dann ist das von der Aussage behauptete Wahre nicht, sondern es ist Falsches.

Hier gilt es nun, auf einen Sachverhalt scharf acht zu haben: Wenn es heißt, das Falsche bestehe darin, daß das, als was die Sache dargelegt wird, mit ihr nicht in seinsmäßiger Einheit beisammen ist, so bedeutet das nicht, daß diese Sache überhaupt nicht die synthetische Seinsstruktur hat. Im Gegenteil, sie hat gerade diese Struktur und kann eben deshalb als etwas angesehen und angesprochen werden, mit dem sie nicht in Einheit beisammen ist, also als etwas, was sie nicht ist. Es gilt also festzuhalten, daß nur das verstellt und verdreht werden kann, was von synthetischer Seinsstruktur ist.

Dort aber, wo das Seiende seiner Seinsverfassung überhaupt nicht von der Art eines Beisammen ist, hat das Wahre sein Bestehen auch nicht in einem Beisammenvorliegen. Dort gibt es deshalb auch kein Zusammenbringen einer Sache mit etwas, von dem sie seinsmäßig getrennt ist. Das Wahrsein des Was-es-ist und vor allem des Wesens besteht nicht in einem unverdeckten Darlegen einer Sache im Hinblick auf etwas, das mit ihr in seinsmäßiger Einheit beisammen ist, sondern im einfachen Da- und Gegenwärtighaben von etwas an ihm selbst, im einfachen Erblikken der Sache selbst. Das Wesen ist präsent im einfachen Erblicken und als dieser Blick. Hier gibt es kein Nehmen-als und deshalb keine Täuschung, keinen Irrtum, wohl aber die Möglichkeit des Ausbleibens des Vernehmens, also des Nichtsehens. Solches Ausbleiben der Sicht des Seins ist aber nicht Blindheit, Wegsein des Denkvermögens überhaupt — denn dann wäre der Mensch nicht mehr seines Wesens —, Nichtsehen bedeutet hier vielmehr, daß das Vernehmen des Wasseins des vorliegenden Seienden nicht zum Vollzug kommt, mit der sich dabei einstellenden Folge, daß es nun für etwas anderes gehalten wird, das Nichtsehen also in Verkennung übergeht.

„Offensichtlich ist aber auch, daß es bezüglich des Unwandelbaren in Hinsicht auf das Wann keine Täuschung gibt — wenn jemand Unwandelbares erfaßt hat. Wenn z. B. jemand dafür hält, daß das Dreieck sich nicht wandelt, dann wird er nicht meinen, es habe bisweilen die Winkelsumme von 2 Rechten, zuweilen aber nicht (denn dann würde es sich ja wandeln), sondern in diesem Bereich sei etwas Bestimmtes ein Als-was für etwas, für anderes aber nicht, z. B. keine gerade Zahl sei Primzahl, oder einige seien es, andere nicht. Was aber der Anzahl nach eines ist, bezüglich dessen gibt es nicht einmal dieses. Denn man wird nicht meinen, einiges lasse ein bestimmtes Als-was zu, anderes aber nicht, sondern jemand wird entweder Wahres gegenwärtig haben oder sich im Irrtum befinden, da die Sache immer sich so verhält."

Aristoteles greift hier auf den Unterschied des unständig und ständig Wahren zurück und bringt das zum ständig Seienden gehörende Wahrsein zu einer differenzierteren Erfassung. Es ist also hier nicht mehr die Rede vom einfachen Fassen des Wasseins, sondern vom Erfassen eines Als-was, und zwar im Felde des Unwandelbaren.

Das Wahrsein des wandelbar Seienden kann von sich her in sein Gegenteil umschlagen, dann nämlich, wenn die Ansicht und die ihr zugehörige Aussage sich gleichbleiben, während das Seiende sich gewandelt hat, so daß das, für das es gehalten wird, nicht mehr mit ihm beisammen ist. Eine solche auf das Wann bezogene Täuschung gibt es beim Unwandelbaren nicht. Zwar ist auch dieses Seiende auf Grund seiner synthetischen Struktur nicht täuschungsfrei. Aber zufolge seiner Unwandelbarkeit kann das ihm zugehörige Wahrsein niemals in das Falschsein übergehen. Das ihm eigene Wahre ist immer wahr, und das Falsche wird niemals wahr.

Aristoteles erfaßt das Wahr- und Falschsein des Unwandelbaren jedoch noch differenzierter. Es kann trotz seiner Unwandelbarkeit etwas sein und auch nicht sein. So kann die Primzahl als solche z. B. ungerade und gerade sein (eine der Primzahlen, die Zwei, ist gerade). Das meint aber nicht, die Primzahl sei bisweilen ungerade, bisweilen aber auch gerade, sondern es will besagen: Von den Primzahlen sind die meisten (alle bis auf eine) ungerade, und diejenigen, die ungerade sind, sind es immer, und wenn eine von ihnen nicht ungerade ist, so ist sie es niemals. Würde man also die Allheit aller Primzahlen in den Satz zusammenfassen: Die Primzahl ist ungerade, dann würde der Satz bezüglich der Zwei verdeckend sein. Dagegen läßt solches, was der Anzahl nach eines ist, z. B. die Fünf, das Etwas-Sein und Etwas-nichtsein nicht zu. Es ist, wenn es etwas Bestimmtes ist, dieses in keiner Hinsicht auch nicht, während *die* Primzahl etwas ist, aber auch nicht ist.

Ein Überblick über diesen Gedankengang läßt erkennen, daß das erfragte Wahrsein eine Steigerung seiner selbst zuläßt, und zwar durch eine schrittweise erfolgende Tilgung seines Gegenteils, des Falschen:

1. Das Wahrsein des unständig Beisammenseienden kann dadurch in das Falschsein übergehen, daß das Wahre festgehalten wird, das Beisammen aber auseinandergeht.

2. Das Wahrsein des wesenhaft Beisammenseienden ist wahrer als das Wahre des Wandelbaren; denn es ist nicht bisweilen wahr, bisweilen aber nicht, sondern es ist immer wahr. Gleichwohl ist auch das Wahrsein des Unwandelbaren in sich selbst steigerungsfähig:

a) Ist nämlich das Unwandelbare der Anzahl nach ein Mehrererlei, z. B. Primzahl, dann kann das Wahrsein zugleich verstellend sein, je nach dem, worauf es bezogen ist. Sagt man von der Primzahl einfachhin das Ungeradesein aus, ohne die Zwei eigens auszunehmen, dann verhält man sich zur Zwei verdeckend. Das Wahrsein einer Vielheit innerhalb eines Sachbereiches braucht nicht einfachhin wahr zu sein; es kann der Fall eintreten, daß es einer beschränkenden Hinsicht bedarf, damit es nicht zugleich auch verdeckend ist.

b) Ist aber das Unwandelbare ein der Anzahl nach eines, dann ist das ihm zugehörige Wahre einfachhin wahr, also ohne die Möglichkeit, in einer anderen Beziehung verdeckend zu sein. Es ist wahr und nur wahr.

Wohl aber steht alles Seiende von dieser Art, sei es wandelbar oder unwandelbar, zufolge seiner synthetischen Seinsstruktur in der Möglichkeit der Verstellung und Verdeckung.

3. Das Wesen aber ist nicht nur ein bleibend Anwesendes und ein der Anzahl nach Eines, sondern es ist überdies auch noch *einfach*. Deshalb ist das ihm zugehörige Wahrsein auf keine mögliche Verstellung bezogen. An ihm ist jede Möglichkeit von Unwahrheit im Sinne des Falschen getilgt. Sein Wahrsein ragt über die anderen Wahrheitsweisen hinaus, da es in der Falschheit keinen Gegensatz hat. Die Wahrheit des Wesens ist daher die im Wortsinne überragende Weise des Wahrseins.

Nun sagt Aristoteles in dem Einleitungssatz des Kapitels aber noch mehr, nämlich dieses: Sein als Wahrsein sei die beherrschendste Seinsweise überhaupt. Das besagt, Sein als Wahrsein bestimmt auch noch das in den Kategorien erblickte Sein und sogar noch das Sein im Sinne der Möglichkeit und der Wirklichkeit. Inwiefern verhält es sich so? Das herauszubringen, ist eben eine Aufgabe der Interpretation. Denn Aristoteles, der im ursprünglichen Entwurf des Seins auf die Wahrheit stand, mag dieser Sachverhalt klar vor dem Blick seines Denkens gestanden haben. Die nachkommende Interpretation muß das, was Aristoteles vor dem Blick hatte, dem Denken durch eine Auslegung allererst zu eigen zu machen versuchen.

Da das alles andere Wahrsein überragende Wahre das Wahrsein des Wesens ist, haben wir uns an dieses zu halten. Es ist das Noein, das Denken. Was ist das Denken selbst, welches die Wahrheit des Wesens ist? Aristoteles bestimmt es als ein „berühren" (θιγεῖν), ein unmittelbares Gegenwärtighaben des Wesens im Erblicken seiner, also als die Anwesenheit des Wesens selbst. Nun macht das Wesen die Anwesenheit des jeweiligen Seienden aus. Denn im Anblick seines Wesens stehend ist das Seiende selbst anwesend und da. Das Denken ist die Anwesenheit des Wesens, also die Anwesenheit der Anwesenheit selbst und als solcher. Anwesenheit der Anwesenheit, selbst anwesende Anwesenheit ist aber die höchste Weise von Anwesenheit, also der höchste Modus von Sein überhaupt. Beruht das Wahrsein des Wesens im Denken und ist dieses nichts anderes als die Anwesenheit des Wesens selbst, dann ist auch das Wahrsein des Wesens die Anwesenheit des wesentlichen Seins und deshalb die alles beherrschende Weise von Sein. Und das gilt nicht nur für das wesentliche Sein, also für das Wassein des an ihm selbst Seienden, sondern auch für das Seiende der anderen Kategorien; denn auch dieses, obzwar nicht für sich bestehend, ist doch durch ein eigenes Wassein bestimmt, dessen Anwesenheit das Noein ist. Das Wahrsein durchherrscht aber nicht nur die Kategorien, sondern auch das Sein im Sinne von Wirklichkeit und Möglichkeit. Denn die Wirklichkeit besteht darin, daß das Seiende in der vollen Präsenz dessen steht, *was es ist*. Das Noein aber ist die Präsenz des Was-es-ist als eines solchen.

So erweist sich das Wahrsein als die alle anderen Weisen von Sein beherrschende Seinsweise. Es ist aber zugleich angebracht, noch einmal daran zu erinnern, daß wir einem Mißverständnis anheim fallen würden, wenn wir diese „Identität von Sein und Denken" im Sinne der Gleichsetzung von Denken und Sein verstehen wollten, wie sie Hegel vorgenommen hat. Denn die Identität von Denken und Sein bedeutet bei Hegel etwas ganz anderes. Das Wesen des Seienden denkt Hegel als das absolute Subjekt, dessen Grundzug das seiner selbst bewußte Denken ist. Sein aber besagt seit Kant entschieden Gegenständlichkeit. Deshalb drängt das absolute Subjekt aus seinem eigenen Wesen und von sich her dahin, sich ein gegenständliches Dasein zu verschaffen, also in das Andere seiner selbst, das Gegenständliche, überzugehen, mit dem Ziel, im Gegenstand sich selbst zu finden und so allererst wahrhaft und wirklich zu „sein", nämlich im Gegenstand sich selbst als Geist zu erkennen.

Aber Aristoteles denkt weder das Seiende als Gegenstand noch das Denkende als das absolute Subjekt. Deshalb besteht nach ihm die Identität von Denken und Sein auch nicht in einem Sichobjektivieren des absoluten Subjekts, sondern das Denken gehört in der Weise in das Sein hinein, daß es die dem Sein wesenhaft zugehörige Präsenz ist, der gemäß das Denken die Offenbarkeit des Seins übernimmt und vollzieht. Es gilt in einer Zeit, die in einer noch nicht dagewesenen Weise willkürlich mit der Überlieferung umspringt, mehr denn je den Sinn für geschichtliche Unterschiede wach zu halten, ja wohl gar allererst wieder zu wecken, statt alles in eine gleichförmige und vage Gleichheit zusammenzuschütten, indem man sagt: Schon Aristoteles hat irgendwie Sein und Denken identisch gesetzt und ist deshalb Idealist, wenngleich gegenüber Plato und gar Hegel gemäßigter. Die geschichtlichen Unterschiede gehören selbst zur *Wahrheit* eines philosophischen Denkens. Denn sie geben dem jeweils Gedachten und dem Denken allererst die ihnen eigene Bestimmtheit, Entschiedenheit und deshalb Verbindlichkeit.

Wenn das Denken in dem erläuterten Sinn die Anwesenheit des Seins selbst ist, dann ergibt sich jedoch ein überaus schweres Problem. Es gibt zwar bezüglich des wesentlichen Seins und des Wasseins überhaupt keine Täuschungsmöglichkeit, wohl aber das Ausbleiben des Noein und mit ihm das Ausbleiben der Anwesenheit des Seins. Kann aber die Anwesenheit des Seins davon abhängen, ob der Mensch das Noein vollzieht oder nicht? Gerät das Sein hinsichtlich seiner eigenen Anwesenheit nicht in die Abhängigkeit vom Denken des Menschen? Würde die Identität von Denken und Sein nicht besagen, daß das Sein in der Vorgestelltheit seiner im menschlichen Vorstellen besteht? Eine solche Auffassung ist Aristoteles gewiß nicht zuzumuten. Aber wie steht dann die Noesis als Anwesenheit des Seins zur Möglichkeit ihres Ausbleibens? Die Noesis ist die Gegenwart des Seins. Deshalb halten wir uns auch nur dann zu einem jeglichen als dem Seienden, das es ist, wenn wir die Noesis vollziehen. Andernfalls bleiben wir in verdeckenden Ansichten hängen, die sich sogar in der Gestalt von „Weltbildern" und „Weltanschauungen" auf das Ganze des Seienden erstrecken können. Der Vollzug der Noesis läßt uns in der Weise in das Ganze des Seienden hineingehören, daß uns ein jegliches, mit dem wir zu tun haben, als das offenbar ist, was es von ihm selbst her ist. Der Vollzug der Noesis geschieht bisweilen, bisweilen aber nicht. Wenn sie in uns zum Vollzug kommt, sind auch wir innerhalb der Grenzen und Ausmaße, in denen es geschieht, die Gegenwart des Seins. Das bedeutet aber: Die Noesis, welche die Anwesenheit des Seins selbst ist, ist nicht die Noesis des Menschen, sondern die Noesis ihrer selbst, an welcher der Mensch teilhaben kann, solange er lebt und sofern er denkt. Es ist jetzt nicht mehr schwer, einzusehen, wie der metaphysische Grund des Naturganzen, die reine Energeia von der Wesensart des Noein, und der metaphysische Grund des menschlichen Denkens, der ein Nous von der Seinsart der reinen Energeia ist und dessen Eintritt in den menschlichen Geist diesen zum wirklichen Denken der Eidē gelangen läßt, zueinander stehen. Sie sind in der Tat dasselbe, dasselbe nämlich auf Grund der Identität von Denken und Sein, der gemäß die Noesis die Anwesenheit des Seins ist, an welcher teilzuhaben der Mensch als das denkende Lebewesen befähigt ist, die daher auch nur, sofern sie in den menschlichen Nous eintritt, eine Noesis des Menschen ist.

Unser Denken ist daher auch nicht von sich her schon die Präsenz des Seins. Es geht vielmehr immer wieder in das Nichtdenken und das Undenken über. Wir stehen zwischen Denken und Undenken. Deshalb gehen wir auch immer wieder am Wesenhaften vorbei, indem wir es umirren. Das Zwischen von Denken und Nichtdenken bildet den Grundzug des Menschen, in den alle anderen Züge eingezeichnet sind, sofern sie menschliche Züge sind[204].

Das Wesen des Menschen durchmißt eine Weite, die immer wieder staunen läßt: Ein von Natur Seiendes, das wie alle anderen Naturwesen nur eine Weile im Sein weilt, ist zugleich mit der Möglichkeit begabt, die Präsenz des Seins selbst zu sein, und deshalb auch einem In-die-Irre-Gehen ausgesetzt, wie das keinem anderen Naturwesen widerfahren kann. Es ist diese Wesensweite, die in der überlieferten Bestimmung des Menschen anfänglich gefaßt wurde: das Lebewesen, das Vernunft, d. h. eine Sicht des Seins hat. Was in dieser Vernunfthabe beschlossen liegt, erfahren wir erst auf dem Gipfel der Seinsbetrachtung, dort also, wo das Sein von der Wahrheit her bestimmt wird. Erst wenn das spezifisch Griechische aus der Vernunfthabe geschwunden ist, wird der Mensch zu dem vernünftigen Lebewe-

---

[204] Die Nähe dieser Auffassung zur Tragödie ist deutlich. Deshalb scheint die Annahme berechtigt, daß sie eine der Bedingungen war, die Aristoteles zu seiner Wesensanalyse der Tragödie in der „Poetik" befähigt hat.

sen, dem animal rationale, als welches er von da ab und auch dann erst recht gilt, wenn er lediglich als ein Informationen verarbeitendes System vorgestellt wird. Die Übersetzung bringt uns nicht mehr zum griechisch erfahrenen Denken, dem Noein, hinüber. Denn der Gegensatz zum rationale ist nicht so sehr das Ausbleiben der Sicht des Seins, sondern das Vernunftlose der von sich her blind antreibenden Triebe. Das Ausbleiben des Noein wird zum Unvernünftigen in dem Sinne, daß der Mensch, vom Treiben der blinden Triebe fortgerissen, von der Vernunft nicht mehr den richtigen Gebrauch machen kann. Und wenn nun gar mit dem Beginn der Neuzeit, die heute ihre Vollendung zu erreichen im Begriff ist, die ratio zur sich selbst sichernden Vernunft wird, eine Selbstsicherung, die nur durch Berechnung möglich ist, dann wird das In-die-Irre-Gehen zu einem Sichverrechnen. Das Irren wird zu einem cavendum, d. h. zu etwas, das in dem doppelten Sinne zu vermeiden ist, daß es vermieden werden soll und auch durch die Einrichtung der Vernunft in wissenschaftlich-technische Berechnungsverfahren von Dingen und Menschen prinzipiell vermieden werden kann. Aber nach griechischer Erfahrung ist das In-die-Irre-Gehen nicht etwas durch Berechnungsverfahren zu Vermeidendes und Vermeidbares, sondern der Mensch steht immer schon zwischen Sehen und Nichtsehen und hat dieses Zwischen auszustehen. Die Übersetzung durch animal rationale ist nicht falsch, sondern sie ist eminent richtig. Aber sie verhüllt doch das Wesentliche, das in der griechisch erfahrenen Vernunfthabe beschlossen liegt ; sie verschließt unangesehen ihrer Richtigkeit die Möglichkeit, das griechisch Anfängliche von diesem selbst her zu erfahren. Denn gerade die Richtigkeit dieser Übersetzung läßt kein Bedürfnis mehr aufkommen, dem nachzudenken, was das griechische Noein an Gedachtem und vielleicht auch noch Ungedachtem in sich birgt.

Durch die vorangegangene Interpretation ist vielleicht ein
Grund und Boden für eine mögliche Antwort auf die Frage nach
dem Verhältnis der beiden Wahrheitsbestimmungen in den Bü-
chern VI und IX gelegt worden. Sollte nachgewiesen werden
können, daß die eine in der anderen fundiert ist, dann wäre
zugleich ein gewisser Einblick in einen Wesensgrund der Wahrheit geglückt, welche das Erkennen und Wissen trägt, wie es sich
geschichtlich entfaltet und ausgebildet hat.

Die Wahrheit der Aussage ist etwas an den Sachen, d. h. sie
besteht in der Rückgründung der Aussage in die Sachen. Das
Wahre *ist,* wenn das, worüber sie aussagt, in der Einheit eines
Beisammen vorliegt, und diese besteht dann, wenn das Seiende
selbst seiner Seinsverfassung nach so ist. Nun ist leicht einzusehen, daß die Rückgründung der Aussage in das Seiende als Richtigkeit im Sinne ihres Sichrichtens nach der Sache gefaßt werden
kann. Und so umgrenzt Aristoteles denn auch im VI. Buch die
Wahrheit der Aussage als Richtigkeit[205], auch wenn dieses Wort
selbst hier nicht fällt. Man kann statt Richtigkeit auch Entsprechung (correspondentia) sagen, sofern die wahre Aussage die
Sache so sagt, wie sie ist, ihr also entspricht. Die Aussage erreicht
diese Entsprechung dadurch, daß sie sich der Sache angleicht.
Richtigkeit, Entsprechung, Angleichung, Übereinstimmung besagen dasselbe.

Das Wahre der Aussage *ist* im Blick auf die Sache. Also muß
die Sache für die Rückgründung des Wahren des Logos bereits
offen vorliegen, und zwar als ein Mehrfältiges, das in Einheit
beisammen ist. Die synthetische Einheit, um die es hier geht, ist
aber von eigener, besonderer Art; sie ist eine seinsmäßige Einheit. Wenn zwei Menschen in einem Gespräch beisammen sind,
dann ist das sie Einigende das Gespräch, d. h. die Sache, die gemeinsam besprochen wird. Aber dieses Beisammen beider besagt nicht, daß der eine der andere ist. Dagegen *ist* die Rose,

[205] ὀρθότης.

wenn das Rot mit ihr zusammen ist, selbst rot, dergestalt, daß sie alles das, was mit ihr in Einheit beisammen ist, auch *ist*. Das Beisammen, das hier zur Frage steht, hat also den Charakter einer Seinsstruktur. Deshalb lautet die Frage: Welches ist der einigende Grund der Einheit eines seinsmäßigen Beisammen? Wem verdankt es das Seiende, daß es in der Vielheit alles dessen, was es ist, das eine und selbe Seiende ist?

Diese Frage behandelt Aristoteles im 17. Kapitel des VII. Buchs, so daß hier an das Ergebnis dieser Analyse nur erinnert zu werden braucht[206]. Das, was etwas ist, ist das, wodurch das Viele ein Seiendes ist. Das Was-es-ist ist das Wodurch des Einesseins eines vielfältig Seienden. Die Ousia ist Anfangsgrund und Ursache der Seinseinheit eines Vielfältigen, jenes also, von dem her das Einigen, das Beisammen, kommt und worin es beruht. Verläßt ein Seiendes sein Wassein, dann löst es sich in die hyletischen Bestandteile auf, aus denen es besteht.

Die Ousia, das Was-es-ist, ist selbst der Grund der Einheit des vielfältig Seienden. Diese Einheit aber macht dessen Sein aus. Deshalb kann man sagen: Die Ousia einigt nicht nur das Vielerlei zu einem Einen, sondern sie er-einigt das Seiende in sein Sein. Die Ousia selbst aber ist das Einfache, das an ihm selbst und von ihm selbst her Eine, das seinerseits keines Grundes seiner Einheit mehr bedarf, sondern für das Vielerlei der Einheitsgrund selbst ist. Dieses Einfache, das von ihm selbst her Eine, entfaltet seine Einheit in das Viele zu einer synthetischen Einheit, zu dem in Einheit Beisammenvorliegenden.

Das Verhältnis von Wesenswahrheit und Aussagewahrheit beginnt, deutlich zu werden: Das Wahre der Aussage *ist* im Blick auf die Sache. Die Wahrheit des Wesens ist das Noein, welches die Präsenz des Wesens selbst ist. Das Wesen er-einigt das Seiende ins Sein als synthetische Einheit. Das In-Einheit-Beisammenvorliegen, in welches das Wahre der Aussage, sofern es besteht, zurückgegründet wird, gründet seinerseits in dem ereinenden Einen des Wesens. Das Noein, die Präsenz des Wesens selbst, läßt also das Beisammen schon vorliegen, jedoch noch im

<hr />

[206] Vgl. S. 132 ff.

Modus der Unabgehobenheit. Die Aussage, indem sie ihr Gesagtes in das Beisammen zurückgründet, läßt dieses durch Abhebung als ein Beisammen sehen. Sie läßt eine Rose eigens als rotseiende erscheinen. Deshalb eignet der Aussage ein eigenes Offenbarmachen, insofern sie nämlich das im Noein noch unabgehobene Beisammensein als ein solches durch ein explizites auseinanderhaltendes Zusammennehmen des Einen mit dem Anderen sichtbar macht. Aber die Wahrheit der Aussage gründet ihrer Möglichkeit nach in dem Noein, der vorgängigen Präsenz des Vielerlei in der Einheit des ein jegliches er-einenden Wesens, in welches die Aussage einbehalten bleibt.

So erweist sich die Aussage als eine im Noein fundierte Vollzugsform des Noein, als ein explizites Auseinanderlegen und Vereinigen des im Noein noch unabgehoben begegnenden Beisammen. Und nur als in dem Noein fundierte Vollzugsform kann die Aussage ihrerseits wahr, aber auch falsch sein. Das Wahrsein und Falschsein der Aussage gründet in der Offenbarkeit des wesentlichen Seins in dem Noein, welches die Gegenwart des das Vielerlei ins Sein er-einenden Wesens selbst ist. Die Offenbarkeit des Seins nannten die Griechen auch einfachhin mit ihrem Wort für Wahrheit Aletheia, Unverborgenheit. Und der Ort, die Stätte dieser Unverborgenheit ist der Nous. Deshalb kann man sagen: Die Wahrheit als Übereinstimmung des Denkens mit der Sache ist nur eine in bestimmter Hinsicht, nämlich im Umkreis der Aussage von etwas über etwas gefaßte und durch diese Hinsicht begrenzte Fassung der Wahrheit als Unverborgenheit des Seins, welche den Nous zur Stätte ihrer Anwesenheit hat. Sofern daher das Noein die Gegenwart des Seins selbst ist, ist auch das Wahre der Aussage im Sein gegründet, so daß Aussagewahrheit *ist*. Diese Verwurzelung der Aussagewahrheit im Sein wird dann sichtbar, wenn die folgenden elementaren Gedanken zusammengefügt werden: Die Aussage ist eine im Noein fundierte Vollzugsform seiner. Das Noein ist die Anwesenheit der Ousia selbst, welche das Seiende als ein seinsmäßiges Beisammen im Modus der Unabgehobenheit anwesendsein läßt. Sofern die Aussage sich in das Beisammenvorliegende zurückgründet und so dieses als ein Beisammenseiendes sichtbar macht, hat ihr Gesagtes als etwas Wahres Bestand, *ist* Aussagewahrheit selbst seiend, gibt es dergleichen wie eine Wahrheit der Aussage sowie deren Gegenteil.

VI. SCHLUSSBETRACHTUNG: VOM ANFANG UND ENDE DER METAPHYSIK UND DER GRUND-FRAGE DES GEGENWÄRTIGEN DENKENS

Die Schlußbetrachtung verfolgt die Absicht, die aus der in ihr Ende eingegangenen Metaphysik hervorgehende Grundfrage des gegenwärtigen Denkens im Umriß zu kennzeichnen[207].

Die Metaphysik ist, wie das aus ihrer ersten Begründung durch Aristoteles zu entnehmen ist, primär keine Lehre, sondern der Austrag der Frage nach den ersten Anfangsgründen und Ursachen des Seienden, insofern es seiend ist. Dabei sind, gemäß der eine jede Frage konstituierenden Strukturmomente, das Befragte das Seiende, d. h. das Ganze dessen, was überhaupt ist, das Gefragte die Anfangsgründe und Ursachen des Seienden, die Fragehinsicht das Seiende als Seiendes. Das „als" gibt die Fragehinsicht bezüglich des Seienden zu bedeuten, daß nämlich die ihm eigene Bestimmtheit, zu sein, in die Sicht des Denkens gelangt, also in der Gegenwendung gegen jenes, dem das Sein abgeht, der undurchdringlichen Leere an Sein, dem Nichts. Zu fragen bleibt: Was brachte dieses metaphysische Denken in Gang? Um an diese Frage heranzukommen, gilt es, die Fragehinsicht genauer ins Auge zu fassen, der gemäß sich das Seiende als seiend, also in Hinsicht auf Sein darstellt. Wie steht es mit dieser das metaphysische Denken bestimmenden Hinsicht? Diese Frage ist allein schon deshalb berechtigt, weil das Seiende nicht immer in der Sicht auf Sein stand, so nicht im mythischen Zeitalter und abermals nicht im Zeitalter der Herrschaft des Wissenschaftspositivismus, dem die Frage nach dem Sein abhanden ge-

---

[207] Damit nicht dem Verf. das kritisch entgegengehalten wird, was gerade seine Absicht ist, sei im voraus bemerkt, daß diese Schlußbetrachtung etwas von der aus der Metaphysik selbst erwachsenen Notwendigkeit sichtbar machen möchte, die von der Philosophie M. Heideggers aufgeworfene Frage in das gegenwärtige Denken aufzunehmen. Gegen den Einwand Verwahrung einzulegen, daß die Abhandlung damit von vornherein den „Standpunkt" Heideggers einnehme, scheint dem Verf. angesichts einer heute lediglich an Standpunkten orientierten, parteiischen Denkweise zwecklos.

kommen ist. Damit das Seiende als seiend sich dem Denken zur Frage stellen kann, muß das Sein sich eigens in die Offenbarkeit seiner selbst begeben haben. Die Metaphysik verdankt mithin ihre Grundfrage und so sich selbst dem Ereignis, daß das Sein von allem, was ist, sich in die Offenbarkeit begibt und so vor das Denken gelangt. Nennen wir das, was einer Sache ermöglicht, diese Sache zu sein, die sie ist, das Wesen der Sache, dann können wir sagen: Das Wesen der Metaphysik ist dasjenige Ereignis, als welches das Sein sich in die Sag- und Denkbarkeit seiner selbst schickt. Denkt nun die Metaphysik dieses ihr eignes, sie ermöglichendes Wesen? Die Antwort muß entschieden verneinend ausfallen. Denn die Metaphysik denkt zwar überall das Sein als die dem Seienden als solchem eigene Bestimmtheit. Aber sie bedenkt nicht den Vorgang, dem gemäß das Sein in die Sicht des Denkens gelangt, so daß dieses zu einer Sache menschlichen Denkens und Sagens wird. Ja, noch mehr: Wenn die Metaphysik in der Frage nach den Anfangsgründen und Ursachen des Seienden ihren Wesensbeginn hat, dann ist es ihr sogar verwehrt, das Ereignis, dem sie sich selbst verdankt, zu bedenken. So liegt in aller Metaphysik etwas Ungefragtes, Ungedachtes beschlossen: ihr eignes, sie ermöglichendes Wesen. Sie versammelt sich in weitesten und engsten Kreisen um das verschlossene Wesen ihrer selbst. Überall dort, wo die Metaphysik das Seiende in seiner Bestimmtheit, zu sein, vorstellt und es deshalb auf seine Anfangsgründe und Ursachen hin befragt, hat sich Sein schon in eine Offenbarkeit begeben, ist Sein schon in einer Unverborgenheit angekommen. Aber nirgendswo bedenkt die Metaphysik in ihrer ganzen Entfaltungsbreite, in all ihren Höhen und Tiefen die Ankunft des Seins in die Unverborgenheit selbst. Nirgendswo und niemals wird die Entbergung von Sein selbst befragt und bedacht.

Aber, so wird man nicht ohne Grund entgegnen, geschieht solches Bedenken nicht gerade bei Aristoteles, nämlich in dem die Seinsbetrachtung beschließenden und vollendenden 10. Kapitels des IX. Buches der Metaphysik? Hier gelangt doch gerade das Sein als das Unverborgene vor das Denken. Allerdings, in diesem Kapitel wird Sein im Sinne von Wahrsein als Unverborgensein bestimmt. Aber wie lautet diese Bestimmung bei Aristoteles? Worin besteht das Wahrsein? Nach der Auskunft des Begründers der Metaphysik eindeutig in der „Identität" des Denkens mit dem Sein und in dem in dieser Identität gegründeten Logos. Und das Wahrsein ist deshalb die beherrschende Weise von Sein überhaupt, weil das Denken die Anwesenheit des Seins selbst, die selbstanwesende Anwesenheit ist, insofern nämlich das wesentliche Sein die Anwesenheit des Seienden ausmacht, das Denken aber die Präsenz des Seins selbst ist. Wird hier die Offenbarkeit des Seins selbst und als solche in ihrem eigenen Wesen bestimmt? Keineswegs. Bereits wenn wir sagen, das Denken lasse das Sein in seine Offenbarkeit gelangen und bewahre es darin, gehen wir entschieden über das hinaus, was Aristoteles selbst denkt und sagt. Gewiß kommt die Unverborgenheit des Seins, die Aletheia, bei Aristoteles zur Sprache und so zum Vorschein, aber nur in der Gestalt der Identität des Denkens mit dem Sein, dergestalt, daß das Denken die Präsenz des Seins ausmacht, sie gelangt jedoch nicht in ihrem eigenen Wesen als Offenbarkeit vor das Denken. In Bezug auf ihr eigenes Wesen bleibt die Offenbarkeit des Seins bereits im Beginn der Metaphysik aus, obwohl sie der alles beherrschende Hinblick der Seinsbestimmungen ist. Weil aber das die Zusammenkunft von Sein und Denken ermöglichende Ereignis der Offenbarkeit als solches nicht gedacht wird, fällt es einem Schwund des Vergessens anheim, das wie alles Vergessen sich selbst vergißt. Die Offenbarkeit des Seins selbst und als solche scheint zwar anfänglich auf, aber sie geht sogleich auch schon zugunsten dessen, was sie offenbar macht, des Seins von allem, in eine Verborgenheit zurück, ein Vorgang, der seinerseits dem metaphysischen Denken verborgen bleibt. Deshalb ist der geschichtliche Gang der Metaphysik auch ein Fort-Gang in dem wörtlichen Sinne, daß die Metaphysik von der Offenbarkeit fort- und weggeht, und zwar zugunsten der aus ihr geschöpften Seinsbestimmung. Aber wenn so die Offenbarkeit in ihrem eigenen Wesen dem Schwund in die Vergessenheit anheim fällt, was ist dann die Wahrheit? Eben das, als was Aristoteles sie maßgeblich umgrenzt hat: Übereinstimmung der Aussage (Logos) oder des Denkens (Dianoia) mit den Sachen auf Grund der vorgängigen und durchgängigen Identität des Denkens mit dem Sein. Ein Sichrichten des Denkens nach den Sachen, so daß die Sachen so gedacht und gesagt werden, wie sie *sind,* ist nur möglich, sofern das Sein des Seienden selbst von der Wesensart des Denkens, also mit diesem „identisch" ist. Der Wesensgrund dieses metaphysischen Wahrheitswesens ist, selbst ungedacht, das Geschehnis der Entbergung des Seins in Einheit mit der Öffnung des Denkens für das Sein.

Im Lichte der metaphysisch geprägten Grundauffassung von der Wahrheit hat es im geschichtlichen Fortgang der Metaphysik im ganzen vier große Antworten auf die Frage gegeben, worin die Übereinstimmung des Denkens und des Aussagens mit den Dingen, worin also Erkenntniswahrheit gegründet sei. Von diesen Antworten gehören zwei dem Mittelalter, zwei der Neuzeit an. Sie alle bewegen sich, wie abgewandelt auch immer, auf dem von Aristoteles gelegten Fundament einer Identität von Denken und Sein.

Die Antworten der mittelalterlichen Philosophie sind in dem Sinne theologisch bestimmt, daß das philosophische, das das lumen naturale entfaltende Denken gehalten ist, in Übereinstimmung mit den von der Lehrautorität der Kirche verwalteten Glaubenswahrheiten zu bleiben.

Der Schöpfergott erschaut die Welt vor ihrer Erschaffung bereits in ihrer Vollendung als Idee. Alles nichtgöttlich Seiende ist ein Gottgeschaffenes, d. h. es ist seiend durch Angleichung (assimilatio) an die im göttlichen Geist erschaute Idee. Also ist alles Seiende, sofern es ist, in seinem Wesen geistbezogen, und deshalb ist auch der endliche Geist des Menschen mittels einer Angleichung an das Seiende der Wahrheitserkenntnis fähig.

Gemäß dem biblischen Glauben ist der Mensch als eine imago Dei erschaffen. Der göttliche Geist aber ist die absolute Wahrheit aller Dinge, die er in ihrem Wesen immer schon durchschaut hat. Als „Bild" des göttlichen Geistes stellt daher der Mensch die

Wahrheit „bildhaft" dar, also in einer bleibenden Differenz zur göttlichen Wahrheitserkenntnis der Dinge. Diese Auffassung bringt die Philosophie des Nicolaus von Cues zum Abschluß, indem er die gesamte Metaphysik zuletzt auf eine Auslegung der mens des Menschen als imago Dei stellt.

Die neuzeitliche Philosophie, der es um die durch Erkenntnis gesicherte Erkenntniswahrheit geht, hat ebenfalls zwei epochale Antworten gegeben: einmal Kants transzendentale Begründung der Erkenntniswahrheit, der gemäß das Sichrichten des aussagenden Vorstellens nach den Gegenständen dadurch möglich ist, daß sich die Gegenstände als Gegenstände insofern zuvor schon nach dem Verstand richten, als dieser in der Vollzugsform des Ich denke die Kategorien denkt, welche als ein systematisch in sich geschlossenes Ganzes die Gegenständlichkeit der Gegenstände selbst bilden. Logische Wahrheit, Übereinstimmung des aussagenden Vorstellens mit den Gegenständen, gründet in der transzendentalen Wahrheit, dem vorgängigen Sichrichten der Gegenstände nach dem Verstand, dem Ort und Sitz der Kategorien. Hier bedarf es keines Rückgangs mehr auf einen Schöpfergott (ohne daß Kant dessen Existenz bestreitet) oder der biblischen Imago-Dei-Lehre. Freilich hat Kant nun auch die Last des Beweises dafür auf sich zu nehmen, daß die Bedingungen des Denkens, die Kategorien, also die modi cogitandi zugleich die Bedingungen der Gegenständlichkeit der Gegenstände, also die modi essendi sind. Diesen nun erforderlichen Beweis führt Kant in der transzendentalen Deduktion der reinen Verstandesbegriffe und im System der Grundsätze vor.

Die Philosophie des Deutschen Idealismus befreit die Subjekt-Objekt-Identität von der einseitigen Beziehung auf die bloß menschliche, d. h. sinnlich bedingte Vernunft und denkt das Seiende als das Absolute im Sinne des absoluten Subjekts. Da aber, seit Kant entschieden, Sein Gegenständlichsein besagt, muß das absolute Subjekt, um sich gegenständliches Dasein zu geben, aus sich herausgehen und zum Anderen seiner selbst werden, mit dem Ziel der Selbsterkenntnis im gegenständlichen Anderssein seiner selbst. Das aus sich herausgehende Sichfinden seiner selbst im gegenständlichen Anderssein ist die Wesensweise des Geistes. Sofern nun der Gegenstand nichts anderes ist als der Geist im Anderssein seiner selbst, herrscht dort, wo der Geist im Gegenstand sich selbst erkannt hat, die vollständige Entsprechung von Subjekt und Objekt, also die Wahrheit im Sinne der Übereinstimmung. Insofern bringt der Deutsche Idealismus die metaphysische Wahrheit über das Seiende in ihr absolutes Wesen und so in ihre geschichtliche Vollendung.

Nun beruht die Wahrheit als Übereinstimmung von Aussage und Sache zuletzt in der Offenbarkeit des Seins als Offenheit des Denkens für das Sein. Denn im maßgebenden Hinblick auf die Offenbarkeit von Sein waren alle leitenden Seinsbestimmtheiten gewonnen worden, voran die Bestimmung des Wahrseins als Identität des Denkens mit dem Sein und die darin begründete Möglichkeit der Wahrheit als Übereinstimmung. Diese Wahrheit vermag daher auch nur so lange zu bestehen, als die Offenbarkeit, wenngleich selbst ungedacht, noch gegenwärtig bleibt. Mit ihrem vollständigen Schwund stürzt die Wahrheit als Übereinstimmungsbeziehung ein. Dieser Einsturz der metaphysisch gegründeten Wahrheit erfolgt im Denken Nietzsches in eins mit dem vollständigen Schwund der Aletheia. Nietzsche erklärt: „Wahrheit ist die Art von Irrtum, ohne welche eine bestimmte Art von Lebewesen nicht leben kann."[208] Schließen wir an diesen Satz unmittelbar die von Aristoteles in Buch IX, Kapitel 10, gestellte Frage an, welche lautet: Wann ist das vom Logos behauptete Wahre? Nietzsches Antwort lautet: Es ist niemals und nirgendswo. Nietzsche hält an der von Aristoteles aufgestellte Wesensbestimmung der Wahrheit als Übereinstimmung von Denken und Sache fest. Aber das Wahre dieses Wahrheitsbegriffs ist nicht, insofern es kein Bestehen in der Wirklichkeit des Wirklichen hat. Denn zufolge der vollständigen Gleichsetzung des Seins mit dem Werden (die äußerste und letzte Denkmöglichkeit der Metaphysik, durch die alle bis dahin bestehenden Rangverhältnisse umgedreht werden) ist der Grund-

[208] W. z. M. Ziff. 495.

charakter der Wirklichkeit das Leben im Sinne des absoluten Werdens. Alle Übereinstimmungsbeziehung bezieht sich aber auf ein zuvor ausgemachtes bleibend Anwesendes, welches der Werdewirklichkeit nicht entspricht, also ein Schein ist, der, wenn er für Sein gehalten wird, ein Irrtum ist. Aber — und das ist die andere Seite von Nietzsches These über die Wahrheit — dieses „Wahre" für seiend zu halten und sich im Bezug zu ihm zu halten, ist eine notwendige Bedingung des menschlichen Lebens, das ohne Anhalt an Bleibendem haltlos im Strom der Ungleichheit untergehen würde. Deshalb ist solches irrige Für-wahr-halten aus dem Grundcharakter des Lebens gerechtfertigt. Die Übereinstimmungsbeziehung des Vorstellens auf das Wirkliche hat deshalb keinen Bestand mehr, weil durch die Verlegung des Seins in das Werden die die Übereinstimmungsbeziehung tragende Identität des Denkens mit dem Sein nicht mehr besteht. Das von der Erkenntnis beanspruchte Wahre ist nicht, oder vielmehr es ist eine lebensnotwendige Illusion. Nennen wir einmal die vorgängige Identität des Denkens mit dem Sein die ontologische Wahrheit und die Übereinstimmung des aussagenden Vorstellens mit dem Seienden ontische Wahrheit, dann können wir sagen: Durch den Schwund der ontologischen Wahrheit wird der ontischen Wahrheit ihr Fundament entzogen, so daß sie einstürzt, ein Vorgang, mit dem der vollständige Schwund der Aletheia zusammengeht, aus welcher die Seinsbestimmtheiten und vor allem das Wahrsein geschöpft wurden. Solange nämlich das Sein in irgendeiner Hinsicht noch Sache des denkenden Fragens ist, bleibt auch die Quelle seiner Bestimmung, wenn auch selbst ungedacht, noch gegenwärtig. Wenn jedoch das Sein selbst durch das Werden bestimmt wird, Sein und Werden also eine unterschiedslose Einheit eingehen, dann werden keine sinnvollen Möglichkeiten metaphysischen Fragens mehr sichtbar. Denn dem Sein, gleichgesetzt mit dem Werden, der Einheit von Entstehen und Vergehen, also auch von Sein und Nichtsein, fehlt jetzt ein möglicher Unterscheidungsgrund für seine Bestimmung. Das Denken auf das Sein ist sinnlos, und es bleibt innerhalb der völligen Lichtungslosigkeit des Seins nur noch das Eine: Das in unaufhörlicher Selbststeigerung in sich kreisende Leben zu leben, also der Übergang in die absolute Lebenspraxis.

Vielleicht hat durch den Rückgang auf die Gründung der Metaphysik in der Philosophie des Aristoteles und durch der Erinnerung an ihr Ende im Denken Nietzsches die in der Einleitung nur andeutungshaft aufgestellte These, wonach wir gegenwärtig im Vollendungszustand der Metaphysik leben, eine, wie unzureichend und beschränkt auch immer, aufweisende Begründung erhalten. Die Metaphysik, verstanden als Austrag der Frage nach dem Sein von allem, was ist, von Nietzsche zum letztenmal in der Gestalt einer „Umwertung aller Werte" vollzogen, war immer noch mehr als Metaphysik. Denn ihr folgte wie die Quelle dem Strom, obzwar ungedacht, das Ereignis der Entbergung von Sein in eins mit der Öffnung des Denkens für das sich entbergende Sein. In dem geschichtlichen Augenblick jedoch, da das Sein selbst durch das Werden bestimmt wird, Sein und Werden daher eine ununterscheidbare Einheit eingehen, so daß das Sein am Werden und d. h. am Nichtsein keinen Gegenhalt mehr für eine mögliche Frage nach ihm hat, geht das Wesen der Offenbarkeit in eine vollständige Vergessenheit zurück, so daß die Metaphysik nur noch „pure" Metaphysik ist, ohne noch in dem Anderen zu beruhen, aus welchem ihre Möglichkeiten entsprangen. Sie ist in ihrem End- und Vollendungszustand angekommen. Wie sieht dieser aus? Da die Quelle, aus welcher sie ihre Möglichkeiten schöpfte, sich versagt, erlischt das Denken des Seins. Das Seiende hört auf, in Hinsicht auf Sein als Seiendes zu begegnen. Es wird zum Positivum der ontisch-positivistischen Wissenschaften, zur wahrheitslosen Tatsächlichkeit in der Gestalt von verrechenbaren und lenkbaren gegenständlichen Wirkbeständen, deren Wirklichkeit allein in ihrer steuerbaren Wirksamkeit besteht.

Man wird vielleicht entgegnen: Gewiß, die metaphysische Frage nach dem Sein ist heute sinnlos geworden. Und das mag daher rühren, daß sich die Quelle entzogen hat, in der ihre Möglichkeiten ehemals verwahrt waren. Aber der ontisch-wissenschaftliche Erkenntnisprozeß dauert an, und mit welcher Fülle von Ergebnissen! Wo aber Erkenntnis ist, da ist auch Wahrheit. Das ist zuzugeben. Aber welchen Charakter hat denn diese wissenschaftliche Wahrheit? Sie besteht allein in der Effizienz ihrer Effekte, einmal in der Verwendbarkeit der jeweiligen Resultate für den wissenschaftlichen Fortgang selbst, sodann in der Anwendbarkeit ihrer Resultate auf die bereits weitgehend technisch geprägte Lebenspraxis. Gewiß müssen in den Naturwissenschaften die Theorien einer empirischen Überprüfung zugeführt werden. Und dazu muß die Natur selbst sich melden. Aber das geschieht wiederum mittels wissenschaftlich-technischer Apparaturen. Von Wahrheit im Sinne der Übereinstimmung der Aussage mit dem Seienden in seinem ihm von ihm selbst her eigenen Was- und Wiesein ist keine Rede mehr. Die Natur ist nur noch als ein System von technisch bestellbaren Informationen zugelassen. Und sind nicht die Geisteswissenschaften im Begriff, denselben Weg zu gehen, indem sie die Geschichte mittels des auf den Computer gestellten modernen Bibliothekswesens auf eine gleichförmige Speicherung von jedermann zu jederzeit verfügbaren Informationen abstellen, von der strukturalistischen Sprachwissenschaft zu schweigen? Daß aber in den Naturwissenschaften die Natur sich überhaupt noch melden muß, mag einen letzten Widerschein einer vormaligen Offenbarkeit von Sein bekunden.

Was aber die gegenwärtigen und künftigen Aufgaben des Denkens anlangt, so werden wir sie schwerlich erblicken können, wenn wir in wissenschaftstheoretischen, soziologischen, politischen, ökonomischen, sozialpsychologischen Analysen, Diagnosen und Programmen hängen bleiben. Denn wie wichtig und unentbehrlich ihre Resultate für uns auch sind, solange wir uns nur in ihrem Umkreis bewegen, bleiben wir in dem unbefragten und unbedachten Vollendungszustand der Metaphysik eingeschlossen. Für eine Einsicht in das, was gegenwärtig dem Menschen als dem denkenden Wesen nottut, bedarf es eines Rückgangs in das, in dessen Vollendungszustand wir stehen, eines Rückgangs in die Metaphysik, in ihren Anfang, ihren geschichtlichen Gang und in ihre sie beendigende Vollendung. Dabei gilt es, das zu erblicken, was das von Anbeginn Fragwürdige in aller Metaphysik ist und heute das denkende Fragen in Anspruch nehmen könnte. Dieses Fragwürdige läßt sich, in welcher Weise auch immer, bereits erblicken: die Eröffnung des Seins für das menschliche Denken und Sagen als ein Ereignis, welches das metaphysische Denken nicht in sich aufgenommen hat, sondern aus- und wegließ. Wir würden das Fragwürdige in der Metaphysik innerhalb der Grenzen dieser Betrachtung dann auf eine erste Weise zu Gesicht bekommen, wenn es gelänge, das der Metaphysik eigene Aus- und Weglassen zu bestimmen. Dabei dürfen wir voraussetzen, daß zwei uns geläufige Weisen des Aus- und Weglassens nicht in Betracht zu ziehen sind: das wissentlich-willentliche Abweisen eines Gedankens und das Übersehen. Denn nirgendwo finden wir innerhalb der Metaphysik, in welchem geschichtlichen Stadium auch immer, ein willentliches Abweisen des Gedankens der Offenbarkeit von Sein in dem Sinne, als hätte das Denken die Offenbarkeit einmal erblickt und wolle sich auf ihr Wesen selbst nicht einlassen. Aber auch von einem Übersehen kann keine Rede sein. Denn übersehen werden kann nur etwas, was bereits als Denkbares in den Gesichtskreis des Denkens gelangt ist. Aber niemals, soweit wir auch innerhalb des Umkreises der Metaphysik Ausschau halten mögen, ist die Eröffnung von Sein als Ereignis in den Blickbereich der Metaphysik gelangt. Man wird mit Recht sagen können, die „Identifikation" des Denkens mit dem Sein sei der Vollzug der Offenbarkeit, so daß die Metaphysik in ihren geschichtlichen Epochen je und je eine eigene Offenbarkeit des Seins bezüglich des Seienden vollbringt. Aber die Metaphysik können wir nur so denken, wenn wir ihre Denkweise bereits verlassen und ihr sie ermöglichendes Wesen erblickt haben, das von ihr selbst ungedacht bleibt.

Hat nun das Aus- und Weglassen des Wesens der Offenbarkeit seine Ursache nicht in einer Tätigkeit des menschlichen Denkens — sei es als willentliches Abweisen, sei es als ein Übersehen —, dann bleibt nur noch die Möglichkeit, daß es in einem Wegbleiben des Wesens der Offenbarkeit selbst beruht. Dann ständen wir vor dem allerdings befremdlichen Sachverhalt, daß sich im Beginn der Metaphysik und als dieser Beginn das Sein zwar in die Offenbarkeit seiner selbst begibt, aber so, daß die Offenbarkeit selbst mit ihrem eigenen Wesen an- und zurückhält, und zwar so, daß dieser Vorgang dem Denken verborgen bleibt. Denn hätte sich dieses Mit-sich-und-an-sich-Zurückhalten dem Denken irgendwie gezeigt, dann wäre es ihm auch schon nachgegangen, gemäß seiner Wesensart, alles zu wagen, was es irgendwie vermag. Das ist gewiß ein rätselhafter Sachverhalt, der jedoch nicht einem abseitigen, tiefsinnigen Grübeln zugänglich ist, sondern der das gegenwärtige Zeitalter selbst prägt, sofern in ihm in der Herrschaftsgestalt des Wissenschaftspositivismus der Wesensentzug der Offenbarkeit ins Äußerste geht.

Mit Absicht wurde gesagt, die Offenbarkeit halte mit ihrem eigenen Wesen zurück. Denn sie bleibt ja so wenig überhaupt aus und weg, daß sie sogar den maßgeblichen Hinblick für die Seinsbestimmtheiten abgibt, welche die Metaphysik entfaltet hat. Was hier ausbleibt, ist die ihr eigene Wesensweise als Offenbarkeit. Man kann daher von einem Wesensentzug der Offenbarkeit mit Recht sprechen, welchem das metaphysische Denken durch das Weglassen entspricht.

Allerdings müssen wir, wenn wir so reden, sogleich ein sich einstellendes Mißverständnis abwehren. Sprechen wir vom Wesensentzug, so sagen wir offenbar etwas Negatives, das wir negativ einschätzen und bewerten. Und sofern der Entzug selbst noch einmal sich entzieht, indem er dem Denken verborgen bleibt, liegt sogar eine potenzierte Negation vor. Da aber der die Metaphysik anfänglich und durchgängig bestimmende Grundzug etwas Negatives ist, so wäre das Ganze der Metaphysik eine negative Sache, die wir möglichst rasch hinter uns zu bringen hätten. Nun bezieht sich unsere wertende Stellungnahme immer auf solches, das ist, so ist oder anders ist, also auf etwas durch Sein Bestimmtes und daher Seiendes, zu welchem auch Vorgänge, Begebenheiten, Geschehnisse aller Art gehören. Der Vorgang jedoch, der hier zur Frage steht, geht das Sein selbst an, dergestalt, daß es in eine Offenbarkeit seiner selbst heraustritt, aber so, daß zugleich diese Offenbarkeit in ihrem eigenen Wesen dem Denken ausbleibt. Dieser Vorgang, das Ereignis der Metaphysik, ist keine seiende Begebenheit, der wir mit negativen oder positiven Stellungnahmen beikommen können. Ihm gegenüber haben wir uns aller Wertungen zu enthalten und ihn einfach hinzunehmen, indem wir fragen, von welcher Art dieses Wegbleiben denn sei.

Zunächst ist klar, daß diese Offenbarkeit nicht ein Gegenstand ist, der sich in einem Außerhalb des Denkens irgendwo befindet. Die Offenbarkeit steht als der maßgebliche Hinblick von ihr selbst her in einem Bezug zum Denken, freilich so, daß sie innerhalb dieses Bezugs ihr Wesen dem Denken entzieht. Der Bezug ist daher ein Entzug, der als Bezug auf das Denken, obzwar diesem verborgen, bezogen bleibt. Das wird deutlicher, wenn wir die Frage stellen: Welches ist der Ort, wo das Aus- und Wegbleiben sich ereignen? Die Frage mag sich an einem uns bekannten Vorgang verdeutlichen, der freilich hinter dem hier zur Erörterung stehenden Sachverhalt zurückbleibt, der im Grunde unvergleichlich ist. Wenn auf einer Veranstaltung eine dort erwartete Person wegbleibt, dann spielt sich das Wegbleiben selbst auf der Veranstaltung ab. Denn dort stellt man ihr Wegbleiben fest. Also ist das Von-wo des Wegbleibens der Ort des Wegbleibens selbst. So verhält es sich auch mit dem Wegbleiben der Offenbarkeit hinsichtlich ihres Wesens. Das Von-wo des Wegbleibens, das metaphysische Denken, ist das Wo des Wegbleibens als eines solchen. Und so steht die wegbleibende Offenbarkeit von sich her in einem Bezug zum metaphysischen Denken, jedoch so, daß dieses sich selbst nicht als den Ort des Wegbleibens erfährt. Weil aber die Offenbarkeit nicht ein Seiendes ist, das außerdem auch noch wegbleibt, so ist das Wegbleiben die Wesensweise der Offenbarkeit selbst.

Dem zufolge tun sich Grundmöglichkeiten des Denkens auf: Das Denken kann die ihr Wesen entziehende Offenbarkeit sich selbst überlassen, indem es ihr nicht folgt, sondern sich ganz und ausschließlich dem zuwendet, was in die Offenbarkeit eintritt: dem Sein als Grundbestimmtheit des Seienden, insofern es in der Gegenwendung zum Nichtseienden, dem Nichts, seiend ist. Dieses Denken ist bestimmt durch den festen, gesammelten Blick auf das Sein.

Oder das Denken folgt der sich selbst entziehenden Offenbarkeit und erfährt so, daß im Wesen der Offenbarkeit Verborgenheit und Unverborgenheit ineinanderspielen, dergestalt, daß das Wesen der Offenbarkeit eine Entbergung ist, welche von einer anfänglichen und bleibenden Verborgenheit ihren Ausgang nimmt. Entbergung gibt es nicht ohne Verborgenheit und umgekehrt: Nur wenn eine Entbergung geschieht, gibt es Verbergung und Verborgenheit. Da nun das Wesen der Offenbarkeit von sich her schon in einem Bezug zum Denken steht, das Denken aber die Wesensbestimmtheit des Menschen ist, so hat der Mensch aus seinem Wesen auch einen Anteil an der Entbergung, indem er sie übernimmt und vollbringt, dergestalt, daß sich das Seiende je und je zu einem Ganzen offener Bezüge, also zu einer Welt fügt. Es gibt ohne das Menschenwesen keine Welt. Zwar besteht auch ohne den Menschen das All des Seienden, aber so, daß es nicht als Seiendes heraustritt, sondern in einer Indifferenz von Sein und Nichtsein liegt.

Die erste Möglichkeit des Denkens ist die Denkweise der Metaphysik. Sie überläßt das Wesen der Offenbarkeit sich selbst, sie wendet sich ihm nicht zu, sondern entfaltet das Offenbare, das Sein, in das Ganze des Seienden hinein, so daß dieses ins Offene gelangt. Mit dieser Abkehr entspricht die Metaphysik auf ihre Weise sogar dem Wesen der Offenbarkeit. Denn da sie zu ihrem Wesensbeginn die Frage nach dem Sein von allem hat, würde sie, wenn sie sich mit dieser ihrer Frage an die Offenbarkeit selbst wenden würde, diese zu einem Seienden verkehren, das hinsichtlich seines Seins zu bestimmen wäre.

Die andere Möglichkeit des Denkens ist diejenige, der heute und in Zukunft nachzugehen wäre, nachdem im Zeitalter des Vollendungs- und Endzustands der Metaphysik die Offenbarkeit des Seins ihr Wesen vollständig entzogen hat. Dieses Denken, recht äußerlich „postmetaphysisch" genannt, trägt selbst noch keinen Namen. Es ist jedoch mit dem Namen Heidegger untrennbar verbunden, nicht weil es die Philosophie Heideggers selbst ist, sondern weil Heidegger diese Möglichkeit des Denkens als erster erblickt und als eine unumgängliche Aufgabe in Gegenwart und Zukunft erkannt hat. Aber eine Philosophie Heideggers in dem Sinne, wie man mit Recht von einer Philosophie Platos, Kants oder Hegels spricht, gibt es nicht. Heidegger hat öfter erklärt, daß seine Denkversuche im Vorläufigen verlaufen, daß sie ein vorbereitendes Denken sind, das sich nicht in einem Werk zu einer abschließenden Vollendung bringen kann.

Mindestens zweifach ist ein Rückgang in die Metaphysik motiviert: Wollen wir zu dem gegenwärtigen Weltzustand ein denkendes, also freies Verhältnis gewinnen, dann bedarf es eines zureichenden Wissens von dem, was die Metaphysik ist. Denn der gegenwärtige Weltzustand ist der Vollendungszustand der Metaphysik selbst, und um ihn zu erkennen, müssen wir die Metaphysik erkennen, ihren Beginn, ihren geschichtlichen Gang und ihr sie vollendendes Ende.

Die Metaphysik trägt, ihr selbst unbekannt, etwas Ungedachtes in sich, ihr eigenes Wesen, das sie zu dem ermöglicht, was sie ist: das Ereignis einer Entbergung des Seins in eins mit der Öffnung des Denkens für das Sein. Die Metaphysik denkt dieses Verhältnis als die Identität des Denkens mit dem Sein, dergestalt, daß das Denken die Präsenz des Seins ist. Aber die Entbergung selbst, die erst das Zueinander von Sein und Denken ergibt, bleibt der Metaphysik verborgen und deshalb von ihr ungedacht. Deshalb vermag sie nicht, die in aller Entbergung anfänglich waltende Verborgenheit zu denken. Nun aber ist das Wesen der Offenbarkeit, weil immer schon ungedacht, in die äußerste Verborgenheit zurückgegangen, welche der Grundzug des gegenwärtigen Weltzustandes ist. Deshalb ist als erstes die im Wesen der Offenbarkeit waltende Verborgenheit zu denken, welche sich im Dasein des Menschen als der Tod manifestiert, die verborgenste Verborgenheit, welcher der Mensch überantwortet ist, sobald er existiert. Daher die Notwendigkeit einer existenzial-ontologischen Analyse des Seins zum Tode in Heideggers „Sein und Zeit". Das Ende der Metaphysik, der wissenschaftlich-technisch eingerichtete Weltzustand, ist deshalb auch kein Ende des Denkens, sondern er kann zu einer Quelle neuer wesentlicher Fragen werden, die aus dem sich selbst nicht kennenden Wesen der Metaphysik entspringen.

Man könnte freilich sagen, daß der Gedanke der Entbergung, die Sein und Denken erst in ihrem Zueinander ergibt, gemessen an der kategorialen Entfaltungsfülle des überlieferten Denkens, sich als etwas überaus Einfaches ausnimmt. Das ist zuzugeben. Aber dann wäre zugleich daran zu erinnern, daß die Frage: Was ist das Sein des Seienden?, aus welcher die geschichtliche Wesensfülle der Metaphysik hervorging, ebenfalls von einer elementaren Einfachheit gewesen ist. Weshalb sollte es sich bei der postmetaphysischen Frage anders verhalten? Zudem wäre daran zu erinnern, daß zu dem Lichtungsgeschehen des Seins, dem „Ereignis", von Heidegger in mannigfachen Erörterungen und sprachlichen Fassungen bereits Wesentliches und Entscheidendes gesagt worden ist.

Der Rückgang in die Metaphysik, wie er hier im Blick auf ihre Anfangsphase in der Philosophie des Aristoteles versuchsweise unternommen wurde, unterscheidet sich sowohl von einer restaurativ-romantischen Verlebendigung der Metaphysik, die immer eine mehr oder weniger offenkundige utopische Eschatologie in sich trägt, wie auch von dem Bestreben, willkürlich Stücke aus der Tradition herauszubrechen, um sie durch Anpassung an gegenwärtige Denkweisen und Methoden künstlich zu aktualisieren. Der Rückgang in die Metaphysik, der zugleich ihr verborgenes Wesen mit den daraus entspringenden Fragen ins Offene der Denk- und Sagbarkeit zu holen versucht, bleibt, was die Metaphysik selbst angeht, immer auch abschiedlich gestimmt: „Laß ruhn, was war; du weckst es nicht mehr auf."